ADH-Schriftenreihe des Hochschulsports
Band 13

Treutlein/Funke/Sperle

Körpererfahrung im Sport
Wahrnehmen - Lernen - Gesundheit fördern

W0055847

Meyer & Meyer Verlag

Die Deutsche Bibliothek - CIP-Einheitsaufnahme

Körpererfahrung im Sport : wahrnehmen - lernen - Gesundheit fördern / Treutlein ; Funke ;
Sperle. - 2. , überarb. Aufl. -
Aachen : Meyer und Meyer, 1992
(ADH-Schriftenreihe des Hochschulsports ; Bd. 13)
1. Aufl. im Putty-Verl u.d.T.: Körpererfahrung in traditionellen Sportarten
ISBN 3-89124-167-4
NE: Treutlein, Gerhard; Funke, Jürgen; Sperle, Nico; Allgemeiner Deutscher
Hochschulsportverband: ADH-Schriftenreihe des Hochschulsports

ⓒ 1992 by Meyer & Meyer Verlag, Aachen
2., überarb. Auflage des Buches "Körpererfahrung in traditionellen Sportarten"
Schriftleitung: Dr. Karin Fehres, Nico Sperle
Einbandgestaltung: Astrid Henn
Gestalterische Leitung: Detlev Neumann
Druck: Druckerei Queck, Jüchen
Printed in Germany
ISBN 3-89124-167-4

Inhaltsverzeichnis

Vorwort

1. Grundlagen

2. Körpererfahrung in den Individualsportarten

3. Körpererfahrung in den Sportspielen

4. Körpererfahrung in der Vor- und Nachbereitung

5. Literaturverzeichnis

6. Die Autoren

Information zur ADH-Schriftenreihe

Vorwort zur 2. Auflage

Die erste Auflage unseres Buches war bald vergriffen. Wir haben zu ihr Zustimmung und Kritik erfahren. Beides hat uns gefreut, denn Bestätigung **und** Herausforderung sind zusammen nötig, um auf dem Weg zu bleiben. Infolgedessen fühlten wir uns ermutigt, eine zweite Auflage herauszugeben, in einem neuen Verlag und wesentlich umgearbeitet und ergänzt, so daß das bisherige Spektrum erweitert wurde. Belangvoll verändert sind gegenüber der 1. Auflage die Beiträge von SCHIMMEL/TREUTLEIN, TREUTLEIN und SPERLE; neu aufgenommen wurden die Artikel von KNÖRZER/OLSCHEWSKI/SCHLEY (Entspannung), FUNKE (Turnen), UNGER (Schwimmen), SCHÄFER (Klettern), KÖHLER (Ringen), SCHNEIDER (Tennis) und HAMSEN (Fußball).

Es ist unser Wunsch, auch mit der zweiten Auflage weiter über den sportpädagogischen Auftrag und die Möglichkeiten des Betreibens traditioneller Sportarten in die Diskussion zu kommen und den gesundheitspädagogischen Aspekt zu betonen. Es bleibt ein Arbeitsbuch, Dogmatik war und ist nicht beabsichtigt.

An dieser Stelle möchten wir ganz besonders Anita Löffler für die Erstellung des Manuskripts danken. Ohne ihre engagierte, umsichtige und verantwortungsbereite Mithilfe wäre die hier vorliegende zweite Auflage wohl kaum zu einem guten Ende gekommen!

Hamburg/Aachen/Heidelberg,
im Mai 1992

Jürgen Funke-Wieneke - Nico Sperle - Gerhard Treutlein

Jürgen Funke-Wieneke (in Diskussion mit Gerhard Treutlein) Grundlagen unseres Ansatzes

Dies soll ein praktisches Buch sein. Es sammelt unter dem Thema Körpererfahrung vor allem Lernvorschläge für Lehre und Training. Die aus unserer Sicht nötige "Theorie" sei hier vorangestellt. Sie diene als Lesehilfe.

1. Grundlagen

1.1 Was meinen wir mit "Körpererfahrungen"

Um Sie in den Ansatz einzuführen, möchten wir Sie zu einem kleinen Exkurs in Form einer Selbsterfahrung einladen. Fragen Sie sich bitte, wie Ihnen gerade jetzt in diesem Augenblick das gegeben ist, was Sie Ihren Körper nennen. Ist es nicht so, daß er Ihnen nur merkwürdig unvollständig gegeben ist? Sie können ihn sicherlich dort erspüren, wo er aufsitzt oder aufruht. Sie besitzen darüber hinaus vielleicht bestimmte Wahrnehmungen aus der Gegend Ihres Magens oder Darmes. Vielleicht spüren Sie einige Partien des Rückens, der Schulter oder des Nackens, weil sich dort Spannungszüge aufgebaut haben. Es kann auch sein, daß Ihnen fühlbar "der Schädel" brummt. Vielleicht war eines von den Viertelliterchen gestern schlecht. Andererseits sind Ihnen sehr viele Abschnitte Ihres Körpers zur Zeit gar nicht gegeben, sie müßten erst nach ihnen "suchen", um sie wahrzunehmen. Stellen Sie sich nun bitte vor, wie sich das ändert, wenn Sie Sport treiben. Denken Sie dabei einmal an das Schwimmen: Sie werden dann vielleicht eine sehr deutliche Wahrnehmung ihrer Haut besitzen, weil Sie frösteln oder weil Sie sie mit den warmen Strahlen der Brause abtasten. Sie werden sich in Ihrer ganzen körperlichen Ausdehnung gegeben sein, sobald Sie eintauchen und überall vom Wasser umschlossen werden.

Ballen Sie nun bitte einmal alle Finger der rechten oder linken Hand zu einer Faust und erhöhen Sie allmählich den Druck, bis er sehr groß wird. Nun öffnen Sie die Hand und spreizen Sie sie so weit, wie es geht. Erhöhen Sie auch hier die Spannung. Wechseln Sie bitte auf diese Weise mehrfach zwischen dem Öffnen und Schließen der Hand. Sie werden feststellen, daß Ihnen Ihre Hand sehr deutlich in den Momenten erhöhter Druck- oder Zugspannung gegeben ist, während sie im Wechsel zwischen den Polen der Spannung eher in den Hintergrund verschwindet. Auf ähnliche Weise ist Ihnen ihr ganzer Körper gegeben, wenn Sie sich beim Schwimmen in der Brustlage weit ausstrecken und danach wieder zusammenziehen.

Es sollte durch diesen kurzen Ausflug klar werden, daß im Wechsel unseres Tuns, durch ein verschiedenes Sich-Bewegen der Körper als Erlebnisgegebenheit hergestellt wird. Er wird uns in mehr oder weniger großen Bereichen und Bezirken zugänglich. Wir spüren ihn dabei mehr oder weniger deutlich, dürfen also nicht nur warten, bis er sich in der Bewegung selbst aufdrängt, sondern müssen uns zugleich als "gute Wahrnehmer" sensibel für ihn machen. Es ist hinzuzufügen, daß dieses Sich-selbst-in-seinem-Körper-wahrnehmen immer gefühlsgetönt geschieht. Wir empfinden Lust oder Schmerz und beurteilen unsere Gefühle als angenehm oder unangenehm, wobei bekannt ist, daß die hier angesprochene Sinnlichkeit jedes Einzelnen das Thema Lust und Schmerz höchst unterschiedlich formuliert[1]. In diesem Sinne ist es gemeint, wenn wir sagen, das Sporttreiben beschere Körpererfahrungen. In unserem didaktischen Ansatz möchten wir den Sport daraufhin auslegen und erfahrbar machen. Er soll für die Subjekte die Erlebbarkeit, Bewußtheit und weitreichende Handhabung ihres Körpers sichern. Damit ist zugleich verbunden, daß über den Körper als einem Mittler und Fühler auch die menschliche und dingliche Umwelt miterfahren wird. Deshalb prägten wir die Formeln, sportliche Körpererfahrung sei "Erfahrung des Körpers" und "Erfahrung mit dem Körper"[2]. Beides gehört für uns zusammen und bildet in dieser Doppelheit das didaktische Anliegen.

1.2 Zum Verhältnis von Selbsterfahrung, Bewegungserfahrung und Körpererfahrung

Unseres Erachtens kann das, was bisher dargestellt wurde, mit dem Begriff Selbsterfahrung auch begriffen werden, aber nicht in der hier beabsichtigten Präzisierung und Zuspitzung. Der Begriff der Selbsterfahrung ist umfassender. Ich kann mich selbst auch als einen Denker erfahren, wenn ich geistig kommuniziere oder als einen Fühlenden, wenn ich liebe oder hasse. Damit werden deutlich andere Akzente eines Selbsterlebens gesetzt, die dann ggf. auch jeweils andere didaktische Konsequenzen nach sich ziehen[3].

Körpererfahrung ist nach unserer Auffassung ein ausgezeichneter Aspekt der umfassenderen Selbsterfahrung. Für diesen Aspekt können wir als Didaktiker eine fachliche Zuständigkeit erkennen und legitimieren, und wir können dem Sport damit ein begründetes Recht in der Erziehung und Bildung verschaffen. Auch der uns geläufige Begriff der Bewegungserfahrung trifft die gemeinte Sache anders. Bewegungserfahrung ist insoweit immer zugleich Körpererfahrung, als sie ja körperlich realisiert werden muß. Sehr genau genommen ist das Erfahren des Sich-Bewegens aber eine etwas andere Sache als z.B. die nachklingende Erfahrung des Sich-Bewegt-Habens. Und sie ist auch eine andere Sache, als ihre in der fühlbaren Formung des Körpers und der Veränderung meiner Beziehung zur Welt zum Ausdruck kommende bleibende Wirkung der Bewegung. Wir ordnen deshalb die Erfahrung des Sich-Bewegens in die Körpererfahrung ein und betrachten die erlebte und nacherlebte Bewegung als die ausgezeichnete Möglichkeit der Körpererfahrung. Wenn wir daran denken, daß Körpererfahrung auch "im Spiegel der anderen" geschieht, indem man sich in den Vergleich zu anderen Körpern setzt, ohne sich dabei selbst zu bewegen, und wenn man hinzunimmt, daß auch nur empfangene Berührungen, z.B. in der Massage, Körpererfahrungen zugänglich werden lassen, wird klar, daß Bewegungs- und Körpererfahrungen nicht restlos identisch sein können.

1.3 Typische Körpererfahrungen im Sport

Dazu muß zweierlei gesagt werden:

1. Die Spezifizierung typischer Körpererfahrungen wird erst einmal absichtlich nur so weit getrieben, daß das Thema "der Körper in Ruhe, Bewegung und Beziehung" ganz allgemein als Thema unseres Sporttreibens erkannt werden kann. Wir wollen zunächst keine unter diesem Gesichtspunkt vorab bestimmten Erfahrungen verallgemeinern, sondern über Aufmerksamkeiten zu persönlichen Entdeckungen führen. Das ist, wenn man so will, das "gestaltdidaktische" dieses Ansatzes (vgl. dazu PETZOLD 1980, S. 207-406). Insofern geht es hier mehr um die Methoden unseres Unterrichts. Sie sollen eine Anleitung zur Suche nach Erfahrungen darstellen, ohne diese Erfahrungen substantiell zu fixieren. Das markiert einen entscheidenden Unterschied zu dezidierten "Systemen der Körpererfahrung", die auf solche bestimmten Erfahrungen abstellen und dafür geeignete Übungen finden oder sogar konstruieren. Als Beispiel nennen wir einmal die "Eutonie", der es um die Erfahrung der Wohlspannung der Muskulatur geht, die Bioenergetik, soweit sie die Erfahrung des Zusammenhangs innerer und äußerer Verspannungen ermöglicht oder Moshe Feldenkrais' Übungen, die das Sich-Bewegen aus dem bloß unbewußten Tun hervorheben wollen und damit einer Funktion ihren Eigenwert geben möchten[4]. Als Sportdidaktiker befinden wir uns in einer anderen Situation als die Erfinder solcher Systeme: Wir müssen die Theorie einer Praxis bilden. Der Sportler aber hat es in seiner Praxis immer mit einer Absicht auf seinen Sport hin zu tun, die über dem Aspekt der Körpererfahrung auch hinausgreift. Er steht in vielfältigen Sinnbezügen, und es wäre dogmatisch und verkürzend, wenn wir behaupten wollten, Sporttreiben sei Körpererfahrung und sonst nichts. Der Sport ist kein bloßes Körpererfahrungssystem, sondern Sport. Als Gegenstand des Interesses und der Vermittlung kann er nicht unter einer einzigen Auslegung begriffen und verwirklicht werden. Die bildungstheoretische Didaktik hat ja zu Recht und mit bleibendem Erkenntniswert herausgearbeitet, daß (in ihren Worten) jede Leibes-

übung immer dem Gebiet des vom menschlichen Geist Erdachten und Geschaffenen angehört und daß infolgedessen sich dieses Geistige, also ihr Sinn im Betreiben erschließe[5]. Und es ist in der kritischen Verfolgung dieses Gedankens einsichtig geworden, daß eine Leibesübung nicht nur einen einzigen Sinn ausdrückt und enthält, sondern mehrsinnig, mehrperspektivisch gebildet ist[6]. So viel zur Relativierung unseres Anspruchs. Wir behaupten aber gerade aufgrund dieser Relativierung, daß die Körpererfahrung eine tragende Perspektive darstellt, einen zentralen Sinn, den wir dem Sporttreiben geben können und der didaktisch verwirklicht werden muß, und wir weisen unsererseits kritisch darauf hin, daß uns diese Perspektive eher unberücksichtigt erscheint.

2. Wir wollen aber auch nicht bloß mit dem Hinweis auf ein Globalthema "der Körper in Bewegung, Ruhe und Beziehung" jeglicher Präzisierung von möglichen und wünschenswerten Erfahrungen aus dem Weg gehen. Wir schicken voraus, daß die genaue Erforschung des Sporttreibens als Erlebnisgegebenheit eine Bringeschuld der Sportwissenschaft darstellt. Unsere Bemühungen, Körpererfahrungen zu ermöglichen, sind daher immer tastende Versuche, die Grundlage dieses Bemühens zugleich mitzuerkennen. Dies wird vielleicht in Ihren Augen manches, was versucht wird, verständlicher, vielleicht verzeihlicher erscheinen lassen. Mit diesem Vorbehalt sei nun gesagt, daß Sporttreiben uns unseren Körper durch die folgenden Erfahrungen geben kann:

Spannung, Entspannung und den Wechsel zwischen beiden Polen, wie z.B. durch Überstreckung und nachfolgende Beugung; den Aufbau einer Spannung im Ausholen und der nachfolgenden explosiven Entladung wie in Würfen, Sprüngen, Stößen oder durch die Dehnungen großer Muskelgruppen; Berührungen und Abdrücke des Körpers auf elastischen oder als leibverträglich wahrgenommenen Unterlagen bzw. Geräten. Wärme- und Kälteansprachen der Haut, desgleichen mit Wind und Wasser. Reflexzonenansprachen der Füße. Statomotorische Sensationen wie Schwindel oder Beschleunigungswechsel im Schaukeln, Gleiten, Rutschen, Fallen. Zirkuläre, zyklische Schwingung des Körpers in wiederholten Bewegungen, die zugleich in sich auf sensiblem Niveau variabel gestaltet werden wie beim Laufen, Radfahren, Rudern, Rückschlagen. Energieströme, die bei der Ausführung und oder im Nacherleben einer Bewegung auftreten; Funktionswahrnehmungen innerer Organtätigkeiten wie Herzklopfen, Blutströme, Atmen, Lustschmerzen der Muskulatur und der Haut, wie sie charakteristisch sind für Muskelkater, Blasen, Hautabriebe oder empfangene Schläge und Knüffe. Wahrnehmungszentrierungen auf bestimmte Sinnesbezirke z.B. der Innenwahrnehmung beim Üben mit geschlossenen Augen oder selbstreduzierter visueller Kontrolle oder Umzentrierungen auf Riechen und Hören. Kontakte mit den Körpern anderer Menschen im Heben, Tragen, Sichern und Kämpfen. Verschmelzungen von Körper, Gerät und Umwelt. Fühl- und sichtbare Veränderungen des Körpers durch das fortlaufende Betreiben von Körperübungen.

12

1.4 Wahrnehmen - Empfinden - Erfahren

Eingangs haben wir die Wendung gebraucht, daß uns unser Körper "gegeben" sei. Das war vielleicht befremdlich. Der üblichere und verständlichere Begriff dafür lautet "Wahrnehmungen". Gegeben ist uns unser Körper, weil wir ihm nicht vollständig ausweichen können. Er ist da und drängt sich uns auf und meldet sich. Doch müssen wir dies trotzdem wahrnehmen, d.h. wir müssen aus der Fülle der überhaupt gegenwärtig möglichen Sinneseindrücke etwas absichtlich herausheben. Es ist also in der Regel eine aktive, zuwendende Tätigkeit des "Nehmens" aus dem Gegebenen nötig, um sich des eigenen Körpers und damit seiner selbst zu versichern (vgl. NEISSER 1979, S. 7-9). Verbunden ist damit eine Stellungnahme zu dem, worauf wir aufmerksam sind. Wir können dem ängstlich nachhorchen und uns fragen, ob es tatsächlich Bestand hat oder eine Einbildung darstellt. Wir können es beiseite schieben oder genießen, ganz je nachdem, welchen Wert wir ihm beimessen. Die Wahrnehmung integriert dabei alle möglichen Arten des sinnlichen Heraushebens wie Hören, Sehen, Schmecken, Riechen, Tasten und inneres Fühlen. Sie hat zudem ihre "Werkzeuge" in der Form von Schemata. In sie wird das Wahrgenommene eingeordnet, durch sie fällt ein Sinnesdatum auf und wird uns als etwas zugänglich. Einen Muskelschmerz deuten wir nur so als Muskelkater oder Zerrung, eine vestibuläre Erregung als lustvolles Schaukeln oder angsterregende Turbulenz. D.h. das unmittelbar in der Aufmerksamkeitsrichtung Liegende, das Empfundene oder Gesehene erhält seinen Informations- und Stellenwert, wird als etwas überhaupt wahrnehmbar nur durch vorhergegangene und bewahrte Wahrnehmungen. Damit bilden die Schemata der Wahrnehmung den Inhalt unserer Erfahrung. Wer oft von einem Sprungbalken abgesprungen ist, kann "aus Erfahrung" alle Sinnesdaten in größerer Genauigkeit zur Beurteilung, z.B. der Treffsicherheit seines Fußabdrucks, heranziehen als ein Ungeübter, dem nichts in ähnlich differenzierter Weise "auffällt". In gleicher Weise kann ein Tennisspieler, oft gegen das Urteil des objektiven Beobachters, recht genau sagen, ob ein Ball gerade noch die Linie getroffen oder schon verfehlt hat. Er braucht das nicht zu sehen, weil er es aus der Bewegung heraus wahrnimmt.

Strittig ist die Frage, ob Erfahrungen bis zur begrifflichen Formulierung des Wahrgenommenen emporgehoben werden müssen, um überhaupt als Erfahrungen gelten zu können. Im Rahmen der Wahrnehmungspsychologie wird man dieses Problem so auflösen müssen, daß dies nicht der Fall sein muß. Erfahrung zeigt sich zuallererst im geglückten, der Situation und Intention angepaßten Tun. So ist entscheidend für die Erfahrung eines Stuhls nicht, daß ausdrücklich ein Begriff für ihn geprägt und mitgeteilt wird, sondern daß diese Gegebenheit der Umwelt als Sitzling richtig benützt bzw. in andere Bedeutungen des Umgangs mit ihm zutreffend eingebracht wird. Körpererfahrungen sind daher zuerst auf der sensomotorischen Stufe des Handelns und Erkennens anzusiedeln. Das bedeutet nicht, daß sie nicht bewußtseins- und begriffsfähig sein dürfen. Jedoch kann diese Stufe des Erkennens nicht diejenige allein sein, auf der Wahrnehmungen zu Erfahrungen umgebildet werden. Der Hinweis auf sehr kleine Kinder und z.B. geistig behinderte Menschen mag genügen, um den ausschließenden Charakter einer solchen Auffassung kritisch zu kennzeichnen. Wir verwenden daher die Begriffe Empfindung und Wahrnehmung nicht in scharfem Gegensatz, sondern weitgehend synonym, wobei "Wahrnehmen" mehr die Totalität des Vorgangs, "Empfinden" Herausgehobenes, Besonderes in diesem Ganzen meint[7]. Als Erfahrung bezeichnen wir die wiederholte, sich in Erinnerungen niederschlagende Wahrnehmung, die dadurch selbst Mittel des Wahrnehmens durch Schemabildung wird.

1.5 Zum Verhältnis von Körpererfahrung und Ganzheitlichkeit

Recht häufig wird im Zusammenhang mit Ansätzen zur Körpererfahrung der Begriff Ganzheitlichkeit ins Spiel gebracht. Der Mensch, der sich bewegt und Sport treibt, sei ein Ganzer und Zusammenhängender und kein Bündel isolierbarer und dann wieder zusammenfügbarer Aspekte. Das ist gegen den Kopfmensch gesagt, der nur aus seinem Intellekt verstanden und auf ihn hin angesprochen wird, gegen den Gefühlsmensch, den nur noch die Emotionen treiben, den Körpermensch, der ganz aus dem Muskelsinn bestehen soll. Natürlich sind das alles Übertreibungen, sind das in Bilder gefaßte Tendenzen und Perspektiven. Die Betonung der Ganzheitlichkeit, ist aus der Wirklichkeit des Menschen heraus gesehen, eine Trivialität. Er lebt ungeteilt. Ein vom Körper sich lösender "Geist" ist empirisch nicht vorstellbar, es sei denn als die bei Wilhelm Busch[8] so anschaulich durch den Schornstein entweichende Seele. Aber da liegt ja dann auch schon die leibliche Hülle tot, eben "entseelt" am Boden, mit dem Teilen hat das Ganze schon aufgehört lebendig zu sein.

Was kann also der Sinn der Rede von der Ganzheitlichkeit sein? In unserem Zusammenhang kann es nur, wie gesagt, die Warnung vor einer ungenügenden Berücksichtigung der Gesamtverfassung des Sporttreibenden sein, die durch die Einzelerkenntnisse der Sportwissenschaft und -praxis hier und da aus dem Blick gerät. Da läßt sich im Gefolge kognitiver Theorien ein Sporttreiben beobachten, in dem alle Vorgänge intellektuell zentriert werden. Keine Bewegung, die nicht zerlegt, erklärt, medial-analytisch materialisiert, begrifflich gefaßt und gesetzmäßig hergeleitet würde. Da fragen wir: Wo bleibt die unmittelbare Erfahrung, wo das Sich-Verlassen auf die Klugheit des erfahrenen Leibes, die mit allem, was da erklärt wird, schon vertraut ist bzw. sich auf seine Weise vertraut macht? Da läßt sich auch - im Gefolge von Trainigstheorien - ein den Geist negierender und "nervtötender" rein körperlicher Drill beobachten. Machen, nicht denken, heißt die Devise und der Sportler wird zum willigen motorischen Endglied eines übergeordneten Verstandes degradiert. Gegen so etwas fragen wir, ob nicht das leiblich Erfahrene den Ansatzpunkt auch für das Begreifen bilden muß, um sich nicht im öde Mechanischen festzulaufen, und ob nicht die Freude im Sport ins Trainig selbst und nicht bloß in die Festreden über den Sport gehört. Da werden im Gefolge bestimmter Wettkampfspsychologien Methoden der Desensibilisierung des Athleten angewendet. Die Aufregung soll sich legen, die Selbstgewißheit steigen, der Gegner einem gleichgültig oder auch besonders zuwider sein. Hier fragen wir, ob nicht die Sensibilisierung für das, was einem widerfährt, für die Selbsterfahrung wertvoller ist als das Unempfindlichmachen. Des weiteren sind in der modernen Wettkampfpraxis Optimierungen der Wettkampfstätten sehr weit fortgeschritten. Ein Athlet ist heute in der Regel so "sportstättensensibel", daß er polare Erfahrungen nicht mehr ertragen kann oder will. Da fragen wir, ob nicht auch polare Erfahrungen zur Vollständigkeit eines recht verstandenen Sporttreibens gehören und deshalb mittrainiert werden sollen, Läufe auch gegen den Wind und bei schlechtem Wetter, Schwimmen auch in strömenden, widrigen Gewässern und nicht so optimalen Bassins, wie sie in weniger reichen Ländern begegnen u.s.w.. Ist nicht auch die hohe Sensibilität für alle Abweichungen vom normal gewohnten Rahmen schon Hypochondrie?

In diesem Sinne, glauben wir, kann die Rede von der Ganzheit verstanden werden, sie unterstellt das Prinzip des Aufsteigens von der abstrakten Einzelerkenntnis in die Wirklichkeit des sporttreibenden Menschen als den notwendigen Schritt und dies nicht im Sinne einer "Anwendung von ... auf ...", sondern im Sinne einer umfassenden Vergewisserung.

1.6 Wohlbefinden und Glück

Kann man sagen, daß Wohlbefinden und Glück ein recht verstandenes Sporttreiben auszeichnen? Soll man das überhaupt sagen, wo das doch nicht objektivierbar, rein subjektiv, unwissenschaftlich und willkürlich zu sein scheint? Wir wollen uns trauen, das zu sagen. Und wir meinen aus eigener und mitgeteilter Erfahrung behaupten zu können, daß ein auch auf Körpererfahrungen ausgerichtetes Sporttreiben dazu beiträgt, daß sich der Sportler wohlbefindet und glücklich sein kann. Die Langeweile eines monotonen Trainings kann durchbrochen werden durch neue Erfahrungen, durch eine gespannte Aufmerksamkeit auf Empfindungen, die einem das eigene Tun neu erschließen. Ein Sporttreiben, dessen Führungsgröße das Wohlbefinden während des Übens ist, vitalisiert den Übenden, statt ihn zu erschöpfen,man fühlt sich z.B. nach einem in diesem Sinne geführten Waldlauf erfrischt statt abgemattet. Die Gewißheit, daß man noch einen Körper hat, der sich spüren läßt und in dem man sich selbst spürt, gehört zu den "glücklichen" Momenten des Tages. Die Zentrierung auf das Wahrnehmen des Körpers und das

Wahrnehmen mit dem Körper kann zu einer zeitlosen Gegenwartserfahrung führen, die dem nahesteht, was Goethe als den Inbegriff des Glücks bezeichnet hat: "Zum Augenblicke dürft ich sagen, verweile doch, du bist so schön"[9]. Nun ist Goethe immer gut, aber vielleicht zu hoch gegriffen, deshalb läßt es sich auch schlichter sagen. Der kleine Junge, aus der Turnhalle in die Pause geschickt, sagt: "Pause? Pause ist schade!" Das ist es.

2. Was meinen wir nicht, wenn wir von Körpererfahrung reden

Das Wichtigste ist dazu schon gesagt: die alleinige und sozusagen sektiererische Auslegung des Sports ausschließlich als Körpererfahrung und eine Bildung eines geschlossenen Systems ist nicht gemeint. Auch Therapie ist keine Absicht. Wichtig ist zuerst, daß mit "Körpererfahrung" kein absolut neuer Gesichtspunkt für die Interpretation und das Lehren des Sports aufgestellt wird. Als bereits vorhandene, einschlägig argumentierende Quellen sind zu nennen: die Aufsätze zur Körper-erziehung aus dem "Natürlichen Turnen" seit Beginn der 20er Jahre, GRUPES Grundlegung der Sportpädagogik durch die Leibphänomenologie 1963, die Unter-suchungen zum Zusammenhang von Wahrnehmung und Bewegung durch KOHL 1958, eine Reihe von Arbeiten von ins Exil gegangenen Praktikern und Theoreti-kern der ·Gymnastik, deren Ansätze zur Zeit wie etwa der von GINDLER (BROOKS 1979) reimportiert werden. Auch das Bestreben, sensomotorische Erfahrungen durch den handelnden Umgang mit dem eigenen Körper in einer vielfältig anregenden Umgebung zu vermitteln wie bei SCHERLER (1975 u.1976) und der Motopädagogik KIPHARDS (1982) verweisen darauf, daß hiermit ein durchgehender Zug sport- und bewegungspädagogischer Selbstreflexion getroffen ist. Daß die Perspektive der Körpererfahrung dennoch "neu" erscheint, liegt eher daran, daß ihr - genau wie den genannten Quellen - im Zuge anderer Aufmerk-samkeiten weniger Beachtung geschenkt worden ist.

Schließlich müssen wir uns absetzen gegen alle Versuche, das leiblich akzentuierte Geschehen, auf das es uns ankommt, zu mystifizieren und damit den Ansatz der Körpererfahrung als eine frühe Botschaft des heraufziehenden Wassermannzeit-alters zu betrachten. Selbstverständlich: Begriffe wie "Meditation" oder "Zen" liegen nahe. Sie könnten bei oberflächlicher Betrachtung dazu führen, das gesamte Anliegen ins Reich des Unerklärlichen oder Irrationalen zu verweisen. Es ist jedoch nüchtern betrachtet so, daß bereits in unserer Fachwissenschaft solche Begriffe und an sie anschließende Erfahrungen angesprochen werden,so daß sie mehr und mehr in ein allgemeines Wissen um die Vorgänge und die Bedeutung des Sich- Bewegens integriert werden. Wir verweisen hier auf die Bewegungslehre von FETZ (1964, S. 125-131), besonders die Passagen über Bewegungsempfindungen, die verschiedenen Ausführungen zum Üben (neuerdings wieder von EHNI (1985))

und auf das von MOEGLING gestaltete Heft zur "Bewegungsmeditation" (Sportpädagogik 10 (1986) 1).

3. Wieso ist das Thema bedeutsam?

Um dies zu sagen, können wir nicht ganz auf Gesellschaftskritik verzichten. Nehmen wir an, wir wollten von einem Punkt A, an dem wir uns befinden, zu einem
Punkt B gelangen. Dazwischen liege ein Gitter. Wir haben es eilig. Wir springen
mit Schwung darüber hinweg, nachdem wir Höhe und Anlauf eingeschätzt haben,
und eilen fort zu B. Aber leider befinden wir uns in einem Alter oder einer gesellschaftlichen Stellung, die den Sprung verbieten. Wir gehen also um das Gitter
herum und gelangen auf diese Weise zu B. Aber leider können wir gar nicht gehen, wir liegen im Bett. Was wollten wir also in B? Etwas einkaufen. Nun, da
muß eben B zu uns kommen. Wir wälzen uns auf die Seite, drehen die Wählschei-
be und bestellen telefonisch. Aber leider können wir auch das nicht. Wir sollen
ganz still liegen und uns nicht rühren. Deshalb bringen wir mit einem Wink
unserer Augen unsere Pflegerin dazu, uns den Wunsch abzufragen und die Sache
für uns zu erledigen. Vielleicht wollten wir auch gar nichts kaufen, sondern uns
in B etwas anschauen. Auch da ist Rat. Wir ordern ein Bild oder einen Videostrip
und erledigen das zuhause.

Diese Beispiele zeigen anschaulich, was wir die gesellschaftliche Bedeutung des
Körpers nennen. Das Vermögen und die Mittel unserer Gesellschaft machen es
möglich, weitreichende Handlungsziele bei minimaler organismischer Funktionsfähigkeit zu verfolgen. Es kommt vom einzelnen her gesehen nur darauf an, in
welchem Umfange man Dienstleistungen oder Ersatzhandlungen mit geringerem
körperlichem Aufwand operativ intelligent organisieren kann. Zur Zeit begründet
dies noch eine gesellschaftliche Schichtung in Intelligenzleister und Bewegungs-
leister. Aber auch diese Schichtung wird korrodieren und verfließen, wenn die
Elektronisierung und Roboterisierung weiter fortgeschritten ist. Es bleibt uns eine
vergleichsweise geringe Restsorge um das leibliche Wohlergehen, um derentwillen
man Vorrat durch Übung und Diät schaffen und Kenntnisse erwerben muß. Und
selbst diese Restsorge wird verringert. Bedeutende Anstrengungen werden unternommen, um jede Vorbeugung durch Nachsorge zu ersetzen. Medizin und Phar-
makologie bringen immer mehr Mittel hervor, die auch noch das Restminimum an
organischer Funktionsbereitschaft und das ihm entsprechende Lebensgefühl als
Konsumartikel verfügbar machen.

Die Menschen nun handeln aufgrund ihres Wissens um eben diese Möglichkeiten.
Sie bestimmen als Praxis des Lebens mit dem Körper das, was sie als den Körper
noch in Funktion wahrnehmen. Dieser praktischen Erfahrung ihres Handelns nach

ist der Körper ein ersetzliches und relativ unerhebliches operatives Mittel. Wie wir gesehen haben, brauchen wir ein nur sehr geringes Maß an Muskelkraft, Beweglichkeit und Sinnenschärfe und bleiben doch handlungsfähig und mächtig. Ja, es scheint so, als wenn Einfluß und Vermögen geradezu davon abhängen, daß die organismisch aufwendigen Operationen unseres Handelns zugunsten der intelligenten Organisation von Mitteln und Dienstleistungen zurückgestellt werden. Über Zäune springen ist dann ein Symbol für geringen Status und mangelnde Intelligenz. Wenn wir uns mit solchem Vorverständnis umschauen, fällt uns bald an vielen Stellen die Substitution des körperlichen Vermögens auf; in der Arbeitswelt, im Verkehr, im Städtebau, im Wohnungsbau, im Haushalt. Überall mehr Komfort und weniger Anstrengung, mehr Roboter, Elektronik, maschinelle und menschliche Dienstleistung, mehr Knopfdruck und Geisterhand.

Diese Lage erklärt auch manches Unerklärliche in körperlichen Dingen: Daß viele Menschen achtlos mit sich selbst umgehen, ihren "Körper" vergessen, ihn manchmal zum Arzt tragen, die Medizin schlucken und die Ratschläge wenig beherzigen; daß es viel zu viele dicke, unbewegliche, haltungsschwache, zahnfaule Kinder gibt, deren Eltern gar keine Anstrengungen unternehmen, dem irgendwie vorsorgend abzuhelfen, aber auch mehr Zahnspangen, Sonderturnen, Rehabilitation und Therapie. Hier wirkt kein böser Wille, spricht sich keine Dummheit oder Faulheit aus. All diese Menschen handeln rational, wie es die Lage erfordert. Man benötigt das nicht, und wo das Minimum unterschritten wird, ist rasche Hilfe versprochen. Selbst die zur Zeit noch sichtbaren Mängel, Herz- und Kreislaufkrankheiten, Haltungsschwächen und -fehler, Dickleibigkeit und Bewegungsschwächen werden ihre Mittel finden und erträgliche Erscheinungen des Normalen werden. Was wir bisher erklärt haben, ist so in letzter Zeit oft und nachdrücklich in kulturkritischer Wendung beschworen worden. Vom Verschwinden des Körpers und Schulen der Körperlosigkeit war metaphorisch die Rede. Es ist gut, das zu hören, weil es unseren Optimismus über die Zustimmung zu unseren Zielen dämpft. Aber es gibt wohl doch nur eine Teilwahrheit wieder.

Wie wir gezeigt haben, ist es möglich, weitreichende Handlungsziele operativ unkörperlich anzustreben und dabei auch noch Erfolg zu haben. In der Verblüffung über diese Tatsache sollte nicht vergessen werden, daß die Erfahrung von beidem abhängig bleibt, vom Ziel und von den zielerreichenden Operationen. Über den Zaun springen und telefonieren bedingen, selbst wenn sie zu einem fast gleichen Ergebnis führen, je eine grundsätzlich andere Erfahrung der Welt und unserer leiblichen Existenz in ihr, und sie beruhen auch auf einer ganz anderen Vorstellung von dem, was die Welt für uns sein kann. Indem ich handle, nehme ich Stellung zur Welt und erfahre mich selbst. Inhalt und Art dieses weltdeutenden Selbsterlebens begründen eine unterschiedliche Lebensqualität. Bergsteiger wenden ihre Kraft und Ausdauer an die Widerstände eines Felsens, Reiter zähmen ein heftiges

Pferd, Skiwanderer trotzen Sturm und Kälte, Paare hegen ihre Zärtlichkeiten, und es sind immer jene unkörperlich operierenden Intelligenzen, als die sie sich in anderem Zusammenhang handlungsfähig und mächtig zeigten, die das tun. Diese eine Welt und deren Selbsterfahrung reicht ihnen eben nicht. Unser Sport hat unter diesem Aspekt mit dafür zu sorgen, daß sich Menschen körperlich akzentuierte Ziele setzen. Er deutet den Menschen das körperliche Vermögen als eine Quelle befriedigender Erfahrungen, in denen sie sich selbst finden und bestimmen können. Der Körper ist ein Anfang. Immer wieder.

Ein Kind wird geboren. Es schreit. Es schläft. Es regt sich. Die Erwachsenen nehmen die Regungen die Kindes als etwas wahr. Sie sehen Anfänge. Sie deuten sie aus, stellen sich vor, was daraus werden kann. Unser Kind ist müde, sagen sie, wenn es das Gesicht verzieht und nörgelt. Unser Kind will stehen, hoffen sie, wenn es an die Gitterstäbe des Laufstalls greift. Unser Kind ist musikalisch, denken sie sich, wenn es so schön lallt. Und sie unternehmen etwas, damit das, was ihnen ein Anfang scheint, auch zu dem kommt, worauf es ihnen hindeutet. Das Kind erfährt das. Führende Hände und lockende Rufe bedeuten das Stehen. Kleine Gute-Nacht- und Wiegenlieder die Musik, ein Bett das Alleinsein in Ruhe. In den körperlichen Handlungen hat die Entwicklungspsychologie die Grundlage der Intelligenz wahrgenommen, im Lallen die des höchst entwickelten Sprechens, im Strampeln die Anfänge aller Lokomotionen der besten Athleten, in den groben Bewegungen der Arme Voraussetzungen für die feine Koordination von Auge und Hand, die chinesische Schriftzeichner zuwege bringen. Noch die abstraktesten Leistungen unseres erwachsenen Vermögens haben irgendwann im Entwicklungs-gang körperliche Handlungen zu ihrer Bedingung gehabt. Die sorgsame Pflege und Anregungen dieser Handlungen kann als die beste erzieherische Vorbereitung für die darauf aufbauenden Entwicklungsfortschritte bezeichnet werden. Das Zurück-greifen auf den Körper nun ist im Laufe unseres Lebens oft erforderlich. Wenn wir eine neue Sprache erwerben wollen, wenn wir krank waren und uns wiederherstel-len, wenn wir unsere eigenen Kinder verstehen wollen, wenn wir uns Ziele oder Aufgaben vornehmen, die uns noch neu sind (auch noch im Ruhestand), wenn wir die wortlose Verständigung suchen. Wenn unsere Seele leidet und uns der Streß überwältigt. Wir denken, es ist vertretbar, hilfsweise zur Kennzeichnung der Bedeutung des Körpers einen erweiterten Begriff des "Körperschemas" zu ver-wenden. Nach PIAGET (und dies deckt sich mit der Auffassung der Wahrneh-mungspsychologie bei NEISSER)[10] bedeutet Schema: eine vorbewußt oder bewußt verfügbare Handlung, die einer Absicht ihre gleichbleibenden, wenn auch in sich beweglichen Mittel gibt. In diesem Sinne sind Greifen und Saugen sensomotorische Schemata, und das Festhalten der Größe eines Gegenstands, gegen seine im Wahr-nehmungsfeld objektiv erscheinende Verkleinerung in der Entfernung, ist ein gedankliches Schema.Man kann nun in der Fortsetzung dieser Bestimmungen sa-gen, daß der Körper insgesamt ein Schema, ein sehr komplexes Schema darstellt.

Es steht für eine Summe von möglichen und genauso von nicht möglichen Handlungen. Dies drückt sich aus in einem vorbewußten "ich kann", und "ich kann immer wieder", wie es uns Alfred SCHÜTZ als die "zweite lebensweltliche Idealisierung" sehen gelehrt hat und durch ein entsprechendes "ich kann nicht". Der Körper steht als ein Schema für Handlungen, Wirkungen und Beziehungen, die selbstverständlich, unter Umständen in Reichweite oder ganz und gar unmöglich sind. Im Traum, in der Erinnerung und in der Phantasie überschreiten wir dieses Schema, aber eben auch durch konkretes, assimilierendes und akkomodierendes Handeln, wie es uns das Sporttreiben abverlangt. Wenn man mit SCHERLER nun die Perspektive PIAGETS etwas verändert, der daran interessiert war, den Durchgang der Erkenntnis durch die sensomotorischen Stufen zu betrachten, um die höher bewerteten Stufen des beweglichen gedanklichen Handelns zu finden, wenn man also darauf abstellt, daß jede Stufe in Funktion bleibt und in sich selbst die Möglichkeit der Entwicklung, der Vertiefung und Verfeinerung enthält, dann erkennen wir Körpererfahrungen als einen bedeutsamen Beitrag dazu, die Stufe des sensomotorischen Erkennens zu kultivieren. Auch dies erscheint als ein wichtiger Beitrag zur Verwirklichung menschlicher Möglichkeiten.

4. Wieso ist das Thema für "traditionelle Sportarten" bedeutsam?

Nehmen wir dazu zunächst ein Beispiel. Der vorherrschenden Auffassung von Leichtathletik entspricht es, einen Kugelstoß vor allem unter dem Gesichtspunkt physikalischer Einwirkungen und Lageveränderungen zu betrachten. Es werden Kennlinien der optimalen Beschleunigung des Wurfgeräts aufgestellt, Abwurfwinkelkalküle errechnet, die leiblichen Möglichkeiten eines Athleten als besondere, meist nicht ganz optimale, daher einschränkende Bedingungen der Realisierung der Wurfformel einbezogen. Auf diese Weise hat sich eine die Wirklichkeit der Leichtathletik eher verzerrende Rekonstruktion dieses Gebietes eingespielt. Wahr ist doch wohl auch, daß das Ergebnis unsres Stoßes von dem persönlichen Zustand abhängt, in dem wir uns befinden. Im Zustand der Gereiztheit, Aufregung, Hektik bewegen wir uns anders, als wenn wir wach, ausgeglichen, gelassen und wohlgespannt sind. Durch eine veränderte Einstellung unseres Zustandes können unsere Bewegungen eine andere Form und einen gesteigerten Effekt bekommen. Durch anderes Sich-Bewegen können wir den gegebenen Zustand verändern. Das ist für einen Sportler eine vielleicht vergessene Selbstverständlichkeit, um die man sich neu, z.B. in der sehr biomechanisch und leistungspsychologisch durchgebildeten Leichtathletik, didaktisch bemühen sollte. Wer eine Kugel weit stoßen will, muß nicht vornehmlich biomechanische Kennlinien realisieren: diese sind unfühlbare Abstrakte. Er muß dafür sorgen, daß die Kugel warm in seiner Hand liegt, daß sie einverleibt ist, daß sich Absicht und körperseelischer Zustand miteinander vertragen und aneinander entwickeln, kurz, er muß das tun, was manche "meditieren" nennen und sein fortschreitendes Können beinhaltet eine vertiefte Fähigkeit dazu. **Das heißt, die traditionellen Sportarten sind reicher und tiefer mit Erfahrungsmöglichkeiten ausgestattet, als die Art sie zu betrachten und sie zu lehren gegenwärtig zugänglich macht.**

Nach unserer Auffassung gibt ein aufmerksames Umgehen des Sportlers mit dem eigenen Körper diesem die Möglichkeit, nachhaltiger und besser Sport zu treiben. Ein vorwiegend an extern errechneten und vorgegebenen Belastungsdaten ausgerichtetes Training verkennt den besonderen Standpunkt und die Eigenart des sporttreibenden Menschen. Der Mensch kann nur in Grenzen metaphorisch als Bewegungsapparat gedeutet werden, dessen leistungsbestimmende Teilfunktionen isoliert, errechnet und stimuliert werden können. Eine solche Vorstellung führt in der Praxis sehr schnell an die Grenzen des noch Möglichen. Der Athlet wird durch eine solche Auffassung von sich selbst entfremdet. Er hört nicht mehr auf sich, sondern stumpft sich ab, um den Normen zu entsprechen.

Ein weiterer Gesichtspunkt kommt hinzu, den wir eigentlich immer stillschweigend vorausgesetzt haben. Sporttreiben in dem uns geläufigen Sinne, orientiert an regelmäßigen Wettkämpfen, unternommen zur Erprobung und Steigerung der persönlichen Tüchtigkeit und als Anlaß zur Geselligkeit, stellt für uns einen hohen Wert dar. Wir sagten bereits, daß es nur wenige gleichgute Möglichkeiten wie diesen Sport gibt, um Menschen dafür zu gewinnen, sich selbst körperlich akzentuierte Ziele zu setzen. Der Sport macht gerade darin anspruchsvoll. Wer den Tennisball trifft, sieht das absichtliche Setzen als neuen Anspruch vor sich. Wer Setzen kann, möchte das Tempo und den Schnitt variieren. Wer dies beherrscht, möchte es mit Sicherheit und Gleichmäßigkeit, ohne vom Wechsel der "Form" betroffen zu werden, realisieren u.s.w.. Uns geht es in einer kritisch geneigten Einstellung zum Sport darum, daß der Sport nicht maschinenartig, unsensibel, gegen den Körper und gegen die Sportpartner ausgeübt wird. Das ist letzlich eine Wertentscheidung. Aber kein Sport kommt ohne eine normative Grundlage aus. Schneller, höher, weiter erschöpfen die Ethik des Sports nicht. Es muß hinzukommen, daß der Überbietungswille gebunden bleibt an ein Körpergewissen. Selbst im Zuschauersport scheint es so zu sein, daß die aggressive Unterwanderung allgemein geteilter ethischer Grundlagen eines friedlichen Spielens unter größtmöglicher gegenseitiger Herausforderung, den Zuschauern die Freude an der Sache verdirbt. Und ebensowenig wie Verletzungen billigend in Kauf genommen werden können, kann die Steigerung der menschenmöglichen Leistung im Sport, z.B. durch Kindertraining, ohne eine Rücksicht darauf auskommen, was das aktuell zu Erreichende für die gesamte Lebensspanne des Sportlers bedeutet.

Insofern scheint uns, gerade auch wegen vieler wenig ermutigender Erscheinungen des veröffentlichten Sports, eine mehr leibökolgische Betrachtung des Sports angebracht. Der Sport kann ja nicht stehenbleiben, er muß sich entwickeln. Und dazu sagen wir, daß mehr guter Sport ein leibverantwortlicher Sport sein sollte. Man mag einwenden, daß dabei ein entabenteuerter, in Watte gepackter Schonsport herauskommen wird und daß das freie, existentielle Risiko seinen unbedingten Stellenwert im Sport behalten müsse. Von Schonung, denken wir, war nicht die Rede, sondern von einer auf die Lebensspanne Rücksicht nehmenden Verantwortung. Diese weist dem Sportler im ethischen Dilemma (MAIER 1985) den besseren Weg, z.B. gegen krebserregende Anabolika und gegen das Niedertreten des Gegenspielers, um die exponiertesten zu nennen.

5. Wie lassen sich Körpererfahrungen vermitteln?

Körpererfahrungen setzen eine gewisse sinnliche Ansprechbarkeit, eine Sensibilität für das, was geschieht oder geschehen wird, voraus. Möglicherweise kann dann noch eine bewußte Verarbeitung dessen, was man erlebt hat, hinzukommen. Aus dieser Überlegung läßt sich ein Dreischritt für die Vermittlung von Körpererfahrungen ableiten:

1. Sinnliche Aufgeschlossenheit setzt mich in die Lage, wahrzunehmen, was in meinem Körper und im Kontakt meines Körpers mit der Umwelt geschieht. Funktionstüchtige und differenzierungsfähige Sinne sind eine wesentliche Vorbedingung für Körpererfahrungen. Wir können heute nicht mehr davon ausgehen, daß alle Lernenden im Sport über voll funktionstüchtige Sinne verfügen, zumindest nicht, daß sie mit allen ihren Sinnen bewußt wahrnehmen. Eine Schärfung der sinnlichen Bereitschaft durch entsprechende Aufgaben und Aufmerksamkeitszentrierung sollte deshalb sowohl bei Lernenden, aber auch zeitweise immer wieder bei Könnern angestrebt werden. Stichwort: **SINNE SCHÄRFEN**.

2. Körpererfahrungen können in erster Linie dann gemacht werden, wenn die Lern- und Übunssituation sowie der methodische Weg und das Lehrverhalten so arrangiert werden, daß sinnliche Bereitschaft, daß Wahrnehmung auch wichtig wird. Bei einer Aufmerksamkeitszentrierung auf das Technische oder die zu erzielende Leistung scheint dies schwerer möglich, als wenn die Lernaufgabe Umwelt und Absicht in Beziehung setzt und der Lernende sinnlich herausfinden muß, wie diese Beziehung von ihm gestaltet wird. Stichwort: **SINNE NUTZEN**.

3. In einem dritten Schritt kann ein bewußtes Verarbeiten des Wahrgenommenen erfolgen. Man kann sagen, was man empfunden hat, es vergleichen. Doch sollte ein solches Verarbeiten - vor allem bei Kindern und alten Menschen - vorsichtig angeregt und dosiert angewendet werden. Die Erlebnisse sollen nicht zerredet werden. Wenn man jedoch aktuelles Wohlbefinden für die Zukunft sichern möchte,

dann kann ein Bewußtwerden seiner Gründe und Bedingungen gerechtfertigt sein. Stichwort: (AUCH MAL) DARÜBER REDEN.

Die beiden ersten Schritte können im Sinne einer funktionalen Vorgehensweise angewendet werden. Im Idealfall werden dem Lernenden dabei wahrnehmungs- und erlebnisreiche Bewegungsangebote gemacht, in denen erfahrungsgemäß bestimmte Erfahrungen mit großer Wahrscheinlichkeit entstehen. Gut ist es, wenn der Lehrer durch sein Mittun in eine Erfahrungsgemeinschaft mit den Lernenden tritt, um aus ihr heraus durch Anregungen und Fragen den Prozess zu unterstützen. Es können als Anregung bewußt auch solche Bewegungen gewählt werden, die im Anklang an kindliches Bewegen stehen. Kindheitserinnerungen und die Beobachtung von Kindern können uns den Weg zu zahlreichen Aufgaben zeigen. Das Suchen, Wiederfinden, Wiederholen und Ausprobieren kindlicher Bewegungen sind ein bedeutender Anstoß, angenehme Bewegungs-/Körpererlebnisse funktional zugänglich zu machen. Im dritten Schritt geht es um das deutend-verstehende Miteinandersprechen. Was beim Sich-Bewegen aufgefallen ist, kann ausgedrückt, was von dem Ausgedrücken verstanden worden ist, zurückgespiegelt werden. Günstig ist es, wenn Beiträge, die grundsätzlich freiwillig gegeben werden, auch einfach stehen bleiben dürfen, ohne einen Kommentar haben zu müssen. Erfahrungsgemäß ist es erhellender, das Feld der Empfindungen in seiner Differenziertheit zu erkennen, als eine "Einigung" anzustreben. Sagen, wie **ich** empfinde oder empfunden habe, führt hier weiter als das Forschen, wie **man** empfindet.

Entscheidend ist unseres Erachtens, daß über eine körpererfahrungsorientierte Vermittlung von Sportarten dem Lernenden ermöglicht wird, daß sein Bewegungsgefühl die Führung bei der Bewegung übernehmen kann. Unangenehme Bewegungsempfindungen sind dann Anlaß zu einer Korrekturmaßnahme. Gute Bewegungen sind stets flüssige und angenehme Bewegungen, Brüche und ungünstige Ausführungen können erspürt werden. Eine körpererfahrungsorientierte Vermittlung erfordert auch ein Überdenken der Lehrerrolle. Stärker als bei anderem Unterricht müssen beim Lehrer folgende Qualifikationen gegeben sein:
- zum Lenken der Aufmerksamkeit,
- zum Stellen von offenen Fragen,
- zum Formulieren von Vermittlungshilfen,
- zum Arrangieren von Situationen, die Gelegenheit zu Körpererfahrungen bieten,
- zum Suchen von Gesprächen über Körperwahrnehmungen und -erfahrungen,
- zu Offenheit und Flexibilität in der Gesprächsführung[11],
- zur Bereitschaft, Gehörtes einfach zu akzeptieren oder auch unkommentiert im Raum stehen zu lassen,
- zum Verzicht darauf, Schüler so lange zu "verhören", bis das gewünschte Ergebnis geäußert wird.

Der Lehrer muß selbst über ausreichend Körpererfahrungen verfügen, um zu wissen, wie er die Aufmerksamkeit lenken und zentrieren kann; er muß für das, was sich beim Lernenden tut, interessiert, ja neugierig sein. Er muß sich dessen bewußt sein, daß nicht nur sein Schüler/Sportler von ihm, sondern auch er von diesem lernen kann. Da nicht jeder Mensch gleich ist, muß er darauf vorbereitet sein, daß in den Auswertungsgesprächen Antworten möglich sind, die für ihn überraschend kommen; das Aushalten von überraschenden Situationen und auch von momentanem Nichtsanfangenkönnen mit einer Äußerung zeichnet einen Lehrenden bei körpererfahrungsorientiertem Unterrichten aus.

6. Zu den Beiträgen dieses Bandes

Wir sagten, daß die Aufhellung der Erlebnisse im Sport, so auch der durch Sport ermöglichten Körpererfahrung zur Bringeschuld der Sportwissenschaft gehört. Wir haben die Perspektive, aber wir wissen wenig über sie. Deshalb sind wir besonders froh, daß sich, außer uns selbst, weitere Fachleute für einzelne Disziplinen des Sports bereitgefunden haben, hier erste Beiträge zu liefern. Denn das ist der aus unserer Sicht einzig gangbare Weg: Wie der Körper im Sporttreiben gegeben ist und was mit ihm empfunden wird, das kann nur einer sagen, der aus Erfahrung spricht. Deshalb führen Vorschläge zur Körpererfahrung im Sport nur zu etwas Praktischem, wenn sie von jemand geäußert werden, der seine Sache kennt. Man muß mit wachen Sinnen Sport getrieben und mit Einfühlungsvermögen andere zum Sporttreiben angeleitet haben, wenn man im gegenwärtigen Stand der Kenntnisse etwas Sinnvolles aussagen will. Das ist keine Versicherung gegen Irrtum oder Überziehen. Etwas auf diesem Gebiete zu sagen, schließt dieses Risiko weiterhin ein. Aber es ist ein Ausweis von Redlichkeit, wenn man aus Erfahrung spricht und nicht bloß aus Begeisterung. Die biographischen Hinweise zu den einzelnen Autoren mögen unsere Einschätzung belegen. Jeder Beitrag bildet den Versuch, die besonderen "Potenzen" der Disziplin für die Körpererfahrung zu erkunden und zu beschreiben. Alle sind ausdrücklich praktisch gedacht, sie wollen das bisher Erkannte in Form von Lern- und Trainingsvorschlägen zugänglich machen. Deshalb soll, wenn es nach uns geht, dieses Buch nicht gelesen und sozusagen seminaristisch verarbeitet werden, sondern es soll vor allem die eigene praktische Erkundung anregen und in ihr seinen Sinn, seine Bestätigung und Kritik finden. Es ist deshalb ein Arbeitsbuch, was wir zusammengestellt haben. Es ist nicht aus einem Guß und in allen Beiträgen auf demselben Stand von Erkenntnis und Aussage. Aber alle Beiträger sind in Richtung der Leitperspektive in Bewegung, ein Anfang also und kein Abschluß. Wegen der Authentizität der Erfahrung, die wir für die einzelnen Autoren ansetzen, wiederholen sich auch einzelne Gegenstände, so daß hier ein mehrperspektivisches Bild erscheint. Dies schien uns besser, als einen Autor um der Vollständigkeit der Gebiete willen auf etwas anzusprechen, was er nicht im gleichen Maße zu seiner Sache gemacht hat. Gleichwohl haben wir uns bemüht, die großen Gebiete des Sports insoweit hier zu versammeln, als Individual- und Mannschaftssport zum Zuge kommen. Und wir haben auch dafür Sorge getragen, daß eine gewisse Vollständigkeit insofern gegeben ist, als Vor- und Nachbereitung eines körperbewußten Trainings, Atmung und Entspannung angesprochen und ein erster, aus unserer Perspektive heraus ansetzender Zugriff auf Körpererfahrung, Sport und Gesundheit gemacht wird.

7. Meinungen zur ersten Auflage

Neben zahlreichen sehr positiven Rezensionen der ersten Auflage unseres Buches gab es auch einige wenige kritische Bemerkungen. Die nachdrücklichsten und im Duktus erfrischendsten Einwände zur 1. Auflage haben zwei Autoren aus Oldenburg formuliert. In der für ein Vorwort gebotenen Kürze wollen wir darauf eingehen. Damit soll jedoch nicht gesagt sein, daß uns andere Kritik nicht berührt hätte.

"Wer das Spürbare der Körpererfahrung sucht, der soll sich ins Gras legen. Wer dagegen auf Bewegungserlebnisse aus ist, sollte dem Körperempfinden keine allzu hohe Bedeutung beimessen, sondern sich für das gute Gefühl der Bewegung öffnen", schreibt BERND VOLGER (1989, S. 166), und weist uns dann ausführlich auf drei angebliche "Irrtümer der Körpererfahrung" hin: Die Rede vom Soll-Istwert-Vergleich nähme ein gedankliches Modell für die Wirklichkeit, wer eine Bewegung gut beherrsche, sei nicht auf sich selbst (also auf die Empfindungen seines Körpers), sondern auf alles und nichts in absichtsloser Weise eingestellt, und mit Körpererfahrungen werde ein Vermittlungsgegenstand erschlichen, der Lehrern Selbstschutz gewähre (S. 167-173). Zum näheren Verständnis dieser Aussagen gleich mehr. CLAUS HEEMSOTH (1988, S. 199) beurteilt vor allem TREUTLEINs Aufsatz zur Leichtathletik so, daß es unser Anliegen sei, *"einzelne Körperempfindungen"* in den *"Mittelpunkt des Interesses"* zu rücken und er schätzt ein, daß damit das Aufgehen in der Bewegung behindert, bzw. verhindert werde. Beide Autoren argumentieren im Wesentlichen mit gestalttheoretischen Positionen von KOHL und THOLEY, und ziehen neuere Ansätze von LEIST (1983a), LOIBL (1984) sowie LEIST und LOIBL (1983) heran. Die letzteren haben interessanter Weise inhaltlich gleichartige Beiträge auch unter dem Stichwort Körpererfahrung veröffentlicht (LEIST 1984b; LEIST/LOIBL 1986; LANGE u.a. 1986), was VOLGER und HEEMSOTH wiederum nicht kritisieren.

Nun ist aus unserer Sicht festzustellen, daß unsere beiden Kritiker wichtige Einsichten ins Sich-Bewegen und die Bewegungsvermittlung mitteilen, die wir unterstützen, und deren didaktische Konsequenzen in vielem auf das Gleiche hinauslaufen, was auch wir mit unserem Buch schon früher auf den Weg bringen wollten. Insofern geht es wohl auch um eine nomenklatorische, und damit praktisch gesehen, eine akademische Frage: **Körpererfahrung oder Bewegungserleben?** Warum wir Körpererfahrung bevorzugen, steht im Beitrag "Grundlagen". Wir schätzen ein, daß wir dabei bleiben können.

In einem weiteren Aspekt sehen wir die Sache allerdings wirklich anders: Bewegung ist Funktion, sie dient dem Erreichen von Absichten. Wie schon KNAUF (1971) feststellte, gibt es auch eine sog. Eigenfunktion, d.h. jemand bewegt sich, weil er sich selbst spüren will. Im Gras liegen erschöpft das nicht, ja berührt es nicht einmal. Es ist nun eine Frage der Bewertung von Sinnperspektiven, ob man die Eigenfunktion der Bewegung zum sportpädagogisch wesentlichen Spektrum der Vermittlung und des Betreibens hinzuziehen will. Wir wollen das, und mit uns viele Menschen. Wir können darin keinen Verrat am "Bewegungserleben" erkennen, sondern eben nur einen wünschenswerten Bezug auf eine immer latente Möglichkeit. VOLGER und HEEMSOTH schränken Bewegung in vermutlich zu enger Weise auf das "um-zu" motorischer Problemlösung im Außenbezug ein. Daß sie das tun, wird ihnen aber nicht bewußt, sonst führten sie keine Debatte über Bewegungserleben vs. Körpererfahrung, sondern über pädagogische Perspektiven der verschiedenen Funktionen von Sich-Bewegen. Insoweit erreicht die Kritik unseren Ansatz gar nicht.

Was die drei "Irrtümer" angeht, halten wir sie für absichtsvoll konstruiert. Wir erleben täglich, wie ein kybernetisches Modell, der Soll-Istwert-Vergleich, von Sport-Lernenden durch die ihnen zugemutete Art der Vermittlung zum Interpretationsmuster ihres Handelns wird, **Zieldrangsyndrom** (TREUTLEIN 1987) und **defizitäres Selbstverständnis** sind die Folge. Wir halten dies für ebenso wirklich wie bedenklich. Daß Körperzentrierung nur ein Zwischenstadium sei und als Vermittlungsziel für Bewegungsvermittlung nicht infrage komme, kann mit KOHL (1956) nicht belegt werden. Er hat auch für den Könner solche Zentrierungen in seinem empirischem Material belegt, die Aussage VOLGERs scheint etwas apodiktisch. Im übrigen richten sich sehr viele unserer Anregungen gerade an den Anfänger und mittleren Könner und insofern herrscht dazu doch gleiche Einschätzung über den Wert der Körperzentrierung im Lernprozeß zwischen uns.

Auf Unverständnis stößt bei uns, was VOLGER den dritten Irrtum nennt. In seinen Worten: *"Lehrer wollen wirkliche Lehrer sein. Deshalb lehren sie Körpererfahrungen, weil Körpererfahrung lehrbar erscheint. Anderenfalls könnte das Selbstverständnis des Lehrers vom Lehren und von sich selbst ins Wanken geraten: dann nämlich wenn der Schüler zum Lehrer wird und durch sein Verhaltensantworten dem Lehrer immer neue Rätsel aufgibt".* Ganz abgesehen von den von uns nicht zu beurteilenden Vorwürfen an Lehrer: Wir haben sehr deutlich gerade diese Funktionsumkehrung im Lehrer-Schüler Verhältnis als Konsequenz unseres Ansatzes ausgewiesen, wir haben vom Lehren von Körpererfahrung, von ihrer Verdinglichung zu Lehrinhalten abgeraten, der Dialog zwischen Lehrer und Schüler richtet sich, so wie wir es wollen, auf die Unterstützung selbstbestimmten Suchens und Entdeckens.

Anmerkungen

[1] Kursbuch 49 ("Sinnlichkeiten")

[2] FUNKE 1983, S. 7-8

[3] vgl. dazu POPPER/ECCLES 1984, S. 194-214, wo eine Reihe von archaischen Belegen angeführt wird, aus denen hervorgeht, daß akzentuiert körperliche und seelische Selbsterfahrung, also ein gewisser "Dualismus" zum Selbstbewußtsein der Menschen seit frühester Zeit gehört.

[4] vgl. ALEXANDER 1977; WINDELS 1984; LOWEN 1976; FELDEN-KRAIS 1982

[5] vgl. SCHMITZ 1979, S. 21

[6] vgl. EHNI 1977

[7] Eine Empfindung, sagt MERLEAU-PONTY, habe ein auf Empfinden eingestelltes Subjekt. Es muß jemand geben, der auf seine Weise empfindet und intentional darauf gespannt ist. Dieses Subjekt aber "ist weder ein von einer (gegebenen, in den Dingen ruhenden) Qualität Kenntnis nehmender Denker, noch ein träges Milieu, das von einer solchen affiziert wird, sondern ein Vermögen, das mit jedem Existenzmilieu in eins entspringt und mit ihm sich synchronisiert, ...(ich) lausche oder blicke in der Erwartung einer Empfindung, und plötzlich ergreift das Sinnliche mein Ohr oder meinen Blick, und ichliefere einen Teil meines Leibes oder gar meinen ganzen Leib dem ... aus." (MERLEAU-PONTY 1966, S. 249). Und: "Die Empfindung ... ist gewiß intentional, d.h.... sie vermeint etwas ... Doch das in ihr Vermeinte ist nur blindlings erkannt durch die Vertrautheit meines Leibes mit ihm, es ist nicht in voller Klarheit konstituiert, es ist nur ... übernommen von einem latent bleibenden Wissen." (MERLEAU-PONTY 1966, S. 251).

[8] W. BUSCH, "Die fromme Helene" (o.J. S. 633-636) "und hilflos und mit Angstgewimmer verkohlt dies fromme Frauenzimmer / Hier sieht man ihre Trümmer rauchen. Der Rest ist nicht mehr zu gebrauchen / ...Schon wartet

an des Hauses Schlote der Unterwelt geschwärzter Bote / ... Er faßt die arme Seele schnelle und fährt mit ihr zum Schlund der Hölle."

9)   dtv Ausgabe, Faust II, S. 335.

10)   NEISSER 1979. Hieraus ergeben sich bedeutsame Bezüge zu einem anthropo-logisch-funktionalen Bewegungsverständnis, wie es uns von BUITENDIJK, GORDIJN/TAMBOER, TREBELS UND GRUPE nahegelegt wird. Schon BUITENDIJK sagt, daß das physikalische Verständnis nicht falsch, sondern unzureichend ist. Deshalb sei das physikalische Verständnis zu überschreiten, um die Sache zu verstehen und verständig zu lehren. Vgl. dagegen SÖLL 1985, der erneut das enge, physikalische Verständnis zum Dreh- und An-gelpunkt einer Didaktik der Leichtathletik erhebt.

11)   Siehe dazu ausführlicher FUNKE 1986.

Jürgen Schimmel/Gerhard Treutlein
Körpererfahrung, Sport und Gesundheit - Gesundheit bewahren und fördern, Gesunde belehren und sensibilisieren

1. Bewegung, Sport und Spiel sind nicht alles - Gesundheit braucht mehr!

Die Meinung, durch Bewegung, Sport und Spiel werde die eigene Gesundheit erhalten bzw. wiederhergestellt, ist weit verbreitet: Sie scheint aber nicht immer richtig zu sein; wenn man sich z.b. die Zahl der Sportverletzungen im Breitensport und vor allem - trotz intensiver medizinischer Betreuung - im Spitzensport vor Augen hält, ist ein automatischer Zusammenhang von Sport und Gesundheit zumindest fraglich. Es läßt sich zudem nicht ohne weiteres entscheiden, ob z.b. ein Jogger, der mit verbissenem Gesicht und präzisem Trainingsplan im Hinterkopf seine Kilometer herunterspult, seine Gesundheit fördert, ob ein Body-Builder, der in der "Folterkammer" Zentner um Zentner bewegt, sich wirklich etwas Gutes tut, oder ob eine Seniorin, die ohne große Vorbereitung an einer Sportabzeichenabnahme teilnimmt, nicht möglicherweise ihre Gesundheit gefährdet. Um sein eigenes Verhalten dahingehend beurteilen zu können, ob es gesundheitsfördernd oder - beeinträchtigend ist, braucht der Sporttreibende Wissen und Sensibilität. Aufgabe von Ärzten und Leibeserziehern ist es, hierzu Anstöße zu geben, um einen gesunden Leib durch eine gesunde Lebensführung zu ermöglichen.

Gesund zu leben ist heute ein Bedürfnis breiter Bevölkerungsschichten. Um beurteilen zu können, was sich gesundheitsfördernd bzw. -beeinträchtigend auswirken kann, brauchen wir Bezugspunkte. Wir gehen davon aus, daß Wohlbefinden und Lebenstüchtigkeit Gesundheit eines Menschen anzeigen (SOMMER 1989, S. 7ff). Für sich allein genommen kann Wohlbefinden ebenso trügerisch sein wie Lebenstüchtigkeit (oder auch sportliche Leistungsfähigkeit). Beide zusammen stellen aber ein ziemlich zuverlässiges Anzeichen für Gesundheit dar; sie enthalten u.a. Leistungsbereitschaft und Leistungsfähigkeit, aber auch Lebensmut und Lebensfreude. Um Wohlbefinden und Lebenstüchtigkeit zu fördern, reicht eine Berücksichtigung nur des Bewegungsbereichs in der individuellen Lebensführung nicht aus. Daß eine Vielzahl von Faktoren günstig gestaltet werden und zusammenspielen müssen, zeigt das folgende Modell (siehe S. 30). Wenn die "Sechs Regelkreise der Lebensführung" (SCHIPPERGES et al. 1988) so gestaltet werden, daß Lebenstüchtigkeit und Wohlbefinden günstig beeinflußt werden, ist Gesundheit wahrscheinlich. Aufbauend wirken alle Betätigungen und Einflüsse, die den gesamten psycho-physischen Organismus (und damit die sechs Regelkreise) so in Anspruch nehmen, versorgen und anregen, daß das Energiepotential und damit letztlich die Gesundheit angeregt und gestärkt werden. Ob dabei das rechte Maß

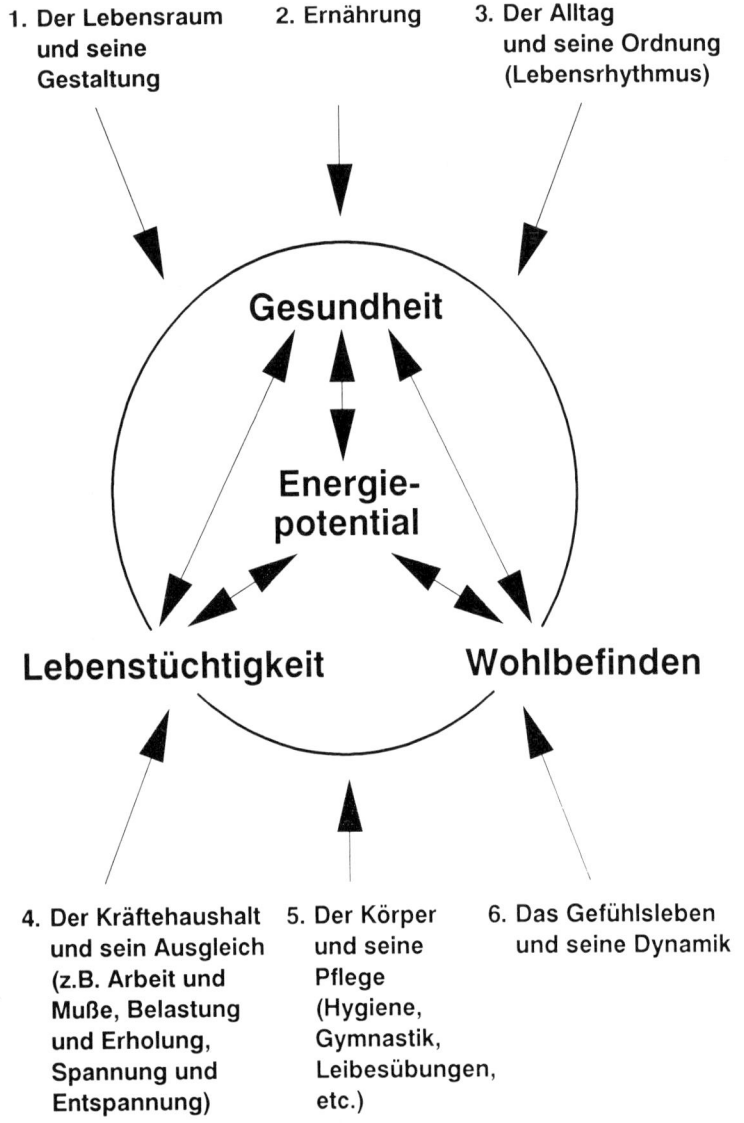

1. Der Lebensraum und seine Gestaltung

2. Ernährung

3. Der Alltag und seine Ordnung (Lebensrhythmus)

Gesundheit

Energie-potential

Lebenstüchtigkeit

Wohlbefinden

4. Der Kräftehaushalt und sein Ausgleich (z.B. Arbeit und Muße, Belastung und Erholung, Spannung und Entspannung)

5. Der Körper und seine Pflege (Hygiene, Gymnastik, Leibesübungen, etc.)

6. Das Gefühlsleben und seine Dynamik

Abb. 1: Faktoren, die die Gesundheit beeinflussen (vgl. u.a. SCHIPPERGES et al. 1988)

30

gefunden wird, läßt sich oft mit objektiven Meßmethoden nicht feststellen, das subjektive Befinden spielt deshalb eine wesentliche Rolle. Prävention wird erreicht, wenn die Widerstandsfähigkeit des Organismus und die Gestaltungsfähigkeit des Individuums entwickelt und gestärkt werden. Für Bewegung, Spiel und Sport bedeutet die Berücksichtigung dieses Modells, daß z.B.:

- gesundheitsorientiertes Sporttreiben in erster Linie im Freien in frischer Luft und in natürlicher Umgebung stattfinden sollte,
- zugunsten einer gesunden, vielseitigen und vollwertigen Ernährung auf die sogenannte "Sportlernahrung" (Nahrungskonzentrate usw.) verzichtet werden sollte bzw. auch auf Sportarten, Disziplinen und Leistungsniveaus, die einen Verstoß gegen die Prinzipien einer gesunden Ernährung voraussetzen,
- über maßvolles (d.h. an die Möglichkeiten des Individiums angepaßtes) Sporttreiben der Ausgleich zwischen Arbeit und Muße gefördert werden sollte,
- der Körper gepflegt und die Funktionsfähigkeit seiner Organe durch ein angemessenes Niveau der konditionellen und koordinativen Fähigkeiten erhalten werden muß,
- die Bedeutung einer günstigen Beeinflussung des Gefühlslebens über sinnvolle Bewegung erfahren werden sollte und dadurch schätzen gelernt werden kann. Hier bleibt darauf hinzuweisen, daß SCHIPPERGES et al. u.a. die Bedeutung des Tanzens für die Regulierung des Gefühlslebens sehr hoch einschätzen.

Gefordert ist jedenfalls die Gratwanderung zwischen schädlicher Überforderung und schwächender Unterbelastung, d.h. der Versuch eines rhythmischen, harmonischen Pendelns z.B. zwischen Belastung und Ruhe, Spannung und Spannungslösung. Dies kann umfassend nur mit Hilfe einer sensiblen Gestaltung der Regelkreise der Lebensführung bzw. einer sinn-vollen (weil alle Sinne ansprechenden) Lebensführung gelingen.

Eine sinn-volle Lebensführung erfordert die Entwicklung der Wahrnehmungsfähigkeit als wesentlicher Voraussetzung eines sensiblen Umgangs mit sich selbst, mit seinen Mitmenschen und der Umwelt. Die Vermittlung von Wissen ist notwendig, damit nicht jeder Mensch sämtliche Erfahrungen selbst machen muß. Dabei sollte aber nicht vergessen werden, daß eigenes Erfahren gerade im Umgang mit der eigenen Gesundheit grundlegend ist. Im folgenden sollen einige Punkte[1] aufgezeigt werden, wie Sporttreibende ihre Lebensführung gesundheitsfördernd gestalten können; letztlich sollen sie selbst ein Gespür dafür entwickeln lernen, was ihnen gut tut und was nicht. Um gesund zu leben, genügt es nicht, nur einen gesundheitsbeeinflussenden Faktor wie etwa das Sporttreiben zu berücksichtigen. Gesundheit beruht im Wesentlichen auf drei Grundsäulen:

1. Der Bereich unseres Gemütes. Er beinhaltet alle Empfindungen, Emotionen und Gedanken. Anatomisch entspricht dieser Bereich dem zentralen und vegetativen Nervensystem.
2. Der Bereich des Bewegungsorganismus. Hierzu gehören das Muskelsystem, der Knochen- und Bandapparat.
3. Der Bereich der Ernährung. Anatomisch entspricht ihm der gesamte Magen-Darmtrakt einschließlich der großen Verdauungsdrüsen Leber, Bauchspeicheldrüse und z.T. das Blut.

Aus diesen drei Grundsäulen der Gesundheit ergeben sich drei Ebenen, die man im Hinblick auf eine gesunde Lebensführung fundamental berücksichtigen muß:

1. Das richtige Denken und Fühlen.
2. Die richtige Bewegung.
3. Die richtige Ernährung.

Dabei ist zu bedenken, daß jeder seine individuelle Gesundheit, seine Vorstellungen davon und sein eigenes Erleben dieser Gesundheit hat. Dieses richtet sich nach der ererbten Konstitution (den individuellen genetischen Voraussetzungen) ebenso wie nach den Bedingungen seiner Sozialisation. Deshalb stellt jeder andere Ansprüche an sich, wenn von Gesundheit die Rede ist: Dem einen mag es genügen, keine Schmerzen zu verspüren; andere kontrollieren mit Meßinstrumenten ihre Leistungsfähigkeit; manche erlernen durch Beobachtung ihres mentalen und emotionalen Zustandes sowie von Muskelverspannungen schon frühzeitig, ihr Gleichgewicht wieder herzustellen. In Anbetracht der Bedeutung der individuellen Voraussetzungen sollte jeder sich überprüfen, ob er den Anforderungen bezüglich richtiger Ernährung, Bewegung, Denkens und Fühlens genügt oder ob eine Veränderung seiner Lebensführung notwendig ist.

2. Oszillieren um die Mitte als Grundlage der Gesundheitsförderung

Leben besteht aus aufeinander bezogenen Polaritäten wie Hunger - Sättigung, Spannung - Spannungslösung, Ruhe - Bewegung, Einatmen - Ausatmen u.a.m.. Gesundheit und Wohlbefinden werden vor allem dann hergestellt, wenn ein regelmäßiges Pendeln zwischen solchen Polen gelingt (Oszillieren). Der Mensch, der zu lange an einem Pol verharrt (oder verharren muß), gefährdet seine Gesundheit. Der Körper gibt jeweils Signale, welche darauf hinweisen, daß ein Pendeln zum zugehörenden anderen Pol sinnvoll wäre. Wenn diese Signale unterdrückt werden oder der Mensch zur Umkehr nicht willens oder fähig ist, verläßt er zumindest längerfristig die Signalzone und gerät in die Krankheitszone (s. Abb. 2): Ein sensibler Mensch kann an seinen Körpersignalen erkennen, ob er sich in der Pluszone, in der Signalzone oder gar in der Krankheitszone befindet. Signale in der Signalzone und noch mehr in der Krankheitszone sind als Aufforderung zu verstehen, an der Lebensführung oder auch an der Art der Gestaltung des Bewegungsbereiches etwas zu ändern.

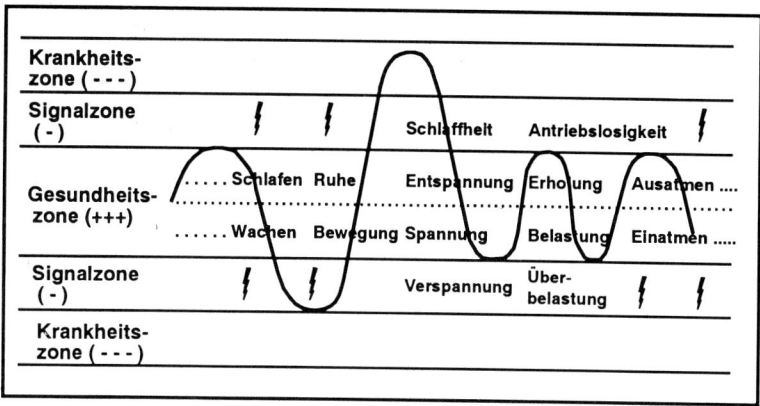

Abb. 2: Das Oszillationsmodell (vgl. JANALIK/TREUTLEIN 1989, S. 62)

Befindet man sich erst einmal in der Krankheitszone, dann ist eine Pendelumkehr meist ohne fremde Hilfe (z.B. durch einen Arzt oder ein Medikament) nicht mehr möglich. Ohne Oszillation, d.h. ohne ständiges Schwingen oder Pendeln um die Mitte gerät das ganze psychophysische Gefüge in Unordnung. Wenn ich sensibel bin, kann ich spüren, ob ich mich in dem mittleren Bereich (in der Gesundheitszone), an dessen Grenze (z.b. beim Umkippen von Spannung in Verkrampfung, von Lust in Schmerz) oder bereits in der Signalzone befinde. Gesundheit und Lebenstüchtigkeit sind vor allem bei jenen Menschen anzutreffen, die eine instinktive oder erworbene Fähigkeit besitzen, ihren Alltag und ihr Leben so zu gestalten, daß sie sich rhythmisch im Plusbereich, d.h. in der Gesundheits- und Wohlbefinszone bewegen.

Das Modell betont, daß der Mensch über Eigenaktivität und Beachten von Rhythmen seine Gesundheit, sein Wohlbefinden und seine Lebenstüchtigkeit aktiv beeinflussen kann. Dies gelingt ihm dann eher und besser, wenn er über ausreichend Sensibilität für sich, seine Mitmenschen und seine Umwelt verfügt. Die Fähigkeit des Oszillierens wird in sämtlichen Lebensbereichen für eine gesunde Lebensführung benötigt, zum Beispiel bei der Ernährung beim Beachten des Wechsels von Hunger und Sättigung; die Sensibilität für Polaritäten ist heute oft wenig entwickelt. Körperliche Entfremdung und Desensibilisierung sind so weit fortgeschritten, daß viele Menschen über ihr Auto mehr wissen als über sich selbst bzw. über ihren Körper. Sportler bilden hier keine Ausnahme. Offensichtlich machen die meisten Sportler ihren Körper eben nicht zu einem Seismographen für innere und äußere Vorgänge, wie es von dem Modell her notwendig wäre. Die Lebensführung insgesamt als auch die Ziele, Inhalte und Methoden des Sporttreibens sollten deshalb daraufhin überprüft werden, ob und in welchem Umfang sie einen Beitrag zur Entwicklung und Erhaltung der Oszillationsfähigkeit leisten.

Besonders wichtig ist die Betrachtung der sich ergänzenden Spannung und Entspannung. Was ist Entspannung? Abgeben der Schwere, Lösung der Muskeln und Nervenspannung, Geschmeidigmachen der Gelenke, willentlich einzelne Körperteile ausschalten, den ganzen Körper der Schwerkraft überlassen. Entspannung ist geistig-seelisch-körperlich zur Ruhe kommen. Ist sie gelungen, so befähigt sie uns, die Gelassenheit zu wahren und das Temparament zu einem gewissen Grad zu zügeln. Im Grunde ist das Ziel der Entspannung körperliche Ruhe, seelische Gelassenheit und geistige Aufnahmefähigkeit. Spannung ist komplementär zur Entspannung. Anspannung ist Ballung, Zusammenziehen der Kräfte und zugleich Ausdehnung, wie z.B. beim wohligen Räkeln. Im seelisch-geistigen Bereich stärkt Spannung die Entschlußkraft, verlangt Entscheidung. Zuerst muß aber das Ziel bewußt werden, erst dann kann durch Anspannung der Kräfte danach gestrebt werden. Durch zu starke Extraversion im täglichen Leben kommt es bei den meisten Menschen zu einer Überspannung, weshalb wir heute mehr der Entspannung bedürfen. Oft fehlt die Zeit zum Werden- und Wachsen-Lassen. Hetze und schulisch-beruflicher Druck bewirken eine vorzeitige Erschlaffung, die Spannkraft für die eigentliche Lebensgestaltung wird nicht mehr aufgebracht. Zwang und mechanische Tätigkeit (gerade auch beim Sport) können nie jene Spannkraft geben, die durch innere Begeisterung hervorgerufen wird. Eine freudige Arbeit kann nur durch Liebe zu einer Sache geweckt werden und durch das Vorbild, dem nachgeeifert wird.

Für den Zusammenhang von Bewegung, Sport, Spiel und Gesundheit lassen sich aus dem Modell folgende Konsequenzen ableiten:

- Bewegung, Spiel und Sport sind vor allem dann sinnvoll gestaltet, wenn über ihr Betreiben die Fähigkeit zum Aufenthalt in der Pluszone und zum Pendeln gefördert wird.
- Sporttreibende sollten sowohl dafür sensibel werden, wann sie sich beim Sporttreiben in der Pluszone befinden als auch dafür, wann sie sich der Grenze nähern bzw. diese möglicherweise überschreiten.
- Sporttreibende sollten als negativ interpretierte Körpersignale in der Signalzone (z.B. Schmerzen, Verletzungen) nicht unterdrücken, sondern sie interpretieren

und als Aufforderung zu Änderung verstehen lernen. Interpretationshilfen können u.a. Kenntnisse über den Verlauf von Akupunkturmeridianen und die Lage von Reflexzonen sein.

Ein sensibler Umgang mit sich und seinem Sporttreiben führt zu veränderten - gesundheitsorientierten - Zielsetzungen: Sporttreibende sollen

- sich die eigene körperliche, psychische und soziale Befindlichkeit bei ihrem Bewegungshandeln bewußt machen und bei Bedarf verändern können,
- sportliche Situationen gesundheitsgerecht und verletzungsarm gestalten können,
- mit den Bedingungen der Bewegungsumwelt gesundheitsbewußt umgehen können sowie
- gesundheitlich bedeutsame Gewohnheiten entwickeln (vgl. KOTTMANN/ TREUTLEIN 1991).

Um diese Ziele erreichen zu können, bedarf es eines anderen Umgangs mit dem Sport, als er u.a. in den Medien gezeigt wird:

- Statt ausschließliche an Ergebnisorientierung sollte die Erlebnis- bzw. Prozessorientierung im Vordergrund stehen.
- Statt an objektiven Normen sollte der Sporttreibende sich an subjektiven, individuellen oder von seiner Gruppe gesetzten Normen orientieren; die Zufriedenheits- und Wohlbefindensnorm hat Vorrang vor einer objektiven Leistungsnorm.
- Statt Streben nach Perfektion sollte eine vielfältige Auseinandersetzung mit unterschiedlichen Bewegungsformen das Bewegungshandeln bestimmen.

3. Die richtige Bewegung zur Pflege des Bewegungsorganismus

Der Bewegungsorganismus stellt eine wichtige Säule der Gesundheit dar. Über nervale Reflexe ist die Muskulatur (besonders die des Rückens) mit inneren Organen verknüpft. Aus dem Zustand der Muskulatur sind Rückschlüsse auf Organismusfunktionen möglich. Ist der Muskeltonus zu schlaff, dann deutet diese auf eine Unterfunktion der korrespondierenden Organe hin. Eine Haltungsschwäche ist die Folge. Ist der Muskeltonus dagegen zu gespannt und der Muskel weist gleichsam knöcherne Verhärtungen auf, dann ist eine Verkrampfung oder Durchblutungsstörung in dem jeweiligen Organbereich zu vermuten. Die Muskulatur ist das größte Organ des Körpers und macht etwa die Hälfte unseres Körpergewichtes aus, sie verlangt nach Betätigung. Ihre Inanspruchnahme übt auch die passiven Teile des Bewegungsapparates, die Knochen und ihre festen, sehnigen Verbindungen, die Bänder. Bewegung wirkt auf die Atmung und durch den erhöhten Stoffumsatz auf die Verdauung. In sinnvoller und ausreichender Bewegung hat der Mensch damit einen Gesundheitsmotor erster Ordnung zur Verfügung, der gleichrangig neben die Ernährung und die Pflege des Gemütslebens tritt.

Den Bewegungsorganismus fördern verlangt vor allem, das Grundgesetz von Anspannung und Entspannung bewußt zu machen und zu befolgen. Kinder befolgen dieses Gesetz noch instinktiv. Wer spielende Kinder beobachtet, wird feststellen, daß sie von ganz allein die notwendigen Ruhepausen einlegen. Bei Kindern kann der Bewegungsorganismus vor allem dann gefördert werden, wenn man sie gewähren läßt, d.h. wenn man sie sich durch ihren Instinkt, ihr Gefühl für sinnvollen Rhythmus leiten läßt und ihnen ausreichende Möglichkeit zur Bewegung gibt. Schule kann durch ihren Zwang zu Bewegungslosigkeit und zum Stillsitzen krankmachend sein. Haltungsschwäche und Haltungsverfall sind nicht zwangsläufig. Über einen sinnvollen Wechsel zwischen Bewegung und Sitzen (z.B. über eine tägliche Bewegungszeit) könnte hier vorbeugend gewirkt werden.

Haltung ist ebenso wie die Atmung ein Tor vom unbewußten in das bewußte Empfinden. Der Unterschied zwischen guter und schlechter Haltung kann bewußt empfunden und erlebt werden, z.B. kann durch das Bewußtmachen des Unterschieds zwischen Hohlkreuz und Buckel herausgefunden werden, wie sich eine gute Haltung anfühlt, wie man durch eine gute Haltung größer wird und den Kopf freier tragen kann. Dies wirkt sich auch in den Gesichtszügen aus: das haltungsschwache Kind steht eher ängstlich und duckmäuserisch da, während sich beim haltungsgestärkten Kind die selbstsichere, in sich ruhende, naive Frische eines gesunden Kindes entwickelt.

Richtige Bewegung kann sich also nur über die beiden Pole von Anspannung und Entspannung entwickeln. Bei allen körperlichen Übungen und auch bei körperlicher Arbeit (insbesondere bei monotoner Arbeit) ist der stete Wechsel zwischen Anspannung und Entspannung zu berücksichtigen, d.h. eine Pause trainiert den Muskel ebenso wie eine angestrengte Tätigkeit, sofern diese sich sinnvoll abwechseln. Bei der heute üblichen gleichförmigen Tätigkeit (Sitzen vor Bildschirmen, am Steuer usw.) ist daher unbedingt eine Anspannung der Muskelgruppen nötig, die gewöhnlich nicht oder kaum gebraucht werden, sonst degenerieren diese Muskelpartien und - was von großer Wichtigkeit ist -**auch die mit ihnen reflektorisch verbundenen inneren Organe!** Bei einem solchen Freizeitsport sollte allerdings klar bleiben, daß es sich eigentlich nur um eine notwendige Kompensationsmaßnahme für Arbeitsplatzstrukturen handelt, die den Bedürfnissen des Organismus nicht mehr entsprechen.

Neben den nervösen Verknüpfungen der Muskulatur mit inneren Organen gibt es u.a. noch das energetische System der Akupunkturmeridiane, die scheinbar weit voneinander entfernt liegende Körperorte zu einem Funktionsganzen zusammenführen bzw. miteinander in funktionelle Beziehungen bringen. Über die Zusammenhänge zwischen inneren Organen und dem Muskelsystem informiert uns der Verlauf der paarigen (d.h. auf beiden Körperseiten verlaufenden) Akupunkturmeridiane, von denen einige hier vorgestellt werden sollen (Zur Illustration vgl. Abb. 1-4; zur weiteren Information siehe FICK. o.J.):

1. Der Blasenmeridian: Er verläuft von der kleinen Zehe über die Achillessehne, die hintere Seite des Beines parallel zur Wirbelsäule bis zu den Augenhöhlen. Die betreffenden Muskeln wie auch die Achillessehne weisen nicht selten Störungen auf, wenn gleichzeitig im Urogenitalbereich (Männer: Prostata, Frauen: Gebärmutter und Begleitgewebe) Erkrankungen vorliegen. So verschwinden hartnäckige Achillessehnenentzündungen oft erst, wenn gleichzeitig ein Prostataleiden oder eine chronische Gebärmuttererkrankung mitbehandelt werden. Es wird damit deutlich, daß auch bei häufig auftretenden Sportverletzungen auf Zusammenhänge mit inneren Organen geachtet werden muß, die sich aus dem Verlauf der Akupunkturmeridiane ergeben.

2. Der Gallenblasenmeridian: Er verläuft von der vierten Zehe aufwärts an der Außenseite des Beines über die Hüfte, die seitliche Bauchwand und über den seitlichen Hals zum Kopf. Schmerzen und Beschwerden entlang des Verlaufs des Meridians machen eine Störung im Gallefluß, sei sie steinbedingt oder neurovegetativ ausgelöst, wahrscheinlich.

3. Milz-, Pankreas-, Leber- und Nierenmeridian: Diese Meridiane verlaufen über die Innenseite des Beins und über die vordere Bauchwand. Kniebeschwerden hängen oft mit Störungen im Bereich dieser Organe zusammen.

4. Der Dickdarmmeridian und Dreifacherwärmer (Drüsenmeridian): Diese Meridiane verlaufen an der Armaußenseite und geben oft Anlaß zu Epicondylitis (Tennisarm) bzw. Schulterbeschwerden. Bei Dysbakterie des Dickdarms entsteht eher ein Tennisarm als beim gesunden Darm! Bei Frauen in den Wechseljahren sind Schulterschmerzen ausgesprochen häufig. Die hormonellen Umstimmungen teilen sich als Energiestörung über den Drüsenmeridian dem Schultergelenk mit.

Dies sind nur einige Hinweise über die zahlreichen Vernetzungen unserer inneren Organe mit scheinbar weit entfernt liegenden Muskel- und Hautarealen. Damit ist

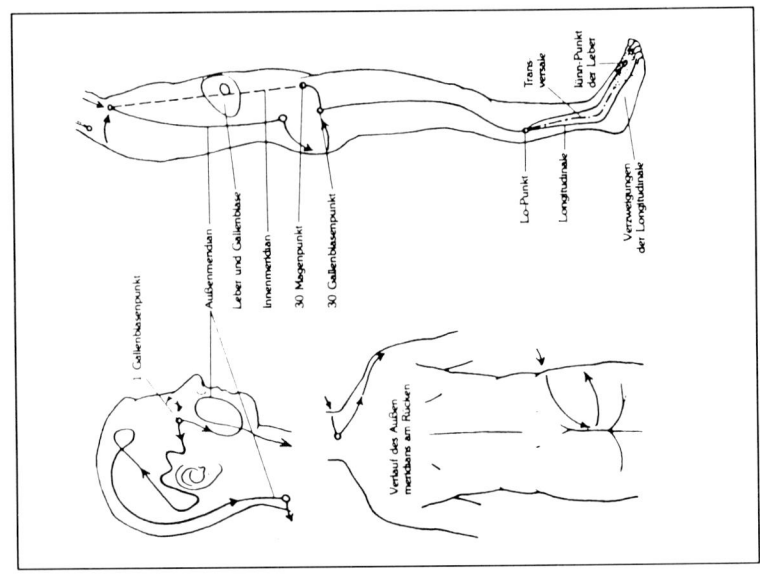

Abb.: 2 Gallenblasenmeridian

Abb.: 1 Blasenmeridian

38

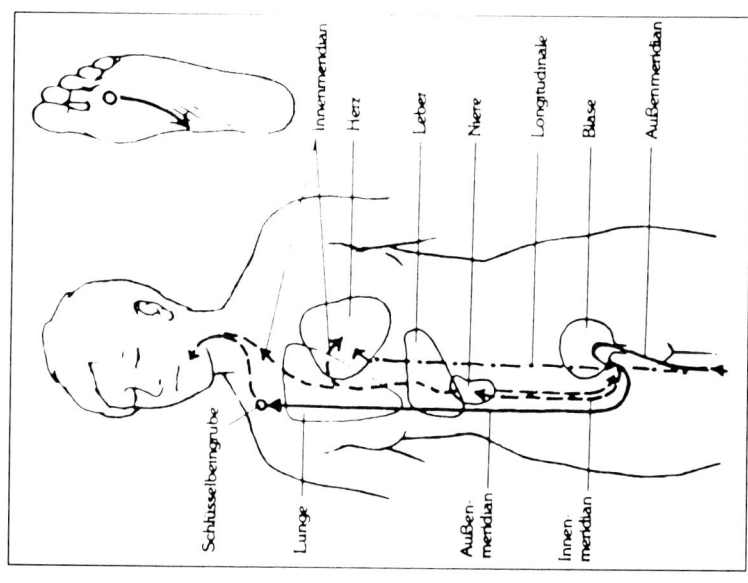

Abb.: 4 Nierenmeridian

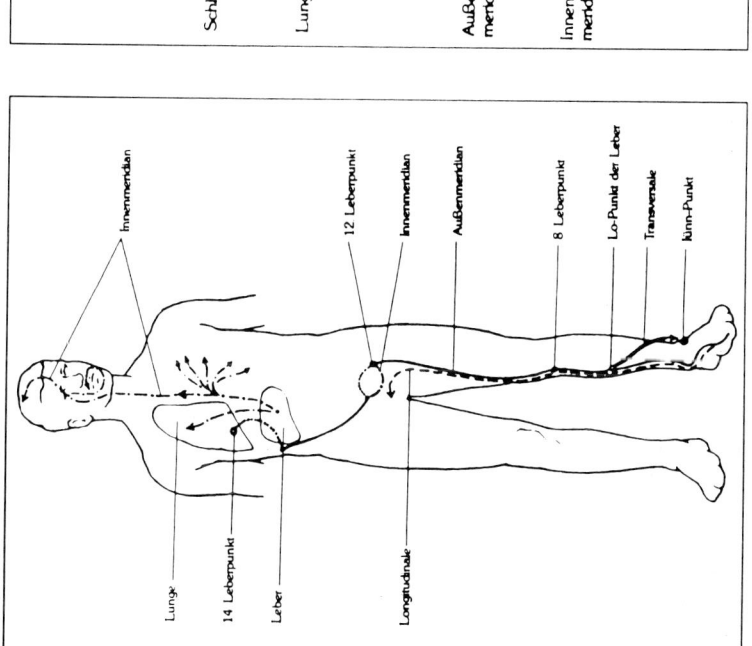

Abb.: 3 Lebermeridian

39

es auch erklärlich, daß über die Pflege des Bewegungsorganismus auch die Gesundheit der inneren Organe gefördert wird. Der Bewegungsorganismus ist für Störungen besonders anfällig, da er sowohl vom Gemütsleben wie auch von der Ernährungsqualität beeinflußt wird. Die Vorstellungen unseres Gemüts können auf ihn durch elektrische Impulse des Nervensystems einwirken. Die Qualität unserer Ernährung teilt sich ihm in der Blutbeschaffenheit mit.

Der Körper ist intelligent und sendet Signale, die Wohlbefinden und Unwohlsein anzeigen. Sensibilität ist die Voraussetzung dafür, die Signale zu erkennen. Wer sensibel ist und Zusammenhänge spürt, wird manchen Gang zum Arzt vermeiden können. Er kann sich darauf einstellen, daß der durch Sporttreiben beanspruchte Körper Frühwarnsignale aussendet, über die Entwicklungen angekündigt werden, die ohne sportliche Tätigkeit möglicherweise erst wesentlich später in Form einer handfesten Krankheit erkennbar werden. Zustände im Bereich der Signalzone sind meist mit schulmedizinischen Untersuchungsmethoden nicht faßbar; wenn man sensibel für solche negativen Körpersignale wird, sind Entwicklungen lange vor dem Zeitpunkt erkennbar, wo sie normalerweise mit naturwissenschaftlichen Methoden festgestellt werden können. Belastungen durch Training und Wettkampf bieten hier Chancen der Früherkennung. So verstanden sind Empfindungen in der Signalzone wie Gefühle des Unwohlseins oder Schmerzen nicht etwas Zufälliges, willkürlich Auftretendes, sondern eine Aufforderung des Körpers, am Sporttreiben, an der Ernährung, möglicherweise aber auch an der gesamten Lebensführung und den Lebensumständen etwas zu ändern. Ziel ist es jedenfalls, mit seinem Körper und über diesen zu einem harmonischen Umgang mit der Mit- und Umwelt zu finden.

Um den Bewegungsorganismus in der richtigen Weise zu belasten, sollen auch noch einige konstituionelle Gegebenheiten berücksichtigt werden. Gemäß der entwicklungsgeschichtlich veranlagten Entstehung unserer Gewebe aus drei verschiedenen Keimblättern (Entoderm, Mesoderm, Ektoderm) unterscheiden wir nach HUTER (KUPFER 1976) drei primäre Naturelle:

1. Das Denk- und Empfindungsnaturell: Bei diesem Typus ist das Nervensystem besonders stark entwickelt, es findet sich eine breite Stirnentwicklung, das Gesicht wird zum Kinn hin schmaler und hat die Form einer umgekehrten Birne. Da der Bewegungsorganismus hier schwächer entwickelt ist, sind Kraftsportarten weniger anzuraten als zum Beispiel Gymnastik und Spielsportarten.
2. Das Bewegungsnaturell: Hier steht ein ausgeprägter Knochen- und Muskelapparat im Vordergrund des Erscheinungsbildes. So geprägte Menschen weisen ein kastenförmiges, markantes Gesicht auf. Sie sind zu starken körperlichen Anstrengungen und Dauerleistungen fähig und sollten ihren Bewegungsapparat fordern.

Sekundäres Bewegungs-
Empfindungs-Naturell

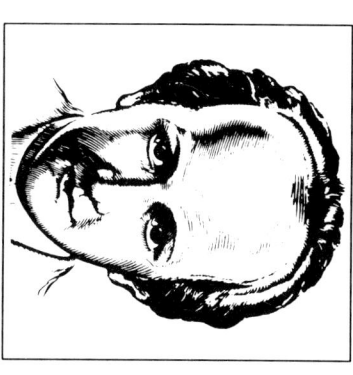

Denk- und Empfindungs-
naturell

Sekundäres Ernährungs-
Empfindungs-Naturell

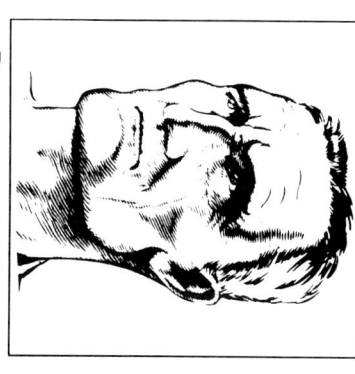

Bewegungsnaturell

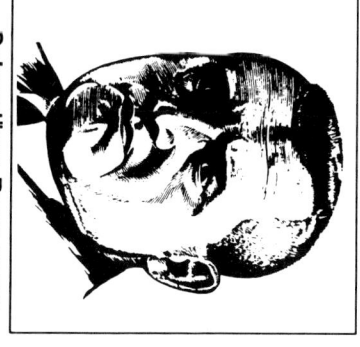

Sekundäres Bewegungs-
Ernährungs-Naturell

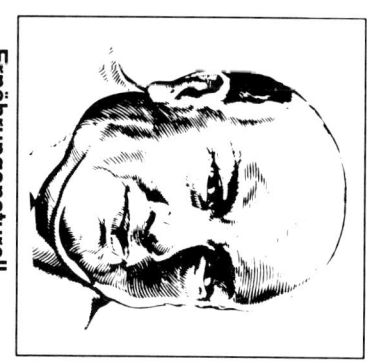

Ernährungsnaturell

41

3. Das Ernährungsnaturell: Die Gesichtsform des Ernährungsnaturells entspricht einem Apfel, ein so geprägter Mensch ist für sportliche Bewegung kaum zugänglich. Seine Vorlieben erstrecken sich eher auf Essen und Trinken, Ernährungsnaturelle haben daher ein sehr gut entwickeltes Magen- und Darmsystem.

Aus den Abbildungen geht hervor, daß es sich hier um Idealtypen handelt, die in der Realität selten vorkommen. Häufiger dagegen sind die folgenden drei Mischformen.

1. Sekundäres Naturell aus Bewegung und Empfindung: Der Anteil des Empfindungsnaturells ist wiederzuerkennen an den großen Augen und dem feinen Hautgewebe, das Bewegungsnaturell an dem etwas kräftigeren unteren Gesicht. Menschen, die diesem Mischtyp entsprechen, sind relativ dynamische Leute, die Pläne in die Tat umsetzen. Diesen Typ findet man häufig bei Leistungssportlern, besonders bei Sportarten, die komplexe Koordinationen sowie Reaktionsschnelligkeit erfordern wie z.B. bei Fechtern oder beim Judo.
2. Sekundäres Naturell aus Empfindung und Ernährung: Auch hier finden wir wieder die großen Augen, die Gesichtsform ist aber runder, es ist das typische Gelehrtengesicht. Dieser Typ neigt zu stillem Studium. Wer zu diesem Mischtyp gehört, braucht nicht so viel Bewegung wie Angehörige des Mischtyps 1. Dies würde bei ihm gegen die angeborene Anlage gehen und eine gewisse Vergewaltigung darstellen.
3. Sekundäres Naturell aus Bewegung und Ernährung: Angehörige dieses Typs sind ebenfalls sehr dynamisch. Von der Gesichtsform her ist zu erkennen, daß solche Menschen Kraftsportarten bevorzugen. Körperliche Anstrengung wird akzeptiert, manchmal sogar gefordert.

Vor dem Hintergrund dieser primären und sekundären Naturelle sollte sich jeder selbst analysieren können, welchem Typ sie/er zuzuordnen ist. Auf dieser Basis fallen dann Entscheidungen hinsichtlich eines selbst zusammenzustellenden Bewegungs- und Sportprogramms mit einer Kombination von Bewegung und Ruhe leichter. Eine sinnvolle Pflege des Bewegungsorganismus kann weder durch Drill noch durch eine vorwiegende Orientierung auf meßbare Leistung hin erfolgen. Sinnvoll ist die Pflege vor allem dann, wenn spielerisch mit dem Grundgesetz der Bewegung, dem Wechsel zwischen Anspannung und Entspannung umgegegangen wird. Darüber entsteht allmähliches Bewußtwerden der Tatsache, daß sich die Gesundheit durch einen solchen rhythmischen Wechsel erhält. Selbst die sportliche Höchstleistung kann nur über einen individuell angepaßten Wechsel von Training und Erholung erreicht werden. Bei einer Vernachlässigung der Entspannungs-/Erholungsseite werden sich Verletzungen einstellen. Die bewußte Entwicklung des Empfindens für den richtigen Wechsel zwischen Anspannung und Erholung durch körpererfahrungsorientiertes Sporttreiben stellt u.a. eine wichtige präventive Maßnahme gegen Sportverletzungen dar, denn so kann das Körpergefühl die Führung übernehmen und vermieden werden, daß sich der Sporttreibende zuviel zumutet. Mann kann so auch das Gefühl für den richtigen Muskeltonus empfinden lernen und sich auf diese Weise prüfen, welche Muskelpartien zu schlaff und/oder zu straff gespannt sind. Hilfreich für die Kontrolle des Muskeltonus und die damit verbundene Beweglichkeit der Gelenke sind die folgenden zwölf Grundstellungen:

1. Fersensitz (Füße parallel), alle Zehen eingebeugt, auch die kleinen Zehen.
Kontrolle: Beweglichkeit der Zehen und Fußgelenke.

2. Dasselbe mit gestrecktem Fußgelenk.
Kontrolle: Wie oben.

3. a) Zwischen den Oberschenkeln auf dem Boden sitzen. Knie gespreizt.
   b) Dieselbe Ausgangsstellung - im Hüftgelenk vorbeugen, bis der Bauch den Boden berührt.
Kontrolle: Knie und Hüftgelenk und Vorderseite der Oberschenkelmuskulatur.
   c) Dieselbe Ausgangsstellung. Langsam das Gewicht nach hinten auf das Kreuzbein verlagern und Wirbel für Wirbel abrollen, bis der ganze Körper von den Knien bis zum Hinterkopf flach am Boden liegt.

4.   Auf allen vieren. Ein Knie über das andere kreuzen, zwischen den Unterschenkeln mit beiden Sitzbeinhöckern auf den Boden kommen.
Kontrolle: Hüft- und Kniegelenke und äußere Seite der Oberschenkelmuskulatur.

5. a) Gekreuzte Beine. Rechter Fuß in die linke Leiste, Fußsohle nach oben gewendet, im Hüftgelenk nach vorne beugen.
   b) Beide Füße in den Leisten; im Hüftgelenk nach vorne beugen.
Kontrolle: Fuß-, Knie- und Hüftgelenke und die Außenseite der Ober- und Unterschenkel.

6.　Knie gespreizt. Die Füße hintereinandergelegt, so daß die Ferse vor das andere Fußgelenk kommt. Im Hüftgelenk nach vorne beugen, bis die Stirn den Boden berührt.
Kontrolle: Fuß-, Knie- und Hüftgelenke, Innenseite der Oberschenkelmuskulatur.

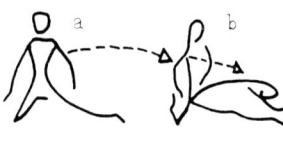

7.　Fersensitz
　　a) Bein im rechten Winkel abgespreizt, langsam zum Boden gleiten.
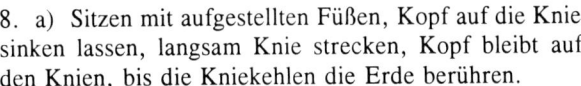
　　b) Drehung des Oberkörpers, beugen im Hüftgelenk bis auf das gespreizte Bein.
Kontrolle: Streckung der Innenseite der Oberschenkel.

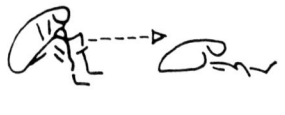

8. a) Sitzen mit aufgestellten Füßen, Kopf auf die Knie sinken lassen, langsam Knie strecken, Kopf bleibt auf den Knien, bis die Kniekehlen die Erde berühren.
　　b) Dasselbe mit gedrehtem Kopf, so daß der hinter dem rechten Ohr befindliche Knochen auf dem linken Knie liegt und umgekehrt.
Kontrolle: Streckung der gesamten Muskulatur der Hinterseite (Nacken bis Ferse) und der seitlichen Halsmuskulatur.

9.　Rückenlage, die Knie neben die Ohren legen.
Kontrolle: Rücken- und Nackenmuskulatur.

10.　Rückenlage
　　a) Hände hinter den Kopf gefaltet, Knie gebeugt, Fußsohlen am Boden.
　　b) Beide Knie fallen zur linken Seite, dann das rechte Knie über das linke auf den Boden legen, ohne daß die Schultern sich vom Boden abheben.
Kontrolle: Wirbelsäule, Hüftmuskulatur, Schultergürtel und Armmuskulatur.

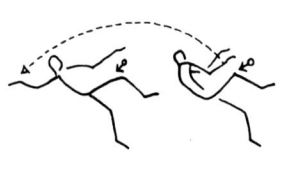

11.　Seitenlage, beide Knie am Boden fixiert, Oberkörper dreht sich zur entgegengesetzten Seite, bis Schulter und Arm (diagonal) die Erde berühren.
Kontrolle: Hüftmuskulatur, Schultergürtel und Armmuskualtur. Beweglichkeit der Lenden, Brustwirbelsäule, Becken und Oberschenkelmuskulatur.

12. Seitenlage rechts, beide Knie am Boden fixiert. Rechter Arm in Schulterhöhe (90 Grad) vom Körper abgestreckt. Ohne die Armstellung zu verändern das rechte Ohr vor die rechte Armhöhle auf die Erde legen. Danach den Kopf, ohne ihn zu heben, vorsichtig am Boden drehen, bis die Nase die Stelle am Boden berührt, wo vorher das rechte Ohr lag. Langsam in die Ausgangsstellung zurück und dasselbe auf der linken Seite wiederholen.

Wenn man mit manchen Übungen Schwierigkeiten hat, ist dies ein Zeichen dafür, daß die entsprechenden Muskeln verspannt sind. Dauerhafte Verspannungen stören die dazugehörenden inneren Organe in ihrer Funktionsfähigkeit. Damit es nicht dazu kommt, sollten Bewegung und Sport vielseitig sein. Trotzdem ist es sinnvoll, zeitweise diese Kontrollübungen durchzuführen, um zu überprüfen, ob die sportliche Tätigkeit auf den Körper auch den gewünschten Effekt hat. Mit diesen Kontrollübungen kann jedenfalls jeder selbst herausfinden, wie beweglich sein Körper noch ist.

In Verbindung mit dem Oszillationsmodell (vgl. Abb. 2) stellen sich auf den Bereich von Bewegung, Spiel und Sport bezogen folgende Fragen:

1. Wie kann Sporttreiben so arrangiert werden, daß sich der Sportler innerhalb der Gesundheitszone bewegt bzw. mit seinem Sporttreiben rhythmisches Pendeln um die Mitte unterstützt?
2. Wie kann ich sensibler werden für die Grenzen der Gesundheitszone? Wenn ich in die Signalzone gerate, lasse ich dann Signale meines Körpers, die mich zur Umkehr auffordern, zu? Bin ich fähig zur Umkehr?
3. Bin ich in der Lage, Körpersignale wie z.B. Schmerzen zu interpretieren?

4. Die richtige Ernährung

Der falsch ernährte Mensch ist weniger sensibel als derjenige, der sich richtig ernährt. Eine unangepaßte Kostform wirkt auf die Dauer nicht nur allgemein gesundheitsgefährdend, sondern sie provoziert auch eine Beeinträchtigung der Wahrnehmung für die körpereigenen Signale, so daß Störungen im Bewegungsorganismus gehäuft auftreten können, ohne sofort bemerkt zu werden. Richtig ist die Ernährung zunächst einmal, wenn sie den Bedürfnissen des Organismus angepaßt ist. Diese richten sich nach der körperlichen Belastung sowie nach der jeweiligen Konstitution. Zwei wesentliche Punkte sind vor allem zu berücksichtigen, wenn die Ernährung richtig, d.h. vollwertig sein soll:

1. Ein vollwertiges Lebensmittel muß die Stoffe enthalten, die unser Organismus zu seinem Aufbau und seiner Erhaltung benötigt. Lebensmittel sind umso vitalstoffreicher, je naturbelassener sie aufgenommen werden. Denaturierte Nahrungsmittel enthalten keine oder nur wenige Vitalstoffe und sind für den Organismus eher eine Belastung als eine Hilfe.

2. Die Aufbaustoffe müssen so in dem Lebensmittel enthalten sein, daß der menschliche Organismus sie aufnehmen (assimilieren) und auch wieder ausscheiden kann, soweit es Schlackenstoffe gibt. Viele veränderte und verarbeitete Nahrungsmittel sind von solchen Stoffen künstlich befreit worden. Das Lebenssmittel muß also gleichzeitig die Stoffe enthalten, die im Organismus für seine Verdauung und Ausscheidung gebraucht werden, sonst wird der Verdauungs- und Ausscheidungsprozeß erschwert oder langfristig sogar unmöglich gemacht. In der Ernährung liegt traditionell viel im Argen, deshalb muß jeder sich grundlegend mit ihr beschäftigen. Recht einprägsam und sehr hilfreich ist dabei die Systematik von KOLLATH:

Kollath teilt in Lebens- und Nahrungsmittel ein: Von Lebensmitteln kann man leben (sie fördern die Gesundheit): Nahrungsmittel machen nur satt und belasten kurz- oder längerfristig den Organismus. Entsprechend den zuvor genannten zwei Prinzipien richtiger Ernährung sollten deshalb die Lebensmittel - d.h. all das, was in den drei linken Spalten zu finden ist - im Mittelpunkt unserer Ernährung stehen, die Nahrungsmittel in den drei rechten Spalten sollten eher die Ausnahme darstellen. Die industrielle Herstellung von Nahrungsmitteln geht von dem Gedanken aus, die menschliche Verdauung funktioniere wie eine chemische Fabrik und ihre Reaktionen liefen ebenso ab wie solche, die im Reagenzglas simulierbar sind. Aus dieser Denkweise entwickelte sich die Nährwertbestimmung nur nach dem Verbrennungswert der Nahrung (Kalorienwert). Heute wissen wir, daß der Nährwert eines Lebensmittels nicht nur von seinem Brennwert, sondern auch von seinem Vitalstoffreichtum abhängt.

Ein Lebensmittel muß also gleichzeitig alle Stoffe enthalten, die im Organismus für seine Verdauung und Ausscheidung gebraucht werden. Als Negativbeispiel sollen der weiße (raffinierte) Zucker und das Weißmehl angeführt werden. Bei beiden handelt es sich um chemisch veränderte Kunstprodukte, die es in dieser Form in der Natur nicht gibt. Als Rohrzucker oder als Melasse ist der Zucker noch fast vollwertig. Der weiße Zucker ist hingegen von seinen Vitaminen - vor allem den B-Vitaminen - vollständig "gereinigt". Der Organismus benötigt zur Verbrennung des Zuckers jedoch genau diese Vitamine, damit er den Zucker als Energie aufnehmen und verwerten kann. Diese werden aber beim Raffinierungsprozeß entzogen. Wenn man weißen Zucker ißt, dann verbrennt der Organismus diesen Zucker nur, weil er aus seinen eigenen Reserven die B-Vitamine hinzugibt. Der Organismus kann den Zucker nicht im Körper ablagern, er muß ihn verbrennen; dies

	Lebensmittel			Nahrungsmittel		
	1 natürlich unverändert unerhitzt	2 mechanisch verändert	3 fermentativ verändert	4 erhitzt	5 konserviert	6 präpariert
Pflanzenreich	Samen z.B. Nüsse, Mandeln, Sesam	kaltgepreßte Öle	Eigenfermente Hefe, Bakterien	Gebäcke aus Vollkornmehl, Vollkorn-, Haferflocken	Gebäcke aus Auszugsmehl, Zwieback, Knäckebrot, Konfekt, Schokolade, Haferflocken	Pflanzliche Präparate z.B. Kunstfette (Margarine, Öl), Eiweiß, jeglicher Fabrikzucker, Auszugsmehl (Stärkemehl) und Produkte daraus wie Nudeln, Grieß, geschälter Reis, künstliche Aroma-stoffe, Vitamine, Wuchs-stoffe, Fermente, Nährsalze, Mineralstoff-gemische
Pflanzenreich	Obst, Gemüse, Honig	Salate aus Obst und Gemüse, naturtrübe Säfte	Gärsäfte, Gärgemüse z.B. Sauerkraut	Obst und Gemüse gekocht	Obst- und Gemüse-konserven, Marmeladen	
Pflanzenreich	Getreide	Mahlprodukte Vollkornmehl, Schrot	Breie ungekochte Breie aus Vollkorn, Vollschrot, Vollkornmehl – 'Frischkornbrei'	Breie gekocht aus Vollkorn		
Tierreich	Eier	Blut	Fleisch Schabefleisch	Fleisch Fisch, Eier gekocht bzw. gebraten	Tierkonserven Wurst	Tierpräparate z.B. Fleischextrakt
Tierreich	Milch	Milchprodukte aus unerhitzter Milch	Gärmilch	Erhitzte Milch und Produkte daraus	Milchkonserven H-Milch, H-Sahne	Milchpräparate Säuglingsnahrung
Getränke	Quellwasser	Leitungswasser	Gärgetränke z.B. Most, Wein, Bier	Extrakte Teearten, Brühe	Gemische Kunstwein	Destillate künstliche Mineralwasser, Branntwein

Abb. 3: Die Ordnung unserer Nahrung (nach Prof. Kollath, siehe CÖLLE/ MESSING 1987/88,9)

tut er auf Kosten seiner Reserven an Vitamin B. Deshalb erfüllt der Zucker nicht die Kriterien für ein Lebensmittel, (d.h. er enthält nicht die Stoffe, die zu seiner Verwertung notwendig sind).

Wie das Zuckerrohr oder die Zuckerrübe enthält das volle Korn in seiner Schale alle Vitamine und Spurenelemente, die zu seiner Verdauung im Darm notwendig sind. Damit hat die Natur für unsere Verdauung schon alles optimal vorbereitet. Was wird aber meistens mit dem Korn gemacht? Die Schale wird weggenommen und nur noch das weiße Mehl verwendet. Damit haben wir denselben Effekt wie beim Zucker. Das weiße Mehl wird verbrannt (als Kohlenhydrat), aber auf Kosten der Vitaminreserven des Organismus. Dies ist der Grund, warum ein Großteil der Bevölkerung Mangelzustände an B-Vitaminen aufweist sowie an bestimmten Spurenelementen und Mineralien wie Kalium, Kalzium, Zink usw... Wenn man "gesunde" Menschen untersucht, findet man mindestens bei der Hälfte solche Mangelzustände! In Anbetracht der Tatsache, daß bei der heutigen Versorgungslage in der Bundesrepublik Deutschland Formen der Unterernährung eigentlich nicht notwendig sind, handelt es sich um eine künstlich herbeigeführte Situation.

In der zweiten Spalte der Kollath'schen Systematik stehen "mechanisch veränderte Lebensmittel". Bei den hier aufgeführten Lebensmitteln wurde der natürliche Zustand mechanisch verändert, aber ohne wesentliche Beeinträchtigung ihrer Qualität. Eine weitere Veränderung ist durch Fermentation möglich. Wenn man z.B. einen Vollkornbrei abends einweicht und über Nacht stehen läßt, dann tritt eine Selbstfermentierung ein, was aber keine Verschlechterung der Qualität bedeutet. Das gleiche gilt für Gärsäfte wie Most oder Bier sowie für milchsauer vergorenes Gemüse (Sauerkraut, Gurken, Dickmilch, Kefir und Quark gehören ebenfalls zu den fermentativ veränderten Lebensmitteln, d.h., dies sind - gute - Lebensmittel).

Die Kollath'sche Systematik weist unter den "Nahrungsmitteln" ebenfalls drei Spalten auf. Da der vorwiegende Verzehr von "Nahrungsmitteln" gesundheitliche Probleme mit sich bringt, sollte sich jeder Leser daraufhin überprüfen, wie seine alltäglichen Eßgewohnheiten aussehen, bzw. welcher Anteil seiner Nahrung aus "Nahrungsmitteln" und welcher aus "Lebensmitteln" besteht. In der ersten Spalte stehen die sogenannten erhitzten Nahrungsmittel, z.B. auch das Vollkornbrot. Vollkornbrot ist nicht mehr so wertvoll wie ein nicht erhitzter Vollkornbrei. Damit soll nicht gesagt werden, daß man kein Brot mehr essen soll, aber Brot ist auf keinen Fall ein Allheilmittel, denn durch die Erhitzung gehen unweigerlich wertvolle Fermente verloren. Das gleiche gilt für gekochte Gerichte wie Gemüse, Kartoffeln, Hülsenfrüchte. In den beiden letzten Spalten stehen die konservierten und präparierten Nahrungsmittel. Bei den präparierten Nahrungsmitteln entsteht beim Zucker oft eine Unsicherheit bei der Frage, wie Fruchtzucker oder brauner Zucker

48

einzuordnen sind. Beide haben die gleichen chemischen Reinigungsprozesse durchgemacht wie weißer Zucker, der braune Zucker ist nur etwas weniger stark gereinigt und der Fruchtzucker geht nicht ganz so schnell ins Blut über, was für Diabetiker einen Vorteil mit sich bringt. Also: alle industriell hergestellten Zucker gehören zu den minderwertigen Nahrungsmitteln (ebenso Schokolade, Pralinen und Konfekte sowie andere stark zuckerhaltige Nahrungsmittel).

In der letzten Spalte befinden sich auch die künstlichen Aromastoffe und Vitamine. Das Essen von konzentrierten Vitaminen verstößt gegen den zuvor genannten grundlegenden Punkt des integralen Lebensmittels. Bei vollwertiger Kost entsteht kein Vitaminmangel. Der Gebrauch von Vitaminkonzentraten sollte daher auf die gezielte Behandlung von Mangelzuständen beschränkt bleiben. Wenn wir Vitamine brauchen, ist dies ein Zeichen von Mangelernährung, so daß die tägliche Kost daraufhin zu überprüfen ist. Das Gleiche gilt für die Sportlerzusatznahrung, die in Apotheken, Supermärkten und auch in Bodybildungsstudios verkauft wird (meist eiweißreiche Konzentrate). Angeblich sollen diese zur Anreicherung der Muskelsubstanz wertvoll sein. Aber: der Körper ist auf die Aufnahme und Verwertung konzentrierter Nahrung nicht eingerichtet. Wir sind von der Genetik her Kinder der Natur und sind von daher auf die Produkte der Natur abgestimmt, deshalb brauchen wir unsere Ernährung garnicht so kompliziert zu gestalten, wie es meist gemacht wird. Wir müssen uns nur in erster Linie an die **Lebensmittel** halten, die in der Systematik von Kollath links der Trennungslinie zu Nahrungsmittel stehen, dann kann keine Mangelernährung entstehen. Wenn sie trotzdem auftritt, dann muß irgend ein genetischer Defekt im Magen-Darmtrakt vorliegen, der die Resorption beeinträchtigt. In der Regel gerät ein gesunder Mensch bei gesunder Ernährung in keine Mangelzustände hinein.

Einige Bemerkungen zur Milch: Die Pasteurisierung der Milch wurde eingeführt, weil die Viehbestände und nachfolgend die Milch oft nicht einwandfrei waren (Tuberkulose, Brucelose), deshalb sollte unbehandelte Vollmilch nur verwendet werden, wenn dieses Lebensmittel mit Sicherheit einwandfrei ist. Nicht einwandfreie Vollmilch kann schwere allgemeine Erkrankungen mit sich ziehen: im Zweifelsfalle sollte daher lieber pasteurisierte Milch verwendet oder auf Milch verzichtet werden. Milch ist für den, der sie verträgt, ein gutes und kraftspendendes Lebensmittel. Ärztliche Erfahrung lehrt allerdings, daß viele Erwachsene (besonders solche mit blauer Augenfarbe) sowie Kinder mit Hautkrankheiten die Milch nicht gut vertragen, zum Teil sogar eine maskierte Allergie darauf entwickeln. Darunter versteht man Beschwerden, die durch Absetzen von Milch auftreten und verschwinden, sobald wieder Milch getrunken wird, ähnlich der Symptomatik, die von Süchten her bekannt ist. Man unterliegt daher dem Irrtum, gerade die Milch unbedingt zu benötigen, obgleich man sie nicht vertragen kann. Die eventuelle Unverträglichkeit gilt abgeschwächt auch für Quark und Käse, weniger oft für

Joghurt, Dickmilch, Sauermilch, Kefir und schwedische Langmilch. Von daher muß vor ungehemmten Milchgenuß gewarnt und bei vielen Menschen sogar davon abgeraten werden.

Neben der Qualität der Nahrung muß berücksichtigt werden, ob diese im Körper wie eine Base oder eine Säure wirkt. Der Körper braucht beide, Basen wie Säuren. Die folgende Tabelle enthält Hinweise darauf, wie Lebens- und Nahrungsmittel wirken, d.h. ob sie mehr Basen spenden oder ob sie säurebildend sind. Säure- und Basenbildner in der Nahrung:

1. **Stark basenüberschüssig:** Gemüsesäfte, Fruchtsäfte, Gemüsefrüchte, Früchte, Blattgemüse, Knollengemüse, Wurzelgemüse, Kartoffeln, Pfifferlinge, Steinpilze, Molke, Kastanien.
2. **Schwach basenüberschüssig:** Buttermilch, Sauermilch, Trockenobst, Vollmilch, Hagebuttenmus, Apfelkraut, Dattelsirup, Rübensirup, Vollsojamehl, Pumpernickel, Weizenkeime, Eigelb, Gewürzkräuter.
3. **Schwach säureüberschüssig:** Quark (Biogurth/Biogardekulturen), Haselnüsse, Weizen- und Roggenvollkornmehl, Vollkornknäckebrot, Vollkornbrot, Erzeugnisse aus Vollkornschrot, Hülsenfrüchte, Spargel, Artischocken, Rosenkohl, Erdnüsse.
4. **Stark säureüberschüssig:** Käse (scharfer mehr als milder), Fleisch, Wurstwaren, Fisch, Eiweiß, Kakao.
5. **Säurebildner (entziehen dem Organismus Basen):** Schokolade, Weißmehl, Erzeugnisse aus Weißmehl, Kaffee, Industriezucker und alle zuckerhaltigen Produkte, gehärtete Öle und Fette, Alkohol.

Aus Erfahrung wissen wir, daß die meisten Zivilisationskrankheiten mit einem zu sauren Stoffwechselmilieu verknüpft sind, d.h. daß zuviel Stoffwechselprodukte im sauren Bereich angehäuft werden, was mit der Nahrung zu tun haben kann. Deshalb sollten Kranke und solche, die nicht krank werden wollen, dazu tendieren, eine basenüberschüssige Ernährung zu sich zu nehmen. Die heute übliche Ernährung ist bei weitem zu sauer, wobei der Begriff "üblich" gekennzeichnet ist durch das übermäßige Essen von Fleisch, Wurst, Weißbrot und Zucker, was zu einem sehr starken Säureüberschuß führt. Der Organismus muß jedoch die Säuren los werden, d.h. er muß sie neutralisieren. Wenn er nun die Basen zum Puffern der Säuren nicht gleichzeitig mit der Nahrung bekommt, dann holt er sie sich aus seinen Reserven, d.h. aus den Knochen, was Osteoporose, Karies und anderes mehr nach sich ziehen kann. Kalzium-, Kalium- und Natriumverarmung entstehen durch den Bedarf des Organismus an diesen Salzen, um die überschüssige Säure zu neutralisieren. Wer basenüberschüssig ißt, geht diesem Problem aus dem Wege. Kinder und Erwachsene verfügen heute nicht mehr über die diesbezügliche Instinktsteuerung. Deshalb müssen alle bewußt lernen, einer basenüberschüssigen

Nahrung den Vorzug zu geben. Als einfache Hilfe kann man sich merken: alle Gemüse sind stark basenüberschüssig mit Ausnahme jener Gemüse, die botanisch zu den Blumen gehören wie z.B. die Artischocke, der Rosen- und Blumenkohl und der Spargel. Auch Obst ist stark basenüberschüssig, selbst wenn es teilweise sauer schmeckt. Es leuchtet natürlich zunächst nicht ein, daß z.B. die Zitrone ein Basenspender sein soll. Wenn oben von Säuren gesprochen wurde, dann handelte es sich um anorganische Säuren. Organische Säuren wie z.B. Fruchtsäuren und Milchsäuren sind unschädlich für den Organismus, denn sie werden einfach zu Kohlensäure und Wasser abgebaut und ausgeschieden, sie belasten den Organismus nicht. Aber der Rest dessen, was im Obst ist, ist stark mineralhaltig und basenspendend.

Die Tabelle zeigt, daß es sowohl stark wie schwach basenüberschüssige sowie stark oder schwach säureüberschüssige Lebensmittel- und Nahrungsmittel gibt. Z.B. ist Vollkornbrot immer knapp säureüberschüssig! Sehr stark säureüberschüssig sind Käse, vor allem Hartkäse, Fleisch und Wurst. Damit soll kein generelles Verbot solcher stark säureüberschüssigen Lebensmittel- und Nahrungsmittel ausgesprochen werden, aber jeder Mensch muß lernen, immer in der Gesamtbilanz einen leichten Basenüberschuß zu haben, um gesund zu leben. Wenn auf Dauer zu sauer gegessen wird, werden Erkrankungen wie Rheuma, Gicht und Infektanfälligkeit begünstigt. Im Unterschied zu säureüberschüssigen Nahrungsmitteln wie Fleisch oder Wurst sind z.B. Kaffee oder Zucker Säurebildner. Der Zucker selbst ist nicht säureüberschüssig, sondern eher neutral. Aber der Körper braucht zu seiner Verarbeitung Basen: der Zucker wird damit zum Basenräuber und wirkt deshalb letztlich im Organismus wie eine Säure. Am Basen- oder Säuregehalt wird beim Kochen nichts geändert, nur der Vitalstoffwert wird beeinträchtigt.

Der Rohkostanteil bei einer Mahlzeit sollte vor dem Erhitzten gegessen werden, denn Salat verläßt z.B. den Magen schneller als das Fleisch. Deshalb sollte man den Schnellzug (Rohkost) vor dem Bummelzug (Erhitztes) durchlassen (BIRCHER-BERNER).

Dysbiosen oder Dysbakterien: Noch ein Wort zum Problem des Dysbakterien oder Dysbiosen. In meiner Praxis (SCHIMMEL) ist dies die häufigste Diagnose. Die meisten Menschen haben bakterielle Fehlbesiedlungen oder Entzündungszustände im Darm, auch jene, die sich im Prinzip für gesund halten. Die Innenseite des Darmes ist mit einer Schleimhaut ausgekleidet, auf der eine unfaßbare Zahl von Bakterien angesiedelt sind. Diese Bakterien sind für uns Menschen spezifisch, jedes andere Lebewesen hat ebenfalls seine spezifische Flora. Diese Flora hat folgende Bedeutung: einmal hat sie einen eigenen Stoffwechsel, durch den auch Vitamine hergestellt werden, die von uns selbst nicht produziert werden können. Zum zweiten stimuliert die Flora allein durch ihre Anwesenheit auf der Darmschleimhaut diese in ihrer immunologischen Aktivität. An der Innenseite der Schleimhaut sitzt ein dichtes Gewebe von lymphaktiven Zellen als Teil unseres Immunsystems. Es handelt sich hierbei aufgrund der Ausdehnung des Darmes um den größten Teil unseres Immunsystems! Der Darm ist unser wichtigstes Immunorgan, das durch die Anwesenheit der Bakterien andauernd stimuliert und wachgehalten wird. Wenn das bakterielle Gleichgewicht durch nichtverträgliche Kostformen gestört wird, wird unser Immunsystem geschwächt. Daraus entstehen dann z.b. Mangelernährungen (wenn nicht genügend Vitamine produziert werden) oder Lebensmittelallergien. Letztere sind in einem unglaublichem Ansteigen begriffen. Patienten vertragen bestimmte Lebensmittel nicht mehr. Eine häufige Ursache dafür ist eine Degeneration der Darmflora

- durch nicht angemessene Kost und
- durch allopathische Medikamente, vor allem Antibiotika, die die Darmflora zerstören.

Wenn die Darmflora zerstört ist, ist letztendlich auch der Mensch erledigt; ohne gesunde Bakterienbesiedlung im Darm kann er nicht überleben. Eine solche falsche oder gestörte Bakterienbesiedlung im Darm wird Dysbiose oder Dysbakterie genannt. Diese Erscheinung wird von den meisten Medizinern nicht ernst genommen. Dabei spielt die Dysbiose vor allem bei chronischen Erkrankungen eine wichtige Rolle, da sie die Regenerationsfähigkeit schwächt. Z.B. weist die Neurodermitis neben einer tuberkulösen Erbdisposition immer eine gravierende Dysbiose einschließlich der Lebensmittelallergien auf. Floraregenerierend wirkt jede Vollwertkost, in schweren Fällen müssen allerdings spezielle Bakterienpräparate eingesetzt werden.

5. Das richtige Fühlen und Denken

Was uns über unsere Sinnesorgane erreicht, erregt in uns Gefühle und Stellungnahmen. Wir freuen oder ärgern uns, empfinden Sympathie oder Antipathie, jedoch nicht über einen bewußten Prozess, sondern als gewohnheitsmäßiger Ablauf. Diese Gefühle teilen sich über das vegetative Nervensystem auch unseren inneren Organen bzw. der dazugehörigen Muskulatur mit. Das Gemütsleben hat damit einen direkten Einfluß auf den Stoffwechsel und auf die Gesamtgesundheit. So, wie wir unseren Bewegungsorganismus trainieren, können wir auch unser Gemütsleben im positiven Sinne beeinflussen. Der Schlüssel hierzu ist die Entwicklung von Tugenden. Disziplin, Liebe, Barmherzigkeit, Glauben, Friedfertigkeit, Mut sind Beispiele für Tugenden, deren Entwicklung zu einer inneren Stärke der Person und - reflektorisch - auch zu gesunden Organen führt. Ohne die Entwicklung der keimhaft in allen Menschen angelegten Tugenden ist der Mensch in unserer modernen Zivilisation zu leicht beeinflußbar und somit zu Handlungen bereit, die er innerlich nicht wirklich vertritt. Ohne Entwicklung von Tugenden findet niemand den Weg zu sich selbst und zu einer eigenen Lebensgestaltung. Auch die gesunde Lebensführung setzt ja den Willen zur Gesundheit voraus: Selbstdisziplin ist nötig, um richtige Ernährung und regelmäßige Bewegungsübungen durchzuführen. Tugend als Verhalten einzuüben benötigt weder einen Rückzug in die eigenen vier Wände noch spezielle Kurse oder gar Traningsstätten. Der geeignete Platz zur Entwicklung von Tugenden ist das tägliche Leben, der tägliche Umgang mit unseren Mitmenschen und mit unserer Umwelt. DIe Einübung von Tugenden ist wichtig für die Gesundheit.

Nicht nur für unsere seelische, sondern auch für die körperliche Gesundheit spielt unser Gemütszustand die vorrangige Rolle, wie überhaupt körperliche und seelische Gesundheit sich gegenseitig bedingen. So kann man nicht übergangslos nach einem anstrengenden Arbeitstag ein anspruchsvolles Tennismatch bestreiten, Verzerrungen der Muskeln und Bänder sind die gesetzmäßige Folge. Wer wirklich Gesundheit erlangen will, benötigt Disziplin im Umgang mit sich selbst, mit seinen Gedanken und Gefühlen: Ein elastischer und leistungsbereiter Bewegungsapparat ist die Folge.

Jeder kennt die Nackenverspannungen nach einem anstrengenden Tag oder hat sich schon eine lange Autofahrt aus den Beinen geschüttelt. Ständige Anspannung und Aufregung verspannen das Muskelsystem, welches über verschiedene Nervenfasern mit dem Großhirn verbunden ist. Über das Vegetative Nervensystem werden auch die Blutgefäße, Drüsen und Verdauungsorgane von unseren Erlebnissen beeinflußt. Wir erbleichen vor Schreck, uns ist übel vor Angst, wir haben schweißnasse Hände bei Aufregung. Da in unserer gegenwärtigen Zivilisation unser Nervensystem beansprucht ist wie nie zuvor, bei gleichzeitig minimaler körperlicher Bewegung, kommt es bei immer mehr Menschen zu schweren Tonusstörungen der Muskulatur. Hierher gehört ein großer Teil der Herz-Kreislauferkrankungen, die in unserer Gesellschaft die Todesursache Nr. 1 sind. Geübte Ärzte und Masseure können durch Ertasten des muskulären Zustandes Rückschlüsse auf Lebensweise und Biographie des Betreffenden ziehen. Freude und Schmerz bilden sich ab in der Muskulatur, hinterlassen Elastizität oder Verkrampfung, entsprechend beflügeln sie uns zu Taten oder hemmen uns.

Kritisch müssen in Zusammenhang der seelischen Gesundheit die Sportstätten betrachtet werden, die Zug um Zug mit der Entwicklung der traditionellen Sportarten (und ihrer Verregelung) entstanden: Sportstätten aus Beton, Kunststoff, oft mit Kunstlicht ohne Schatten, mit glatten Wänden und rechten Winkeln statt vielfältiger Formen, voll dumpfer Hallenluft statt anregender Düfte, mit einer Vielzahl normierter Geräte und Flächen statt vielfältiger Bewegungsanreize. Körpererfahrungs-orientiertes Sporttreiben, die Beachtung des Oszillationsmodells und letztlich richtiges Fühlen und Denken sind in solchen Sportstätten erheblich erschwert. Wenn die Intelligenz des Körpers zur Geltung kommen soll, sind sinnenfreundliche Bewegungsumwelten notwendig; gesundheitsorientiertes Betreiben traditioneller Sportarten sollte auch zum Nachdenken über die Sportstätten, die Sportregeln und die Umwelt generell anregen.

6. Schlußbemerkungen

Traditionelle Sportarten pauschal und undifferenziert als gesundheitsfördernd anzusehen, ist unzulässig. Bei veränderter und sinnvoller Gestaltung enthält ihr Betreiben allerdings Chancen. In sinn-voller und ausreichender Bewegung hat der Mensch einen Gesundheitsmotor erster Ordnung zur Verfügung. Die bewußte Entwicklung des Fühlens im Rahmen des Oszillationsmodells ist nicht nur bei Elementen der fernöstlichen Bewegungskultur, sondern auch in traditionellen Sportarten möglich und notwendig.

Sportliche Betätigung kann der Gesundheit dienen, wenn das durch individuelle Konstitution und Krankheitsdisposition gesetzte Maß nicht überschritten wird. Dies setzt ein Mindestmaß an Körpererfahrung voraus, in erster Linie des Bewegungs-gesetzes von Anspannung und Entspannung. Bei Nichtbeachtung ist Über-Training die Folge, der Sport wird ungesund. Das Bewußtmachen des Bewegungsgesetzes müßte ein vorrangiges Anliegen von Sportunterricht und Training sein, denn da-durch wird jeder in die Lage versetzt, für sich adäquat Sport zu treiben bis ins Alter und eine selbständige Gesundheitspflege zu entwickeln. Gesundheit in ihrem quantitativen Aspekt kennen wir zur Genüge: Wir wissen, wie hoch ein Kind springen können soll in einem bestimmten Alter, wie schnell es laufen, wie weit es werfen soll. Fragen wir mit der gleichen Intensität nach der Freude, die es beim Laufen empfindet, wie sein Erleben ist beim Erlernen des Hürdenlaufes? Erst wenn die Freude die Quelle wird, aus der heraus die Bewegung erfolgt, können wir von Gesundheit durch Sport sprechen. Im Lauf der Entwicklung unserer heuti-gen, durch Hektik, Sinnesüberreizung ebenso wie durch nicht ausreichende positive Sinnesansprache, Über- wie Unterforderung des Körpers, verschwindende Bewe-gungsräume, kranke Umwelt und zunehmende soziale Isolation gekennzeichnete Gesellschaft kommen wir zunehmend von einem unserer Natur entsprechenden Lebensstil ab. Die Erlebnisfähigkeit geht zurück; wir lassen uns kaum noch Zeit für Gefühle, Sensibilität, Muße oder Kontemplation. Folgen dieser Fehlorientie-rung der individuellen wie gesellschaftlichen Entwicklung sind Überreizung, Selbstausbeutung (am deutlichsten sichtbar im Spitzensport), körperliche und soziale Entfremdung und Ausbeutung der (Um-)Welt.

54

Vor diesem Hintergrund hat das didaktische Konzept der Körpererfahrung (als Ergänzung zum Trainingskonzept) zentrale gesundheitserzieherische Bedeutung (vgl. BRODTMANN 1987, GRÖSSING 1988). Im Gegensatz zu Sporttreiben, das an eine enge Definition von Sport angelehnt ist (Schwerpunkt: citius, altius, fortius!) und Einseitigkeiten moderner gesellschaftlicher Entwicklungen widerspiegelt, die sich in Schlagwörtern wie Entfremdung oder Verlust des Körpers widerspiegeln, wird über den Körpererfahrungsansatz die Individualität des Sporttreibenden, seine Motivvielfalt und das Streben nach Wohlbefinden wesentlich stärker berücksichtigt und Wahrnehmungs- und Erlebnisfähigkeit sowie eigenes Erfahren gefördert; neben die Handlungsorientierungen Leistung und Konkurrenz werden andere - ergänzende - gesetzt wie z.B. Selbsterfahrung, Naturerlebnis, Abenteuer und Risiko, Eindruck, Ästhetik, Gestaltung, letztlich eine mehrperspektivische Orientierung. Ziel ist ein Sporttreiben, das individuell und sensibel gestaltet werden kann und bei dem sich alle wohlfühlen sollen. Im Mittelpunkt steht der Erwerb von Kompetenzen, die zur Fähigkeit führen, selbständig und verantwortungsbewußt sportlich zu handeln - ohne dabei gegen die gesundheitliche Perspektive zu verstoßen - sowie Sport verändern und so gestalten zu können, daß er dem eigenen Wohlbefinden und der Gesundheit dient. Die Orientierung am Oszillationsmodell kann dabei eine große Hilfe sein.

Bei einer solchen Orientierung kann es nicht primär um physische Gesundheit in der instrumentalisierten Form der körperlichen Fitness gehen. Körperliches Wohlbefinden ist in seiner subjektiven Erlebnisqualität mehr als nur das Erleben von Funktionstüchtigkeit und Fitness. Die Wahrscheinlichkeit von aktivem Wohlbefinden (GRUPE 1976) wird erhöht durch die Bereitschaft und Fähigkeit zu Positiverfahrungen, sowie die Fähigkeit, wohlbefindensförderliche Bedingungen herstellen und auch nutzen zu können. Hierzu gehört ein positiver Dialog mit dem eigenen Körper, was längst nicht allen Menschen ohne weiteres gelingt, da sie ihre körperlichen Funktionen und Bedürfnisse zu wenig oder verzerrt wahrnehmen sowie dem Erleben des gesunden Körpers oft nur geringe Beachtung schenken. Diese Menschen brauchen eine gezielte Anleitung zu angemessenerer Körperaufmerksamkeit und positivem, genußvollem Körpererleben.

Das Verwirklichen eines aktiven Wohlbefindens ist ein wichtiger Teil einer gesundheitsorientierten Lebensführung. Es kann über positive, belohnende und lustvolle Erfahrungen (z.B. angenehme sensorische Reize und/oder Erfolgserlebnisse) oder auch durch die Beseitigung negativer Zustände (wie z.B. Schmerz, Müdigkeit oder Angst) erreicht werden; Wahrnehmungsfähigkeit und Sensibilität sind jeweils entscheidende Voraussetzungen, aber auch ausreichend Zeit und Wahrnehmungszentrierung: "Wohlbefindensteigernd wirkt das Vorhandensein von ausreichend viel Zeit sowie eine gezielte Fokussierung der Aufmerksamkeit auf die Genußquelle unter Ausblendung ablenkender Außenreize" (BECKER 1991, S. 34).

Die hierzu wenigstens zeitweise notwendige höhere Wertschätzung der Langsamkeit steht in einem gewissen Widerspruch zu den bei den meisten Sportlern vorherrschenden Orientierungen. Vermittlung von Wohlbefinden ist eine Aufgabe, die von Sportlehrern und Übungsleitern fast immer durch das Sporttreiben bereits als erfüllt angesehen wird, was in nicht wenigen Fällen falsch ist. Über die in diesem Buch enthaltenen Artikel werden Möglichkeiten aufgezeigt, wie Körpererfahrung, Bewegung, Sport, Spiel, Wohlbefinden und Gesundheit zusammengebracht und letztere als positive Zustände erfahren werden können.

7. Anmerkungen

[1] An dieser Stelle kann aus Platzgründen nicht auf alle Regelkreise der Lebensführung eingegangen werden. Diese werden auch in anderen Beiträgen in diesem Buch angesprochen (z.B. FÖRSTER und KNÖRZER/OLSCHEWSKI/SCHLEY).

Wolfgang Knörzer/Adalbert Olschewski/Martin Schley
Entspannung im körpererfahrungsorientierten Sport

1. Einleitung

Gezielt eingesetzte Entspannungsübungen können ein wichtiger Bestandteil eines Sporttreibens sein, dessen oberstes Ziel die Sensibilisierung für den eigenen Körper und den der anderen ist. Innerhalb der Sportpädagogik, der Sporttherapie und des gesundheitsorientierten Vereinssport gewinnen sie daher zunehmend an Bedeutung (vgl. KELLNER 1988; Zs. SPORTPÄDAGOGIK 4/1989; MÜLLER 1990, S. 344-353; GEISLER 1989; HUBER 1989). In diesem Beitrag wird nach einer Darstellung der Ziele von Entspannungsübungen ein Überblick gegeben über die wichtigsten Entspannungsmethoden, die sich auch für einen Einsatz im Sport eignen. Danach werden wir auf die Methodik der Anleitung von Entspannungs- übungen eingehen, die Rolle von entspannungsfördernder Musik beschreiben und abschließend den Stellenwert von Entspannung im Sport diskutieren.

2. Ziel der Entspannung

Die meistgenannte Begründung für den Einsatz von Entspannungsübungen inner- halb und außerhalb des Sports ist ihre Ausgleichsfunktion. Entspannung wird als Gegenpol zu Daueranspannung und Hektik des Alltags gesehen. So wichtig diese Funktion der Entspannung auch ist, stellt sie als alleinige Zielsetzung eine unzu- lässige Verkürzung dar. Es sollte nicht nur darum gehen, einen Zustand der Ent- spannung zu erreichen, der dann wieder vom Zustand der Anspannung, häufig sogar Verspannung abgelöst wird. Oberstes Ziel sollte es unserer Meinung nach sein, über die Entspannung zu einem Zustand der mittleren, eutonischen "rechten" (vgl. DÜRCKHEIM 1981) Spannung zu kommmen. Erst dann sind wir in unserer Mitte und wirklich "kon-zentriert". Nur aus dieser mittleren Spannung heraus las- sen sich sportliche Handlungen ebenso wie die Dinge des Alltags optimal gestalten. Mit diesem Zustand der Kon-zentration und der mittleren Spannung verbunden ist immer auch eine psychische Wachheit, (wie umgekehrt Zustände körperlicher Ver- spannung mit Zuständen psychischer Anspannung korrelieren). Daneben helfen uns Entspannungsübungen, sensibler für unseren Körper zu werden, ihn intensiver zu spüren. Schließlich bieten Entpannungsübungen gerade auch im Sport eine gute Möglichkeit über den Wechsel von körperlicher Anspannung und Entspannung ein Grundprinzip des Lebendigen, nämlich den rhythmischen Wechsel von Polaritäten zu erfahren (vgl. KELLNER 1988; JANALIK 1986).

An dieser Stelle noch etwas zur Begriffsklärung: Wir unterscheiden zwischen Zuständen der Entspannung und Zuständen der Tiefenentspannung. Zustände der Entspannung ("Alphazustände") sind dadurch gekennzeichnet, daß die Person, die sich entspannt, dem Verlauf der Übung innerlich ruhig und gelöst folgen kann. Die Atmung wird ruhiger und gleichmäßiger, häufig entsteht ein Gefühl von Schwere, manchmal auch von Leichtigkeit. Mißt man in diesem Zustand bei der Person die Gehirnwellen, so überwiegen die sogenannten Alphawellen (7-14 Zyklen pro Sekunde (zps)). Zustände der Tiefenentspannung ("Thetazustände") sind gekennzeichnet durch ein Wegsinken des Wachbewußtseins. Die Inhalte der Entspannungsübung können gar nicht oder nur teilweise bewußt erinnert werden. Das Zeitgefühl geht verloren, d.h. die Zeitdauer der Übung, kann nach deren Beendigung nicht eingeschätzt werden. Tiefenentspannungsphasen von 30 bis 40 Minuten werden auf 5 bis 10 Minuten geschätzt. Es überwiegen die Theta-Gehirnwellen (4-7 zps). Dieser Zustand findet sich auch bei tiefer Meditation. In der Praxis lassen sich die beiden Zustände nicht immer genau trennen. Auch bei einfachen Entspannungsübungen können Teilnehmer für kurze Zeit Zustände der Tiefenentspannung erleben. Dies ist ihnen jedoch vielfach nicht bewußt, kann bei Bedarf jedoch durchaus auch einmal besprochen werden.

Entspannung im Sport sollte unserer Meinung nach immer auf Alphazustände hin ausgerichtet sein. Dies läßt sich am leichtesten erreichen durch den Einsatz entspannungfördernder Übungen, durch deren zeitliche Begrenzung (5-10 Minuten max.), und durch die Auswahl der richtigen Begleitmusik.

3. Zugänge zu Entspannung

Es gibt eine Fülle von Entspannungsmethoden. Eine bloße Auflistung ist nur wenig hilfreich. Vielmehr kommt es darauf an, Gemeinsamkeiten und Unterschiede herauszuarbeiten, um so ein Überblicksmodell der Entspannungsverfahren zu entwickeln. Gemeinsam ist allen Entspannungsverfahren, daß sie es ermöglichen, in einen Zustand der Entspannung zu gelangen. Sie unterscheiden sich jedoch in den Wegen, die dorthin führen. An Hand der Hauptzugangswege zur Entspannung läßt sich ein "Überblicksmodell der Entspannungsverfahren" entwickeln. Unserer Meinung nach lassen sich unterscheiden:
- atmungszentrierte Zugänge
- körperzentrierte Zugäne
- mentalorientierte Zugänge.

Im folgenden werden wir ein Modell darstellen, in dem wir einige wichtige Entspannungsverfahren diesen Hauptzugängen zuordnen. Ausdrücklich sei darauf hingewiesen, daß bei jeder Methode alle drei Zugangswege eine Rolle spielen. Jedoch gibt es bei jedem Verfahren einen Hauptzugang, nach dem die Zuordnung erfolgt.

```
┌─────────────────────────────────────────────────────────────────┐
│  ┌──────────────────────┐        ┌────────────────────┐          │
│  │  ATMUNGSZENTRIERT    │        │  MENTAL ORIENTIERT │          │
│  └──────────────────────┘        └────────────────────┘          │
│                                                                   │
│   Atemarbeit nach Middendorf       Phantasieren                   │
│   westliche Atemschulen            Autogenes Training             │
│   östliche Atemschulen             mentales Training              │
│                                                                   │
│        ┌────────────────────────────────────┐                    │
│        │   ZUGÄNGE ZUR ENTSPANNUNG          │                    │
│        └────────────────────────────────────┘                    │
│                                                                   │
│        progressive Muskelentspannung                              │
│        Entspannungsmassageformen                                  │
│        Elemente östlicher Bewegungskünste                         │
│        (Tai chi, Qigong, Yoga, Kum Nye)                           │
│                                                                   │
│              ┌─────────────────────┐                              │
│              │  KÖRPERZENTRIERT    │                              │
│              └─────────────────────┘                              │
└─────────────────────────────────────────────────────────────────┘
```

Die Zuordnung ist nicht vollständig und kann leicht ergänzt werden. Unserer Meinung nach lassen sich die meisten der bekannten Entspannungsverfahren diesem Modell zuordnen. Einige der "klassischen" Entspannungsverfahren wurden in den letzten Jahren unter Einbeziehung neuer Erkenntnisse weiterentwickelt (z.B. vgl. OLSCHEWSKI/LINDNER 1991) oder auf bestimmte Zielgruppen hin modifiziert (vgl. MÜLLER 1983/MURDOCK 1989/TEML 1990). Dabei werden immer wieder auch kürzere Formen vorgestellt; TEML (1990, S. 11) spricht von "entspannungsfördernden" Übungen, bei denen es sich "nicht um eine systematische Einführung in eine bestimmte Entspannungstechnik handelt", die jedoch Elemente von gängigen Entspannungsmethoden enthalten. Gerade diese Formen eignen sich besonders für den Einsatz im Sport.

Nach unserer Erfahrung gibt es bei den meisten Teilnehmern Vorlieben für bestimmte Zugänge zur Entspannung. Die einen finden einen leichteren Zugang über die Atmung, die anderen über das Mentale, die dritten über den Körper. Dies hat Konsequenzen für die Auswahl der Entspannungsübungen. Bei der Arbeit mit nur einer Person ist es zunächst ausreichend, deren bevorzugten Zugangsweg zu finden und dann die entsprechenden Übungen und Methoden danach auszuwählen. Im Sinne eines ganzheitlichen Ansatzes ist es sinnvoll, nach einiger Zeit Übungen aus den anderen Zugangswegen einzubeziehen, um so die Zugangsmöglichkeiten der Person zur Entspannung zu vergrößern. Bei Gruppen kann man davon ausgehen, daß Teilnehmer mit unterschiedlichen Zugangsvorlieben in jeder Gruppe sind. Um dem gerecht zu werden, kann man nun so vorgehen, daß man immer wieder Übungen aus abwechselnden Zugangswegen auswählt. So wird man nach und nach allen Teilnehmern gerecht. Eine andere Möglichkeit ist es, solche Übungen auswählt, die alle drei Hauptzugangswege ansprechen, also Mischformen.

Im folgenden stellen wir drei einfache Entspannungsübungen vor, bei denen je ein Hauptzugangsweg in der Reihenfolge: Zugang über die Atmung, über den Körper, über das Mentale im Vordergrund steht:

3.1 Atementspannung

"Legen sie sich bequem auf den Rücken, lassen sie sich mit dem Ausatmen auf die Unterlage sinken, lassen sie ihren Körper schwerer und schwerer werden und die Ausatmung noch tiefer aus ihnen heraussinken. Vielleicht müssen sie ihre Wirbelsäule noch etwas strecken, beugen sie dazu die Knie und ziehen sie die Füße an den Körper heran, stützen sie sich mit den Füßen auf, heben das Becken an und ziehen etwas weiter fußwärts. Legen sie anschließend wieder die Füße ab. Beobachten sie / nehmen sie wahr, wie der Atem auch die Beckengegend erreicht und den Beckenboden nach unten ausdehnt. Nehmen sie wahr, wie der Beckenboden beim Ausatmen wieder zurückfedert. Lassen sie nach dem Ausatmen eine kleine Pause und stellen sie fest, ob und wie stark die Einatembewegung von selbst erfolgt. Warten sie auf den Einatemzug. Seien sie lediglich als Beobachter anwesend, während ihr Körper von selbst einatmet. Sie können sich bei dieser Übung noch weiter unterstützen, indem sie die Hand auf den Rippenbogen (Magengegend) und die andere Hand auf den Unterbauch legen. (Etwa so, daß der Daumen im Nabel liegt). Achten sie hierbei besonders auf den Beckenboden sowie auf einen Punkt 1/3 Handbreit unterhalb des Nabels. Beugen sie die Knie und ziehen sie die Füße zum Becken heran (bis sich ein 60-Grad-Winkel zwischen Ober- und Unterschenkel bildet), stellen sie die Füße unmittelbar auf dem Boden auf. Während sie tief ausatmen, lassen sie die Knie langsam auseinandersinken. Während der Einatembewegung ziehen sie die Füße langsam wieder zueinander nach oben. Achten sie darauf, möglichst wenig Muskelkraft aufzuwenden und insbesondere auch an dieser Bewegung nicht beteiligte Muskelgruppen entspannt zu lassen."

3.2 Körperliche Entspannung

Einleitung: *"Als Entspannungsübung machen wir eine 'Reise durch den Körper'. Dabei sollen die Muskeln des Körperteils, durch den die Reise gerade geht, angespannt werden, die Spannung gehalten werden und dann bewußt das Loslassen wahrgenommen werden."*

Wir beginnen die Reise im rechten Fuß und rechten Unterschenkel. Hier die Muskeln anspannen, --- die Spannung halten --- und locker lassen. ----- Weiter geht es zum rechten Oberschenkel, die Muskeln anspannen, --- die Spannung noch halten --- und loslassen. ----- Nun kommen wir zum linken Fuß und Unterschenkel, die Muskeln anspannen, --- die Spannung noch halten --- und lösen. Als nächstes

60

kommen wir zum linken Oberschenkel, die Muskeln anspannen, --- die Spannung
noch etwas halten und loslassen. Jetzt kommen wir zum Becken- und Gesäßbereich,
auch hier alle Muskeln anspannen, --- die Spannung noch halten --- und loslassen.
Weiter geht die Reise zu den Schultern, hier kann man die Muskeln anspannen,
indem man die Schulterblätter hinten am Rücken zusammenzieht, --- Spannung
noch halten --- und loslassen. Wir kommen zum rechten Arm, --- eine Faust
machen und die Armmuskulatur anspannen, --- Spannung halten --- und lösen. Nun
zum linken Arm. Muskeln anspannen, eine Faust machen, --- Spannung halten ---
und loslassen.
Wir kommen zum Nackenbereich. Hier kann man die Muskeln anspannen, indem
man die Schultern hochzieht und den Kopf zwischen die Schultern einzieht, ---
Spannung noch etwas halten --- und fallenlassen. Weiter geht es zu Kopfhaut und
Stirn. Die Augenbrauen hochziehen und die Kopfhaut anspannen, --- Spannung
noch halten --- und loslassen. Nun geht es weiter zur Gesichtsmuskulatur. Die
spannt man an, indem man Grimassen zieht (da alle die Augen zu haben, sieht es
ja keiner), --- Spannung halten --- und loslassen. Schließlich zum Kinn und
Halsbereich. Das Kinn in Richtung Brust ziehen, die Halsmuskulatur anspannen,
--- Spannung halten --- und locker lassen.
Weiter geht es mit der Brustmuskulatur. Diese kann man anspannen, indem man
die Schultern nach vorne zieht, --- Spannung noch halten --- und locker lassen.
Schließlich kommen wir zur Bauchmuskulatur. Bauchmuskeln anspannen,
--- Spannung halten --- und loslassen.
Zum Abschluß sollen noch einmal gleichzeitig alle Muskeln des Körpers angespannt
werden, von den Füßen bis zum Kopf. --- alle Muskeln anspannen, --- Spannung
noch halten --- und loslassen. "

3.3 "Schöner Ort"

"Suche dir eine bequeme Sitz- oder Liegeposition - richte deine Aufmerksamkeit
mehr nach innen, vielleicht möchtest du die Augen schließen - spüre, an welchen
Punkten dein Körper die Liegeunterlage berührt, die Füße, das Becken und Gesäß,
der Rücken und die Schultern, die Hände, der Kopf - achte nun besonders auf
deine Atmung und versuche, mit jedem Ausatmen deinen Atem etwas länger und
tiefer werden zu lassen --- laß nun aus deiner Erinnerung einen Ort auftauchen,
an dem du dich einmal sehr wohl gefühlt hast - betrachte das Bild dieses Ortes vor
deinem inneren Auge, ist es schwarz-weiß oder farbig - und wenn es farbig ist,
welche Farben hat es - wie ist das Licht in diesem Bild, welche Umgebung gehört
dazu - bist du selbst in dem Bild und/oder andere - gehören wichtige Gegenstände
zum Bild --- und während du dieses Bild betrachtest, höre einmal, welche Töne
und Geräusche zu dem Bild gehören - vielleicht Stimmen - vielleicht Naturgeräusche - Musik - oder auch Stille --- und vielleicht gehört zu der Erinnerung auch ein
bestimmter Geruch oder Geschmack --- und laß nun auch das Gefühl, das du da-

mals hattest, wieder ganz intensiv werden, laß dich erfüllen von diesem Gefühl ---
Bleibe nun für eine Weile an deinem schönen Ort, an den du jederzeit in Gedanken
wieder zurückkehren kannst, um dich zu erholen, abzuschalten und neue Kraft und
Energie zu tanken. "

4. Zur Methodik der Anleitung von Entspannungsübungen

Unabhängig davon, aus welchem Zugangsbereich eine Entspannungsübung ausge-
wählt wird, sollte ihre Anleitung nach bestimmten methodischen Gesichtspunkten
erfolgen. Zunächst sollte der Gruppenleiter für günstige Rahmenbedingungen
sorgen: Die Gruppe sollte während der Entspannungsübung größtmögliche Ruhe
haben. Mögliche Störquellen können häufig im Vorfeld ausgeschaltete werden,
etwa indem man ein entsprechendes Schild an die Tür der Halle oder des
Gruppenraumes hängt, *"Bitte nicht stören - Entspannungsübung"*, oder indem man
Kollegen auf das Vorhaben hinweist und sie bittet, während einer vereinbarten Zeit
in der Nebenhalle oder im Nebenraum möglichst leise zu sein. Das Licht sollte
gedämpft sein. Außerdem ist es günstig, wenn der Raum, in dem die Entspannungsübung stattfinden, so begrenzt ist, daß jeder Teilnehmer genügend Platz
hat, darüber hinaus jedoch wenig freier Raum bleibt. In einer großen Sporthalle
kann man einen solchen abgegrenzten Raum mit Hilfe von Kästen, Mattenwagen
und anderen Geräten herstellen.

In der Vorbereitung der Entspannungsübung sollten mit der Gruppe einige Punkte
besprochen werden. Zunächst ist es wichtig, auf die Freiwilligkeit der Teilnahme
an der Entspannungsübung deutlich und ehrlich hinzuweisen. Gerade im Sport, wo
doch das Hauptziel der Teilnehmer einer Gruppe darin liegt, sich zu bewegen,
kann nicht davon ausgegangen werden, daß jeder Teilnehmer zu jeder Zeit bereit
und in der Lage ist, sich zu entspannen. Daher muß vor jeder Übung auf die Freiwilligkeit der Teilnahme hingewiesen werden. Wichtig ist es dann aber, das Verhalten der "Nichtteilnehmer" während der Übung zu klären. Sie müssen sich ruhig
verhalten, die anderen nicht stören, eventuell auch für eine bestimmte Zeit den
Raum verlassen. Manchmal stellen Gruppenteilnehmer erst während einer Übung
fest, daß diese Übung für sie wenig geeignet ist und sie sich dabei unwohl fühlen.
Dann sollten sie die Übung abbrechen. Auch diese Möglichkeit zum selbständigen
Abbruch sollte in der Vorbereitungsphase angesprochen werden. Schließlich ist es
wichtig, den Verlauf und die Bedeutung der Rückführung am Ende der Entspannungsübung zu besprechen. Die korrekt durchgeführte Rückführung ist notwendig,
um zu gewährleisten, daß alle Teilnehmer nach Beendigung wieder im Wachbe-
wußtsein sind (zum Ablauf siehe unten).

Nach diesen Vorbereitungen kann nun mit der eigentlichen Entspannungsübung begonnen werden. In der Hinführungsphase wird zunächst die Aufmerksamkeit auf das innnere Erleben und den Körper gelenkt (*"Lenkt eure Aufmerksamkeit mehr nach innen und spürt einmal bewußt, an welchen Punkten euer Körper die Liege- bzw. Sitzunterlage berührt"*). Danach sollte die Atmung vertieft werden (*"Versucht mit jedem Ausatmen euren Atem länger werden zu lassen"*). *"Störende Gedanken könnt ihr vorüberziehen lassen wie Wolken am blauen Himmel, die ihr wahrnehmt und dann einfach loslaßt"*.

Während der Durchführung der eigentlichen Entspannungsübung sollte der Gruppenleiter immmer die Möglichkeit haben alle Teilnehmer zu beobachten, d.h. wenn die Teilnehmer liegen, sollte er sitzen oder ruhig stehen, wenn sie sitzen, sollte er sich ebenfalls setzen. Den Text der Übung sollte er mit ruhiger Stimme vortragen; dies geht dann am leichtesten, wenn er immer nur mit dem eigenen langen Ausatmen spricht. In der Rückführungsphase empfiehlt es, sich ein bestimmtes Ritual einzuhalten und es so für die Gruppe auch einzuüben. Der Text für dieses Rückführungsritual kann lauten: *"Kommt zunächst wieder mit eurem Bewußtsein ganz hier an, auf dieser Matte/auf diesem Stuhl, beginnt langsam die Hände und Füße zu bewegen und laßt diese Bwegungen größer werden zu einem Strecken und Dehnen. Atmet einige Male tief durch, öffnet die Augen und seit wieder ganz wach hier. Verändert nun auch noch eure Liege- oder Sitzhaltung."*

Diese methodischen Hinweise stellen Hilfen dar, die jeder Gruppenleiter für sich individuell erweitern kann. Ihre Einhaltung erleichtert für die Teilnehmer das Erreichen des Entspannungszustandes. Eine zusätzliche Hilfe stellt der Einsatz von entspannungsfördernder Musik dar.

5. Entspannungsfördernde Musik

Musik wirkt vielfältig auf Psyche und Körper. Sie kann anregen oder beruhigen, uns traurig oder besinnlich stimmen, fröhlich und ausgelassen. Musik alleine kann uns in Zustände der Entspannung bringen bis hin zum meditativen Erleben. Sie kann durchaus als eigenständiger Weg zur Entspannung betrachtet werden, aber auch in Kombination mit anderen Entspannungsmethoden deren Wirkung verstärken. Hier möchten wir vor allem auf letztere Möglichkeit eingehen. Für den Einsatz von Musik als Ergänzung zu Entspannungsübungen gibt es viele Gründe. So schirmt der von der Musik erzeugte Klangraum den Übenden von anderen störenden Außengeräuschen ab. Darüber hinaus hilft die richtig ausgewählte Musik, Zustände der Entspannung, aber auch der Tiefenentspannung und Meditation gezielter zu erreichen. Bei der Auswahl der Musik kann man sich an folgenden Kriterien orientieren:

I. Barockmusik: Die langsamen Mittelteile der Barockmusik, die Largos und Adagios eignen sich sehr gut für Entspannungsübungen. Ihr Metrum von ca. 60 Schlägen in der Minute entspricht dem Ruhepuls eines erwachsenen Menschen. Beim Anhören dieser Musik paßt sich der Herzschlag des Hörers diesem Metrum an. (Diese Erkennnisse nutzen auch neuere Lernformen wie die Suggestopädie.) Fertige Kassetten mit Zusammenstellungen von Largos und Adagios sind im Fachhandel erhältlich. Sie lassen sich aber auch leicht selbst herstellen.

II. Moderne Entspannungsmusik mit erkennbarer Melodielinie: Gemeint sind hier solche Musikstücke, die speziell zum Zwecke der Entspannung und für Phantasiereisen komponiert wurden. Sie haben meist eine leicht eingängliche melodiöse Struktur, häufig werden Naturgeräusche mit Synthesizerklängen kombiniert. Einige Beispiele sind: KITARO: "Silk Road"; "Oasis"; DEUTER: "Land of Enchantment"; "Silence is the answer"; KOBIALKA: "Dream Passage"; VOLLENWEIDER: "Behind the gardens".

III. Musik ohne klar erkennbare durchgehende Melodielinie: Gemeint sind Musikstücke, die speziell dafür komponiert wurden, Zustände der Tiefenentspannung und inneren Zentrierung zu finden. Meist ist eine durchgehende Melodielinie oder Taktfolge nicht zu erkennen. Dadurch wird beim Hörer eine rein analytisch verstandesmäßige Herangehensweise unmöglich gemacht und somit ein ganzheitliches Hörerlebnis ermöglicht (vgl. HAMEL 1980; HALPERN 1985). Beispiele: STEVEN HALPERN: "Eventide"; "Comfort Zone"; "Spectrum Suite"; PETER MICHAEL HAMEL: "Nada"; BETWEEN: "Between"; JORDAN DE LA SIERRA: "Gymnosphere".

IV. Meditationsmusik: Gemeint sind hier solche Musikstücke, die speziell zur Meditation komponiert wurden. Neben einigen westlichen Komponisten finden sich hier viele Beispiele in der außereuropäischen Musik. Beispiele: TONY SCOTT: "Music for Zenmeditation"; PAUL HORN: "Inside the great pyramide"; TOSHA SUIHO: "Die vier Jahreszeiten in Kyoto".

Soweit ein Überblick über Formen entspannungsfördernder Musik. Will man, wie dies im Sport angestrebt werden sollte, Alphaentspannungszustände induzieren, so sollte man sich auf Musikstücke aus Gruppe I. und II. beschränken. Viele der Musikstücke aus Gruppe III. und IV. sind für den ungewohnten Hörer zunächst befremdend und können ihn daher bei der Entspannung stören. Bei einem bewußten, offenen Hören kommt es dann beim Hörer leicht zu Zuständen der Tiefenentspannung. Dies sollte unserer Meinung nach im Sport jedoch nicht die Intention sein. Welchen Stellenwert Entspannung im Sport nun haben kann, soll daher abschließend noch einmal ausführlicher diskutiert werden.

6. Der Stellenwert der Entspannung im Sport

Entspannung im Sport kann man unter drei Gesichtspunkten betrachten:

- Entspannung nach dem Sport
- Sport als Zugang zur Entspannung
- Entspannung als trainings- und leistungsfördernde Maßnahme.

Entspannung nach dem Sport sollte Bestandteil der "Cool-Down-Phase" sein. Sie dient der Normalisierung des mentalen Aktivitätsniveaus ebenso wie der Beruhigung der Atemfrequenz und des Blutdrucks. Gefühle von wohliger Schwere, angenehmer Müdigkeit, Zufriedenheit und Wohlbefinden lassen sich im entspannten Zustand bewußter empfinden. Die Polarität von Spannung und Entspannung wird intensiv erlebt.

Sport kann ein eigener Zugang zur Entspannung sein. Dies ist immer dann der Fall, wenn das Finden der rechten Spannung und der eigenen Mitte im Sporttreiben einen hohen Stellenwert hat. Besonders geeignet sind hierfür Sportarten, die gekennzeichnet sind durch sich wiederholende, gleichförmige Bewegungen, z.B. Laufen, Radfahren, Schwimmen, Skilanglaufen. Wesentlich für die entspannte Ausführung dieser Sportarten ist es, daß bei ihrer Ausübung das Ziel die sinnlich-körperlichen Erlebnisse sind und nicht etwa das alleinige Erreichen einer bestimmten Leistung. Entspannungsübungen vor und nach einem solchen Sporttreiben vertiefen noch das Erleben von Entspannung, rechter Spannung und Konzentration. Schließlich kann Entspannung im Sport dabei helfen, das Training zu optimieren und die eigene Leistung zu verbessern. Entspannung kann als wesentlicher Bestandteil des mentalen Trainings dabei helfen, Bewegungen zu verbessern, das Körperbewußtsein zu erhöhen und Ängste und Blockaden abzubauen (vgl. Syer/Connoly 1988).

Entspannung sollte im Sport ein fester Bestandteil werden. Sie ermöglicht intensivere körperliche Erlebnisse und Erfahrungen, wie sie dabei helfen kann, die Möglichkeiten der persönlichen sportlichen Leistungsfähigkeit zu erkunden und zu erfahren. Schließlich trägt sie in einem gesundheitsorientierten Sport wesentlich zu Gesundheit und Wohlbefinden bei.

Gerhard Treutlein
Körperwahrnehmung und Körpererfahrung in der Leichtathletik

"Wollt Ihr die Menschen bessern, so macht sie glücklich; wollt Ihr sie aber glücklich machen, so geht an die Quellen des Glücks ..., an die Sinne. Die Verneinung der Sinne ist die Quelle aller Verrücktheit und Bosheit und Krankheit im Menschenleben, die Bejahung der Sinne die Quelle der physischen, moralischen und theoretischen Gesundheit. " (Ludwig Feuerbach)[1]

1. Die Leichtathletik - eine erlebnis- und erfahrungsarme Sportart?

Jedes Sich-Bewegen und damit auch jedes Sporttreiben ermöglicht Körperwahrneh-mungen, -empfindungen, -erlebnisse und -erfahrungen. Theoretisch sind diese damit auch in traditionellen Sportarten möglich; um sie zu machen, ist es demnach nicht unbedingt nötig, auf Bewegungskulturen auszuweichen, die nicht in unserem Raum entstanden ist, oder sich Körpertherapien zuzuwenden. Positive Körpererfah-rungen stehen z.B. in der Leichtathletik selten im Mittelpunkt; wenn uns unser Körper in traditionellen Sportarten bewußt wird, dann eher durch Schmerzen, Verletzungen, Unbeweglichkeit und Unbeholfenheit, das heißt dann, wenn er nicht so wie gewünscht funktioniert. Bewußt wird er uns im übrigen eher zufällig, etwa bei Körperkontakt, beim Spüren des Luftwiderstands, bei heftigem Pulsschlag, wenn ich außer Atem gerate oder etwa wenn ich beschleunige oder bremse. Zufällig geraten vor allem positive Aspekte in den Blick wie das Sich-der-Bewe-gung-Hingeben bei langen Läufen, das Gefühl des Fliegens bei leichtathletischen Sprüngen, beim Sprungwurf beim Handball oder dem Korbleger beim Basketball, die Harmonie beim Ausführen einer Übung in einer Gruppe, möglicherweise noch musikunterstützt, Angst und Angstüberwindung, Spannung, Spannungslösung und Nachspüren bei geglückten Bewegungen, die Wahrnehmung des Zusammenspiels von Körper, Geist und Natur beim Laufen etwa im Wald. Nicht etwa nur z.B. bei Yoga oder Aikido wird der Körper *"in seiner Empfindsamkeit, Wohlgefühl und Lust erweckend, erfahren und auch anerkannt"* (vgl. NITSCHKE 1981, S. 179), auch z.B. beim Laufen können solche psychischen Zustände und Wirkungen auf-treten. Doch im Gegensatz zur fernöstlichen Bewegungskultur stehen in den tradi-tionellen Sportarten Sensibilität für sich und die (persosnale und soziale) Umwelt, die Konzentration auf das Innen, die Selbstwahrnehmung, die Suche nach Wohlbe-finden und Glücksgefühlen nicht im Mittelpunkt. Allerdings erleben die meisten aktiven Leichtathleten ihre Sportart als faszinierendes Handlungsfeld, in dem sie sich wohlfühlen. Wenn dies am Betreiben der Sportart allein liegen würde, wie kommt es dann, daß viele Schüler im Sportunterricht und Sportstudierende im

Studium dieses gleiche Handlungsfeld Leichtathletik als Sportart ansehen, in der sie sich quälen müssen, sie sich frustriert fühlen, in der Unwohlsein geradezu vorprogrammiert scheint? Die Faszination scheint demnach nicht zwangsläufig bei jeglicher Art des Betreibens dieser Sport zu entstehen.

Entsprechend den vorherrschenden Maximen unserer Gesellschaft organisiert der traditionelle Sport jeweils einen spezifischen Umgang mit dem Körper, am deutlichsten sichtbar bei Sportarten wie der Leichtathletik, dem Schwimmen oder dem heutigen Turnen. Der Körper wird zum Instrument, das im Hinblick auf Leistungssteigerung und Erfolg funktionieren muß; das Körper-Sein wird dabei weitgehend verdrängt. Michael KLEIN betont zurecht: *"Der Körper wird nicht subjektiv zur individuellen Erlebnisfindung und Erlebnissteigerung ausgelebt, sondern funktional zur Leistungssteigerung eingesetzt. Die mögliche Vielfalt eines breit ausgelegten individuellen Bewegungsspektrums wird auf die Einfalt einer als 'richtig' vorgegebenen sportlichen Bewegungshandlung einer bestimmten Sportart reduziert"* (KLEIN 1984, S. 10f).

Der Entsinnlichungsprozeß der westlichen Welt hat vor dem Sport nicht haltgemacht. Die auch im traditionellen Sport enthaltenen Lust und Wohlbefinden spendenden Qualitäten werden dem Prinzip der Rationalität untergeordnet. Möglicherweise spielen zusätzlich Tabus eine Rolle, die auf zu intensiver Körperlust liegen. Die aus dem Körper kommende Lust, der spontan gelebte Augenblick, dies sind Vorstellungen, die nicht ohne weiteres mit Talentsuche, Selektion, Planbarkeit und Leistung zusammenzubringen sind. In traditionellen Sportarten wird der Körper meist als Instrument zur Leistungssteigerung gebraucht; dabei entsteht Identität weniger durch den Körper selbst und durch den Weg, der zur Leistung führt, sondern durch das Produkt, d.h. das Resultat körperlicher Leistungen. Die Orientierung an Leistungssteigerung, Leistungsmessung und Wettkampf und die damit verbundenen Lehrwege und Traningsgestaltungen führen zu einer Reduktion der jeweiligen Sportart auf vorgegebene Techniken und auf Kondition, zu einer Reinigung von allem Persönlichen, Individuellen und Subjektiven, zu einer Entkörperlichung (vgl. HEINEMANN 1980, S. 77ff). Diese Entkörperlichung zeigt sich in erster Linie in der Unterdrückung von Körperwahrnehmungen, die nicht zur Leistungsorientierung passen und in zunehmender Außen- bzw. Fremdsteuerung. Entkörperlichung, zu der ein einseitiger Sport beitragen kann, zeitigt Folgen: *"Mit der zunehmenden Entkörperlichung und der Instrumentalisierung des Körpers treten immer häufiger Funktionsstörungen und pathologische Reaktionen ein"* (HEINEMANN 1980, S. 80). Solche Störungen werden dann nicht an der Wurzel angepackt, d.h. bei der unsachgemäßen Behandlung des Körpers und der Bewegungsmöglichkeiten, es wird eher mit Tabletten und Operationen - wiederum fremdgesteuert - versucht, die selbst erzeugten Probleme in den Griff zubekommen.

Als Reaktion auf solche Einseitigkeiten breiten sich neue Bewegungsformen aus, Natursportarten gewinnen eine zunehmend größere Anhängerschar, Mannschaftsspiele haben einen großen Zulauf. Offensichtlich haben sie alle etwas, eine Faszination und Attraktivität, die bei der Leichtathletik zum Teil verloren gegangen sind. "Alternativer Sport" kann als Antwort auf die Sucht nach Objektivität, Leistungsmessung und Konkurrenzverhalten angesehen werden, als Suche nach Subjektivität und Prozeß oder auch Natur. Das Bedürfnis nach Aktivierung des Körpers wächst parallel zum Rückzug der Kultur von der Natur und dem Leben.

Die folgende Aussage eines vom Leichtathletikunterricht in der Schule frustrierten Langstrecklers (der deutschen Spitzenklasse) deutet an, was im primär leistungsorientierten Leichtathletikunterricht fehlt: *"Als Schüler gab es für mich nichts schlimmeres als Leichtathletik, da sie langweilig angeboten wurde, immer leistungsorientiert und damit für mich stressig. Die 1000m lief ich jedes Jahr nur unter Zwang, der guten Note wegen. Stets schlief ich drei Tage vor dem 1000m Lauf sehr schlecht, da dieser Lauf für mich gleichbedeutend war mit Zahnarztbesuch oder einer Tracht Prügel. Gerade weil ich dermaßen Angst vor dieser mich jedes Jahr unvorbereitet treffenden Qual hatte, begann ich für mich mit dem Laufen, damit der 1000m Lauf eine gute Note einbringt, ohne weh zu tun. Ich lief allein oder mit Freunden durch den Wald. Erst nach zwei Jahren ließ ich mich überreden, Wettkämpfe im Verein zu machen. Noch heute ist für mich aber das Laufen im Wald wichtiger als Wettkampf."* Dieser Athlet fand seine persönliche Faszination zunächst gerade nicht durch Leistungsvergleich, Leistungssteigerung und Wettkampf, sondern durch seine Begegnung mit der Natur, durch das Laufen ohne Ausrichtung an Leistung und Wettkampf. Seine Aussagen deuten auf Lücken in gängigen Antworten auf unsere Frage hin: Es geht in der Leichtathletik um mehr als um Leistungsvergleich, -steigerung und -wettkampf, sonst wäre wenig verständlich, warum viele ältere Leichtathleten - auch solche, die in jüngeren Jahren nicht sonderlich leistungsstark waren - diese Sportart immer noch mit großer Begeisterung betreiben, selbst wenn sie weit hinter den Leistungen und Erfolgen jüngerer Jahre zurückbleiben.

In der geläufigen - leistungsorientierten - Deutung der Leichtathletik kommen für die Faszination wichtige Sinnes- und Körperwahrnehmungen und damit verbundene Empfindungen und Erlebnisse zu kurz wie z.B.

- gelöstes, lockeres Laufen im Gelände, im Wald oder an einem Bach entlang,
- eine flüssige, ge-**glück**-te Bewegung,
- das Gefühl von Geschwindigkeit auf einer schmalen Anlaufbahn beim Weitsprung oder auf einem Trampelpfad im Wald,

- das Gefühl eines runden, flüssigen Rhythmus beim Hürdenlaufen,
- das Gefühl des Fliegens bei allen Sprüngen,
- das Empfinden einer starken Spannung und explodierenden Energie bei Abstoß und Abwurf,
- das Fühlen des überstreckten, fliegenden Körpers beim Hoch- und Weitsprung,
- den Wechsel zwischen Streckung, Pendeln, Beugung, Streckung und Beugung beim Stabhochsprung.

Diese Potentiale werden wenig genutzt, wie dies LUTZ (1989, S. 183ff) am Beispiel des Dauerlaufes zeigt; im Sinne einer Naturbeherrschung am eigenen Leibe wird dieser vorwiegend als *"kontrollierbares und beherrschbares Instrument"* (LUTZ 1989, S. 183) begriffen, das der Selbstbestätigung dient. Der Körpererfahrungsansatz sucht für eine Erweiterung der Möglichkeiten zu sorgen, damit nicht mehr nur der leistungsfähige und tüchtige Körper im Zentrum des Interesses steht, sondern auch der sensible, erlebens- und erfahrungsfähige.

Wohin ein solchermaßen erweitertes Sporttreiben führen kann, zeigt die Aussage eines Läufers: *"Erst wenn beide Teile, Körper und Seele, beansprucht werden und ständig trainiert werden, dann fühle ich mich ausgeglichener und wohler. Nur 'knüppeln' schädigt irgendwann, du mußt den Körper auch als Teil von dir wahrnehmen."* (LUTZ 1989, S. 186). Hierzu muß die Leistungsfixierung **zumindest zeitweise** aufgegeben und das Körper-Sein in den Mittelpunkt gestellt werden, dann werden erweiterte Erlebnisse eröffnet: *"Leute, die das nicht leistungsbezogen machen, laufen mit offeneren Augen durch den Wald"* (Aussage eines Läufers, LUTZ 1989, S. 204). Manchmal gibt z.B. eine Verletzungspause die Chance, die Art seines Sporttreibens zu verändern: *"Ich war es plötzlich satt, immer nur mit der Uhr durch den Wald zu laufen und zu knüppeln. Ich wollte das auch einmal genießen und mich an der schönen Natur und einem lockeren Laufer erfreuen".* (LUTZ 1989, S. 205). Erst die veränderte Zielsetzung bringt die Chance, nach weiteren Möglichkeiten in seiner Sportart zu fragen und zu forschen und eine *"Thematisierung des Körpers unter Aspekten seiner Verwertbarkeit zu überwinden."* (LUTZ 1989, S. 183).

Auch beim Sporttreiben in traditionellen Sportarten muß es darum gehen, die begrabenen Körperbedürfnisse wieder freizulegen und mit neuen Erfahrungen zu verbinden. Es muß gelernt werden, mit dem eigenen Körper in Kommunikation zu treten. Mit der Freilegung verschütteter Körperbedürfnisse wird emotionale Spontanität, Sensibilität, eine weite Ausdrucksfähigkeit und damit auch die Grundlegung von kreativer Gestaltungsfähigkeit gewonnen. Körpererfahrung und Bewußtheit sollten jedenfalls dazu dienen, seine Erlebnis- und Empfindungsfähigkeit zu steigern, letztlich damit auch und sein Wohlbefinden. Ohne Veränderung wird die Leichtathletik erlebnis- und erfahrungsarm, verliert einen wesentlichen Teil ihrer Faszination und wird zu einer sterbenden Sportart.

2. Körperwahrnehmungen und -erfahrungen in der Leichtathletik

Jedes Sich-Bewegen und damit auch jedes Sporttreiben ermöglicht Körperwahrnehmungen, -empfindungen, -erlebnisse und -erfahrungen. Ommo GRUPE stellt in seinem Übersichtsreferat "Anthropologische Grundfragen derSportpädagogik" in der Zeitschrift "Sportunterricht" allerdings zu recht die Frage, ob jede mögliche Erfahrung des Körpers schon eine wünschenswerte Erfahrung ist und welche Erfahrungen erzieherisch wertvoller sind als andere (GRUPE 1984). DIETTRICH/KLEIN weisen in ihrem Beitrag "Körpererfahrung im Sportunterricht" (1984, S. 143) zudem auf ein gravierendes Defizit in sportpädagogischen Werken hin: *"Es gibt kaum ein sportpädagogisches Werk, das nicht die großartigen Möglichkeiten für Selbst- und Körpererfahrung im Sport betont, in der methodisch-didaktischen Aufbereitung der Sportarten ist jedoch hiervon nichts mehr wiederzufinden"*.

Bei der Bearbeitung der von diesen Autoren erwähnten Probleme stehen wir immer noch am Anfang. Allerdings zeigen die oben aufgelisteten Sinnes- und Körperwahrnehmungen, daß in der Leichtathletik bereits einige Elemente festgemacht werden können. Und geht die Erinnerung zudem zurück zur Erlebnisdimension, die wir als Kinder im Umgang mit Laufen, Springen und Werfen hatten, fällt es leicht, diese Aufzählung weiter auszudehnen durch Wahrnehmungen wie:

- des Fluggefühls bei Niedersprüngen im Wald und am Strand, beim Überspringen von Bächen und Hindernissen,
- des Wechsels zwischen Spannung und Spannungslösung beim Herumtollen und Traben im Wald bei wechselndem Tempo,
- des Spannungsgefühls und Nachspürens bei Zielwürfen, Werfen von Steinen als Wasserreiter u.a.m..

Kinder erleben Laufen, Springen und Werfen oft als lustvoll, zumal sie primär im Freien und oft auch in Verbindung mit natürlichen Sensationen verbunden betrieben werden. Typische Körperwahrnehmungen wie Spannung und Spannungslösung, Streckung, Öffnung und Schließung des Körpers oder Fliegen und Fallen sind in ihrem kindlichen Bewegungsleben oft in hohem Umfang enthalten. Kinder sind erlebnisfähiger und weniger auf Leistungssteigerung fixiert als Erwachsene. Sie praktizieren aber auch vielfältigere Formen des Laufens, Springens und Werfens als regel- und normorientierte Erwachsene. Wohlbefinden, Glücksgefühle und Faszination können auch durch eine vielfältige Ansprache der Sinne entstehen und durch das Wahrnehmen und Bewußtwerden des Istwerts einer Bewegung. Diese Erkenntnis wird in der heutigen Vermittlung der Leichtathletik, die sehr stark an Sollwerten wie optimalen Bewegungsabläufen, Rekorden, Normen und Qualifikationsleistungen orientiert ist, ziemlich vernachlässigt. Die oben angeführten Wahrnehmungen betreffen vorwiegend den Istwert. Die Konzentration auf ihn kann für positive Erlebnisse sorgen, während eine vorwiegende (einseitige) Sollwert-Orientierung die Möglichkeit erschwert, dieser Sportart vielfältige Sinnperspektiven zuzuordnen. Ohne zeitweises bewußtes Wahrnehmen, ohne positive Gefühle und Erlebnisse wird leicht Frustration provoziert und diese Sportart läuft dann Gefahr, schal, monoton und sinnentleert zu werden. Damit wird dann vor allem jenen die Faszination der Leichtathletik vorenthalten, die sie am dringendsten spüren und erleben müßten, um dabei zu bleiben, nämlich den Anfängern und Leistungsschwächeren. Freude, Lust und Wohlbefinden im Umgang mit leichtathletischen Bewegungen sind wesentliche Grundlagen der Faszination. Bei einer ausschließlichen Zentrierung auf Erfolg und Leistung ("citius, altius, fortius") kann von vielen ein wesentlicher Teil der Faszination der Leichtathletik kaum entdeckt werden.

In der Vermittlung von Leichtathletik erfolgt heute eine mehrfache Reduktion gegenüber theoretisch gegebenen Möglichkeiten:

1. Quantitative Aspekte werden zu Lasten von qualitativen bevorzugt.
2. Die Außensicht einer Bewegung erscheint wichtiger als die Innensicht.
3. Sollwerte befinden sich weit mehr im Blickpunkt als Istwerte.
4. Statt der Vielfalt leichtathletischer Formen, wie sie bei historischer und lebensgeschichtlicher Betrachtung zu finden sind, wird vorwiegend das eingeschränkte Spektrum der heutigen verregelten und einseitig leistungsorientierten Leichtathletik angeboten.

Laufen, Springen und Werfen waren in früheren Zeiten und in der Kindheit etwas anderes, vielseitigeres und vielfältigeres; es waren Formen, in denen umfangreiche und variierende Möglichkeiten der Wahrnehmung und Erfahrung enthalten waren. Körpererfahrungsorientierter Leichtathletikunterricht sollte deshalb vielfältige Formen anregen und ermöglichen. Er muß den weitgehend verdrängten Aspekt der Wahrnehmung bewußt machen und das unmittelbare Erfassen von physisch Gegebenem zu einem Schwerpunkt von Lernen, Üben und Trainieren werden lassen. Eine so gestaltete Leichtathletik wird zu einem Feld, in dem der Sportler sich besser kennenlernen und erfahren kann; sie ermöglicht Übergang von der Außen- zur Innensteuerung und versetzt in die Lage, sein Befinden selbst zu beeinflussen und zu steuern, da der Lernende über die Wahrnehmungsschulung sensibel für die Signale seines Körpers wird. Ein an Körperwahrnehmungen und -erfahrungen orientierter Leichtathletikunterricht reduziert den Stellenwert der Erfahrungen und des Technikwissens von Lehrenden und stellt die Wahrnehmungsfähigkeit und Sinnesqualität von Lernenden in den Mittelpunkt. Lehrende können zu dieser Art von leichtathletischem Lernen, Üben und Trainieren wesentliche Impulse beisteuern, bloß mechanisches technik- und konditionsorientiertes Lernen und Drill erschweren oder verhindern positive Erfahrungen und behindern das "Fasziniert-Werden".

3. Wesentliche Elemente von Faszination und Wohlbefinden

Wodurch entstehen Faszination, Wohlbefinden, Glücksgefühle in und durch Leichtathletik, wo liegen die Potentiale der Leichtathletik? Erste Antworten wurden schon in den bisherigen Ausführungen gegeben. Bei praktischen Versuchen, Leichtathletikunterricht und Training interessanter zu gestalten und den damit verbundenen Diskussionen mit Schülern, Studenten und Leichtathleten kamen weitere Antworten hinzu. Ausgangspunkt war eine induktive Suche in der Praxis, die zu bestimmten (sportartübergreifenden) Punkten führte. Weitere Anregungen und zum Teil auch theoretische Fundierungen ergaben sich durch die Lektüre verschiedener körpertherapeutischer Ansätze, vor allem von FELDENKRAIS und von LOWEN sowie des chinesischen Yin- und Yang-Konzepts bzw. des Prinzips der Polarität. Die dabei entstandene Auflistung bedarf aberweiterer theoretischer Untermauerung und empirischer Überprüfung. Sie enthält folgende Punkte:

1. Ansprache der Sinne.
2. Spannung und Spanungslösung (z.B. häufiger Wechsel von Spannung und Spannungslösung,deutlicher Wechsel von Spannung und Spannungslösung, Spannung, Streckung und Öffnung des Körpers, Spannungsdifferenz=unterschiedliche Spannung in einzelnen Körperteilen).
3. Verschmelzen von Körper und Gerät.
4. Rotationen.
5. Fliegen und Fallen.
6. Steuerfunktion des Kopfes.
7. Atmung.

Körpererfahrungen sind vor allem dann möglich, wenn zeitweise das in den Mittelpunkt der Aufmerksamkeit rückt, was im Körper vor sich geht, und in welcher Beziehung der Körper zur (sozialen und materialen) Umwelt steht. Über Wahrnehmungszentrierung kann die Aufmerksamkeit des Lernenden u.a. auf jene Punkte gerichtet werden, die über wiederholte Wahrnehmung wesentliche Erkenntnisse bringen können. Das weitergehende Ziel (vor allem für Könner) ist aber nicht die hohe Bewußtheit, die bei der Wahrnehmungszentrierung erforderlich ist - sie sollte nur ein notwendiges Durchgangsstadium sein - , sondern das Aufgehen in der Tätigkeit (RHEINBERG 1989, Flow-Erlebnis nach CZIKSZENT-MIHALY 1985, "loss of ego" nach RITTNER 1985, meditative Formen nach SCHLESKE 1988).

Solche Wohlbefinden (und über das Wohlbefinden Gesundheit) anstrebende Formen setzten eine Individualisierung und Subjektivierung des Sporttreibens voraus. Sie erfordern statt einseitiger Bevorzugung von engen Bewegungsanweisungen und -korrekturen durch Trainer oder Sportlehrer das Stellen von Bewegungsaufgaben, die ein entdeckendes und problemorientiertes Lernen provozieren, und so über die "Freiheit des Lernens" zum "Wohlbefinden durch Leichtathletik" beitragen.

4. Möglichkeiten der Wahrnehmungszentrierung[2)]

Die oben genannten Punkte sind aus der Vielfalt möglicher Körperwahrnehmungen jene, die nach unseren bisherigen Erfahrungen eine Wahrnehmungszentrierung als lohnenswert (im Sinne der oben genannten Ziele) erscheinen lassen:

1. *Ansprache der Sinne:* Die Funktionsfähigkeit aller Sinne kann am leichtesten beim Betreiben leichtathletischer Disziplinen im Freien erlebt werden, am schwersten in Hallen. In natürlicher Umgebung sind Wärme- und Kälteempfindungen möglich; Wind, Sonne und Regen sprechen den Hautsinn und die Wärmeregulation des Körpers an. Das Hören des Anlaufrhythmus bei den Sprüngen oder des "monotonen" Schritts beim Dauerlauf, das Fühlen der Geräte bei den Würfen, die Gefährdung und das Wiederfinden des Gleichgewichts beim Hürdenlauf, den Sprüngen oder den Würfen, das Spüren der Spannung bei Absprung oder Abwurf, das Fühlen des Gegners im Rücken: hier sind sinnliche Möglichkeiten gegeben, die selten bewußt (gemacht) werden.

2. *Spannung und Spannungslösung:* Bei den (azyklischen) Sprüngen und Würfen sowie beim Start folgt auf eine Phase höchster Spannung eine weitere der Energieentladung und Spannungslösung, begleitet vom Versuch, das Gleichgewicht zu bewahren oder wiederzugewinnen. Dabei lassen sich folgende Formen unterscheiden:
- Deutlicher Wechsel von Spannung und Spannungslösung: Bei den Würfen (beim Abstoß bzw. Abwurf) und bei den Sprüngen (Absprung, Flug und Landung) ist ein deutlicher Spannungswechsel gegeben. Bei den Läufen erfolgt der deutliche Wechsel von der Spannung zur Spannungslösung meist erst mit Beendigung des Laufs. Lockeres, gelöstes langes Laufen zeichnet sich allerdings durch die Fähigkeit zur partiellen Entspannung schon während des Laufens aus.
- Spannung, Streckung und Öffnung des Körpers: Soweit ein deutlicher Wechsel zwischen Spannung und Spannungslösung gelingt, ist in allen Würfen und Sprüngen eine extreme Streckung und Öffnung des Körpers enthalten, ebenso beim Start.
- Spannungsdifferenz (unterschiedliche Spannung in einzelnen Körperteilen) Vor

allem beim Schleuderball und beim Diskuswerfen kann eine erhebliche Spannungsdifferenz wahrgenommen werden (bei der Drehung bleibt der Wurfarm locker und wird geschleppt), in Ansätzen auch in anderen Disziplinen (z.B. lange Arme beim Hammerwerfen, lockere Haltung des Stoßarms beim Angleiten im Kugelstoßen).

- Häufiger Wechsel von Spannung und Spannungslösung: Ein solcher ist in unterschiedlicher Form in allen zyklischen Bewegungsabläufen enthalten - soweit es sich um flüssige, ge-glück-te Bewegungen handelt. Dabei werden jeweils die Teile des Körpers in größere bis maximale Spannung versetzt, die gerade Arbeit verrichten, während die anderen weniger angespannt sein sollten. Die - kraftsparende und letztlich motivierende - Kunst besteht darin, die Anspannung um die Spannungslösung zu ergänzen.

3. *Verschmelzen von Körper und Gerät:* Diese ist bei allen Würfen und beim Stabhochsprung gegeben, sowie beim Staffellauf (über die Körpergrenzen hinaus Fühlen bzw. Transsensus nach GLASER 1990[3]).

4. *Rotationen:* Deutlich spürbare Rotationen sind in erster Linie im Diskus-, Hammerwurf und im Schleuderballwurf enthalten, in geringerem Maße beim Fosbury-Flop und Straddle. Pendeln und Schleudern sind beim Stabhochsprung zu verspüren.

5. *Fliegen und Fallen:* Beide machen den Reiz bei den Sprüngen, vor allem beim gerätunterstützten Stabhochsprung aus, nach dem Motto: Je länger das Fliegen dauert, umso schöner!

6. *Steuerfunktion des Kopfes:* Bei allen Sprüngen und Würfen spielt die Kopfbewegung für die Qualität der Bewegungsausführung, vor allem aber für die Fähigkeit zum Eingehen höchster Körperanspannung eine wesentliche Rolle. Je nach Kopfführung erhöht oder verringert sich die Ganzkörperspannung.

7. *Atmung:* Eine Wahrnehmungszentrierung (und Experimentieren mit der Atmung) lohnt sich bei den Würfen (Einatmen bei der Auftaktbewegung, Ausatmen bei der Energieentladung), weniger bei den Sprüngen, die (ebenso wie das Speerwerfen) aus dem zyklischen Lauf heraus erfolgen, d.h. das Atmen wird hier durch den vorhergehenden Lauf bestimmt und hat weniger Bedeutung als bei den Würfen). Es lohnt sich, die Funktion eines Schreis beim Abwurf/Abstoß (Unterstützung der Energieentladung) bewußt zu machen.

Die gefundene Klassifikation möglicher Körperwahrnehmungen und -erfahrungen ist prinzipiell offen; sie erhebt nicht den Anspruch, bereits eine abgeschlossene Auflistung aller möglichen Elemente zu enthalten, die Körpererfahrung in der Leichtathletik ausmachen. Diese Auflistung bedarf zudem weiterer theoretischer Untermauerung und empirischer Überprüfung. Im folgenden werden theoretische Überlegungen, daraus abgeleitete praktische Konsequenzen und Übungsbeispiele dargelegt und eine Begründung der Auswahl gerade dieser Inhalte der Wahrnehmungszentrierung für die Leichtathletik versucht.

4.1 Vielfältige Ansprache der Sinne

Sensibilität und Wahrnehmung des Istwertes des Sporttreibens sind wichtig für das Wohlbefinden. Sie setzen funktionsfähige Sinne voraus. Funktionsfähig können diese nur werden, wenn sie Gelegenheit zum Funktionieren erhalten, d.h. wenn sie vielfältig angesprochen werden. Deshalb müssen Lern-, Übungs- und Trainingsumwelten sowie die Gestaltung von Lernsituationen daraufhin überprüft werden, ob sie für die Funktion der Sinne anregend sind und sich positiv oder negativ auf die Wahrnehmung des Sporttreibens, auf die Befindlichkeit und ihre Bewertung auswirken. KÜKELHAUS hat am Beispiel des Laufens verdeutlicht, welchen Einfluß ein vielfältiges Ansprechen der Sinne für erfrischendes Sporttreiben und Wohlbefinden haben kann:

"Stellen wir uns vor ... : Wir bewegen uns mehrere Kilometer über die glatte ebene Fahrbahn einer Autostraße. Nichts liegt im Wege. Das Licht ist hell und ungetrübt. Haben wir die Strecke hinter uns gebracht, fühlen wir uns ermattet und 'wie gerädert'. Die risikolose Gleichförmigkeit hat uns 'angeödet'. Wandern wir die gleiche Strecke nebenan durch den Wald: der Pfad ist schmal, holprig, gewunden. Man muß aufpassen, um nicht über Wurzeln zu stolpern; Zweige können einem ins Gesicht peitschen. Mal hat der Pfad einen steinigen, mal einen schlüpfrigen Grund; sumpfige Stellen sind zu überqueren. Es duftet, man atmet tief. Insekten sind abzuwehren. Plätschern kündet einen Bach an. Auf einer schmalen Bohle ist er zu überqueren. Die Äste hängen tief; man muß sich bücken. Das Licht ist dämmrig. Man muß sich vorsichtig überall umherschauen. Es knackt, man muß horchen, ob nicht ein Ast herunterfällt. Kurz: Der Weg steckt voller kleiner zu bestehender Abenteuer und Wagnisse, die mich voll mit allen Gliedern und Sinnen in Anspruch nehmen. Am Ende des Weges ist man rundherum erholt und erfrischt und dankbar, ihn gegangen zu sein. Der Waldweg nahm uns allseitig in Anspruch. Die glatte Fahrbahn forderte uns nichts anderes ab, als gegen die verödende Wirkung der Nicht-Inanspruchnahme durch Hindernisse anzukämpfen... Was uns erschöpft, ist die Nichtinanspruchnahme der Möglichkeiten unserer Organe, ist ihre Ausschaltung, Unterdrückung." (KÜKELHAUS 1978, S. 12ff).

Statt auf die Wahrnehmung ihrer Sinne sind die meisten Sportler zu sehr auf den Prozeß des Anspannens, des Krafteinsatzes sowie auf das Ergebnis sportlicher Tätigkeit konzentriert. Am Beispiel des Laufens können Ursache, Wirkung und Änderungsmöglichkeiten gezeigt werden: Wer anfängt zu laufen, kämpft zunächst meist gegen unangenehme Gefühle an wie müde Beine und Knie, träger Körper und schwere Arme. Solche Gefühle stören den Laufrhythmus und erschweren die Wahrnehmung einer möglichen positiven Inanspruchnahme der Sinne. Diese Gefühle sind oft Folge einer negativen Voreinstellung gegenüber dem Laufen, die eine Wahrnehmungszentrierung auf Muskeln, Herz und Kreislauf mit sich bringt, des weiteren aber auch einer unzureichenden Fähigkeit , die mit den Muskelkontraktionen während des Laufens eingegangene Spannung mit einer rhythmisch folgenden Spannungslösung zu verbinden. Durch eine günstige Wahl der (Lauf)Umwelt, durch ein Erlernen der Spannungsregulierung und durch eine Zentrierung der Wahrnehmung auf die Sinne kann eine Abschwächung (bis hin zur Ausblendung) solcher unangenehmer Gefühle erreicht werden. Ich nehme mir dann vor, auf das zu achten, was ich höre, rieche, sehe, fühle und finde dadurch zu lockerem, gelöstem, freudvollem Laufen. Die Zentrierung der Sinne fällt zunächst leichter, wenn wir nicht versuchen, alle Sinne gleichzeitig bewußt wahrzunehmen, sondern wenn wir uns nacheinander jeweils auf einen Sinn konzentrieren und erst danach einen ganzheitlichen Eindruck suchen.

Der Körper ist ein energetisches System, er steht in dauernder energetischer Wechselbeziehung zu seiner Umgebung. Eine reiz-volle Umgebung stimuliert und wirkt energieaufbauend (vgl. dazu LOWEN 1975, S. 45). Dieses Problem wird im Sport bisher kaum gesehen. Deshalb ist eine Sensibilisierung dafür notwendig, was unseren Energiespiegel beeinflußt. Reiz-volle Sportgelegenheiten leisten einen wesentlichen Beitrag zu seinem Aufbau. Wenn die Nichtinanspruchnahme der Sinne zu Streß und im Extremfall zu Lebensgefahr führt und andererseits die Inanspruchnahme positive Gefühle ermöglicht, sollten Sportmöglichkeiten daraufhin überprüft werden, inwieweit sie die Sinne ansprechen.

Sowohl beim ADL-Kongreß in Bielefeld (1983) als auch mit zahlreichen Studentengruppen habe ich ein kleines Experiment gemacht, das von eben dieser Erkenntnis ausging: *"Findet reiz- und sinn-volle Laufgelegenheiten! Lauft, sucht und überprüft verschiedene Laufmöglichkeiten daraufhin, ob und wie sie Eure Sinne ansprechen. Achtet darauf, wie ihr Euch jeweils dabei fühlt!"* Bei allen Gruppen war das Ergebnis gleich. Am langweiligsten und frustrierendsten war das Laufen in der Halle ("keinerlei Motivation zum Laufen"), auf geraden, breiten, asphaltierten Straßen, auf Hartplätzen und Aschen- oder Kunststoffbahnen ("hart, eintönig, öde, schnelle Ermüdungserscheinungen"). Eine umfangreiche und positiv bewertete Inanspruchnahme der Sinne erfolgte dagegen auf von Bäumen umgebenen Rasenplätzen und auf einem schmalen, von Sträuchern umsäumten Uferweg. Wenn ich in reizvoller Umgebung (nicht zu schnell) laufe, zwischen Wiesen und durch Wälder, auf schmalen und gewundenen Wegen und dabei tief und gleichmäßig atme, werden alle meine Sinne angesprochen: Ich rieche Bäume, Gras, Blumen und Kräuter, ich höre Vögel, den Wind, den Wald oder auch meine Schritte auf unterschiedlichem Untergrund, ich schmecke möglicherweise Blütenstaub, über Kurven und Höhenunterschiede wird mein Gleichgewichtssinn angesprochen, mein kinästhetischer Sinn informiert mich über die Spannungsregulation in meinen Muskeln, meine Augen sehen ein wechselndes Farbenspiel mit vielen unterschiedlichen Konturen und ohne die in Sportstätten üblichen rechten Winkel.

Meine Sinne beschäftigen mich; ich spüre, wie sich verkrampfende Gedanken lösen, Sorgen und Probleme verfliegen. Solange ich nicht schnell laufe, erlebe ich eine unwillkürliche Zentrierung auf einen Teil der möglichen Sinneswahrnehmungen, die körperliche Anstrengung wird kaum bewußt.

Der moderne, wettkampforientierte Sport erfordert zunehmend reiz-lose Sportstätten, die den Sinnen wenig Ansprache bieten und damit Monotonie und Langeweile fördern. Als Konsequenz ergibt sich für die Leichtathletik, vor allem für das Lernen von Anfängern, das Üben von Leistungsschwächeren, daß sie nicht zur Hallenleichtathletik verkommen darf. Reiz-volle Lern- und Trainingsumwelten sorgen für psychische Frische und Energiegeladenheit. Wer dagegen Schüler im Sportunterricht stets auf der Aschenbahn oder Kunststoffbahn z.B. Laufen in Form von 1000m-Läufen erleben läßt, braucht sich nicht zu wundern, wenn höchstens die leistungsstärksten oder abgestumpftesten Schüler sich dabei wohl fühlen. Zur Leichtathletik gehören Wetter, Wind, Licht, Luft und Sonne. Wenn Leistungssportler nicht Trainingsweltmeistern sein wollen, müssen sie reiz-volle Trainingsumwelten suchen. Psychische Frische und Energiegeladenheit z.B. für den Wettkampf können nur schwer entstehen, wenn der größte Teil des Trainings in einer reiz-losen Umgebung (z.B. Folterkammer, Kunststoffbahn, Halle) absolviert wird.

4.1.1 Zur Rolle des Hautsinns

Angst vor Verletzungen und Krankheiten, Scham, Mode und Regeln haben dazu geführt, daß beim Sporttreiben oft mehr Kleidung getragen wird als unbedingt notwendig ist. Wenn die Haut unbehindert atmen und mit der Luft unmittelbar in Kontakt sein soll, ist es sinnvoll, die Kleidung auf das absolut notwendige (temperaturabhängige) Minimum zu beschränken[3]. Es macht einen Unterschied, ob ich dick eingepackt mit Wind, Wetter und Sonne konfrontiert bin oder z.B. die Geschwindigkeit meiner Bewegung auch über meinen Hautsinn wahrnehmen und erleben kann.
Ein besonderes Kapitel stellt in diesem Zusammenhang das Barfußlaufen dar, dessen gesundheitlicher Wert unbestritten ist: "Man kann spüren, wie sich die Füße aufladen und mit Leben füllen, wenn man barfuß durch nasses Gras und warmen Sand geht (LOWEN 1975, S. 81f). Barfußlaufen bringt eine Belebung der Füße - nicht nur der Haut - und fördert Gesundheit und Wohlbefinden, es beeinflußt den ganzen Organismus. Auf solche größere Zusammenhänge verweist insbesondere die Lehre von den Fußreflexzonen: "Nervenbahnen verbinden die Fußsohlen mit allen Organen des Körpers und leiten die belebenden Wirkungen zu ihnen weiter. Massage auf diesem Wege wirkt auf feinste Weise in die Tiefe des Organismus." (KÜKELHAUS/ZUR LIPPE 1982, S. 111)[4]. Die Ausrichtung des

78

Sporttreibens auf Leistung, die Werbung der Schuhindustrie, die Warnungen der Versicherungsfirmen bzw. Ängste vor Verletzungen haben dazu geführt, daß fast nirgends mehr Sport barfuß getrieben wird. Man muß sich dabei immer wieder vor Augen halten, daß kleine Kinder ihren natürlichen Bedürfnissen nachgehen, wenn sie Schuhe und Strümpfe ausziehen (was sie oft tun!), weil sie diese als einengend verspüren; sie fühlen sich ohne Schuhe und Strümpfe wohler. Als Erwachsene zwängen wir unsere Füße in Schuhe, verlieren dadurch den direkten Kontakt zur Erde. Barfußlaufen stellt den Kontakt wieder her und belebt über die Füße hinaus vor allem die untere Körperhälfte, die in unserer kopflastigen Welt leblos zu werden droht.

4.1.2 Vielfältige Ansprache der Sinne und Ich-Bild

In der westlichen Welt sind die Augen das wesentliche Sinnesorgan, sie haben einen unangemessen hohen Stellenwert erhalten (vgl. dazu HERZOG 1979). Die Augen können zwar die Bewegung führen und organisieren (vgl. FELDENKRAIS 1978, S. 200ff). Ihre Bevorzugung führt aber zu einer reduzierten Wahrnehmung. Diese hat eine unvollständige Vorstellung von sich selbst zur Folge, eine schlechte Voraussetzung für eine flüssige, rhythmische Bewegung, für das Erreichen hoher Spannung, ausgeprägter Kontraktion und Spannungslösung, letztlich für Wohlbefinden im Sport. Das Ich-Bild bleibt unvollständig, wenn nicht die anderen Sinne ebenfalls entwickelt und angesprochen werden. Die Unterschätzung der Bedeutung der Ansprache aller Sinne führt dazu, daß Sporttreibende das Potential, das in ihnen und in der entsprechenden Sportart liegt, nicht ausschöpfen können.

Auf die Bedeutung z.B. des im Sport als unwichtig angesehenen Riechens weisen KOPPENHÖFER und LUTZ hin: *"Riechen ist für die Depressions-Therapie eine besonders wichtige Sinnesfunktion: Während schwer depressive Patienten durch kaum einen externen Reiz aus ihrer Apathie geholt werden können, haben olfaktorische Reize in der Regel ihren Aufforderungswert behalten."* (KOPPEN-HÖFER/LUTZ 1983, S. 129). Nun sollen Sportler nicht mit Depressiven gleichgesetzt werden; es wäre aber verwunderlich, wenn die Vernachlässigung einzelner Sinne keine Auswirkungen hätte. Am Beispiel des Riechens läßt sich das Problem erkennen: Die Verlagerung von Sportarten in künstliche Umwelten verändert die Ansprache der Sinne. In einer Halle aus Beton und Kunststoff ist eben etwas anderes zu riechen als in einer solchen aus Holz, in beiden wieder weniger als in einer natürlichen Umgebung im Freien.

Das Ich-Bild ist dann am besten ausgeprägt und vollständig, wenn alle Sinne eingesetzt und entwickelt werden, wobei in Anbetracht der motorischen Aufgaben die Entwicklung des kinästhetischen Sinns und des Gleichgewichtssinns einen besonderen Stellenwert hat. Oft ist bei der Suche nach Wohlbefinden und bei der Fehlerkorrektur der Weg über die Verbesserung des Ich-Bilds einfacher als über die Korrektur einzelner Bewegungshandlungen: *"Was wir bisher über das Ich-Bild gesagt haben, zeigt, daß der Weg über die systematische Korrektur des Bilds kürzer und gründlicher sein wird als der über die Korrektur einzelner Handlungen und einzelner Fehler in Verhaltensweisen. Zudem gilt: je kleiner der Fehler, desto größer ihre Zahl. Stellt man sich zunächst ein mehr oder weniger vollständiges Ausgangsbild vor, so wird man die Dynamik der Handlungen allgemein verbessern können; denn es gilt zu beobachten, wie die Teile in ihrem Verhältnis zum Ganzen funktionieren und nicht jedes Teil für sich. Die Korrektur einzelner Handlungen gleicht dem Spiel auf einem verstimmten Instrument"* (FELDENKRAIS 1978, S. 48). Die Bedeutung des Ich-Bilds und der Innensicht läßt sich am Beispiel der Vorspannung bei den Würfen und Sprüngen zeigen. Wesentlicher als eine Korrektur ist die Förderung der Bewußtheit für den Spannungsgrad der Muskulatur und der Faktoren, die diesen bedingen. Dabei kann die Entwicklung der Bewußtheit für die Kopfhaltung (bzw. -führung) und deren nachfolgende Veränderung z.B. beim Absprung beim Fosbury-Flop (mit Kopf und Augen bei den letzten beiden Schritten weg von der Latte) oder beim Flug (Kopf weg von der Brust, weit nach hinten) und die damit erreichte Veränderung des Körperbilds bereits ausreichend sein, um die gewünschte Spannung auch in Bewegung umsetzen zu können.

Wenn das Ich-Bild nicht ausreichend entwickelt ist, können verbale Hinweise (Informationen, Erklärungen, Anweisungen, Korrekturen) oft nicht in dieses integriert werden. Die Entwicklung von Sensibilität ist als Beitrag zur Mündigkeitsentwicklung der Sportler zu fordern. Je ausgeprägter das Ich-Bild, desto einfacher wird die Entscheidung darüber, ob Informationen und Forderungen von außen (z.B. von Trainern oder Sportlehrern) zu angestrebten Zielen passen. Bewußtheit und Sensibilität können möglicherweise mit dem in den traditionellen Sportarten bekannten Übungsgut nicht ausreichend gefördert werden. Zusätzlich zu einer Wahrnehmungszentrierung scheint es sinnvoll, Anleihen bei Entspannungsübungen, bei Körpertherapie-Übungen wie Feldenkrais-Übungen, Bioenergetik-Übungen oder auch beim Yoga zu machen. Stretching stellt einen Anfang dar, Elemente aus solchen Bewegungssystemen, die den traditionellen Sportarten bisher fremd waren, in das Sporttreiben zu integrieren und zur Entwicklung des Ich-Bildes beizutragen.

4.2 Zu einigen Aspekten von Spannung und Spannungslösung

Viele Sporttreibende sind völlig auf den Prozeß des Anspannens (des Krafteinsatzes) konzentriert; sie sehen - bewußt oder unbewußt- darin die beste Möglichkeit, ein gestecktes Ziel zu verwirklichen. Vor allem Sportler mit großer Willenskraft neigen in Verbindung mit einer ausgeprägten Zielorientierung dazu, zuviel innere Spannung aufzubauen und Kraft einzusetzen. Bewegungen, die schwerfallen, können durch die Suche nach dem zielangemessenen Spannungsgrad und durch die Berücksichtigung der ergänzenden Spannungslösung so verändert werden, daß sie leichter fallen. Die Konzentration auf den Prozeß des Anspannens bewirkt, daß keine ausreichende Spannungsregulierung erreicht wird, d.h. die Bedeutung der Spannungslösung für ein energiesparendes und motivierendes Sporttreiben wird nicht berücksichtigt.

Die Spannungslösung spielt nicht nur für den Rhythmus einer Bewegung eine Rolle, sondern ist vor allem vorbeugend gegen Ermüdung wichtig. Dies ist u.a. deshalb von Bedeutung, weil ein wacher, nicht müder Körper wahrnehmungs- und empfindungsfähiger ist als ein ständig angespannter und rasch ermüdender. Wenn die am Bewegungsablauf beteiligten Muskeln nicht angemessen während und/oder nach der Bewegung entspannt werden, entsteht ein Defizit an Sauerstoff und Nährstoffen. Die Dauerkontraktion der Muskeln schränkt deren Zufuhr ein und Ermüdung ist die Folge. Erst bei einem rhythmischen Wechsel zwischen Spannung und Spannungslösung kann frisches Blut in die Muskeln strömen, die benötigten Substanzen liefern und Abfallstoffe abtransportieren.

Um Spannung und Spannungslösung geht es bei den meisten leichtathletischen Disziplinen in ziemlich ausgeprägter Form. Start und Sprint, Hürdensprint, Sprünge und Würfe sind Disziplinen, in denen einer Phase außerordentlicher Spannung eine ausgeprägte Spannungslösung folgen kann. Für das Erzeugen von Wohlbefinden ist es hilfreich, die Bewußtheit für beide Pole und den Prozeß des Spannungswechsels zu entwickeln. Um zu einer deutlicheren Wahrnehmung beider Pole kommen zu können, müssen sie ausgeprägt vorhanden sein, d.h. es darf nicht nur am Pol "Spannung" gearbeitet werden, auch der Pol "Spannungslösung" muß intentional angegangen werden.

Um Unterschiede zwischen beiden Polen zu fühlen, muß nicht immer zusätzliche Kraft eingesetzt werden, auch das Gegenteil kann sinnvoll sein: *"Um feinere Unterschiede in der Anstrengung bemerken zu können, muß die Anstrengung selbst zuerst verringert werden. Um Bewegung besser, genauer kontrollieren zu können, braucht man erhöhte Empfindlichkeit, d.h. ein größeres Vermögen, Unterschiede zu empfinden."* (FELDENKRAIS 1978, S. 90). Diese Forderungen können beispielsweise durch die Verringerung des Krafteinsatzes und des Tempos etwa in der Form einer Zeitlupendurchführung einer Bewegung erfüllt werden; damit wird die Unterscheidungsfähigkeit für die Wahrnehmung des Wechsels zwischen beiden Polen erhöht, etwa bei der Simulierung des Absprungs beim Weit- oder Hochsprung oder des Abwurfs des Speers in Zeitlupe.

Zum Empfinden von Lust an einer Bewegung gehören Spannung und Spannungs-lösung, beide ergänzen sich; der Pol Anspannung allein kann keine Lust verschaffen. Nach LOWEN (1981, S. 72) entsteht Lust durch Spannungsvermin-derung. Das lustbringende Spannungsgefälle kann durch Erhöhung der Spannung erreicht werden, aber auch durch die Intensivierung der Spannungslösung. Arbeit an einem deutlichen Wechsel zwischen Spannung und Spannungslösung ist jedenfalls eine wichtige Aufgabe, wenn Lust und Freude an den meisten Leichtathletikdisziplinen vermittelt werden soll. Ein ausgeprägter Spannungswech-sel ist vor allem bei Sprüngen möglich, aber auch bei den Würfen, wenn leichtere Geräte verwendet werden und zudem das Schwergewicht eher auf Standwürfen oder auf Stößen und Würfen mit "unvollkommener" Technik liegt (z.b. historische Formen des Kugelstoßens verstanden als Suche nach Spannungserhöhung und Verlängerung des Beschleunigungswegs).

Wohlbefinden hat oft etwas mit einem Sich-Strecken zu tun, einer ausgeprägten Öffnung der Körpervorderseite, z.B. beim Sich-Strecken und Spannung-Suchen nach dem Aufwachen oder beim Gähnen. Kinder suchen in ihrem freien Bewegungserleben Situationen, die eine starke Streckung und Öffnung ihres Körpers beinhalten, zum Teil verbunden mit der Ansprache ihres Gleichgewichts-sinns. Sie beweisen ein natürliches Empfinden dafür, was ihnen gut tut, wenn sie z.B. schaukeln, auf Eisenbahnschienen oder Geländern balancieren, bei Nieder-sprüngen mit der Köperöffnung experimentieren oder bei Würfen sich strecken. Wohlbefinden und Energiegeladenheit sind der Lohn für solches Spielen mit Bewegung und Öffnung des Körpers. Das Sich-Strecken, das in allen Würfen, Sprüngen und beim Start enthalten sein kann, scheint im Freud'schen Sinne regressiv zu sein. Es erinnert möglicherweise an das erste Sich-Strecken beim Geburtsvorgang, an das erste Anheben des Kopfes in der Bauchlage im ersten Lebensmonat und der damit verbundenen erweiterten Kontaktaufnahme mit der Welt. Strecken und Überstrecken erfolgen danach vor allem in Situationen, in denen der Mensch sich sicher und wohl fühlt, Freude ausdrückt oder in friedlicher Absicht oder auch meditativ Kontakt mit der Umwelt aufnimmt. Aus bioenergeti-scher Sicht ist dies eine Haltung - der Körper als gespannter und aktionsbereiter Bogen - mit völliger energetischer Aufladung des Körpers vom Kopf bis zu den Füßen.

Das geschilderte Phänomen der Streckung und Expansion ist bei vielen sportlichen Bewegungen gegeben, in der Leichtathletik vor allem bei den Sprüngen und Wür-fen. Starke Expansion bis hin zur Überstreckung beweist Können; sie eröffnet zugleich den Zugang zu einem wesentlichen Punkt der Faszination in den ent-sprechenden Disziplinen[5]. Für den Anfänger stellt die geforderte Streckung allerdings oft ein Risiko dar, auf das er mit Zusammenziehen in eine schutz-

verheißende embryonale Haltung reagiert, beispielsweise mit der Hockhaltung beim Fosbury-Flop oder beim Weitsprung. Angst führt zu einer heftigen Kontraktion sämtlicher Beuger, vor allem im Unterleib und ein Anhalten des Atems (vgl. FELDENKRAIS 1978, S. 92) und behindert die lustbringende intensive Streckung. Beim Auftreten von Angst sollte zunächst diese ernst genommen und mit Streckung und Schließung im Zusammenhang mit Flugerlebnissen (z.B. von der Sprossenwand auf eine Weichbodenmatte, beim Trampolinspringen) experimentiert werden. Erst nach einem Angstabbau ist der Versuch von Streckungen beim Weit- und Hochsprung sinnvoll. Ein deutlicher Spannungswechsel begleitet von Streckung und Schließung ist für Anfänger vor allem in verschiedenen Sprungformen zugänglich. Gesunde und vitale Kinder springen viel, die Erhaltung der Freude am Springen bedeutet zugleich ein Beitrag zur Erhaltung der Lebensfreude: *"Der Sprung ist ein Ausdruck von Elastizität, Mut, Vitalität, Zielgerichtetheit, Jugendlichkeit. Der Mensch beginnt alt zu werden, wenn er nicht mehr springt; er ist in seinem emotionalen Erleben eingegrenzt, wenn er nicht mehr 'vor Freude springen' kann"* (PETZOLD 1979, S. 352).
Die starke Streckung mit Zurücknehmen des Kopfs ist bei der Fosbury-Flop-Technik in ausgeprägter Form zu sehen. Man hat eigentlich für selbverständlich hingenommen, daß diese Technik im Hochsprung den Straddle verdrängt hat, obwohl ihre biomechanische Überlegenheit nicht eindeutig nachgewiesen ist. Zu erinnern bleibt dabei, daß der Flop zwar von einem Mann erfunden wurde, seinen Siegeszug aber im Frauenhochsprung antrat. Argument war lange Zeit, daß der weibliche Körperbau für den Flop geeigneter sei als für den Straddle; mit dem Verschwinden des Straddles im Männerhochsprung verschwand auch dieses Argument. Der Flop enthält bezüglich Streckung/Expansion deutlich faszinierendere Bewegungselemente als der Straddle, bei dem sofort nach dem Absprung ein Zusammenziehen eingeleitet wird, während beim Fosbury-Flop die Überstreckung während eines großen Teils der Flugphase anhält. Insofern scheint es auch verständlich, daß sich Kinder und auch Frauen mit ihrem weniger leistungs- und stärker ganzheitlich geprägten Bewegungsverständnis eher als Männer für den Flop interessiert haben, als der natürlicheren und reizvolleren Bewegung.

Wesentliches Mittel für die Erhöhung der Spannung und die Verbesserung der Streckung/Öffnung der Spannungslösung ist eine Wahrnehmungszentrierung auf diese Punkte. Einen deutlichen Beitrag kann der Unterrichtende dann leisten, wenn ihm selbst klar ist, welche Muskulatur z.B. beim Fosbury-Flop wie eingesetzt wird. Er ist dann nicht genötigt, einen vagen Hinweis darauf zu geben, die Spannung zu erhöhen, sondern kann gezielte Selbstbeobachtungsaufträge geben, z.B. auf die Anspannung der Nacken-, Schulter- und Rückenmuskulatur zu achten und zu versuchen, den dort verspürten Spannungsgrad zu erhöhen. Da eine solche Selbstbeobachtung bei schnellen Bewegungen oft schwer fällt, kann der Zugang zum Empfinden und Fühlen erleichtert werden, z.B. durch Standübungen (etwa die Absprunghaltung beim Fosbury-Flop in Überstreckung nach hinten mit Partnerunterstützung oder die Abwurfbewegung beim Speerwerfen mit Partnerwiderstand). Das Nachspüren einer Bewegung wird durch Spannungslösung erleichtert, umgekehrt fördert die Aufgabe des Nachspürens auch die Spannungslösung. Deutlich ist ein Wechsel zwischen Spannung und Spannungslösung vor allem dann, wenn die individuellen Möglichkeiten ausgeschöpft werden. Sollten diese gering sein, etwa durch fehlende Beweglichkeit oder nicht ausreichende Kraft, dann muß an den jeweiligen Voraussetzungen gearbeitet oder - soweit möglich - müssen die situativen Bedingungen so geändert werden, daß auch der Konditionsschwächere einen Zugang zum gewünschten deutlichen Wechsel findet. Normierte Geräte (z.B. beim Wurf) können dabei ein Hindernis darstellen. Geht es um das Erlebnis von Spannung und Spannungslösung, um positive Körper- und Bewegungserfahrung, dann kann beim Stoßen einer 7,25kg Kugel ein Zwei-Meter-Mann mit über 100kg Körpergewicht leichter positive Erlebnisse und Gefühle erreichen als ein Sportler mit einer Körpergröße von 1,70m und vielleicht 60kg. Wenn der Leichtere und Kleinere die gleichen positiven Erfahrungen machen soll wie der Größere und Kräftigere, dann bleibt als Alternative

- entweder die Verwendung leichterer Geräte
- oder das Nachvollziehen historischer Formen und Entwicklungen, z.B. beim Kugelstoß, wo sich der weniger Kräftige einen historischen Vorläufer der Rückenstoßtechnik aussuchen kann, etwa das frontale Angehen oder das seitliche Angleiten, die seinen körperlichen Möglichkeiten besser entsprichen.

Die Wahrnehmung wird bei der Suche nach individuell optimalen Formen[6)] auf die Ausprägung des Prinzips von Spannung und Spannungslösung zentriert und nicht auf die als "richtig" behauptete Technik. Jeder Körper hat seine individuellen Besonderheiten, Geschichte und Umweltbezug; positive Körpererfahrungsmöglichkeiten werden dann eröffnet, wenn über Individualisierung die subjektiven Voraussetzungen ein größeres und Techniken/Normen ein geringeres Gewicht erhalten. Am Beispiel des Kugelstoßens heißt dies: Wenn der Lernende seinen individuell günstigsten Weg zum Erleben einer ausgeprägten Streckung/ Spannung, maximalen Kontraktion und Spannungslösung suchen kann. Freude entsteht durch ein positives Erleben der Bewegung, **nicht nur** durch Leistung. Die Suche kann unterstützt werden durch systematisches Variieren von Spannungszuständen in den verschiedenen Körperpartien, z.B. beim Durcharbeiten des Körpers beim Speerwurfabwurf: Spannung der Beine, des Rumpfes, der Arme bis hin zum Nacken. Dabei können Lernende den Unterschied im Sich-Fühlen zwischen einem Wurf erleben, bei dem primär durch die Armkraft eine Beschleunigung des Speeres erreicht wird und einem solchen, bei dem mit einem Ganzkörpereinsatz die Bedeutung des Arms geringer, dafür des Körpers wesentlich höher wird. Zum Speerwerfen können z.B. folgende Aufgaben gestellt werden:

- Werft den Speer aus dem Stand (der Speer wird über dem Kopf gehalten) etwa 5-10m vor Euch so in den Boden, daß er stecken bleibt (oder Zielwürfe).
- Werft abwechselnd mit dem rechten und dem linken Arm! Nehmt beim Abwurf einmal den rechten bzw. den linken Fuß nach vorne. Spürt Ihr Spannungsunterschiede? Wenn nein, dann probiert das gleiche aus dem Angehen! (Beim Standwurf sind kaum Spannungsunterschiede zu spüren, deshalb sind hier Korrekturhinweise wenig einsichtig)
- Atmet beim Abwurf abwechselnd aus und ein! Fühlt sich je nach Atemform der Abwurf unterschiedlich an?
- Experimentiert mit der Speerhaltung (hoch über dem Kopf, mittlere Höhe, nahe der Schulter)! Bei welcher Speerführung verspürt Ihr die größte Spannung und Wucht beim Abwurf?
- Schließt die Augen beim Abwerfen! Konzentriert Euch auf das, was sich beim Werfen in Eurem Körper abspielt! Trefft Ihr das Ziel auch bei geschlossenen Augen? Fühlt Ihr einen Unterschied zwischen erfolgreichen und weniger erfolgreichen Würfen?
- Versucht einen Zeitlupenabwurf! Welche Muskeln sind am Abwurf besonders beteiligt? (Wenn die Antworten auf einen eingeschränkten Einsatz von für den Wurf wesentlichen Muskeln und Körperteilen hinweisen, kann als Vermittlungshilfe der Hinweis auf Körperteile/Muskeln erfolgen, die beim Wurf eingesetzt werden können).
- Experimentiert mit der Streckung und Beugung des vorderen Beines beim Abwurf. Bei welcher Form verspürt Ihr die meiste Spannung in Eurem Körper?
- Experimentiert mit Eurer Kopfhaltung beim Abwurf (Kopf nach vorne, zur Seite, nach oben)! Bei welcher Kopfhaltung verspürt Ihr die meiste Spannung?

Wenn Spannung, Streckung, Überstreckung und Expansion lustvolle Bewegungselemente darstellen[7], sollten solche Elemente beim Lernen, Üben und Trainieren berücksichtigt werden. Vor allem sollte darauf eingegangen werden, wenn Angst den Zugang zu diesen Elementen erschwert oder verhindert; die Bearbeitung der Angst ist vorrangig, weil sonst sinnvolles Lernen verhindert wird. Um die Angst vor dem Risiko einer Körperöffnung zu verringern, ist es sinnvoll, mit dieser Körperhaltung zunächst einmal in gefahrlosen Situationen zu experimentieren, z.B.mit

- Sprüngen vom Sprungbrett ins Wasser in verschiedenen Körperhaltungen und unter Beobachtung der damit verbundenen Gefühle,
- Niedersprüngen mit starker und geringer Körperöffnung (Beobachtung der jeweiligen Körperspannung und der damit verbundenen Gefühle),

- Abfaller und Sprünge rückwärts auf eine Hochsprungmatte oder ins Wasser (Beobachtung der Fähigkeit der Körperöffnung sowie der Aktionen bzw. Reaktionen des Kopfes - bei Angst wird der Kopf zur Brust geführt).

Wenn Körperaktionen und -reaktionen bewußt geworden sind, d.h. wenn Bewegungsautomatismen aufgebrochen und damit einer Veränderung leichter zugänglich sind, dann kann die Arbeit an einer starken Streckung/Spannung und der Zugang zu den mit der Bogenspannung verbundenen Gefühlen versucht werden, z.B. mit folgenden Aufgaben:

- Überschlag rückwärts mit Landung auf dem Bauch auf einer Hochsprungmatte (als Übung zur Flugphase beim Fosbury-Flop); wenn die gleiche Übung in Zeitlupe durchgeführt wird, halten zwei Helfer an der Hose; die Überschlagbewegung wird durch einen dritten Helfer unterstützt. Diese Übung eröffnet einen deutlichen Zugang zur Überstreckung und läßt durch den langsamen Ablauf die Bewegung und das mit der Bewegung verbundene Gefühl leichter erspüren.
- Kugelstoßen über ein überkopfhohes Seil (mit gesenktem bzw. mit angehobenem Ellenbogen beim Ausstoß - ein angehobener Ellenbogen führt zu höherer Spannung).
- Standwürfe mit dem Speer oder Diskus (mit Wegdrehen des Kopfes nach der Seite, nach unten, Hochführen der Nase - bei letzterem wird eine starke Körperspannung und Streckung erreicht).
- Eine weitere Möglichkeit besteht darin, Lernenden und Übenden das Prinzip mit Hilfe folgender Aufgabe deutlich zu machen: *"Legt Euch auf den Boden. Stellt Euch vor, Ihr würdet schlafen. Wie ist das, wenn Ihr aufwacht, was macht Ihr beim Aufwachen?"* Die meisten gehen sofort zum sich Strecken und Räkeln über; diese Bewegungen sind lustvoll, sofern sie nicht zu lange anhalten. Genau das gleiche ist auch bei vielen Sportarten der Fall, Überstreckungselemente verbunden mit hoher Körperspannung sind lustbetonte Teile von Bewegungen (z.B. beim Schmetterschlag beim Volleyball, beim Korbleger beim Basketball, beim Sprung über das Pferd, beim Vollspannschuß beim Fußball). *"Das, was Ihr eben gerade am Beispiel des Aufwachens gefunden habt, könnte der Grund sein, warum manche Elemente von Bewegungen beim Sport besonders Spaß machen. Experimentiert, wie Ihr Eure Streckung und Spannung bei einem selbstgewählten Wurf oder Sprung in der entsprechenden Phase erhöhen könnt!"*

Entsprechende Aufgaben werden nach dem Experimentieren durch Selbstbeobachtungsaufgaben ergänzt. Die Wahrnehmungszentrierung sollte vor allem auf Körperteile und Muskeln gerichtet sein, die für Spannung/Streckung/Expansion verantwortlich sind, sei es durch Spannung, sei es durch Dehnung; beim

Fosbury-Flop z.B. auf die Kontraktion der Nacken-, Schulter- und oberen Rückenmuskulatur sowie auf die Dehnung der Körpervorderseite. Die Zentrierung der Wahrnehmung auf die zu expandierenden Körperteile steigert deren energetische Ladung (z.B. wird ein Gefühl der Wärme erzeugt) und intensiviert automatisch das Bewußtsein für sie: *"Die gesteigerte Ladung versetzt den Körperteil in einen Spannungszustand, der mit geistiger Spannung einhergeht. Es handelt sich nicht um die chronische Spannung eines kontrahierten oder verspannten Muskels, sondern um ein vitales, positives Stadium, das zu einer natürlichen Reaktion und zur Befreiung und Entladung führen kann. Wenn dieses Phänomen in der Muskulatur auftritt, nennt man es Aktionsbereitschaft"* (LOWEN 1975, S. 227).

Über die Wahrnehmungszentrierung können wir den Energiefluß in unserem Körper bis zu einem gewissen Grade steuern. Wir können damit dafür sorgen, daß bestimmte Teile des Körpers relativ stark geladen und reaktionsbereit sind. Obwohl das Ziel der Leistungssteigerung beim Körpererfahrungsansatz nicht vorrangig ist, gelten diese Aussagen natürlich auch für den Leistungssport. Oft wäre auch im Leistungssport eine Zentrierung der Wahrnehmung auf die Vorspannung und auf Abläufe während der Bewegung wichtiger als z.B. das Denken an eine zu erzielende Leistung, d.h. die Konzentration auf den Weg und weniger auf das Ziel. Vermieden werden muß auf jeden Fall ein rein mechanisches Wiederholen einer Technik: *"Mechanisches Wiederholen bewirkt nichts als den Blutkreislauf anzuregen und die Muskeln zu gebrauchen"* (FELDENKRAIS 1978, S. 198). Mechanisches Wiederholen erschwert oder verbaut den Weg zu einem deutlichen Wechsel zwischen Spannung und Spannungslösung bzw. den Zugang zu höchster Spannung: *"Wer seine Muskeln gebraucht ohne zu beobachten, zu unterscheiden und zu verstehen, handelt wie eine Maschine"* (FELDENKRAIS 1978, S. 181). Wenn schon ein einmaliger Wechsel zwischen Spannung und Spannungslösung Lust verschaffen kann, ist die Wahrscheinlichkeit positiven Erlebens bei häufigem Wechsel noch größer. Dies erklärt einen wesentlichen Teil der Attraktivität der Sportspiele, in denen ein kontinuierlicher Wechsel zwischen Phasen der Spannung und der Spannungslösung quasi "eingebaut" ist. Am angenehmsten ist das Erlebnis des Wechsels, wenn er rhythmisch erfolgt. Leben ist Rhythmus, am einfachsten erkennbar am Pulsieren des Herzens und des Bluts. Rhythmuserleben beim Sport ist zugleich Erleben der eigenen Lebendigkeit. Das sich einer Bewegung Hingeben wird durch rhythmischen Vollzug unterstützt. Das Erleben von Rhythmus ist bei zyklischen Disziplinen wie dem Hürdenlaufen oder allen Disziplinen mit Laufanteilen möglich, in vielen anderen Sportarten aber leichter zugänglich und ausgeprägter als in der Leichtathletik.

4.3 Zur Bedeutung der Atmung

In der Leichtathletikliteratur wird die Atmung kaum beachtet. Früher wurde Läufern ein bestimmter Atemrhythmus empfohlen, der aber eher zu einer Erschwerung des Laufens führte. Bei rhythmischem, lockerem und gelöstem Laufen reguliert der Körper die Atmung von selbst, eine bewußte Steuerung ist nicht nötig. Treten allerdings Angst- oder Streßzustände beim Lernen oder im Wettkampf auf, dann kann durch bewußtes Atmen der Körper sinnvoll beeinflußt werden. Wichtiger als die Entwicklung der Bewußtheit für die Atmung beim Laufen erscheint diese für andere Disziplinen. Dehnung/Streckung, verbunden mit der Einatmung, bringen eine Energieaufladung des Körpers mit sich; Kontraktion in Verbindung mit der Ausatmung eine Energieentladung. Das Nachspüren einer Bewegung wird erleichtert, wenn Kontraktion und Energieentladung von einem deutlichen Ausatmen begleitet werden.

Im Gegensatz zur stockenden oder unterbrochenen Atmung bei angstbesetzten Bewegungshandlungen sind Bewegungen, die ein gutes Gefühl bringen und vor allem in ihrer Durchführung leicht fallen bzw. den Sportler wenig ermüden, immer solche, die vom regelmäßigen Fluß der Atmung begleitet werden. Zwischen Atmungs- und Bewegungsfluß besteht ein deutlicher Zusammenhang. Zur Erhöhung des Wohlbefindens beim Sporttreiben sollte deshalb die Atmung über Wahrnehmungszentrierung zeitweise bewußt gemacht und das Zusammenspiel von Atmung und Bewegung verbessert werden. Das Herstellen von Bewußtheit für die Atmung in der Leichtathletik fällt leichter, wenn eine bewußte und tiefe Vollatmung außerhalb von sportlichen Situationen gelernt wurde. Mit ihr kann erfahren werden, wie sich richtige Atmung im Körper bemerkbar macht, wie der Körper beteiligt ist und reagiert. Nach einer solchen Sensibilisierung gelingt die Aufmerksamkeitszentrierung auf die Atmung in den verschiedenen leichtathletischen Disziplinen problemloser.
Beim Start, bei den Sprüngen und Würfen ist oft ein Anhalten des Atems festzustellen. Nach dem Bewußtmachen der Atmung sollte in einem zweiten Schritt eine Koordination von Ein- und Ausatmung mit der Bewegungshandlung erfolgen, z.B. Einatmung bei der Auftaktbewegung und Ausatmung beim Ausstoß der Kugel, möglicherweise verbunden mit einem Schrei (Unterstützung der explosiven Energieentladung).

4.4 Zur Bedeutung der Kopfsteuerung für die Erhöhung der Körperspannung

Die Bedeutung der Steuerung des Kopfes für die Präzision von Bewegungen bzw. für das Erreichen einer hohen Körperspannung wird in der Sportmethodik bisher nicht ausreichend beachtet. Hinzu kommt, daß die Beweglichkeit (und damit auch die Steuerfähigkeit des Kopfes) durch Bewegungseinschränkungen der Halswirbel und Verspannungen der Nacken- und Schultermuskulatur beeinträchtigt ist. Auf die Bedeutung der Beweglichkeit des Kopfes weist FELDENKRAIS hin: *"Je freier und leichter Ihre Kopfbewegungen werden und je weiter Ihr Kopf sich drehen kann, desto leichter wird sich Ihr ganzer Körper so weit drehen können, wie dies anatomisch möglich ist"* (FELDENKRAIS 1978, S. 168). Nicht nur die Beweglichkeit ist oft eingeschränkt; meist sind auch die Bewegungen des Kopfes im Ich-Bild wenig repräsentiert, d.h. sie sind meist automatisiert und unbewußt. Durch Korrekturhinweise zur Kopfhaltung gelingt selten ein Aufbrechen solcher Automatismen, dagegen eher über das Bewußtmachen der Kopfbewegung z.B. durch ihre Übertreibung. Ungünstige Kopfbewegungen erschweren das Lernen von Bewegungen und behindern den Zugang zu höchster Spannung, und zwar nicht nur bei Anfängern, sondern zum Teil selbst noch bei manchen Spitzenathleten in allen Würfen und Sprüngen. Flop-Springer führen oft den Kopf Richtung Brust; Werfer drehen den Kopf frühzeitig zur Seite und weichen der Spannung aus; Stabhochspringer beginnen zu früh mit dem Lösen vom Boden und dem Einrollen, wenn der nicht nach hinten oben geführte Kopf die optimale Streckung beim Absprung behindert; viele Weitspringer nehmen entweder den Kopf in den Nacken, was Hohlkreuzhaltung (und schlechten Landevoraussetzungen) provoziert, oder lassen den Kopf vorne, was eine günstige Flugkurve verhindert. All dies führt neben Leistungseinschränkungen vor allem dazu, daß die bei diesen Disziplinen möglichen positiven Erlebnisse und Erfahrungen im Umgang mit dem eigenen Körper entweder nicht oder nur unzureichend zugänglich werden.

Für die meisten leichtathletischen Disziplinen ist es im Hinblick auf positive Körpererfahrungen wichtig, die Bewußtheit der Kopfsteuerung herzustellen und zu erhöhen. Dies kann durch Wahrnehmungszentrierung auf den Kopf und Übertreibung von Bewegungen und Haltungen geschehen. Bewußtheit kann etwa durch folgende Vorgehensweise hergestellt werden: Wenn z.B. einem Hochspringer über die Aufgabe, nach jedem Sprung seine Kopfführung während des Sprungs zu berichten, diese bewußt gemacht wurde, erhält er die Aufgabe, seine individuelle Art der Kopfführung zu verstärken/übertreiben (z.B. die Bewegung des Kopfes zur Brust hin). Nachdem er so die Konsequenzen dieser Kopfführung erlebt und erfahren hat (Verhinderung der Bananenhaltung), soll er über eine veränderte Kopfführung an seiner Bogenspannung arbeiten. Über die erreichte Bewußtheit ist es eher möglich, den Kopf so zu steuern, daß eine hohe Spannung und Streckung erreicht werden kann.

4.5 Wahrnehmung und Wahrnehmungsakzentuierung in der Leichtathletik

Die Beispiele auf den vorhergehenden Seiten zeigen, welche zusätzlichen Wahrnehmungen und Erfahrungen in der traditionellen Sportart Leichtathletik gemacht werden können, sofern eine Erweiterung der Ziel- und Wahrnehmungsrichtung erfolgt. Wahrnehmung beim Sporttreiben besteht nicht einfach aus der Aufnahme von Informationen über objektive Sachverhalte; Wahrnehmung ist selektiv, die Selektivität wird von gelernten Regeln gesteuert und ist individuell verschieden. Zum Beispiel sehen wir oft nur das, was wir sehen wollen oder wir erkennen nur Muster, die wir in der Vergangenheit bereits gelernt haben. Kinder und vor allem Kleinkinder nehmen deshalb anders und unbefangener wahr als Erwachsene. Für sie ist eine Weitsprunggrube noch kein Ort zum Weitspringen, aber vielleicht ein Anlaß zum Spielen. Auf die Leichtathletik übertragen: Läßt man z.B. zwei Personen unabhängig voneinander die gleiche Strecke durch Felder, Wald und Wiesen im Frühjahr laufen, dann berichtet der eine möglicherweise, wie reiz-voll (d.h. alle Sinne ansprechend) die Strecke war, während der andere sich nur seiner schmerzenden Beine, an Müdigkeit und Atemlosigkeit erinnert. Ähnliches ereignet sich auch bei den anderen Disziplinen. Der Mensch sucht ganz bestimmte Informationen und nimmt diese auf, während er andere nicht berücksichtigt oder vermeidet. Wenn nicht zeitweise eine *bewußte Wahrnehmungszentrierung* vorgenommen wird, lernt und vollzieht er eine *unbewußte, kulturell und sozial bestimmte Wahrnehmungsakzentuierung.* Über eine zeitweise bewußte Wahrnehmungszentrierung kann eine veränderte Wahrnehmungsakzentuierung und damit eine Lösung von unreflektiert übernommenen Vorstellungen und Mustern gelernt werden. Dies ist vor allem bei jenen Lernenden wichtig, die mit dem Begriff "Leichtathletik" von vornherein nur Negatives verbinden. Eine solche Vorgehensweise setzt allerdings voraus, daß Lehrende wissen (und am besten selbst erfahren haben), auf welche Punkte sie die Wahrnehmung zentrieren können und welche Erfahrungen sie vermitteln wollen. Das geht vor allem dann, wenn sie selbst anfangen zu registrieren, wann sie sich wohl fühlen und welche Faktoren positives Erleben ausmachen. Lehrer, die sich ihrer individuellen Wahrnehmungen, Empfindungen, Erlebnisse und Erfahrungen bewußt sind, sind eher in der Lage, anderen solche zu vermitteln und ihnen zu ermöglichen, selbstbestimmt auf diese zurückgreifen zu können und "nach ihrer eigenen Façon glücklich zu werden".

Beim Laufunterricht mit einer Gruppe wurde folgender Versuch durchgeführt: Zunächst wurde die Gruppe beauftragt, nacheinander beim Laufen zu beobachten, was sie riechen, schmecken, hören, sehen und fühlen konnten. Nach dem Austausch der recht vielfältigen Wahrnehmungen sollte die Gruppe auf der Rundbahn eine Runde möglichst schnell laufen und dabei registrieren, welche Wahrnehmungen überwiegen würden. Eindeutig stand nun die Wahrnehmung von

Herz, Kreislauf und Atmung im Vordergrund, was durch die erzeugte Bewußtheit als interessant und spannend empfunden wurde. Erhält diese Wahrnehmungszentrierung aber Ausschließlichkeitscharakter (z.B. bei zu intensivem Training), dann treten negative Wirkungen auf, nämlich Einseitigkeit, Monotonie und letztlich Energieverlust sowie psychische und physische Belastung. Häufige hohe Belastung bewirkt dann letztlich das Gegenteil der für Wohlbefinden wichtigen psychischen und physischen Frische.

Auf die negativen Folgen hoher Belastung für die Unterscheidungsfähigkeit der Sinne weist FELDENKRAIS hin: *"Wenn ich einen schweren Koffer trage, so werde ich es nicht merken, wenn sich eine Fliege auf ihn setzt. Halte ich dagegen eine Feder oder einen Strohhalm in der Hand, so wird es einen spürbaren Unterschied machen, wenn sich eine Fliege darauf setzt (oder davon wegfliegt). Das gleiche gilt für alle Sinne: Gehör, Geruch, Gesicht, Geschmack und den Tastsinn (heiß und kalt)"* (FELDENKRAIS 1978, S. 89). Sporttreiben unter vorwiegend hoher Belastung erschwert den Zugang zu vielfältigen Sinneswahrnehmungen, die zu einer reiz-vollen Tätigkeit hinzugehören. Vor diesem Hintergrund bleibt zu reflektieren und diskutieren, ob es sinn-voll und motivierend sein kann, wenn die Vermittlung der Leichtathletik in der Schule sich vorwiegend auf die Vorbereitung von Bundesjugendspielen und die Durchführung dieses Wettkampfs beschränkt (wobei oft schon die Vorbereitung in Wettkampfform erfolgt, vor allem für den 1000m-Lauf). So gesehen darf sich eigentlich niemand wundern, daß sich vielen Schülern der Zugang zur Faszination der Leichtathletik nicht erschließt. Untrainiert z.B. 1000m auf Zeit laufen zu müssen, bringt negative Erfahrungen, die bei späteren Laufversuchen eine Wahrnehmungszentrierung auf als unangenehm empfundene Aspekte der Anstrengung vorprogrammieren. Die vielfältigen positiven Erlebnis- und Erfahrungsmöglichkeiten der Leichtathletik kommen so überhaupt nicht ins Bewußtsein der Lernenden.

Wenn Intensivierung und Differenzierung der Wahrnehmung und letztlich Bewußtheit als wesentliche Ziele auch des Leichtathletikunterrichts und -trainings akzeptiert werden, darf Sporttreiben in dieser Sportart nicht nur aus einem Aneinanderreihen von hohen Belastungen (noch dazu in öder Umgebung) bestehen. Zeitweiliges Sporttreiben mit geringer und mittlerer Intensität (bis hin zum Zeitlupentempo) erhöht die Chancen, Wahrnehmung, Erlebnisfähigkeit und letztlich Motivation zu entwickeln. Der sensible Körper gibt die wesentliche Rückmeldung, ob die richtige Belastungshöhe und der richtige Belastungsumfang gewählt wurden. Am Ende eines Unterrichts oder Trainings darf sich der Sportler nur wohlig müde, nicht aber ausgelaugt fühlen. Ist dies nicht der Fall und schläft er möglicherweise schlecht, dann hat er seinem Körper zuviel abverlangt: Er sollte in Zukunft besser auf seinen Körper hören lernen.

5. Praxisbeispiele

In den vorhergehenden Kapiteln wurden bereits Beispiele für die leichtathletische Praxis dargestellt. Weitere Beispiele sollen verdeutlichen, wie die obigen Überlegungen in Praxis einmünden können. Überlegungen und Praxisbeispiele können zugleich als Anleitung für eine Übertragung der Vorgehensweise in andere Sportarten dienen (vgl. hierzu meinen Artikel zum Skilaufen in diesem Buch).

5.1 Förderung von Bewußtheit, Wahrnehmung und Körpererfahrung am Beispiel des Dauerlaufens

Beim Thema "Dauerlaufen" können (ebenso wie bei anderen Disziplinen) manche oben aufgezeigten Aspekte gut in Praxis umgesetzt werden, andere dagegen weniger oder kaum wie z.B. die Überstreckung oder der deutliche Wechsel zwischen Spannung und Spannungslösung. Alle Disziplinen haben unterschiedliche Erlebnis- und Erfahrungspotentiale.
Die nachfolgenden Aufgaben sind nicht im Sinne einer methodischen Übungsreihe zu verstehen; nicht bei jeder Lerngruppe und in jeder Situation sind alle Aufgaben angebracht. Erhöht wird deren Wirkung, wenn barfuß gelaufen wird, vorausgesetzt, Temperatur und Untergrund ermöglichen positive Erlebnisse und Erfahrungen. Die Konzentration auf Körpererfahrungsaufgaben läßt erfahrungsgemäß die Lernenden Belastung und Zeit vergessen und eröffnet die Möglichkeit, vorhandene Abneigungen gegen das Laufen aufzubrechen, zu große Anstrengung und Verspannungen zu verhindern und so zu einem lockeren und gelösten Laufen zu führen, das Freude und Wohlbefinden bereitet. Eine körpererfahrungs- und erlebnisorientierte Vorgehensweise muß sich mit Fragen beschäftigen wie:
- Welche Laufgelegenheiten (z.B. Halle, Wald, Gelände, Bahn, Straße) fördern das Wohlbefinden (als wesentliche Voraussetzung von Motivation), welche schmälern den Genuß? (siehe S. 105)
- Was kann ich beim Laufen wahrnehmen, fühlen, erleben und erfahren?
- Wie muß Laufen gestaltet werden, damit ein gelöstes, rhythmisches, Wohlbefinden erzeugendes Dauerlaufen möglich wird?
Die Reihenfolge der Bearbeitung dieser drei Fragen ist nicht festgelegt; ein wesentliches Prinzip sollte sein: Nicht zuviel auf einmal versuchen und vor allem Zeit lassen zum Experimentieren! Darüber hinaus sollte nicht vergessen werden: Erfahrungen sind individuell und subjektiv, nicht jeder Läufer macht die gleichen Erfahrungen. Alle Erfahrungen müssen akzeptiert werden, es gibt keine falschen Erfahrungen! Körpererfahrungsorientiertes Anleiten erfordert eine andere als die gewohnte Vorgehensweise, d.h. wenig vormachen, dafür aber die Läufer selbst suchen und Erfahrungen machen lassen!

92

Aufgaben

1. *Laufgelegenheiten: "Erinnert Euch, wo Ihr Euch beim langsamen Laufen besonders wohl fühlt!"* Hierzu kann man Läufer herausfinden und herausarbeiten lassen, warum sie sich bei manchen Laufgelegenheiten wohler (z.b. auf einem schönen Rasen, auf schmalen Pfaden im Wald, am Strand) und bei anderen unwohler fühlen (z.b. in Hallen, auf breiten, geteerten oder betonierten, geradeausführenden Straßen). In reiz-vollem - das heißt alle Sinne ansprechendem - Gelände, mit Wechsel zwischen Licht und Schatten (z.b. Wald/Lichtungen), auf schmalen Pfaden und naturbelassenem Boden, an duftenden Bäumen, Blumen und Gräsern vorbei usw. ist die Wahrscheinlichkeit des Sich-Wohlfühlens höher als in einer reiz-armen bzw. die Sinne negativ ansprechenden Umgebung.

2. *Wahrnehmungsdifferenzierung und -zentrierung: "Was gibt es beim Laufen zu sehen, zu hören, zu riechen oder zu fühlen, wo wird der Gleichgewichtssinn angesprochen? Welche Art von Sinnesansprache wird eher als positiv, welche eher als negativ empfunden?"* Diese Aufgaben bringen eine Wahrnehmungszentrierung mit sich. Sie sorgt für ein weitgehendes Ausblenden anderer möglicher Wahrnehmungen (vor allem von Ermüdung und Anstrengung) und hilft, Verspannungen und unangenehme Körpergefühle zu vermeiden; lockeres, langsames, wohltuendes Laufen wird relativ leicht und quasi nebenbei erreicht. Vor allem bei langsamem Tempo fällt die Konzentration auf die Ansprache eines Sinnes leicht. *Nicht vergessen:* Laufen mit hoher Bewußtheit sollte nur ab und zu erfolgen, sonst stellt es eine Überforderung des Läufers dar.

3. *Wohlbefinden erzeugendes, langsames, langes Laufen:* Beim Sport ist besonders die Ansprache des kinästhetischen Sinns (der Wahrnehmung der Spannungszustände in der Muskulatur) wichtig. Der Reiz des schnellen Laufens liegt im extremen Wechsel zwischen Spannung und Spannungslösung. Ähnlich reizvoll ist das Duschen nach langen Läufen (Intensivierung des Gefühls der Spannungslösung nach vorheriger lang anhaltender Spannung). Beim langen Laufen ist eine positive Ansprache des kinästhetischen Sinns vor allem dann gegeben, wenn keine hohe Muskelspannung angestrebt wird, sondern es zu einem lockeren, gelösten, rhythmischen langsamen Laufen kommt. Diese für das Wohlbefinden beim Laufen wichtige Form (auch im Sinne einer optimalen Selbststeuerungsmöglichkeit) ist leichter erreichbar, wenn man sich zunächst einmal mit dem ISTWERT[8] beim langsamen und schnellen Laufen beschäftigt, diesen bewußt macht und anschließend eine individuell optimale Form des langsamen Dauerlaufens herausfinden läßt. Hierbei helfen folgende Aufgaben:

- *"Wie setzt Ihr beim Laufen die Füße auf (Ballen, Fersen, ganzer Fuß)? Gibt es beim Aufsetzen der Füße Unterschiede zwischen langsamem und schnellem Laufen? Führt die verschiedenen Möglichkeiten beim langsamen und schnellen Laufen einmal ganz bewußt herbei!"* (Lernen durch Aufgaben, die Gegensatzerfahrungen vermitteln).
- *"Wie hängt die Art des Aufsetzens der Füße mit dem Spannungsgrad der Oberschenkelmuskulatur zusammen?"* (Aufsetzen auf den Ballen = höhere Spannung = geringere Sauerstoffversorgung der Muskulatur; Aufsetzen auf der ganzen Sohle = mittlere, eutonische Spannung; Aufsetzen auf der Ferse = sich gegen etwas stemmen/erhöhte Belastung der Knie/unelastisches Laufen).
- *"Warum schlägt bei längerem **schnellem** Laufen Wohlbefinden (erzeugt durch hohe Spannung) in Unwohlsein um?"* (Nach dem Überprüfen dieser Hypothese sollte man die Läufer zur weiteren Erklärung die bereits bekannte Aufwachübung machen lassen): *"Stellt Euch schlafend. Wie ist das, wenn Ihr aufwacht? Ihr streckt Euch und sucht Spannung. Wenn Ihr dabei eine Position erreicht habt, die angenehm ist, versucht diese aufrecht zu erhalten!"* (Dabei schlägt - durch den hohen Spannungsgrad - Wohlbefinden bald in Unwohlsein um). Zur Erklärung des Vorgangs kann folgendes Modell dienen:

- - -	+ + + +		- - -
Verspannung, Verkrampfung	**hohe Spannung**	**Spannungs- lösung**	**fehlende Spannung, lasch**

Wohlbefinden ist in erster Linie bei einem ständigen Pendeln zwischen den beiden Polen und dem Vermeiden des Hineingeratens in die Negativausprägung eines Pols erreichbar. Schnelles, intensives Laufen erfordert eine umgehende nachfolgende Spannungslösung (je nach Konditionsniveau früher oder später), während langsames, langes Laufen - bei niedrigem Spannungsgrad der Muskulatur und damit guter Sauerstoff- und Energieversorgung - lange durchgehalten werden kann.

- *"Wie sieht gelöstes, lockeres Laufen für mich persönlich aus?"* Die individuell optimale Form kann am besten mit Aufgaben gefunden werden, die Gegensatzerfahrungen mit sich bringen, wie z.B. Herbeiführen von Verspannungen und ihr bewußtes Lösen (z.B. Hände zur Faust, Hände locker), begleitet von der Frage: Wie fühle ich mich bei der jeweiligen Form; Ausloten der Bewegungs- und Haltungsmöglichkeiten des Kopfes (nach vorne, aufrecht, nach hinten), der Arme (gestreckt, gebeugt, stark angewinkelt, Quer- und Parallelarbeit), des Rumpfs (Vor-, Mittel-, Rücklage), der Beine (große und kleine Schritte, Aufsetzen der Füße auf der Innen- oder Außenseite), der Atmung (regelmäßige Atmung, Preßatmung). Vor und zwischengeschaltete Entspannungsphasen erhöhen Sensibilität und Erfahrungsfähigkeit. Sie erleichtern das Verstehen der Körpersignale und verbessern die Möglichkeit zu einer sinnvollen Steuerung des eigenen Bewegungs- und Belastungsverhaltens.

Laufen in reiz-voller Umgebung kann zu meditativem Laufen werden, wenn die eigene optimale Technik gefunden wurde und gewisse Grundregeln beachtet werden:

- Suche eine reiz-volle Laufstrecke!
- Vermeide Konkurrenzverhalten und lasse Dich nicht durch Laufpartner oder die Uhr unter Druck setzen!
- Laufe locker und gelöst!
- Sei wach nach innen und außen!

Damit ist nicht gesagt, daß jeder diese Regeln auf Anhieb einhalten kann, weder beim Laufen noch bei anderen sportlichen Tätigkeiten. Ihre Umsetzung muß gelernt werden; sie ist eine wesentliche Voraussetzung für freudvolles Sporttreiben (wobei Konkurrenz im Wettkampf oder Wettspiel hohe Spannung und zeitweise auch viel Freude bringen kann!). PETZOLD bemängelt zurecht den Verlust der Fähigkeit zu freudvollem Laufen: *"Der leicht ausdauernde Lauf, der ohne Anstrengung und vorschnelle Ermüdungserscheinungen zum Ausdruck wirklicher Freude an der Bewegung wird, ist in unserer Zivilisation den meisten Menschen verloren gegangen"* (PETZOLD 1979, S. 351). Den spielerischen Umgang mit Bewegung, den Kinder beherrschen, haben Erwachsene meist verlernt bzw. er wird ihnen selten nahe gelegt. Wir müssen uns deshalb darauf einstellen, ihn wieder zu lernen und zuzulassen, und zwar nicht nur beim Dauerlaufen.

Bei längeren Läufen kann es zu Phasen kommen, die schwer fallen und Unlustgefühle mit sich bringen. LOWEN weist zurecht darauf hin, daß solche Phasen leicht ertragen werden können: *"Die Lusterwartung ermöglicht das Aushalten von Spannungszuständen, die sonst deutlich unangenehm wären"* (LOWEN 1981, S. 63). Wenn man nach langen Läufen (besonders auch nach Wettkämpfen) die Wahrnehmung auf das nach Belastungsende ungehindert durch den Körper strömende Blut zentriert, führt dies zu einem intensiven Gefühl: *"Am herrlichsten fand ich immer das Gefühl von strömendem Blut nach einem Rennen. Darin kann man sich stundenlang verlieren, es sind die schönsten Wachträume, die intensivsten"* (R. HARTMANN in einem Brief vom 1. 4. 1985). Dieses Empfinden des strömenden Bluts und der Spannungslösung kann durch das Duschen im Anschluß an den Lauf (oder auch an jegliches leichtathletische Training) intensiviert werden. Das sich Verlieren in meditativen Formen des Laufens (nicht zu vergessen die damit verbundene Ausschüttung von Wohlbefinden erzeugenden Endorphinen) und die sich an die langsam und lange aufgebaute Spannung anschließende intensive Spannungslösung sind wesentlich für die Motivation zum Dauerlaufen; für Anfänger und Jugendliche sind sie aber wegen des Hinausschiebens der Bedürfnisbefriedigung relativ schwer zugänglich, zumindest beim leichtathletischen Laufen. Wer die rapide zunehmende Zahl von Kindern und Jugendlichen in schneereichen Gebieten sieht, die begeistert skaten, weiß, daß dies nicht bei allen Ausdauerbelastungen so ist.

Längere Läufe werden von ungeübten Läufern oft mit einem zu hohen Krafteinsatz und einer zu hohen Körperspannung absolviert. Hier kann folgende Übung weiterhelfen: *"Legt Euch auf den Boden und schließt die Augen. Versucht Euch zu entspannen. Kontrolliert Eure Muskeln, ob sie entspannt sind. Wenn Ihr entspannt seid, versucht Euch einen idealen Läufer vorzustellen. Wie läuft er, wie bewegt er sich, wie sieht sein Laufrhythmus aus? Wenn Ihr diesen idealen Läufer vor Augen habt, versucht Euch in ihn hineinzuversetzen, in seine Bewegungen und seine Gefühle. Wenn Ihr in ihm seid, steht auf und lauft 10 Minuten. Jeweils wenn Ihr Euch nicht mehr in ihm fühlt, bleibt stehen und konzentriert Euch wieder auf den idealen Läufer, dann lauft wieder los!"* Normalerweise kommt es bei dieser Aufgabe zu einem völlig gelösten Laufen, bei dem die meisten selbst bei höherem Tempo kaum ins Schwitzen oder zu heftigem Atmen kommen. Dabei kann erfahren werden, daß auch bei größerer Geschwindigkeit ein längeres gelöstes und angenehmes Laufen möglich ist.

5.2 Zum Sprinten

Gesundheitlichen Wert haben nicht nur aerobe Aktivitäten. Anaerobe Belastungen bringen ebenfalls wertvolle Effekte mit sich wie Flexibilität, Kraft, Koordination, Gleichgewichtsempfinden, Schnelligkeit, Stärke, Anmut der Bewegung, Sensivität, Selbstbewußtheit etc.; sie sind für ein gesundes Leben und für das Wohlbefinden ebenfalls wichtig: *"So hat ein Sprintrennen mit voller Geschwindigkeit viele Vorteile gegenüber dem Langstreckenlauf. Es stärkt die Hüft-, Bein- und Gesäßmuskulatur in einer Weise, wie es die kürzere, langsamere Gangart des leichten Langstreckenlaufs nicht vermag. Beim Sprinten wird Dein Herzschlag auf eine Rate von über 150 Schlägen pro Minute angehoben, was sehr gut für die Kondition der Blutgefäße und des Kreislaufs ist - vorausgesetzt, daß Dein Herz genügend trainiert ist, um die Anstrengung zu verkraften und das über eine längere Zeitspanne. Außerdem verlangt und verusacht das Sprinten eine größere Flexibilität der unteren Rückenpartie, der Fesseln und Hüftgelenke, die sonst bei den meisten Menschen steif und unbeweglich bleiben. Schließlich vermittelt Dir das Rennen bei höchster Geschwindigkeit das Gefühl von Anmut und Kraft, das natürliche Hochgefühl, Deine Energien aufs vollste auszuschöpfen, was die meisten von uns in der 'zivilisierten' Gesellschaft selten erleben. Es ist ein gutes Gefühl ... Fühle das Blut in Deinen Adern pochen, fühle, wie Deine natürlichen Energien wie seit langem nicht mehr freigesetzt werden"* (MILLER 1980, S. 30).

Laufen mit höchster Kraft bringt andere Erlebnisse und Erfahrungen als langsames Laufen oder Laufen in mittlerem Tempo; es gehört auf jeden Fall dazu, wenn ein vollständiges Körperbild entstehen soll bzw. alle gesundheitsrelevanten Punkte angesprochen werden sollen. Das, was MILLER für den Sprint schildert, gilt auch für alle Sprünge und Würfe. Relevante Elemente lassen sich über entsprechende Aufgaben bewußt und zugänglich machen (vor allem über Gegensatzaufgaben), wenn vorwiegend am Erreichen eines hohen Krafteinsatzes (hoher Spannungsgrad der Muskulatur) und dem Laufrhythmus gefeilt wird. Zwei Beispiele zur Armarbeit und zum Start: Die Koordination der Arm- und Beinarbeit stellt für viele Lernende ein Problem dar. Dies führt dazu, daß bei Start und Sprint die Arme kaum so eingesetzt werden können, wie es für eine optimale Spannung des Körpers nötig wäre; hierzu folgende Aufgabe: *"Achtet auf das Zusammenspiel zwischen Armen und Beinen, beim Gehen, beim Laufen, beim Hopserlauf!"* Als Vermittlungshilfe kann folgende Zusatzaufgabe gestellt werden: *"Versucht diese Aufgaben abwechselnd mit Parallelkoordination und Überkreuzkoordination zu erfüllen, einmal in der Vorwärts- und einmal in der Rückwärtsbewegung!"* Eine fehlende deutliche Armarbeit führt zu einer Störung des Bewegungsablaufs und einer nicht optimalen Spannung bzw. zu einem wenig ausgeprägtem Wechsel von Spannung und Spannungslösung. Die Wirkung kann vor allem beim Rückwärtsgehen und -laufen erfahren werden, da hier die gelernte Überkreuzkoordination nicht so automatisiert ist wie bei der Vorwärtsbewegung. Bei langsamcm Gehen kann die Parallelkoordination als überaus angenehm erlebt werden (im Sinne von Schlendern, sich der Bewegung hingeben), bei zunehmender Geschwindigkeit wird sie als störend empfunden. Der bewußte Einsatz der Überkreuzkoordination und vor allem einer ausgeprägten Armarbeit intensiviert das Gefühl optimaler Spannung und Körperstreckung. Die wachsende Bewußtheit erlaubt dann beim Start und Sprint einen intensiveren Armeinsatz. Ähnlich wie beim Dauerlaufen kann der individuell günstigste Armeinsatz bzw.die optimale Form des Sprintens vom Läufer selbst gesucht und gefunden werden.

Beim Herausfinden einer angemessenen Form des Startvorgangs aus dem Tiefstart kann die Vorgehensweise folgendermaßen aussehen:

1. *"Geht partnerweise zusammen. Ein Partner setzt sich in den Startblock, der andere steht vor ihm und hält ihn unter dessen Schultern (damit der Startende die Gewißheit hat, nicht nach vorne zu stürzen). Der Startende versucht, in Zeitlupe gegen den Widerstand des Helfers wegzulaufen. Findet heraus, welche Muskeln am Startvorgang beteiligt sind!"*
2. *"Geht jetzt systematisch Euren Körper durch. Achtet bei jedem Start auf einen bestimmten Punkt: Was macht Ihr mit dem Kopf, mit den Armen, mit den Beinen usw.?"*
3. *"Gibt es einen Zusammenhang zwischen dem Abdruck von den Blöcken und dem Arm- und Beineinsatz? Was könnt Ihr verändern, um eine möglichst hohe Spannung beim Start zu erzielen?"*
4. *"Der Partner gibt nun maximalen Widerstand. Achtet darauf, welche Muskeln Ihr als Startende besonders einsetzt, um den Widerstand zu überwinden!"*
5. *"Versucht, Euch im Startblock zu entspannen. Vergeßt den Partner und konzentriert Euch voll auf Euren Körper. Wenn Ihr ganz auf den Startvorgang konzentriert seid, lauft einfach los!"*

Über die Wahrnehmungszentrierung können Ablauf des Starts sowie Zusammenhänge zwischen dem Aufsetzen der Füße, Abdruck und Art des Einsatzes der Arm- und Beinmuskulatur bewußt werden. Über gegenseitiges Beobachten und Korrigieren kann das Verständnis der Bewegung noch erhöht werden. Der Vorteil dieser Vorgehensweise liegt in einem wachsenden Vermögen zur Selbstkorrektur und in einer Verringerung von Fremdsteuerung. Nicht nur die Sensibilität für den eigenen Körper nimmt zu; über den Austausch von Wahrnehmungen können Einsichten in sinnvolle und flüssige Bewegungsabläufe und letztlich Erfahrungen vermittelt werden.

5.3 Zeitlupenartiges Simulieren von Bewegungsabläufen

Zeitlupenartiges Simulieren von Bewegungsabläufen trägt zu einer Verbesserung der Innensicht bei; beim Hochsprung z.B. kann so die Bewußtheit der Stemmbewegung und der eingeleiteten Rotationen erhöht werden. Zeitlupen-Kugelstoß oder auch Durchführen eines Standstoßes gegen Widerstand ermöglicht eher die Entwicklung von Bewußtheit als ein Stoß mit voller Kraft. YESUDIAN und HAICH schildern die Vorzüge von Zeitlupenbewegungen, die sie unter Berücksichtigung des Prinzips des deutlichen Wechsels von Spannung und Spannungslösung durchführen lassen: *"Vor dem Spiegel nehmen wir die Grundstellung des*

Speerwerfen sein und vollziehen unter absoluter Anspannung aller in Bewegung
befindlichen Muskeln jede Phase des Speerwerfens so langsam, als ob wir uns in
einer Zeitlupenaufnahme sehen würden. Die Bewegungen müssen so langsam sein,
daß die Übung, die normalerweise zwei bis drei Sekunden in Anspruch nähme, eine
halbe bis eine ganze Minute dauert. Unterdessen beobachten wir mit etwas zur
Seite geneigtem Kopf uns selbst, ferner das immer vollkommener werdende Spiel
der dem Willen gehorchenden, schwellenden Muskeln und senden mit unserer
Einbildungskraft Prana in sie. Nach Vollendung der Übung verharren wir eine
Minute lang in der letzten Phase und kehren danach ebenso langsam zur
Grundstellung zurück. Die Übung wiederholen wir zwei- bis dreimal. Zum Schluß
lockern wir mit raschen, schüttelnden Bewegungen die benützten Muskeln und
lassen sie erschlaffen. Beendet wird die Übung durch einige Serien von Tief-
atmung" (YESUDIAN/HAICH 1972, S. 248f).

Zeitlupenartiges Durchführen von Bewegungsabläufen fördert zusammen mit einer
nachfolgenden Konzentration auf das Nachspüren der Bewegung die Fähigkeit zur
Prästimulation (Erinnerung an durchlebte Situationen, Vorwegnahme des
Bewegungserlebnisses) und zur Poststimulation (Nacherleben einer Situation, vgl.
GLASER 1990, S. 50f). GLASER geht sogar davon aus, daß die Selbstbeobach-
tungsfähigkeit bei der Prä- und Poststimulation höher ist als in der Situation selbst,
"weil da das Bewußtsein von der echten Situation gefangen genommen wird"
(GLASER 1990, S. 51).

5.4 Anregungen für einen körpererfahrungsorientierten Leichtathletik-unterricht

Zusammengefaßt sollen hier methodische Gesichtspunkte dargestellt werden, die
dem Unterrichtenden bei der Planung von körpererfahrungsorientierten Leicht-
athletikstunden helfen können:

- *Bewußtheit einzelner Sinne:* Durch Ausschalten eines Sinns Konzentration auf
  andere Sinne (z.B. Zielwurf beim Speerwurf mit geschlossenen Augen,
  Zentrierung der Wahrnehmung auf den kinästhetischen Sinn); durch Wahrnehmungszentrierung auf einen Sinn Vermindern der Bewußtheit für die anderen
  Sinne.
- *Spannung und Spannungslösung erleben:* Z.B. beim Hochsprung durch Wahrnehmungszentrierung auf die Überstreckung im Flug und die Spannungslösung
  nach der Landung oder beim Kugelstoßen auf den Moment völliger Energieballung
  beim Abstoß und der Spannungslösung nach dem Loslassen der Kugel und
  dem Auffangen des Körpers.

- *Kopf-, Hand-, Rumpf-, Beinexperimente zum Dosieren der Spannung:* Z.B. mit lockeren und geballten Händen laufen, den Kopf aufrecht/nach vorne/nach hinten halten. Dabei soll eine Wahrnehmungszentrierung auf die beim Versuchen erhöhte oder verringerte Spannung und ihren Einfluß auf den Bewegungsfluß vorgenommen werden.
- *Bewußtheit des Bewegungsablaufs:* Mit Bewegungen in Zeitlupe den Bewegungsablauf erfühlen; über Wahrnehmungszentrierung die Bewußtheit für Teilbewegungen oder die Gesamtbewegung erhöhen. Wahrnehmungszentrierung auf einzelne Muskeln, Muskelgruppen und Körperteile. Welche Muskeln werden für eine bestimmte Bewegung benötigt? Kann der ganze Körper an der Bewegung beteiligt werden (Ganzkörperbewegung)?
- *Bewußtheit des Krafteinsatzes:* Den Krafteinsatz dosieren, z.B. über Zielwürfe, Zielsprünge, Zeitschätzläufe.
- *Bewußtheit des Ganzkörpereinsatzes:* Bewegungsausführung gegen Widerstand, z.B. indem ein Partner den Speer oder den Wurfarm beim Diskus festhält oder gegen die Stoßhand beim Kugelstoßen drückt, gegen die Schultern beim Start.
- *Aufbrechen von Bewegungsautomatismen:* Z.B. Rechtshänder links stoßen und werfen lassen, rückwärts und seitwärts laufen, Zeitlupe. Bewegungsabläufe beidhändig durchführen lassen, z.B. Speerwerfen mit zwei Speeren, beidhändiges Kugelstoßen (dabei kann schön der Unterschied zwischen tiefen und hochgeführten Ellenbogen erlebt werden).
- *Bewußtheit der Atmung:* Durch Wahrnehmungszentrierung auf die Atmung Zusammenhänge zwischen Bewegung, Spannung, Spannungslösung und Atmung erleben, z.B. den Kugelausstoß einmal verbunden mit einer Einatmung, beim anderen Mal begleitet vom Ausatmen durchführen lassen.
- *Intensivieren des Bewegungserlebnisses durch Vor- und Nachspüren (Prä- und Poststimulation):* Zur Energieentladung und Spannungslösung ausatmen; nach dem Sprung-, Wurf- oder Stoßende sofort die Bewegung noch einmal mental nachvollziehen und die gerade gemachten Körperwahrnehmungen, Empfindungen, Gefühle und Erlebnisse nachschwingen lassen, das gleiche vor dem nächsten Versuch durchführen.
- *Gerätegewicht und -eigenschaften erleben:* Z.B. mit unterschiedlich schweren Kugeln stoßen und Disken werfen; mit dem Ball/Nockenball/Stab/Speer werfen. Bei welchem Gerät kann ich am besten Spannung/Kontraktion und Spannungslösung erreichen?
- *Über Bewegungsausdruck Bewußtheit schaffen:* Z.B. mit der Aufgabe *"Versucht beim Laufen folgende Begriffe darzustellen: Traurig, fit, entspannt, locker, gelöst, Null Bock, kämpferisch, aggressiv! Welche Begriffe haben etwas miteinander zu tun? Welche Spannungszustände der Muskulatur werden durch ihre Darstellung provoziert?"* Dabei kann erfahren werden, daß Gefühle etwas mit Spannungs- und Verspannungszuständen im Körper zu tun haben. Über die

100

Einstellung zur Tätigkeit können Spannung und Befindlichkeit im Sport beeinflußt werden.

Sensibel wahrnehmen ist für einen wohlbefindenorientierten Sport wichtiger als denken. Wer zuviel daran denkt, wie eine Bewegung aussehen müßte oder was Trainer oder Zuschauer an Technik, Taktik und Leistung sehen möchten, ist nicht ausreichend zu sensiblem Wahrnehmen in der Lage. Wer z.B. beim Laufen daran gewöhnt ist, daß der Kopf bzw. der Verstand für alles verantwortlich ist, dem fällt es schwer, sich ganzheitlich der Bewegung hinzugeben. Vor allem Denken an SOLLWERTE[8) (die "richtige" Technik, das "richtige" Tempo, das "ästhetische" Aussehen usw.) verhindert, voll da zu sein, mit wachen Sinnen den Moment zu genießen und mögliche positive Wahrnehmungen ganz in sich aufzunehmen. Deshalb kann der Rat nur lauten: Übe Dich im Nichtdenken, lasse Wahrnehmungen zu und spüre, wie sie auf Dich einwirken; gib Dich ganz der Bewegung hin! Wahrnehmungszentrierungen sollten ab und zu auch auf Körperbereiche erfolgen, die im Selbstbild wenig repräsentiert sind, z.B. auf den Rücken, die Beine oder die Füße. Frei von einer Selbstbeurteilung im Vergleich zu einem SOLLWERT kann das Körperbewußtsein wachsen; damit wird die wesentliche Voraussetzung für das Suchen nach individuell günstigen Bewegungen entwickelt. Im Prinzip gibt es kein "richtig" oder "falsch", sondern nur "günstiger" oder "ungünstiger" im Hinblick auf positives Bewegungserleben. Für das Lernen von Bewegungen hat es sich sogar als effektiv erwiesen, sogenannte "falsche" Haltungen und Bewegungen ausprobieren und übertreiben zu lassen, um die Bewußtheit für Brüche in der Bewegung oder nicht ausreichend fließende Bewegungen zu wecken.

6. Schlußbemerkungen

Im Gegensatz zur großen Beachtung, die die Spitzenleichtathletik bei internationalen Großveranstaltungen immer wieder findet, verliert die Schul-, Vereins- und Verbands-Leichtathletik an Attraktivität. Das Interesse von Sportlehrern und Schülern an der Leichtathletik nimmt ab; an Hochschulen und Universitäten sinkt die Beteiligung an Leichtathletikangeboten mit schon fast beängstigender Geschwindigkeit. Wird der gleiche Kurs einmal als "Leichtathletik" und ein weiteres Mal als "Konditionssport" angeboten, dann fällt der erste Kurs mit einiger Wahrscheinlichkeit aus und im zweiten muß möglicherweise eine Teilnehmerbeschränkung erfolgen. Nicht nur von Schülern und Studierenden wird die Leichtathletik eindeutig mit der Wettkampfleichtathletik identifiziert. Über die Wettkampforientierung werden Anfänger und Lernende von faszinierenden Aspekten der Leichtathletik abgelenkt, vor allem die große Zahl der Leistungsschwachen oder nicht so Leistungsstarken. Die Aufgabe von Sportpädagogen ist es deshalb, faszinierende Elemente der Leichtathletik beim Lernen, Üben und Trainieren entdecken zu lassen und den Vergleich zwischen einseitig betriebener Leichtathletik und einer solchen, die um Körpererfahrungsaspekte ergänzt wurde, erfahrbar zu machen.

Die Körpererfahrungsorientierung als Ergänzung zu herkömmlicher Leichtathletikvermittlung kann dazu beitragen, diese Sportart wieder attraktiver (d.h. anziehender, bezaubernder) zu machen. Eigene Körpererfahrungen der Lehrenden und Offenheit sowie Sensibilität der Lernenden sind dafür wesentliche Voraussetzungen. Ohne zeitweilige Wahrnehmungszentrierung bleiben Körperwahrnehmung und Körpererlebnisse meist implizit, vorbewußt und diffus. Im Verlauf der Zentrierung entfaltet sich das Implizite zu einer klar wahrnehmbaren Gestalt. Vergleichen und Verarbeiten zu Erfahrungen ist ohne ausreichende Zeit nicht möglich; wir sollten uns Zeit nehmen, unsere Aufmerksamkeit auf das zu richten, was uns noch unklar ist und sollten eine solche Tätigkeit nicht als Zeitverlust im Lern- und Trainingsprozess ansehen. Wenn Sporttreiben günstig ist, kann man das spüren; über Zentrierung der Wahrnehmung kann der Sportler die Glück und Wohlbefinden erzeugenden Elemente herausfinden und sie so in den Vordergrund stellen, daß das Sporttreiben insgesamt faszinierend wird; mit der gleichen Vorgehensweise kann er natürlich ungünstige Elemente eliminieren.

Bewußtheit durch Wahrnehmungszentrierung kann nur eine vorübergehende Angelegenheit sein, eine Voraussetzung für den Zugang zur vollen Faszination der Leichtathletik; diese findet nur der Sportler, dem es gelingt, sich der Tätigkeit, der Bewegung hinzugeben, in ihr aufzugehen und die Zeit zu vergessen. Faszination, Glück und Wohlbefinden in der Leichtathletik dürfen nicht als selbstverständlich angenommen werden; Lernende müssen Impulse erhalten, um ihr individuelles Glück und Wohlbefinden finden zu können. Wenn Kinder, Jugendliche und Erwachsene im Sinne von KÜKELHAUS wach und mit allen Sinnen bei ihrem Sporttreiben dabei sind, wächst die Betroffenheit, das Nachspüren und Suchen. Insgesamt ergibt sich dabei eine größere psychische Frische als beim mechanischen Wiederholen vorgegebener Bewegungen auf normierten Anlagen. Körpererfahrungsorientierung ermöglicht, etwas zu suchen, was in der Leichtathletik auch enthalten ist: Körpererfahrung, Körperbewußtheit und Identität, Kontakt aufnehmen mit seiner inneren Natur und auf sie hören lernen. Faszination in und durch Leichtathletik sind auch heute noch möglich, wenn Einseitigkeit zugunsten von Mehrperspektivität (vgl. HEINICKE 1991) aufgegeben und Körpererfahrung als eine mögliche Perspektive des Leichtathletikunterrichts akzeptiert wird.

Die Berücksichtigung dieser Perspektive kann auch im Hochleistungssport[9] wesentlichen Gewinn bringen, nämlich die Fähigkeit zu zunehmender Selbststeuerung als wichtigem Element für das Bestehen im Wettkampf. Sensibilisierung

102

für sich selbst über Wahrnehmung und Bewußtheit des eigenen Körpers ermöglicht dem Athleten eine eigenständige Gestaltung des Trainings, seiner Wettkämpfe, vor allem aber seiner Lebensführung, was letztlich zu größerer psychischer Stabilität führt und dazu beiträgt, die Anforderungen des Hochleistungssports mit geringerer Inanspruchnahme professioneller Helfer (Trainer, Arzt, Masseur, Psychologe usw.) zu meistern. Körpererfahrungen im Spitzensport zulassen heißt: Die Subjektivität von Athleten akzeptieren, ihr individuelles Wachstum fördern und an der Person bzw. ihrer Entwicklung mehr interessiert sein als an erzielten Höchstleistungen. Sich auf Körpererfahrungen einlassen hilft Verkrampfungen vermeiden, ermöglicht ein intensiveres Erleben des Wegs und sorgt dafür, daß Leistungen quasi wie von allein kommen, auf der Basis eines gelassenen, entspannten Umgangs mit dem eigenen Sporttreiben. Gelassenheit kann gelernt werden; Körpererfahrungen und ein sinnvoller Umgang mit dem eigenen Körper stellen dazu wesentliche Voraussetzungen dar. Wohlbefinden und Glück sind Ziele, die nicht nur für Anfänger und im Breitensport Bedeutung haben, sondern auch im Spitzensport eine bedeutsame Rolle spielen sollten. Solche Ziele erfordern von Trainern und Funktionären wie auch von den Spitzensportlern eine veränderte Einstellung zum Leistungs- und Spitzensport; zur Zeit herrscht eher ein verkrampftes Streben nach Spitzenleistung, Erfolg und Rekord vor.

7. Anmerkungen

[1] Zitiert nach LERMER 1982, S. 65.

[2] Wahrnehmung ohne Orientierung bringt für den Anfänger nur diffuse Eindrücke, weshalb gerade beim Lernen eine Wahrnehmungszentrierung auf einzelne Punkte angeraten scheint. Auch bei Könnern hat es sich als vorteilhaft erwiesen, wenn die Wahrnehmung zeitweise auf wichtige Punkte zentriert und damit letztlich für eine Schärfung der Sinne gesorgt wird.

[3] Das oft befürchtete Frieren kann durch Abhärtungsmaßnahmen reduziert werden.

[4] Eine Sensibilisierung für die Füße und Kenntnisse der Fußreflexzonen ermöglichen dem Sportler, Signale der Füße besser zu verstehen. So erhält der Sportler oft bessere Erklärungsmöglichkeiten für Probleme im Bereich der Füße, als sie Orthopäden zur Verfügung haben.

[5] Techniken und auch die mit natürlichen Mitteln erzielten Höchstleistungen (ohne Schädigung des Körpers!) sollten nicht verteufelt werden, stellen sie

doch das Ergebnis einer intensiven Suche nach guten Bewegungsabläufen dar, die z.B. oft eine optimale Streckung beinhalten; sie sind Ausdruck der individuellen Suche nach Spannung und Spannungslösung. Lehrende, die Erlebnisse, Gefühle und Faszination - die mit Spannung und Spannungslösung verbunden sind - vermitteln wollen, sollten nicht das **Produkt** "Technik" anbieten, sondern den **Weg** zu diesem Produkt über eine individuelle Spannungssuche nachvollziehen lassen.

6) Optimal heißt in diesem Fall, eine solche Form zu finden, die den individuellen Möglichkeiten entsprechend einen ausgeprägten Wechsel zwischen Spannung und Spannungslösung zuläßt bzw. auch nach dem individuell optimalen Beschleunigungsweg.

7) Diese Körperhaltung findet sich in ähnlicher Form als Grundhaltung bzw. wesentliche Übung in der Bioenergetik wie auch in der chinesischen Tai-chi-chuan-Gymnastik (vgl. LOWEN 1975, S. 59ff), ebenso wie in vielen Sportarten, etwa beim Sprungwurf, beim Korbleger, bei der Tennisangabe, beim Schmetterschlag beim Volleyball, beim Startsprung beim Schwimmen, beim Brustarmzug, bei vielen Bewegungselementen beim Turnen.

8) Die Begriffe ISTWERT und SOLLWERT werden hier nicht im Sinne des sensomotorischen Ansatzes benutzt, sondern alltagssprachlich.

9) Ohne körpererfahrungsorientierte Trainingselemente würde das Hochleistungstraining von Leichtathleten viel zu monoton. Es gibt nicht wenige Spitzensportler, die solche Elemente in ihr Training einbauen. Ihre Beobachtung und Befragung erlaubt eine Erweiterung der eigenen Übungssammlung.

Sinne / Lauf-möglichkeiten	Augen	Ohr	Haut	Nase	Kinästh. Sinn	Gleich-gewich-s-sinn	andere ?	Bemer-kungen
Aschenbahn								
Kunststoffbahn								
Hartplatz								
Rasenplatz								
Straße								
Wald								
Halle								
....								
....								
....								
....								

Arbeitsauftrag: Findet reiz- und sinnvolle Laufgelegenheiten! Lauft, sucht und überprüft verschiedene Laufmöglichkeiten daraufhin, ob und wie sie Eure Sinne ansprechen! Achtet darauf, wie Ihr Euch jeweils dabei fühlt! Verwendet folgende Zeichen zum Ausfüllen des Arbeitsblattes:

+ positiv empfundene Inanspruchnahme eines Sinns

x keine Inanspruchnahme des entsprechenden Sinns

- unangenehm empfundene Inanspruchnahme eines Sinns

Heinz Janalik
Lebenslange Körpererfahrungen durch Judo

1. Vorbemerkungen

Obgleich Judo zu den Sportarten gehört, die nach der neuesten Bestandserhebung des Deutschen Sportbundes verstärkt das Interesse auf sich ziehen, ist der Kreis derjenigen, die sich bei uns mit dieser fernöstlichen Bewegungskunst eingehend und längerfristig auseinandersetzen, bis heute ein relativ begrenzter geblieben. Kinder und Jugendliche beiderlei Geschlechts bestimmen zusammen mit den aktiven Wettkämpferinnen und Wettkämpfern der Seniorenklasse - sie gehören überwiegend dem besten Leistungsalter zwischen 18 und 30 an - das Bild auf den Judomatten in den Dojos (Übungsräume für Judo). Auffallend selten anzutreffen sind dagegen Frauen und Männer der mittleren Jahrgänge, ältere Menschen und - altersunabhängig - die "Gegenbilder" zu dem dominierenden Leitbild Wettkampfathlet: die Ängstlichen, die Gehemmten, die Ungeschickten, physisch Schwachen, Langsamen, Unsportlichen, die ihren Körper nicht "im Griff" haben. Ein Teil von ihnen versucht sich zwar in den stets gut besuchten Anfängerkursen der Vereine, Hochschulen und privaten Judoschulen, aber mit zunehmender Kursdauer ist die Zahl der Aussteiger und Abbrecher auffallend hoch. Aus den genannten Beobachtungen könnte man hinsichtlich der Ausübung von Judo folgende Schlüsse ziehen:

1. Die wesentlichen Erlebnisse und Erfahrungen dieser "Zweikampfsportart" werden offensichtlich im Wettkampf gemacht.
2. Judo wird von den Menschen betrieben, die sich von der Wettkampfperspektive besonders angesprochen fühlen und diese aufgrund ihrer physischen und psychischen Ausstattung besonders gut und erfolgreich verwirklichen können.
3. Die Dominanz der Wettkampfperspektive in der Praxis führt dazu, daß Judo ein vorübergehendes, episodenhaftes, zeitlich eng begrenztes Sensationsfeld im Lebensganzen eines Menschen bleibt. Spätestens der Beginn nachlassender sportlicher Leistungsfähigkeit legt die Beendigung von Judoaktivitäten nahe. Die Tatsache, daß nicht wenige Judoka nach ihrer Wettkampfzeit das sportliche Handlungsfeld wechseln - Tennis, Schwimmen, Jogging, Radfahren und Bergsteigen sind beliebte Alternativen - oder sich innerhalb des Clubs einer Breitensportgruppe anschließen, die sich im Regelfall kaum mehr judospezifisch betätigt, scheint die Richtigkeit dieser Annahme zu belegen.

Wie ist es aber zu erklären, daß sich in Japan, China und anderen asiatischen Ländern zahlreiche ältere Menschen und Nicht-Athleten regelmäßig in den sog. Budo-Künsten üben? Für sie ist die Auseinandersetzung mit Ju-Do, Ken-Do (Schwert-Fechtkunst), Kyu-Do (Bogenschießen), Aiki-Do usw. oder mit diesen nahestehenden, oft meditativ zentrierten Bewegungspraktiken (z.b. Tai-Chi) und Heilgymnastikformen (z.b. Wu Su) zu einer lebenslangen Aufgabe geworden. Dieses Phänomen wird oft mit einem Verweis auf die besondere Mentalität oder die Andersartigkeit der Menschen und ihres Kulturkreises erklärt. Mit dieser üblichen Art, die hierzulande vorherrschende Judopraxis zu legitimieren, wird lediglich zu deren Verfestigung und zu einer Begrenzung des Adressatenkreises beigetragen. Sinnvoller ist es, Perspektiven zu suchen, die Judo möglicherweise zu einem lebenslangen Erlebnis- und Erfahrungsfeld für jedermann werden lassen. Wertvolle Anregungen ergeben sich aus einer Rückbesinnung auf die ursprüngliche Form des modernen Judo.

2. Ju-Do in der Gründerzeit

Im Jahre 1882 gründete Jigoro Kano in Tokio eine "Schule zum Studium des Wegs" (Kodokan). Er hatte sich intensiv mit den historischen Selbstverteidigungskünsten (Jiu-Jitsu) seines Landes beschäftigt und ein eigenes System von Angriffs- und Abwehrtechniken entwickelt, das er Ju-do nannte (Ju = Sanftheit, Nachgeben; Do = Weg, Grundsatz, Lehre). Zum Wesentlichen seiner Konzeption gehörte die unauflösliche Bindung der Technikausbildung an zwei alles durchdringende Prinzipien:

1. an den "Grundsatz des bestmöglichen Gebrauchs von Geist und Körper" (Die Verwirklichung dieses Prinzips findet ihren Beweis u.a. im Siegen durch Nachgeben) und
2. an den "Grundsatz des gegenseitigen Helfens zum beiderseitigen Wohlergehen".

In der Tradition östlicher Philosophie, Ethik und Religion denkend und handelnd, gab es für Kano keine zergliedernde, dualistische Auffassung vom Menschen, sondern eine ganzheitliche. Die Überzeugung vom engen Zusammenhang zwischen Geist, Seele und Körper, in Verbindung zum jeweils individuellen lebensweltlichen Rahmen, gehört zu den Grundlagen des Zen[1].

Auch im westlichen Kulturkreis wird diese Auffassung geteilt, doch suggeriert hier der oft benutzte Begriff der "Einheit" ein naives Harmonieverständnis. Das Verhältnis des Menschen zu seinem Leib (Körper) resultiert ebenso aus gegebenen somatischen Voraussetzungen und ich-haften Faktoren, wie aus begegnenden

Situationen und sozialen Normen (vgl. GRUPE 1970, S. 32). Ganzheitlichkeit ist ein dynamischer, prozeßhafter Zustand geglückter Beziehung von Leib und Welt. So bedeutet Pflege des Körpers und Beschäftigung mit seinem So-Sein zugleich Sorge für den Geist und aktive Zuwendung zur Welt. Judolernen ist Begreifen und Erfahren von Ich und Welt mit dem Körper. Für Kano war das Erlernen, Üben und Anwenden der zahlreichen Wurf- und Kontertechniken, der Hebel- und Festhaltegriffe, des Fallens usw. nicht vorwiegend sportives Programm, körperliches Fitnesstraining (wie es heute oft fälschlicherweise angenommen wird). Körperliche Kraft und technisches Geschick sind nichts ohne die "Wachsamkeit des Geistes" (vgl. DESHIMARU 1978 S. 62). Letztlich war der Technikbereich nur ein Mittel, um diese Wachsamkeit zu erreichen. Damit steht das übergeordnete Ziel einer ganzheitlichen, fundamentalen Formung der Persönlichkeit des Übenden im Vordergrund. Der Weg- oder Do-Gedanke weist jedem einzelnen die lebenslange Aufgabe zu, in der tätigen Auseinandersetzung mit der Umwelt seine Persönlichkeit zu entwickeln und in Einklang mit dieser Umwelt zu kommen (Hier zeigen sich pädagogische Dimension und Prozeßorientierung des Judo). Dadurch gewinnt er die Natürlichkeit seiner ursprünglichen Natur (Buddha-Natur) zurück, die als vollkommen angesehen wird. Wodurch hat er diese verloren? Nach zenbuddhistischer Auffassung ist es das Ich-Bewußtsein, der Egoismus, der sich störend zwischen Subjekt und Welt schiebt. Auf den westlichen Menschen übertragen scheint es dessen spezifische Art des Denkens und Lebens zu sein, die ihn von dem Zustand entfernt hat, der das tiefe Er-Schauen und Er-Leben von Wirklichkeit erschwert oder verhindert.

Zum einen versuchen wir, mit der Rationalität unserer Denkweise die Vielfalt unserer Umwelt analytisch zu erfassen und zu quantifizieren. Der Intellekt mißt, teilt, unterscheidet, vergleicht, kategorisiert, klassifiziert und schafft eine abstrakte, symbolische Welt von Gegensätzen. Wir denken primär in Begriffen und verkürzen damit - notwendigerweise - die Komplexität der Phänomene (vgl. CAPRA 1984, S. 24f). Zum anderen führen uns beispielsweise kulturelle Einbindungen, vielfältige Abhängigkeiten, unsere Wunschbilder, unsere inneren Verspannungen und Blockierungen von der notwendigen und angestrebten Ausgeglichenheit, Selbstlosigkeit, inneren Ungebundenheit, Ruhe und von unserem Körper weg.

Diesen Zustand wiederzuerreichen bedeutet im Zen Erleuchtung[2] ("satori"), mit der eine unmittelbare Erfahrung, eine nicht-begriffliche, intuitive Bewußtheit der Wirklichkeit einhergeht. Dieser rational nicht erfahrbare Bewußtseinszustand führt zu einer direkten Einsicht in das Wesen der Wirklichkeit und läßt den einzelnen in eine harmonische Beziehung zur Welt treten. Darin besteht letztlich der Prozeß des gesamten menschlichen Reifwerdens. Es ist die Entwicklung vom Ich zum Selbst, das bereit und fähig ist, sensibel mit der Ordnung der Welt umzugehen und intuitiv das Angemessene zu tun. (vgl. HÖLKER/ KLAUS 1980, S. 44).

Es gibt viele Möglichkeiten, dieses Ziel der Selbstverwirklichung durch die zusätzliche Entwicklung der intuitiven Seite des Bewußtseins zu erreichen. Man kann Wege der Ruhe wählen, z.B. die Meditation im Sitzen (Za-Zen) oder Wege der Bewegung. Zu ihnen gehören die Kampfkünste wie Ken-Do ("Weg des Schwertes"), Kyu-Do (Bogenschießen) und Ju-Do. Aber auch künstlerisch betonte Wege wie Ikebana (Blumenstecken - "Weg der Blüten") oder Shodo (Kalligraphie, Schreibkunst) sind Übungen, mit deren Hilfe man sein wahres, sein ursprüngliches Wesen freilegen kann und seinen Egoismus aufgeben lernt (vgl. DESHIMARU 1978, S. 82).

Alle diese Do (Wege) beinhalten meditative Formen. Ziel dieser Techniken ist es, den denkenden Verstand mit seiner rationalen Ausrichtung zum vorübergehenden Schweigen zu bringen und dem intuitiven Bewußtsein Raum zu geben (vgl. CAPRA 1984, S. 36). Im Ju- Do soll dies dadurch erreicht werden, daß die Aufmerksamkeit auf Bewegungen des Körpers konzentriert wird (die aber ohne Einmischung und Störung durch irgendwelche Gedanken ausgeführt werden sollen). Der Ju-Do-Übende muß so lange trainieren, bis der Vollzug seiner Tätigkeiten keiner bewußten Einwirkung mehr bedarf, weil er souverän über die handwerkliche, technische Seite verfügt. Dadurch wird er frei von den Anspannungen seines gewohnten bewußten Denkens. Denken und Handeln werden eins. Jetzt leitet das Unterbewußtsein mit unfehlbarer Sicherheit die der Situation angemessenen Handlungen an. Das gelernte Technikrepertoire steht dem Übenden, Kämpfenden oder Gestaltenden absolut "spontan" zur Verfügung. Das oft in diesem Zusammenhang zitierte "Es" hat die Führung des Handelns übernommen. Gelassen, ohne Angst und innere Verspannung kann der Judoka seine jeweilige Aufgabe erfüllen. Auf höchstem Niveau, d.h. in seiner vollkommenen Form ist Ju-Do selbstvergessener Tanz, absichtsloses Spiel und intuitive Bewegungskunst zugleich. Eine solche Haltung führt sowohl zu einer intensiven Erlebnisfähigkeit, als auch zu einer Entbindung schöpferischer Kräfte.

Gelingt die Ausschaltung störender Gedanken und die Ablenkung von technischen Abläufen, also Ich-Leere und Absichtslosigkeit im Tun, so erzeugt die intuitive Art ein außergewöhnliches Bewußtsein. Befreit von inneren und äußeren Antrieben, von bewußtem Wollen und vielfältigen Verstrickungen in die Umwelt, stellt sich ein Gefühl der Unbeschwertheit und der heiteren Gelassenheit ein. Indem ich die Umwelt loslasse, wird sie mir einsichtig. Der Geist ist völlig wach. Es herrscht eine absolute Geistes-Gegenwart. Die Wahrnehmung übersteigt den sinnlichen Rahmen - der Körper wird sozusagen zur totalen Wahrnehmungsdimension. Das ermöglicht dem Judoka die Beherrschung des eigenen Körpers und die des anderen. Die volle geistige Wachsamkeit, in der die Umgebung direkt, ohne das Filter begrifflichen Denkens erfahren wird und keiner Ablenkung mehr unterliegt, war in den frühen Kampfkünsten der Samurai notwendige Voraussetzung für das Bestehen tödlicher Gefahren.

Durch eine intensive Beschäftigung mit dem eigenen Körper und dem des Partners beim gemeinsamen Üben, Gestalten und Kämpfen kommt es zu einem Selbstgewahrsein als einem Zustand des Fühlens, daß man ist und wie man ist. Zusätzlich entwickelt sich ein hohes Maß an Sensibilität im körperlichen Umgang untereinander und die Bereitschaft zur gegenseitigen Hilfe (zweites Prinzip von Kano). Besonders erwähnenswert erscheint in diesem Zusammenhang der Hinweis, daß die zen-orientierten Bewegungsmeditationen die Aufmerksamkeit des Übenden auf körperliche Vollzüge und Vorgänge lenken, denen beim Sporttreiben und im Alltag zumeist keinerlei Aufmerksamkeit geschenkt wird, weil sie auch ohne diese gelingen. Hierzu zählen Atemrhythmus, Schwerpunktsverlagerung, muskuläre Spannungszustände usw. - ureigene Körpererfahrungsbereiche im Ju-Do. Durch entsprechende Konzentrations- und Zentrierungsübungen kann auch in diesen Punkten ein qualitativ höherwertiger Bewältigungsgrad erreicht werden.

Das ursprüngliche Ju-Do ist (war!) also eine körperlich-geistige Übung zur Formung der Persönlichkeit. Die richtige Ausübung in Form von Kata, Randori und Shiai[3] zwingt zur restlosen, radikalen Auseinandersetzung mit sich selbst und bleibt auf Dauer nicht ohne Wirkung auf die Art der Lebensgestaltung. Die erzielte Bewußtseins- und Willensentkrampfung, die Fähigkeit zur Entspannung und ein neues Verhältnis zum eigenen und anderen Körper sowie zur Umwelt fördern das Wohlbefinden und die Zufriedenheit. Sämtliche Lebensvorgänge gewinnen an Intensität, wenn das ichbezogene Bewußtsein wenigstens phasenweise durch die intuitive Seite des Bewußtseins ergänzt wird, z.B. über meditatives Üben, wie es im Ju-Do, aber auch in anderen Sportarten möglich ist.

Es kann in diesem Zusammenhang nicht oft genug betont werden, daß es sich weder bei Bewegungsmeditation noch bei Ju-Do um Mystisches, Irrationales, Unerklärliches, Transzendentales handelt. Es werden hier vielmehr Situationsfelder akzentuiert verwirklicht, die im üblichen Sportbetrieb stark vernachlässigt werden. Bewegungen sind dann meditativ, wenn sie in einem Zustand der "Geistesgegenwart" und "Bewußtheit" ausgeführt werden. Das bedeutet nichts anderes, als daß der jeweilige Bewegungsvollzug weder durch einengendes Vordenken (Antizipieren) noch durch grüblerisches Nachdenken behindert wird und daß die sensible Wahrnehmung des Körpers, des Partners und des Bewegungsraumes nicht als eine "vom Kopf" kontrollierte Tätigkeit angesehen werden darf. MOEGLING formuliert zurecht wenig dramatisch: "Meditation heißt: Einfach da sein - im Hier und Jetzt" (MOEGLING 1984, S. 26) und er versteht darunter, sich die Zeit und Ruhe zu nehmen, etwas wirklich und ausschließlich zu tun. Do-Übung und Bewegungsmeditation bedeuten nicht Weltflucht, sondern durch die damit verbundene Öffnung aktive Weltzuwendung. Die Vollendung des Do zeigt sich gerade in der Fähigkeit, das tägliche Leben natürlich und spontan zu leben.

Für Kano war das Hingabe, Problemlösen und Verstehen fordernde Feld der Judo-aktivitäten letzlich stellvertretend für die Aufgabe: Leben in dieser Welt[4]. Der westliche Mensch dagegen tut sich schwer, einen solchen "Weg" zu gehen, vor allem im Sport. So entbehrt es nicht einer gewissen Logik, wenn die Praxis in deutschen Dojos nur noch selten einen erkennbaren Bezug zur ursprünglichen Do-Ausrichtung aufweist.

3. Judopraxis heute

Was heute als Judo gelehrt und gelernt wird, bezieht sich zumeist nur noch auf die handwerklich-technische Ebene einer ursprünglich mehrdimensionalen, ganzheit-lichen (Judo-)Leibeserziehung. Zwar schlägt sich diese Verarmung noch nicht in einer begrifflichen Kürzung nieder wie beispielsweise beim Karate (wo kaum mehr jemand von Karate-Do spricht). Trotz der Beibehaltung der Silbe "do" werden aber Kanos Prinzipien kaum mehr umgesetzt. Vielleicht hat die Schlichtheit seiner Formulierungen dazu geführt, daß sich eine sehr verkürzte und vereinfachte Vor-stellung von der Verwirklichung dieser Bewegungskunst etabliert hat. So glaubt man nicht selten, die im ersten Prinzip enthaltenen philosophischen und pädagogi-schen Ideen als fernöstliche Eigenheiten vernachlässigen oder unterschlagen zu können. Für eine gezielte, selbstverantwortliche Persönlichkeitsformung, für ein Studium des Weges - wie Kano es nannte - ist in der meist fremdgesteuerten, erfolgsorientierten und hektischen Sportpraxis von heute kaum mehr Platz und Zeit. Auch eine intentionale Beschäftigung mit dem moralischen Anspruch des zweiten Judoprinzips ist selten zu registrieren. Leistungsoptimierung und Kon-kurrenzdruck, Merkmale des modernen Hochleistungssports, entfremden nicht nur vom eigenen Körper, sondern lassen auch die partnerschaftliche Interaktion auf der Matte in den Hintergrund treten.

Vor allem der Prozeß der Versportung hat zu einer negativen Entwicklung des Judo beigetragen. Spätestens nachdem seine Medaillenträchtigkeit erkannt worden war, etablierte sich ein dem Do-Gedanken zuwiderlaufender Zielfetischismus in den Ausbildungsstrukturen. Allein der in Aussicht stehende Sieg im Wettkampf oder eine angestrebte Gürtelgraduierung dienen als Motivations- und Legitimations-faktoren für Lernen, Üben und Trainieren. Das Wettkampf- und Leistungsprinzip haben die ursprünglichen Leitideen des Ju-Do verdrängt und bestimmen heute im Regelfall Inhaltsauswahl, Zielperspektiven, Methodeneinsatz und die Kommuni-kationsstrukturen im Unterricht. Der Kämpfer dominiert gegenüber dem Spielen-den, Tanzenden, Gestaltenden, zweckfrei Übenden und Meditierenden.

Nicht von ungefähr haben die Wissenschaften Trainingswissenschaft, Biomechanik, Sportpsychologie und Sportmedizin verstärkt von der mittlerweile anerkannten

"Sportart" Besitz ergriffen. Der Athlet wird im Dienste der Leistungsoptimierung "betreut", was nicht selten eine Instrumentalisierung und Ausbeutung seines Körpers bedeutet. Ju-do hat sich den Gesetzen des Hochleistungssportes unterworfen und deshalb gehört Gewalt gegenüber dem Körper zum Athletenalltag. Die Palette der Aktionen, die den Körper mißachten und vergewaltigen, reicht von der Bagatellisierung erlittener Verletzungen über selbst- und fremdinitiierte Manipulationen mittels pharmazeutischer Produkte bis hin zu psychoregulativem Körperterror (vgl. PILZ 1982, S. 10-20). Der durch einen mechanistisch routinisierten Umgang mit dem Körper eintretende Verlust der Körperlichkeit und Körperrepräsentanz korreliert häufig mit einem Verlust der Identität. Wettkampfnormen und Erwartungen (Kampfrichter, Funktionäre, Öffentlichkeit) verwandeln den Schein zum Sein (vgl. ABRAHAM 1984, S. 76-88).

Auch der Judoka unterwirft sich den üblichen Trainingsmodalitäten: Spezialisierung und Reduzierung auf wenige erfolgversprechende Techniken. Automatisierung der sollwertorientierten Bewegungsabläufe - isoliert von den ständig wechselnden Situationen des Kampfgeschehens - in Ausrichtung auf ein eng begrenztes "Reizverhalten" des Gegners. Parallel dazu werden überdurchschnittliche konditionelle Fähigkeiten eintrainiert. Diese werden dann nicht selten dazu benutzt, technische Defizite zu kompensieren und vor allem Passungen zu erzwingen, d.h. Kampfsituationen "herbeizuführen", in denen die vorbereiteten und automatisierten Techniken "greifen". Die im ursprünglichen Ju-Do geforderte Fähigkeit, aus einem Zustand optimaler Wachheit und Aufmerksamkeit situationsangemessen und passend zu reagieren und dabei dem Prinzip "Siegen durch Nachgeben" gerecht zu werden, besitzen nur wenige Ausnahmekämpfer. Damit verarmt die Wettkampfszene und verliert an Attraktivität für den Zuschauer.

Die überragende Bedeutung, die Kano dem Kämpfen zugewiesen hat, läßt sich aus der Tatsache ableiten, daß diese Form der Auseinandersetzung dem Judoka eine radikale Möglichkeit zur Überprüfung seines aktuellen körperlich-geistigen Entwicklungsstandes bietet. Unter den erschwerten Bedingungen des Wettkampfes (in früheren Zeiten entschied der Kampf über Leben und Tod) hat sich das "Erreichte" zu bewähren. Jede kleinste Schwäche im geistig-körperlichen Zustand, jede emotionale Irritation, jede Halbherzigkeit im Handeln wird schonungslos rückgemeldet, und zwar nicht nur in Form einer äußerlich beobachtbaren Niederlage. Viel schmerzhafter ist für den verstehenden und begreifenden Judoka das Erkennen seiner Rückschritte "auf dem (Entwicklungs-) Weg" (z.B. der Verlust seiner Gelassenheit, die Ablenkung durch Gedanken, die Unfähigkeit, sich dem Zwang des Zieles zu entziehen ...). Doch er kann die Niederlage in einen Sieg wenden, wenn es ihm gelingt, aus einer ehrlichen Ist-(Ich-)Analyse Konsequenzen für seinen weiteren Entwicklungsweg zu ziehen.

Im Ju-Do ist Kampf also weder Selbstzweck, noch erschöpft sich sein Sinn im äußerlichen Siegen. Nicht zufällig ist Shiai (Wettkampf) für Kano eine Methode - genau wie Randori und Kata - und nicht etwa eine menschliche Verhaltensform. Eine solche Definition von Kampf und Wettkampf macht offenkundig, wie oberflächlich die Realisierungsebene dieser Perspektive oft geworden ist. Nicht ihr Prozeßcharakter und ihre Bedeutung für die Persönlichkeitsentwicklung wird gesehen, sondern nur die sich eröffnende Chance auf äußere Gratifikationen. Der Versportungsvorgang hat überdies die Breite möglicher Sinngebungen im Ju-Do zugunsten einer einseitigen Definition - Judo ist Wettkampf - verengt. Dies führt zu einer drastischen Verkürzung individueller Erlebnis- und Erfahrungsqualitäten, was sich insbesonders im Anfängerunterricht demotivierend auswirkt. Auch die Anziehungskraft auf diejenigen, die noch auf der Suche nach einer sportlichen Betätigung sind, ist dadurch gering. Der Reiz des heutigen Judo erschöpft sich zumeist in der Aussicht auf physische Überlegenheit, in der Chance, sich mit dem Fluidum fernöstlicher Kampfkünste umgeben zu können und in der Hoffnung, ein erfolgreicher Wettkämpfer zu werden. Die Art und Weise, wie Ju-Do in der Öffentlichkeit präsentiert wird, z.B. in den Medien oder in Werbeveranstaltungen der Vereine, entspricht vollkommen diesem schmalen Motivspektrum.

Wird die einseitige, einperspektivische Ausrichtung des modernen Judo beibehalten, wird es kein neues Betätigungsfeld für diejenigen sein, die dem heute gültigen Wettkampf- und Leistungsgedanken reserviert gegenüberstehen, etwa aus Altersgründen oder, weil sie - physisch schwächer ausgestattet - die Konkurrenzorientierung fürchten. Auch jene, die Sport in erster Linie als eine Möglichkeit zur Gesundheitsvorsorge oder Psychohygiene ansehen und deshalb auch die "innere Aktivität", die ganzheitliche Bewegung suchen, werden sich kaum für Judo entscheiden. Für sie Ju-Do attraktiv zu machen, ist eine reizvolle und dankbare Aufgabe. Sie aus meiner Sicht zu lösen, versuche ich seit 1978 im Rahmen meiner Lehrarbeit an der Pädagogischen Hochschule Heidelberg. Allmählich ist dabei ein Konzept entstanden, das in seiner Grobstruktur im folgenden vorgestellt wird.

4. Das Konzept eines mehrperspektivischen Ju-Do-Unterrichts

Das Ju-Do der Gründerzeit und das gängige Judo von heute haben sich weit voneinander entfernt. Es wurden Gründe genannt, die es legitim erscheinen lassen, diese Entwicklung als eine negative anzusehen. Jedoch ist nach meinem Dafürhalten eine Wiedereingliederung ursprünglicher Qualitäten des Ju-Do in die gegenwärtige Judopraxis möglich und sinnvoll. Die wichtigsten Helfer auf der Suche nach dem "Wie" sind nun nicht die funktionierenden Judoka der Wettkampfszene. Diese Funktion erfüllen in besonderer Weise die noch unverbildeten Anfängerinnen und Anfänger unterschiedlichen Alters. Ihre mehr oder weniger offen signalisierten Wünsche, Bedürfnisse, Ängste, Defizite und Fähigkeiten, ihr Unbehagen oder Wohlbefinden, ihre Zustimmung und ihr Protest waren die entscheidenden Impulse und Korrektive bei der Erarbeitung meines Konzeptes. Es beinhaltet nichts grundlegend Neues. Es wird damit auch keine Kehrtwende eingeleitet, sondern vielmehr die mehrperspektivische Erweiterung bisheriger Praxis propagiert. Zum Teil habe ich auf die Ursprünge des Ju-Do zurückgegriffen (Do-Orientierung), manches erhielt eine ungewohnte Gewichtung (der Kata kommt entscheidende Bedeutung im Anfängerunterricht zu) und Vorhandenes wurde durch neue Perspektiven ergänzt (z.B. Körpererfahrung). Das Konzept erhebt den Anspruch auf Praktikabilität und stützt sich auf folgende Elemente:

1. Ju-Do konstituiert sich im Bewegungsdialog: Ju-Do wird im Modus des Erlebens und Handelns Wirklichkeit. Diese Dimensionen konkretisieren sich schwerpunktmäßig in einem Körper- und Bewegungsdialog zweier Partner. Je entstörter und verständnisvoller dieser Kommunikationsprozeß abläuft, desto kompetenter kann Ju-Do verwirklicht werden und desto wirksamer sind Lehr-Lernprozesse. Aus diesem Grund kommt den Entstörungsmaßnahmen gerade im Anfängerunterricht, in dem oft völlig fremde Menschen zusammentreffen, große Bedeutung zu.

2. Die Entstörung des Bewegungsdialogs ist immer mit einer Ich-Analyse verbunden: Widerstände und Probleme im Lernprozeß werden meistens voreilig und vereinfachend technischen Defiziten der Übenden zugeschrieben. Entsprechend oft werden Lösungen ausschließlich in der Verbesserung motorischer Fertigkeiten und Eigenschaften gesucht und in zergliedernden Lernsequenzen angegangen. Dabei wird übersehen, daß Störungen im Rahmen judospezifischen Bewegenlernens häufig auf psychischen Barrieren der Lernenden (z.B. Angst- und Minderwertigkeitsgefühle, Hemmungen, Abneigungen, Unlustgefühle) oder körperlichen Unzulänglichkeiten (z.B. mangelnde Beweglichkeit und Dehnfähigkeit, schlechte Kondition) beruhen. Deshalb muß sich der Anfänger - wie jeder andere Judoka auch - intensiv mit seinem "Ich" beschäftigen können. Über eine sensible Wahrnehmung und Akzeptanz des eigenen Ist-Zustandes können Stärken und Schwächen diagnostiziert und zur Basis einer persönlichen Entwicklung gemacht werden.

Selbst-Erfahrung, d.h. bewußtes Sich-immer-besser-Kennenlernen motiviert zur Fortsetzung des Übens und führt zu Energie und Zufriedenheit. Alle Zen-Übungen z.B. sind letzlich Formen, um das "Ich" zu treffen. Aber auch die mehr "westlich verankerten" Körpererfahrungsübungen können dem einzelnen Individuum helfen, neue Kenntnisse über sich zu gewinnen.

3. Ju-Do setzt Körpererfahrung voraus und bringt diese mit sich: Der alltägliche Umgang mit dem Körper geschieht im Regelfall zufällig und unbewußt. Unsere Lebensumstände verdrängen unseren Körper und verfälschen unsere Individualität ("Urnatur"). Da Ju-Do auf hohem Niveau die vollkommene Wahrnehmung ("Kontrolle") der eigenen und fremden seelischen und körperlichen Bewegungen, aber auch das mühelose, präzise Einfühlen in die physikalischen Gesetzmäßigkeiten der Bewegungsmuster fordert (z.B. beim gemeinsamen Gestalten einer Kata), muß von Anfang an mangelnde Kompetenz im Umgang mit dem Phänomen Körper abgebaut werden. Ju-Do ist hervorragend geeignet, den eigenen Körper und den des Partners zu entdecken, besser kennen und damit verstehen zu lernen.

Aus dem Verständnis können humanere Kommunikationsstrukturen und ein verbessertes Lebensgefühl erwachsen. Wird im Ju-do-Unterricht auf dieses Erfahrungsfeld verzichtet, kann dies zu einer inhumanen Praxis führen, die sich beispielsweise in einer Brutalisierung des Kampfstils niederschlägt oder in Trainingsformen, die den Menschen zu Bewegungsapparaten degradiert. Judo ohne Körpererfahrungen degeneriert zu entseeltem Kampf. Die von Kano aufgestellten Forderungen nach Verstehen und Helfen zum beiderseitigen Wohlergehen machen Körpererfahrungen zu einer der wesentlichen Perspektiven. Voraussetzung für Körpererlebnisse und Körpererfahrungen ist eine überragende Wahrnehmungsleistung. Ju-Do ist Handeln in ständig wechselnden Situationen. Blitzschnell müssen Aktionen wahrgenommen, denkend verarbeitet und handelnd beantwortet werden, ohne Energie zu vergeuden. Angestrebt wird eine möglichst große Annäherung von Denken und Handeln in der Form, daß zwischen Tun und Nachdenken kein Platz mehr ist (vgl. TIWALD 1981, S. 58-68). Das kann nur erreicht werden, wenn die Wahrnehmungsleistung optimal ist und das Denken nicht stört. Dann kommt es zu der erstrebten Einheit von Wahrnehmen, Denken und Handeln. Auf dem Weg dorthin lernt der Anfänger, sensibel für Kleinigkeiten zu werden und gleichzeitig einen kühlen Kopf zu bewahren, d. h. ablenkende Gedanken und Emotionen zu bewältigen (Gelassenheit). Wahrnehmen ist also ein aktives Geschehen. Über einfache Entspannugs- und Meditationsübungen, die auch eine wichtige psychohygienische Funktion haben, wird er befähigt, seinen Körper als ganzheitliches Wahrnehmungsorgan zu entwickeln und beherrscht zu gebrauchen.

Probleme im Ju-Do - z.B. in den klassischen Methoden des Studiums: Kata (Form), Randori (spielerischer Übungskampf) und Shiai (Wettkampf) - sind nicht im voraus berechenbar. Aus diesem Grund muß sich der Judoka die Kompetenz erwerben, als autonomer, flexibler Problemlöser zu fungieren. In erheblichem Maße kann der Trainer dazu beitragen, indem er einsichtiges, experimentierendes und selbstverantwortliches Lernen zuläßt.

116

4. Ju-Do-Unterricht ist mehrperspektivisch: Die Auseinandersetzung mit Ju-Do muß über viele Sinngebungen erfolgen, auch über die Perspektive des Wettkampfes, aber eben nicht allein. Nur derjenige, der eine breite Palette von Sinnperspektiven im Ju-Do-Unterricht erfahren hat, kann sich einer Alternative innerhalb des bisherigen Handlungsfeldes zuwenden. Deshalb muß Ju-Do-Unterricht von Anfang an mehrperspektivisch ausgelegt sein, d.h. es sollen möglichst viele Sinngebungen thematisiert werden. Für jeden Lebensabschnitt müssen realisierbare Sinnzuweisungen möglich sein, da sonst Ju-Do nie zu einer lebenslangen Aufgabe werden kann.

5. Vorbemerkungen zur Praxis

Eine der durchgängig relevanten und realisierbaren Perspektiven im Ju-do ist die der Körpererfahrung. Ihre Konkretisierung im Bewegungsvollzug - bei strenger Beachtung der Prinzipien Kanos - vermittelt dem Judoka wertvolle Erkentnisse über den jeweiligen Ist-Zustand seiner dynamischen ganzheitlichen Entwicklung. Im folgenden werde ich mit Hilfe einiger ausgewählter Aufgaben zeigen, wie diese Perspektive in der Praxis mit Leben gefüllt werden kann, auch im Bereich der Körpererlebnisse, die eine Vorstufe zu den Körpererfahrungen darstellen[5].

Jeder Trainer oder Übungsleiter sollte die jeweils spezifische Ausgangssituation seiner Übungsgruppe genau kennen. Das befähigt ihn, entscheiden zu können, welche der Aufgaben für seine Gruppenmitglieder angemessen sind und an welchem didaktischen Ort er sie einsetzt. Was auf den ersten Blick nur für den sog. Anfänger Relevanz zu haben scheint, kann sich oft auch oder gerade für den Fortgeschrittenen als notwendiges und bedeutsames Übungselement erweisen (z.B. Atemschulung, Rhythmusarbeit, Bewegungsverbesserung durch Gleichgewichts- und Schwerpunktsübungen), wenn auch in einem anderen Zusammenhang (z.B. im Rahmen einer Wettkampfvorbereitung) bzw. auf einer anderen Könnensstufe. In diesem Fall müssen die Aufgaben zusätzlich zielgruppenspezifisch abgewandelt werden.

5.1 Do-Übung und Musik

Eine weitere Vorbemerkung bezieht sich auf den von mir häufig praktizierten Einsatz von Musik und Rhythmus während des Lehrens und Lernens von Ju-Do. Es geht dabei nicht um die übliche musikalische Untermalung sportlichen Tuns, um dieses "attraktiver" zu machen. Der Grund, der mich bewogen hat, Ju-Do in Verbindung mit Musik und Rhythmus zu lehren und üben zu lassen, ist deren Wirkung auf den Menschen und seinen Leib. Dank der elementaren Kraft der

Musik wird der Körper von der Lenkung durch Vernunft und Wille befreit und die anerzogene Haltung zugunsten des Ursprünglichen und Triebhaften, des Intuitiven aufgelöst. Hier tritt eine deutliche Parallele zur Meditation zutage. Beide, Musik und Bewegungsmeditation, können durch ihre entspannende und entkrampfende Wirkung alles Schwere, Gehemmte, Unbeholfene von der Bewegung abfallen lassen. Ju-Do wird dadurch zum Tanz und zur Bewegungskunst (auch Musik ist in ihrem Ursprung Bewegungserlebnis und Bewegungskunst). Musik kann also in hervorragender Weise das Studium des Do unterstützen bzw. die Zentrierung auf Do erleichtern.

Musik hilft aber nicht nur, Ordnungen aufzulösen. Sie trägt auch dazu bei, Bewegung zu ordnen, zu einigen, zu formen und zu harmonisieren. Sie macht den menschlichen Leib sozusagen zum Resonanzboden für ihre Schwingungen, zum Instrument. Sie verursacht Empfindungen, die zum körperlichen Ausdruck drängen, zum freien wie zum gebundenen. Die elementare Macht der Musik ergreift und verwandelt den Menschen. Diese Macht erklärt sich aus der Tatsache, daß sie sich nicht nur an die Vernunft wendet, sondern über den Leib auch die Seele vom Druck und den Hemmungen des Alltags befreit und damit formt (vgl. FEUDEL 1965, S. 98-102). Obgleich also Musik quasi auf den Menschen hin ausgelegt ist, läßt sie sich nicht bei jeder Gruppe problemlos einsetzen. Die Ursache ist selten in der fehlenden Musikalität oder im mangelnden rhythmischen Gefühl der Teilnehmer zu suchen. Zumeist sind es Konsumgewohnheiten, die - besonders bei jüngeren Judoka - zu einer Abstumpfung musikalischer Empfängnisbereitschaft und zu einer einseitigen Geschmacksausrichtung führen. Schön ist, was "laut, fetzig und aggressiv tönt". Getragene klassische Musik ist "langweilig, altmodisch und tötend" (vgl. JANALIK/KNÖRZER 1986, S. 22f.).

Über eine behutsame, geduldige und einfühlsame Hinführung zu ungewohnten Klangerlebnissen und deren Umsetzung in Bewegung kann der Trainer oder Übungsleiter einen wichtigen Beitrag zur Ausbildung der Erlebnisfähigkeit besonders junger Menschen leisten. Es empfiehlt sich manchmal, im Rahmen des Ju-Do-Unterrichts zuerst die Musik einzusetzen, die die Teilnehmer gewohnt sind. Sehr bald zeigt sich die Unbrauchbarkeit der hektischen Rhythmen für das Üben und Gestalten von Ju-Do-Elementen. Aus der Einsicht kann sich die Bereitschaft entwickeln,andere Musikformen zu akzeptieren. Oft sind es gerade die einfachen Rhythmen oder Tonfolgen (mit Stäben, Klanghölzern, Glocken usw.), die sich neben den klassischen Stücken als besonders geeignet erweisen, Bewegung als Ausdruck seelischer Regungen zu unterstützen und damit zur Verbindung zwischen Unbewußtem und Bewußtem beizutragen (z.B. Tony SCOTT: Zen. Ask the Wind. Musik zur Ruhe).

Im Rahmen meiner Ju-Do-Praxis als Lernender und Lehrender habe ich selbst die Erfahrung gemacht, wie wirkungsvoll und motivierend eine Verbindung zwischen Ju-Do, Musik und Rhythmus sein kann. Eine solche Vernetzung ist überdies kein künstliches Arrangement. Nicht zufällig haben viele bekannte japanische Meister während ihrer Lehrgangsarbeit in Europa immer wieder darauf hingewiesen, daß Ju-Do eigentlich getanzt werden müsse. Es ist erstaunlich, wie selten aus dieser Aussage die Konsequenz gezogen wird, Ju-Do-Training wenigstens phasenweise rhythmisch-musikalisch zu gestalten. Offensichtlich gibt es dafür zwei Hauptgründe. Zum einen fehlt diese Perspektive in der ursprünglichen Form des modernen Ju-Do (paradoxerweise hält man sich in dieser Beziehung streng an die Originalform. Bedauerlicherweise fehlt die gleiche Konsequenz im Hinblick auf die Umsetzung der Prinzipien Kanos!). Zum anderen scheint sie zu wenig "nutzbringend" innerhalb eines Wettkampftrainings, das ausschließlich auf Leistungsoptimierung ausgerichtet ist. Diese kurzsichtige Auffassung zu durchbrechen, indem vor allem das Üben und Gestalten im Ju-Do phasenweise mit Rhythmus und Musik verbunden wird, wäre aus der Sicht all derer wünschenswert, die eine mehrperspektivische Begegnung mit dieser Bewegungskunst wünschen.

5.2 Mein Körper "auf dem Weg": Körpererlebnisse und -erfahrungen im Ju-Do

Im Handlungsfeld Ju-Do wird vom Übenden verlangt, daß er sich intensiv und immer wieder mit seinem Ich auseinandersetzt. In diesem Prozeß aktiven Wahrnehmens kommt dem bewußten Umgang mit dem eigenen und fremden Körper eine große Bedeutung zu. Solange der Körper vernachlässigt oder negiert wird, sein Gebrauch nur ein unbewußter und routinisierter ist, solange kann eine Selbstanalyse nur teilweise gelingen. Körperbewußtsein eröffnet dem Individuum die Chance, sich nicht mehr nur partiell, sondern als Ganzheit erleben zu können. Körpererfahrungen werden hier zur Grundlage einer seelisch-geistigen Selbsterfahrung (vgl. LEIBOLD 1986, S. 35).

An dieser Stelle erscheint es mir notwendig zu präzisieren, was im Ju-Do unter Erfahrung zu verstehen ist. Es gehört zum Spezifikum dieser Bewegungskunst, daß Erfahrungen (auch Körpererfahrungen) nicht erst durch die begriffliche Fixierung des Wahrgenommenen entstehen, sondern im wiederholten geglückten Vollzug. Dem buddhistischen Denken verbunden zählt im Do-Studium nicht das Reden über etwas, sondern die handelnde Auseinandersetzung mit der Sache. Aus dem mühevollen Üben - geistesgegenwärtig und damit situationsgerecht (nicht mechanistisch automatisierend) - resultiert die Erkenntnis, d.h. die Erfahrung, die wiederum endgültig ist. Aus dem eben Gesagten erklärt sich, daß viele der folgenden Aufgaben vermeintlich nur bis zur Wahrnehmungszentrierung und zum Körpererlebnis führen. Sie erwecken den Eindruck einer funktionalen Lehrweise. Doch im Inneren des Individuums wird die Erfahrung gewonnen, die es möglich macht, sich wiederholende Situationen besser zu bewältigen.

5.3 Aufgaben, Kommentare, Impulse

1) Gleichgewicht, Spannung, Hara: Schon der Anfänger muß lernen, sich psychisch zu entspannen, richtig zu atmen, die Muskulatur mit minimalem Kraftaufwand zu betätigen und das Gleichgewicht in Ruhe und in der Bewegung zu beherrschen. Es ist für ihn wichtig, die enge Wechselwirkung dieser Faktoren untereinander zu erleben und zu erfahren, aber auch die massiven Folgen ihrer "Gegenpole" für die Qualität seiner Wahrnehmungsleistungen und seines Problemlösens - die der psychischen Verspannung, der muskulären Verkrampfung, des übermäßigen Krafteinsatzes, des falschen Atmens und der mangelnden Beherrschung des Körpers im Schwerefeld der Erde. Im Vollzug überprüft er die Angemessenheit seiner Handlungen, die seinem aktuellen Könnensstand entsprechen und entwickelt auf diese Weise seine Kompetenz. Es wird ihm z.B. einsichtig, daß ein energiebringender Atem eine optimale Körperstatik voraussetzt, die wiederum eine ökonomische Muskelarbeit ermöglicht. Er macht die Erfahrung, daß sein Körper in mittlerer Spannung (weder verspannt noch lasch - im folgenden als entspannt bezeichnet) besser und schneller auf Gleichgewichtsschwierigkeiten reagieren kann als im Zustand der Verkrampfung oder totalen Entspannung. Er macht die Entdeckung, welche Folgen ein regelmäßiger, ruhiger Atem auf psychische Disposition wie Wut, Aggression, Angst usw. hat und wie umgekehrt diese das Atemverhalten negativ beeinflussen. Er lernt mit seinem Körperschwerpunkt und seinem Gleichgewicht kompetent umzugehen und schließlich sich immer "leichter" und befreiter zu bewegen.

- *"Stellt euch aufrecht auf die Matte; die Füße sollen etwa schulterbreit voneinander entfernt sein. Versucht, euren Körper in eine Senkrechte einzupendeln."*
- *"Verharrt in der Position, bei der ihr glaubt, euren Körper mit der geringsten Muskelkraft im Gleichgewicht halten zu können. Entspannt euch jetzt."*
- *"Konzentriert euch auf den Schwerpunkt im Bauch (Hara)[6]. Laßt den Atem in dieses Zentrum hineinströmen und beim Ausatmen wieder herausfließen. Dabei senkt sich euer Schwerpunkt ab und ihr erdet euren Körper."*
- *"Entspannt nacheinander: Schultern - Arme - Finger - Beine - Zehen. Wenn ihr glaubt, entspannt zu sein, dann neigt euren Körper etwas aus der Senkrechten zur Seite und führt ihn anschließend wieder zurück. Wie weit könnt ihr euren Körper aus der Senkrechten herausführen, ohne umzufallen?"*
- *"Konzentriert euch auf euren Kopf. Nehmt ihn ebenfalls in die senkrechte*

Position hinein. Die Knie sollt ihr ein bißchen nach vorne drücken, um die Beinmuskulatur zu entspannen." Es zeigt sich, daß die meisten beim Neigen des Körpers die Arme am Rumpf und Oberschenkel festhalten. Darauf aufmerksam gemacht, erkennen sie, daß ihre vermeintliche Entspannung nur eine partielle war.

- *"Geht über die Matte, bleibt wenn möglich in der eben erreichten Körperhaltung und versucht, einen Rhythmus für eure Schritte zu finden."*
- *"Versucht, etwas schneller zu gehen. Nach mehreren Schritten sollt ihr stehenbleiben und wieder eure senkrechte, entspannte Position einnehmen."* Bei dieser Übung läßt sich auch Musik einsetzen, obgleich dadurch der Schrittrhythmus uniformiert wird.
- *"Macht jetzt den gleichen Wechsel zwischen Ruhe und Bewegung, nur mit dem Unterschied, daß die Gehschritte durch Laufschritte ersetzt werden.*
- *"Pendelt euch in die Senkrechte und entspannt euch. Konzentriert euch auf euren Atem und zwar so, daß ihr ihn nicht willentlich beeinflußt, sondern ihm aufmerksam folgt. Wenn er von alleine wieder regelmäßig und ruhig fließt, könnt ihr euch wieder in Bewegung setzen. Versucht, mit euren Gehschritten Richtungsänderungen und Drehungen zu verbinden. Vergeßt aber nicht, entspannt und "senkrecht" zu bleiben."*
- *"Habt ihr bei den Richtungsänderungen das Gleichgewicht verloren? Warum?"*

An dieser Stelle wird die Steuerfunktion des Kopfes deutlich. Zumeist konzentriert sich der Übende bei Drehungen und Richtungsänderungen nur auf seinen Rumpf und auf die Beine. Entsprechende Vermittlungshilfen zur Kopfführung müssen gegeben werden.

2) Beherrschung der Mitte: Ein wichtiger Erfahrungsbereich ist für den Judoka das Spiel mit dem Schwerpunkt und der Erdanziehung. Für die Qualität der Bewegung ist entscheidend, ob und wie weit der Sichbewegende in der Lage ist, seinen körperlichen Schwerpunkt zu steuern, und zwar nicht nur in der Fall- und Schwungebene, sondern - und das ist im Regelfall weitaus schwieriger - in der geführten, ruhigen und sich an Zeit und Raum anpassenden Bewegung (vgl. FEUDEL 1965, S. 49). Der Judoka muß lernen, Bewegungen aus der Mitte des eigenen Körpers zu lenken. Durch die Beherrschung der Mitte wird der Körper von allen falschen und überflüssigen Druck- und Zugspannungen befreit. Er bewegt sich sparsam, d.h. ohne Kraftverschwendung. Der Judoka macht die Erfahrung einer neuen Bewegungsqualität. Im Gefolge des wachsenden Gleichgewichtssinns wird die Bewegung außerdem immer mehr zu einem Ausdrucksmittel.

- *"Legt euch beim Gehen, Drehen ... ein Taschentuch auf den Kopf und versucht, es nicht zu verlieren."* *"Versucht, den Schwerpunkt in einer Ebene zu halten. " "Führt euren Körper aus einer bestimmten Ausgangsposition in eine andere über, ohne daß es zu Bewegungsunterbrechungen kommt. " "Auf welche Weise bekommt ihr euer Gleichgewicht unter Kontrolle?" "Führt die Bewegung als Bewegung eures Schwerpunktes aus. Versucht, den Bewegungsablauf in Zeitlupe, aber dennoch flüssig auszuführen. "*

Aufgaben dieser Art machen am Anfang den Teilnehmern viel Schwierigkeiten, weil sie ihre Bewegungen nicht vom Schwerpunkt aus, sondern z.b. von den Extremitäten aus führen. Auch für Judoka hohen Niveaus empfiehlt es sich, entsprechende Bewegungsausführungen zu üben, beispielsweise in Form einer selbst zusammengestellen Einzelkata, wie sie im Karatedo üblich ist.

- *"Überprüft euch während der Drehungen und Richtungsänderungen, ob ihr im gleichen Spannungszustand verbleibt, oder zusätzliche Verspannungen auftreten. " "Fließt euer Atem ruhig weiter, oder kommt es zu Unterbrechungen und Stockungen?"*

Die Wahrnehmungszentrierungen auf den Atem und auf bestimmte muskuläre Spannungszustände können auch in anderen Körperstellungen erfolgen, z.B. im Liegen, im Sitzen, im Knien. Oft wird den Übungsteilnehmern dabei zum ersten Mal bewußt, wie flach und unregelmäßig ihre Atmung und wie verspannt ihre Muskulatur gewöhnlich ist[7] (vgl. FÖRSTER, KNÖRZER und TREUTLEIN/PREIBSCH in diesem Band).

3) Emotion und Bewegung: *"Versucht einmal, Stimmungen und emotionale Befindlichkeiten durch Bewegung darzustellen: Wie bewegt ihr euch, wenn ihr zufrieden - aufgeregt - gereizt - gelassen - melancholisch ... seid?" "Welche Folgen hat eure Stimmung für die Atmung?" "Welche Folgen ergeben sich für die Schwerpunktsführung und das Gleichgewicht?"*

4) Der Körper als totales Wahrnehmungsorgan: Da sowohl judospezifische Körpererfahrungen als auch die Lösung von Bewegungsproblemen im Wettkampf, beim Üben und im Gestaltungsprozeß der Kata eine ausgeprägte Wahrnehmungsfähigkeit voraussetzen, muß deren Entwicklung im Ju-Do-Unterricht von Anfang an betrieben werden. Vielfältige Aufgaben- und Situationsarrangements dienen dazu, den ganzen Körper als Wahrnehmungsorgan auszubilden, weil der Judoka nicht nur visuelle, sondern auch taktile, kinästhetische und statodynamische Wahrnehmungsleistungen zu vollbringen hat (vgl. TIWALD 1979, S. 9 und 12).

- *"Geht barfuß über die Matte und versucht dabei, den Kontakt der Fußsohlen mit der Matte nicht zu verlieren. Wie fühlt ihr euch dabei? Wer kann mit den*

Füßen und den Fußsohlen "sehen"? Wo sind Unebenheiten, Falten, wo ist es glatt, wo rauh?"

Mit diesen Übungen wird begonnen, den ganzen Körper als Wahrnehmungsorgan zu entwickeln. Ein Teil der Teilnehmer muß sich überwinden, Strümpfe und Socken auszuziehen und barfuß zu gehen, "weil sie es nicht gewohnt sind". Andere empfinden die Massagewirkung der Matte auf die Fußsohlen als ausgesprochen angenehm. Bald wird das "Sehen" mit den Füßen zu einer beliebten und reizvollen Aufgabe, vor allem auch in Verbindung zu Geräten, Materialien und zum Körper des Übungspartners. Dieser kann auch als Helfer fungieren, wenn die Aufgaben mit geschlossenen Augen und in der Bewegung erfüllt werden müssen.

- *"Geht mit den "Schleifschritten" vorwärts, rückwärts, seitwärts, macht Drehungen, wechselt die Geschwindigkeiten der Schrittfolgen und hört ganz bewußt auf das Geräusch eurer Füße."*
- *"Jeweils ein Partner stellt sich an den Rand der Matte, schließt die Augen und konzentriert sich auf das Geräusch der Schritte seines Partners. Dieser geht mit Schleifschritten in wechselnden Abständen vorbei. Derjenige, der die Augen geschlossen hält, soll die Entfernung nach Gehör und Empfindung schätzen. Ihr könnt auch versuchen herauszuhören, ob der Partner nur vorbeigeht, oder ob er auch Richtungsänderungen macht."*

5) Judo als Bewegungsdialog: Sehr bald wird Ju-Do zum Bewegungsdialog zweier Partner. Die folgenden Aufgaben und Übungsformen sind Beispiele, wie man diesen Bewegungsdialog entstören und humanisieren kann.

- *"Ich werde gleich einen Wiener Walzer einspielen. Geht partnerweise zusammen und tanzt." "Wechselt euren Tanzpartner immer dann, wenn die Musik abbricht." "Tanzt so miteinander, daß keiner der beiden Partner Führungsarbeit verrichtet!" "Wechselt euch in der "Führungsarbeit" ab." "Mit welchem Partner ist die Synchronität beim Tanzen am größten?"*

Der Tanz ist ein probates Mittel, Kontakt mit dem Körper des Partners aufzunehmen. In Judokursen mit Kindern oder tanzunwilligen Erwachsenen, die den Körperkontakt verstärkt thematisieren.

- *"Geht partnerweise zusammen. Einer der beiden schließt die Augen und läßt sich vom Partner führen. Der Führende ist für die Sicherheit und das Wohlbefinden des Geführten verantwortlich. Deshalb ist es am Anfang empfehlenswert, über einen ausgeprägten Körperkontakt zu führen." (Weitere Variationen vgl. KNÖRZER, in diesem Band).*

123

Ich persönlich setze gern Musik ein, um die Wirkung gleichzeitiger, mehrfacher Sinnesreize zu überprüfen. Im Regelfall bewegt sich der Geführte anfänglich sehr zögernd und gehemmt. Die meisten berichten, daß es ihnen zuerst schwer fällt, sich auf die Führungsarbeit des Partners einzulassen und entspannt zu bleiben. Wenn es ihnen aber später gelingt, ruhig zu atmen und einen entspannten Zustand zu erreichen, nehmen sie über den eigenen Körper Hindernisse in Form anderer Körper wahr.

- *"Tragt euren Partner von der einen Seite der Matte auf die andere und legt ihn dort so ab, daß es ihm nicht weh tut."*
- *"Geht zu zweit zusammen. Einer von beiden erdet seinen Körper, pendelt ihn senkrecht ein und entspannt sich über eine ruhige, regelmäßige Atmung. Dann führt er seinen Körper so weit aus der Senkrechten, bis er sich nicht mehr halten kann (weil das von seinem Schwerpunkt aus gefällte Lot nicht mehr die Unterstützungsfläche trifft). An diesem Punkt wird sein Körper vom Partner angenommen, ein Stück weiter begleitet und dann wieder zu dem Punkt zurückgebracht, von dem aus er sich wieder allein in die Senkrechte zurückbringen kann. Das gleiche geschieht dann in eine andere Richtung."*

6) Gleichgewicht und Gleichgewichtbrechen: An dieser Stelle wird ein entscheidendes Element kommunikativer Ju-Do-Praxis vorbereitet. Der Normalfall ist, daß bei späteren Wurftechniken Tori (d.h. der Angreifer, der Handelnde, der Nehmende, der Werfende) die Wurfvorbereitung durch ein sogenanntes Gleichgewichtbrechen bei Uke (übersetzt: Gebender, Leidender, Erduldender) erzwingt. In unserem Fall bringt sich Uke selbst freiwillig aus dem Gleichgewicht und macht damit erzwingende Maßnahmen durch Tori überflüssig. Uke ist nicht mehr bloß erduldendes, zu handhabendes Objekt, sondern er wird zum aktiven Mitgestalter einer gemeinsamen Bewegungsaktion. Beim Erlernen von Wurftechniken erweist sich diese Vorgehensweise in mehrfacher Hinsicht als wirksam. In der Anfängerphase entfällt ein unökonomischer, unangemessener Kraftaufwand von Tori. Dessen Wahrnehmung wird zusätzlich geschult, weil er die Impulse von Uke erkennen und funktional weiterführen muß. Und schließlich werden etwaige Hemmungen bei Uke nicht zugeschüttet, sondern durch die Offenlegung - Uke wagt es z.B. nicht, sich aus der Senkrechten herauszubegeben oder er tut dies nur zögernd - einer sensiblen Lösung zugeführt. Das Siegen durch Nachgeben setzt das Kennen des anderen voraus. Der andere darf nicht in erster Linie über eine kämpferische Auseinandersetzung erfahren werden, sondern über gemeinsames Spielen, Üben, Tanzen und Gestalten.

- *"Wieder sollt ihr in Partnerform arbeiten. Einer von beiden führt Bewegungen mit den Armen oder mit dem Rumpf aus. Der andere soll die Richtung des Bewegungsimpulses erkennen und die Bewegung weiterführen."*

124

- *"Derjenige, der die Bewegung des Partners weiterführt, soll dabei bewußt ausatmen."*

7) **Atmung im Bewegungsdialog:** Auch im Fortgeschrittenentraining werden alle Bewegungsausführungen mit der Atmung koordiniert, so beispielsweise das Fallen (immer mit einem Ausatmen verbunden) und das Werfen. Wenn Uke einatmet, atmet Tori aus und dreht in den Wurf ein, denn Einatmen hebt den Schwerpunkt, während Ausatmen diesen senkt:

- *"Beobachte Deinen Partner und stelle Dich auf seinen Atemrhythmus ein. Dein Angriff erfolgt im Moment seines Einatmens, ohne daß du dieses im Kopf registrierst."*
- *"Konzentriere Dich bei der Wurfausführung auf Deinen Atem und kontrolliere, ob er phasenweise blockiert wird oder im Fluß bleibt."*
- *"Versuche, über die Atemführung Deines Partners zu erspüren, in welchem Zustand er sich befindet. Ist er aufgeregt, ängstlich, gelassen, sicher usw. ?"*
- *"Wenn du selbst aufgeregt, verspannt und nervös bist, versuche Dich auf Deinen Atem zu konzentrieren und ihn regelmäßig und ruhig fließen zu lassen. Konzentriere Dich dabei besonders auf eine tiefe Ausatmung."*

8) **Spannung und Spannungslösung im Bewegungsdialog:** Neben der bewußten Auseinandersetzung mit den Phänomen Atem wird im Techniktraining der Fortgeschrittenen die Beschäftigung mit muskulären - in Verbindung mit emotionalen - Spannungszuständen ebenfalls fortgesetzt und intensiviert. Der Judoka soll sich bei allen seinen Aktionen ökonomisch, kraftsparend, ohne übertriebenen Krafteinsatz bewegen. Deshalb muß er die Fähigkeit erlangen, je nach Situation einen wirksamen Wechsel von Spannung und Entspannung zu vollziehen. Dadurch kann er einer zu frühen Muskelermüdung vorbeugen und die Reaktionszeiten verkürzen.

- *"Fühlt, ob ihr während der Wurfausführung (des Haltegriffes, des Fallens, des Gehens bei der Kata ...) die Beinmuskulatur (die Arme, die Schultern ...) dauernd angspannt habt. Versucht, euch vor dem Wurfansatz und am Ende der Wurfausführung zu entspannen." (Bei anderen Techniken werden ebenfalls zum Einüben die Phasen bewußt vorzunehmender Entspannung genannt.)*
- *"Wenn ihr euren Partner beim Üben (Kämpfen) führt, versucht selbst entspannt zu bleiben, besonders in den Armen. Ihr könnt dann besser etwaige Verspannungen als Signale seines inneren Zustandes erfühlen."*
- *"Versuche, Deinen Partner so entspannt - bei gleichzeitiger höchster Aufmerksamkeit - zu führen, daß du über seine Muskelkontraktionen Angriffsaktionen von ihm vorausfühlen kannst."*

125

- *"Bemühe Dich, Deinen Partner beim Üben, Gestalten und im Kampf immer mit allen Deinen Sinnen wahrzunehmen, d.h. letztlich mit Deinem ganzen Körper. Das gelingt Dir nur dann, wenn du ihn durch regelmäßige Entspannung von der Muskelarbeit entlastest."*

Werden im Verlauf des Trainierens bei bestimmten Übenden anhaltende physische und psychische Verspannungszustände diagnostiziert, müssen den Betreffenden Hilfen zu deren Auflösung angeboten werden. Eine Schlüsselfunktion kommt dabei der Trainingsatmosphäre zu, die möglichst kommunikativ, entkrampfend und sozial-integrativ gestaltet sein sollte. Außerordentlich wertvoll und erfolgreich bei der Bewältigung von Spannungszuständen kann auch der Einsatz von Massagen in Form von Partner- und Eigenmassage sein (früher gehörte Shiatsu - eine der Akupunktur nahestehende Massagetechnik - zum Repertoire der überdurchschnittlichen Ju-Do-Lehrer). Voraussetzung ist, daß eine Fachkraft die behutsame und verantwortungsvolle Hin- und Einführung vornimmt. Dilettantismus schadet hier nachhaltig.

9) Beugen und Strecken im Bewegungsdialog: Ein interessantes Element für Körpererlebnisse und -erfahrungen ist der Vorgang des Beugens und Streckens bei vielen Judo-Würfen und bei manchen Fallaktionen. Im Regelfall ist nämlich das Strecken oder Überstrecken des Körpers mit Gefühlen des Wohlbefindens, der Energiegeladenheit und einer Art wohligen Spannung verbunden. Auf dieser Grundlage bauen Aufgaben auf, die nicht in erster Linie auf die Verbesserung technischer Einzelheiten abzielen, sondern dies über die Konzentration auf körperliche Vorgänge eher indirekt ansteuern.

- *"Versuche, Dich im Moment der Wurfausführung (als Techniken eignen sich besonders: Okuri-ashi-barai, Harai-tsurikomi-ashi, Utsuri-goshi, Ushirogoshi, Ura-nage ...) optimal nach oben zu strecken und dabei die Hüfte nach vorne zu bringen. Wie fühlst du Dich dabei?" "Verbinde mit der Streckung ein Ausatmen." "Auch derjenige, der geworfen wird, soll sich einmal im Fallen strecken, also öffnen und seine Gefühle dabei registrieren."*

Besonders mit zunehmender Sicherheit beim Fallen wird die Streckaktion als "tolles Flugerlebnis" empfunden. Mit Hilfe einer Weichbodenmatte können auch die Ängstlichen oder Gehemmten dieses Fluggefühl auskosten.

10) Kata: Abschließend möchte ich ein Übungsfeld zur Sprache bringen, das für Körpererlebnisse und -erfahrungen fast unerschöpflich ist - den Bereich der Kata. Auf meisterlichem Niveau ist Kata eine künstlerisch gestaltete Darstellung einer festen Folge von Bewegungsabläufen. Das oft in der Bedeutungsschicht Wettkampf dominierende Verlangen, möglichst Sieger zu sein, entfällt zugunsten des

Bemühens, der harmonischen Gestaltung Ausdruck zu verleihen. Tori (der "Nehmende") und Uke (der "Erduldende") streben jeder in seiner Rolle nach koordinierter Körperführung mit dem anderen, bei höchster gegenseitiger Verantwortung und Kontrolle. Die geglückte (vollendete) Bewegung - frei von ziel- und zweckgerichteter Leistung - vermittelt ein Gefühl des Wohlbefindens.

Üblicherweise ist die Kata dem fortgeschrittenen Judoka vorbehalten. Aber die Pflicht, Katas bei Prüfungen zur Erlangung von Meistergraden vorführen zu müssen, läßt in der Praxis nicht selten das Studium dieser Perspektive zu einem rein mechanischen Einüben technisch-handwerklicher Bewegungsmuster verkümmern. Die geistige Durchdringung, die für eine künstlerische Interpretation notwendig ist, glaubt man vernachlässigen zu können.

Meiner Auffassung nach kann nur ein früher Beginn des Katastudiums einen späteren meisterlichen Standard gewährleisten. Deshalb sollte die Kata schon ein Thema des Anfängerunterrichts sein (vgl. BONFRANCHI 1980, S. 30). Außerdem sollen Freude, innere Gelöstheit sowie die Förderung des Ausdrucksempfindens und der kreativen Kräfte als "Gewinne" aus dem gestaltenden Umgang mit Bewegung auch dem Anfänger zugute kommen. Unabhängig vom Leistungsniveau können nämlich die intensiven Übungs- und Besinnungsvorgänge im Rahmen eines Katastudiums zu meditativen Erfahrungen führen, aus denen wiederum neue Bewegungsqualitäten, ein verändertes Körperbewußtsein und eine ungewohnte Erlebnistiefe hervorgehen können.

Aus Platzgründen muß an dieser Stelle auf eine ausführliche Darstellung möglicher Praxisarrangements verzichtet werden. Ich beschränke mich darauf, im folgenden einige wichtige Gesichtspunkte zu nennen, die bei der Auseinandersetzung mit Kataformen m.E. Beachtung finden sollten (Im übrigen verweise ich auf den Artikel JANALIK/KNÖRZER in der "Sportpädagogik" (1986) 1, wo auf den Seiten 18 bis 23 von einem Versuch berichtet wird, mit Kindern und Jugendlichen eine Kata zu erarbeiten).

1. Sobald im individuellen Bewegungsrepertoire eine gewisse Zahl von gefestigten Fertigkeiten vorhanden ist - z.B. judospezifisches Gehen, einfache Wurfansätze oder Würfe, Führen des Partners u.ä. - können die ersten, auf die Zielgruppe zugeschnittenen Katagestaltungen begonnen werden. Ein bestimmter Sicherheitsgrad im Bewegungshandeln ist notwendig, damit nicht ständiges gedankliches Kontrollieren (Vor- und Nachdenken) die Aktionen stört.

2. Am Anfang des Katastudiums empfiehlt es sich, Wahrnehmungs- und Erlebniszentrierungen nur auf einzelne Elemente zu lenken, um die Übenden nicht zu überfordern. Mit fortschreitendem Können lassen sich die folgenden Teile immer mehr zu einer Ganzheit verbinden:

- Beachtung der Prinzipien Kanos (Siegen durch Nachgeben und gegenseitige Verantwortung und Hilfe).
- Koordination von Sich-Bewegen und Atmen.
- Bewegungsökonomie durch Beherrschung des Gleichgewichts und des Hara (fließende, ruhige Bewegungen).
- Natürliche, ungekünstelte Bewegungsgestaltung.
- Innere und äußere Bewegungssynchronität der Partner und der Gruppe.
- Koordination von Musik, Rhythmus und Bewegung.
- Meditatives Bewegungshandeln durch geistes-gegenwärtiges Tun (Konzentration und Kontemplation).
- Selbständiges Variieren der Formen.
- Inneres Bewerten des Gestaltungsprozesses durch Analyse der eigenen Befindlichkeit und der des Partners.

6. Abschlußbemerkungen

Ju-Do - das wollte ich mit meinen Ausführungen verdeutlichen - ist mehr als eine Wettkampfsportart. Angesichts der Erlebnisvielfalt und Erfahrungsbreite, die diese Bewegungskunst dem einzelnen bieten kann, sollte eine Erweiterung gängiger Übungspraxis ein allgemeines Anliegen sein. Wesentliches und Wertvolles am Ju-Do ist seit den Zeiten Kanos verlorengegangen, nicht zuletzt durch einen unaufhaltbaren Versportungsvorgang und durch eine weit verbreitete Einseitigkeit und Oberflächlichkeit in der Trainingsarbeit. Die Rückbesinnung auf die Form der Gründerzeit, d.h. letztlich auf die Weg-Orientierung wäre ein pädagogischer und didaktischer Gewinn. Die Wiederentdeckung der ursprünglichen Mehrperspektivität, die das Ju-Do einst bestimmte und die sich in einer Gleichwertigkeit der drei Methoden Randori, Shiai und Kata konkretisierte, kann ebenso zu einer neuen Attraktivität dieser Bewegungskunst beitragen, wie die Ausrichtung des gesamten Bewegungshandelns an den Prinzipien Kanos.

7. Anmerkungen

1) Es kann an dieser Stelle nicht ausführlich auf die Zen-buddhistischen Grundlagen der Bewegungs- und Kampfkunst Judo eingegangen werden. Außerordentlich informative Abhandlungen sind die von CAPRA 1984, HÖLKER/KLAUS 1980, DESHIMARU-ROSHI 1978, FERGUSON 1982, TIWALD 1981.

2) DESHIMARU-ROSHI erkennt die Problematik dieser Begrifflichkeit für den im Westen lebenden Menschen und präzisiert: "... viele denken, es handle

sich hier darum, eine 'Erleuchtung', einen besonderen Zustand des Geistes zu finden. Es handelt sich darum, voll und ganz zum normalen, reinen Zustand des Menschen zurückzukehren. Dieser Zustand ist nicht das Privileg der großen Meister und der Heiligen, es ist ohne Geheimnis und jedem zugänglich" (DESHIMARU-ROSHI 1978, S. 152).

3)   Kata: Die (künstlerisch) gestaltete und damit geistig durchdrungene Demonstration einer festgelegten Bewegungsfolge. Die beiden Darsteller (es gibt auch die Einzelkata, z.B. im Karate-Do) handeln verabredungsgemäß und versuchen, in größtmöglicher Harmonie der inneren und äußeren Bewegungen, die Prinzipien des Ju-Do zu interpretieren. Randori: Das freie Üben aller Angriff- und Abwehrtechniken ohne Rücksicht auf Sieg oder Niederlage. Es ist eine Mischung zwischen Kampf und Bewegungsspiel, das von den beiden Partnern eine hohe gegenseitige Verantwortung und Sensibilität verlangt. Shiai: Der offizielle Wettkampf unter Beachtung der gültigen Wettkampfregeln.

4)   OMMO GRUPE schlägt die verbindende Brücke zur pädagogischen Anthropologie, wenn er just die gleiche Aufgabe in der Leibeserziehung sieht: "Sie hat Techniken, Fähigkeiten und Verhaltensweisen für diese Welt zu entwickeln; sie hat - wenn man so will - leben zu lehren" (GRUPE 1970, S. 41).

5)   Um Mißverständnissen vorzubeugen, weise ich darauf hin, daß die angeführten Aufgaben nicht als methodische Übungsreihe oder als ein feststehendes Programm für eine bestimmte Leistungs- oder Altersstufe zu verstehen sind. Es sind eher einzelne, die herkömmliche Trainingspraxis ergänzende Bestandsstücke eines umfangreichen und vielfältigen Aufgabenfeldes, mit dem sich ein Judoka lebenslang auseinandersetzen muß.

6)   Hara ist nach japanischer Vorstellung das Zentrum der physischen und psychischen Kraft eines Menschen. Im Hara befindet sich nicht nur der physikalische Schwerpunkt, sondern Hara ist auch der Punkt, aus dem heraus alles geschieht. Er sitzt etwa 3 Finger breit unter dem Nabel.

7)   Erwähnenswert erscheint mir noch, daß zahlreiche Teilnehmer an meinen Ju-Do-Kursen, aufgrund der hier praktizierten Wahrnehmungszentrierungen, ihr routinisiertes Alltagshandeln (z.B. Autofahren, Bewegungen im Haushalt) auf die entsprechenden Vorgänge und Zustände hin überprüften und gerade im Bereich des Atmens erschreckend oft energieblockierende Unterbrechungen festgestellt haben.

Jürgen Funke-Wieneke
Die Perspektive der Körpererfahrung und ihre Bedeutung bei der gezielten Vermittlung im Turnen

Wer sich bewegt, greift nach Maßgabe seiner Absicht in die Umwelt ein, und bemerkt diesen Eingriff "am eigenen Leibe". Objektiv gesehen "entfacht jede Bewegung Trägheits-, Elastizitäts- oder Reibekräfte am angreifenden System. Dieses System kann entweder eine bewegte Extremität sein, mit ihrer Masse, Bänderelastizität, und Gelenkreibung, oder die angekoppelte Umwelt mit ihren eigenen physikalischen Systembedingungen", wie schon Christian im Anschluß an DERWORT (1953, S. 11) feststellte (vgl. dazu auch SCHNEIDER 1990). Subjektiv gesehen wird dabei der eigene Leib bemerkbar als Subjekt - Objekt als ein sich bewegender Gegenstand, der "ich" bin. Und die Umwelt erscheint als anverleibter Teil meiner Handlung in ihrer bewegungsbedeutsamen Gestalt. Solches Bemerken des Körpers und mit dem Körper wird in je spezifischer Weise durch die Art der Umwelt und des Eingriffs hergestellt. Infolgedessen können wir von einer "Körpererfahrung" in dem eben gemeinten Sinne immer nur sprechen in Verbindung mit konkreten Situationen, Absichten und Umwelten. Heben wir dann in verschiedenen Umwelten das einander ähnliche hervor, kommen wir zur Formulierung allgemeiner Körpererfahrungen. Sehen wir auf die Spezifizität der Situation, gelangen wir zur je speziellen Körpererfahrung in einem Feld. Um das Zweite soll es hier gehen.

Das spielerische Entfachen und Nutzen von Trägheits- und Elastizitätskräften im "Dialog" mit genau daraufhin ausgedachten Apparaturen kann geradezu als ein Merkmal des modernen Boden- und Gerätturnens gelten, wenn wir uns die vielfältigen Turngelegenheiten, Schaukeln, Trampoline, Federbretter, Schwingböden, elastische Holme und Stangen, Rhönräder u.a. mehr anschauen. Wenn wir uns dazu die "Angriffe" am eigenen Körper vergegenwärtigen, wie sie im Arm- und Beinschwingen, im Drehen, Beugen und Strecken wirksam werden und uns vergegenwärtigen, daß das moderne Turnen die schwunghaften, dynamischen Elemente ausgebaut und das Statische, Fixierte weitestgehend verbannt hat, so gewinnen wir bereits aus der objektiven Betrachtung eine Ahnung von der Vielfalt, Besonderheit und sensationellen Qualität der Körpererfahrung in dieser Sportart. Dabei soll hier von vornherein der Begriff Turnen auf eine reichhaltige Bewegungsumwelt bezogen sein und das auf den Gebrauch der olympischen Geräte eingeschränkte Kunstturnen einschließen. Wenn man alle Motive des Wetteiferns, der Geselligkeit und des Sich-Darstellens einmal beiseite läßt, so bleibt als wesentliches Betreibens-Motiv von Turnerinnen und Turnern sicherlich genau dieser Wunsch nach wiederholter, sensationeller Körpererfahrung: Ich wage zu

behaupten, daß das wichtigste Betreibensmotiv und jedenfalls das zeitlich überdauerndste ist. Unter dieser Perspektive der Körpererfahrung käme es deshalb darauf an, Turnen so zu vermitteln, daß das Wechselspiel von Kräften, von Entfachen und Entfachtem eingegangen und gemeistert werden kann und zwar sowohl im Sich-Einlassen auf die Geräte, als auch auf sich selbst in der gerätfreien Aktion. Damit steht von vornherein die phänomenale Perspektive im Vordergrund: Für die Vermittlung ist wichtig, was der je besondere Mensch nach Maßgabe seiner subjektiven Wahrnehmung und Erfahrung mit seinem wahrgenommenen Körper in der wahrgenommenen Umwelt tun muß, um seine Absicht im Zugriff auf ein Gerät oder ein Bewegungskunststück zu verwirklichen.
Eng mit dem Kunstturnen Verbundenen wird diese Aussage zu weit gehen (bzw. zu wenig enthalten). Aus dieser Sicht ist die turnerische Bewegung immer auch über das Gelingen des Wechselspiels hinaus geschmacklich geprägte, geformte Bewegung und der "Turnkörper" deshalb nicht nur ein Gebilde umweltgebundener bzw. leibgebundener Erfahrung sondern auch Produkt im Rahmen der geltenden Ästhetik des Schwungvoll-Strammen. Aufklärerisch gewendet beinhaltet deshalb die Perspektive der Körpererfahrung auch die spürbare Auseinandersetzung mit eben dieser sozialen Auflage.

Schließlich ist noch ein Drittes hinzuzufügen. Grundlegend für die Körpererfahrung ist, das wurde schon mehrfach angesprochen, die Wahrnehmung. Damit meinen wir alles sinnliche Bemerken in einem. Es macht aber einen Unterschied, ob wir z.B. hören, sehen, spüren oder fühlen. In sehr weitgehendem Maße ist die Körpererfahrung des Turnens eine Erfahrung, die sich dem wiederholten Spüren und Fühlen verdankt, weniger dem Sehen und Hören. Oft wird das Sehen sogar willentlich oder auch unwillkürlich ausgeschaltet, was in der Regel zu vertieftem Spüren und Fühlen verhilft. Jedoch ist auch die Spiegelerfahrung wichtig, d.h. die gesehene Bewegung von andern, in der ich mich selbst wiedererkenne, in der ich mitschwinge. Unter der Perspektive der Körpererfahrung gewinnt Bewegungsbetrachtung in der Vermittlung einen anderen Sinn - nicht um den Abstand nehmenden, analysierenden, kalten Blick geht es, sondern um ein Resonanzerleben, um das "mitspürende Sehen".

Ich werde nun an Beispielen aus der Anleitungspraxis zeigen, wie sich die Perspektive der Körpererfahrung jeweils auswirkt. Dabei ist vorausgesetzt, daß die Vielfalt und Individualität der Körpererfahrung hier nicht erschöpft, ja nicht einmal angerissen werden kann. Ich möchte lediglich ein paar konkrete Erfahrungen mitteilen, in denen das Beachten dieser Dimension zu guten Vermittlungserfolgen zu führen scheint. Meine Beispiele beziehen sich auf

a) die Anregung und Hilfe zum Erspüren des phänomenalen Wechselspiels von Bewirken und Merken (vgl. Kap. 2.1),

132

b) die aufklärerisch gemeinte Auseinandersetzung mit der Ästhetik des Strammen (vgl. Kap. 2.2) und
c) das Üben des spürenden Sehens (vgl. Kap. 2.3).

Ich halte dafür, daß jeder Lehrer und Anleiter, einmal aufmerksam auf die hier mitgeteilten Perspektiven geworden, tagtäglich eigene Entdeckungen und Eroberungen für seine Tätigkeit machen kann, vor allem auch dann, wenn er noch selbst turnt und sich mit seinen Schülern bzw. Übenden über ihre Erfahrungen unterhält.

2.1 Bewirken und Merken

Schaukelringe: einfaches Hin- und Herschaukeln im Langhang mit Abtritt vom Boden

Nach dem bloßen Hängen liegt dieses Kunststück sofort nahe. Bald werden einige Schritte gemacht, bis sich die Füße vom Boden lösen und der Übende schaukelt hin und her, meist zunächst mit angezogenen Beinen. Läßt der Schwung nach, wird ein erneutes Laufen mit Abtreten versucht. Bei geübten Turnern entwickelt sich daraus das bekannte geregelt-rhythmische Hin- und Herschaukeln mit einem regelmäßigen Spreizschritt und nachfolgendem Beinschwung aus der Hüftüberstreckung (Vorschaukeln) bzw. Hüftbeugung (Rückschaukeln). Einer Reihe von Anfängern bereitet der Übergang vom ersten Hängelaufschaukeln zum turnerischen Langhangschaukeln Schwierigkeiten. Phänographisch betrachtet befindet sich bei ihnen die Hüfte im Vorschaukeln noch immer hinter dem Fußabdruckpunkt des zuerst aufsetzenden Beines, wenn sich dieser Fuß bereits wieder vom Boden löst. Dies führt zu einer hochweitsprungähnlichen Abtrittsbewegung, die gegen den Pendelschwung der Ringe wirkt. Daher ziehen die Turnenden meist zur Kompensation die Arme an. Ein geregelter Rhythmus wird selten gefunden und die Bewegung bleibt kraftraubend-unökonomisch. Folgebewegungen, wie z.B. Abspringen, Aufschwingen, Überschlagen oder Drehen um die Längsachse sind meist ausgeschlossen. Aus der Sicht der Erfahrungsbildung lehnen sich die Turnenden an das vorher in anderen Situationen erworbene Schemata des Abspringens an und verhindern damit die Ausbildung des angemessenen Schemas in der Art des "Sich Schleppen-Lassens". In der Regel wird versucht, diese Schemaumbildung durch figurgezogene Hinweise zu unterstützen, indem z.B. verlangt wird, die "Füße am Boden haften zu lassen und die Hüfte über die Füße zu schieben". Auf die für das Hänge-Schlepp-Schema wesentlichen Erfahrungsinhalte wird damit nicht eingegangen. Infolgedessen wird die Umbildung auf diese Weise auch nur mangelhaft vollzogen und bleibt sehr lange rückmeldungsabhängig.

Näher an die entscheidenden Wahrnehmung kommt nach vermutlich mit dem folgenden Verfahren heran, mit dem ich gute Erfahrungen gemacht habe. Es wird eine Phase des Schaukelns an den sog. stillhängenden Ringen dazwischengeschoben, wobei ein Abtritt vom Boden nicht möglich ist (Die Aufhängung und die Stahlseile bewirken überdies eine stabile, nicht durch zusätzliche Längung des Pendels erschwerte Eigenbewegung der Ringe). Die Übenden ergreifen die schaukelnden Ringe von einem entfernt stehenden Kasten her, schaukeln im Langhang durch und sollen am Ende des Vorschaukelns abspringen. Ggf. wird dieses Abspringen auch über ein Hindernis ausgeführt oder als Aufschwingen zum Stand (z.B. auf ein quergestelltes Pferd) verlangt.

In diese Situation wirkt jeder Versuch, im Schaukeltiefpunkt der Ringe schon näher an den Aufhängepunkt heranzukommen, etwa durch Klimmziehen oder Anhocken sehr deutlich gegen die entfachten Kräfte und bleibt in der Regel erfolglos. Erst ein Sich-Überlassen führt zum Ergebnis, weil damit eine Phase relativ geringeren Eigengewichts erspürt werden kann, in die hinein Beinschwünge oder Armzüge leichter fallen. (Bei sehr großen Schwierigkeiten führe ich vor diesen Situationen eine Auseinandersetzung mit dem Anspringen und vorwärts Abspringen an das bzw. vom Hochreck herbei). Im Anschluß an diese Erfahrungen kann an den Schaukelringen der Hinweis meist sehr gut verwertet werden, der Turner solle sich schwer und lange in den Boden hineinsinken und erst von den Ringen wieder herausziehen lassen.

Schaukelringe: Schwungverstärken im Beuge-Sturzhang
Ein hübsches Kunststück, das sich an die Beherrschung des Langhangschaukelns anschließt und hervorgeht aus anfänglichen Versuchen des Kopfunterhängens. Wegen dieser Lage- und Wahrnehmungs-Veränderung wird es häufig als äußerst reizvoll beurteilt und gern geübt. Im Beugesturzhang soll durch geregeltes Strecken und Beugen der Hüfte bei relativ bis gänzlich gestreckten Beinen ein geringer Pendelausschlag immer mehr gesteigert werden. Erfahrungsgemäß ergeben sich bei vielen Anfängern Schwierigkeiten mit der zeitlichen Koordination von Körperbewegung und Ringbewegung. Üblicherweise wird in den Lernprozeß helfend durch Zurufe eingegriffen, die dem Übenden den richtigen Zeitpunkt zum Ansatz der Beuge- bzw. Streckbewegung angeben sollen. Auch eine die gesamte Pendelstrecke begleitende rhythmisch akzentuierte Lautierung wird empfohlen.

Meine Hilfe, die ich mit Unterstützung mehrerer Übenden herausgebildet habe, besteht darin, den Übenden bei relativ tiefhängenden Ringen zunächst im Beugesturzhang ohne weitere Hüftbewegung hin- und her zu schaukeln, und ihn zu bitten, aufmerksam zu spüren, wann er jeweils schwer bzw. leicht werde. Der Pendelausschlag wird (selbstverständlich mit Rücksicht auf die Vorbehalte des Übenden) so gewählt, daß genügend Zeit zur Wahrnehmung zwischen Tief- und Umkehrpunkten zur Verfügung steht. Ggf. soll sich der Übende die Momente "leicht" und "schwer" akustisch selbst anzeigen. Sind nach Selbsteinschätzung des

Übenden deutlich unterschiedliche "Gewichte" wahrgenommen worden, bitte ich ihn, "ins Leichtwerden hinein zu strecken" und mit dem "Schwerwerden" zu beugen (und zwar zunächst nur auf einer Seite des Pendelns). Mit dieser Hilfe wird nach Einschätzung der Lernenden und auch nach dem Urteil des Beobachters sehr viel zuverlässiger als mit der Zurufmethode die richtige Bewegungsfolge im wirkungsvollen Rhythmus gefunden.

Stützspringen über quergestellte Geräte (Kasten/Pferd/Bock): In der Regel treten bei Anfängern Schwierigkeiten beim Überwinden der Geräte, z.B. beim Hocken oder Grätschen auf. Meist wird aufgrund der Eindrucksanalyse entschieden, daß dem Übenden "Schwung" fehle, um das Hindernis zu überwinden. Die Empfehlung lautet deshalb, "mehr Schwung" mitzubringen, sei es durch kräftigeren Absprung, schnelleren Anlauf, längeren Anlauf oder Kombinationen davon. Diese Empfehlung ist bei vorausgesetzten Kräften zum wirkungsvollen Abstützen objektiv richtig, da eine bessere Beschleunigung mit einem vektoriell günstigeren Abstoß vom Boden eine höhere Ausgangslage des Körperschwerpunktes erbringt und ggf. mit einem vektoriell günstigen Armabstoß zu einer Koordination von Teilimpulsen führt, die dann wirklich das Gerät überwinden hilft.

Die Subjektperspektive weist einen anderen Weg. Wesentliches Hindernis für ein wirkungsvolleres Anlaufen und Abspringen ist trotz potentiell vorhandener Stützkraft häufig die geringe Erfahrung mit dem Stützvorgang. Der Übende geht deshalb das Risiko des Entfachens großer Absprungkräfte nicht ein. Die o.a. Empfehlung ist daher direkt kontraproduktiv, obwohl sie objektiv korrekt ist. Bei entsprechenden Schwierigkeiten empfehle ich deshalb folgende Erfahrungssituationen:

- aus dem Stand vor dem quergestellten Gerät aufstützen und Heben des Unterkörpers mit Kraft in den Kniestand
- dto. in den Hockstand bzw. Beugegrätschstand
- ggf. gleiche Übung aus dem Querstütz am parallelen Stützbarren
- ggf. kraftvolles Heranziehen der Beine zum Bück- bzw. Hockstand aus dem Liegestütz am Boden
- ggf. Hochstützen in den Hock- oder Grätschstand am Pauschenpferd (Handstütz auf den Pauschen)
- Sprung in den Hock- bzw. (Beuge-)Grätschstand mit ein - zwei Schritten Anlauf
- Überhocken oder -grätschen mit 3 - 5 Schritten Anlauf.

In der Regel kann dadurch die Ungewißheit darüber, ob die Kräfte auch im Stützakt gemeistert werden können, rasch und nachhaltig abgebaut werden, und die Übenden entwickeln mehr und mehr Selbstvertrauen, um längere, bzw. energischere Anläufe und Absprünge zu wagen.

Turnen im Strom: Als eine sehr erfahrungsträchtige und von daher beliebte Gerätekombination hat sich in meiner Praxis eine Reihe aus Minitrampolin mit Querpferd, Längskasten, Trapez, Minitrampolin und Weichbodenmatte herausgestellt. Die Turnenden führen daran im Strom z.B. folgende Kombination aus: Handstandüberschlag über das Pferd, Anlauf, Aufhocken auf den Kasten, Anspringen an das schaukelnde Trapez, Durchschwingen im Langhang mit Absprung am Ende des Vorschwungs und Landung im Minitrampolin, Salto vorwärts zum Stand. Regelmäßig wird berichtet, daß der mehrfache, ununterbrochene Durchlauf dieser Übungsfolge die Übenden regelrecht in einen Bewegungsrausch bringe, in dem die Einzelübungen zu einem fließenden Gesamteindruck zusammenschmelzen, daß man nicht aufhören könne, und daß die gelegentlich vorhandene relative Angst vor dem einen oder anderen Element völlig verschwinde, sozusagen untergehe im Sich Hingeben an den Fluß des Geschehens. Es wird auf einen zwingenden Rhythmus verwiesen, in den man hineinkomme. Ich werte dies als einen Hinweis darauf, daß die Zusammenhänge von Bewirken und Merken, von Machen und Geschehen lassen, von eingreifender Aktivität und relativer Passivität in der Ausnutzung der Wirkungen und Bewegungen der Geräte sich durch das Üben im Strom besonders gut einspielt. Die Vorwegnahme der Bewegungsabsicht auf das Folgende wandelt die Bedeutung des jeweils Geturnten von einer Hauptsache zur Vorbereitung von etwas und relativiert damit die Anspannung aufs je Einzelne hin. Damit wird die Zieldruckanspannung verringert und der Übende frei dafür, die Übungen mehr wirken zu lassen, als sie in allen Einzelheiten bewirken zu wollen.

Zum Abschluß dieser Beispielsreihe möchte ich noch auf die Bedeutung der Einrichtung differenzierter Erfahrungssituationen verweisen, wie ich sie an anderer Stelle ausführlich beschrieben und begründet habe (FUNKE 1987). Die dort angesprochenen Fragen gehören genau in den Umkreis des hier Mitgeteilten und bilden die Grundlage für eine erfahrungsorientierte Methodik.

2.2 Zur Auseinandersetzung mit der "Ästhetik" des Turnens.

Die übliche Haltung, Spannung und Ausführung von Turnübungen wird befragbar durch folgende Erfahrungen: Man richte etwa eine Kombination aus Reck (brusthoch), Bodenmatte und Sprungkasten quer mit anlauf- und absprungseitiger Mattenlage her und bitte die Übenden, eine Folge aus Durchlaufen unter dem Reck vom Hangstand zur Rückspannbeuge, Anlauf, Rolle vorwärts, Anlauf, Aufhocken, Strecksprung zum Stand zu turnen. Nun fügt man nach einigen Durchgängen eine Anleitung zum Erspüren von Druck- und Zugspannungen der Muskulatur ein, in dem man die Hände eng an das Brustbein herandrückt und nachfolgend so weit wie möglich davon entfernt, und in ähnlicher Weise z.B. mit Kopf und Knie verfährt, wobei sich auch die Rückenlage als Ausgangsstellung anbietet. Nun bittet man die Übenden, beim erneuten Durchlauf ihrer Reihenübung aufmerksam darauf zu achten, wo sich gleichartige Eindrücke von Druck und Zug ansatzweise zeigen. Diese Momente sollen dann ggf. verstärkt werden. Hilfreich ist eine Paarbildung bei den Übenden, wobei die Partner die Übenden jeweils begleiten und sich beide anschließend über ihre Wahrnehmungen austauschen.

Des weiteren kann nun noch eine Anregung zur Aufmerksamkeit aufs Atmen erfolgen, z.B. in der Weise, wie bei MIDDENDORF (1974, S. 27) mitgeteilt, daß im freien, gut unterstützten Sitz darauf geachtet werden soll, wie der Atem kommt und geht, und daß durch Auflegen der Hände auf Bauch, Brust oder Lenden die Bewegungen des Körpers dabei mitgefühlt werden sollen. Im Durchgang durch die Reihenübung können nun auch die Atmungsbewegungen besonders beachtet werden, etwa indem man sich fragt: Atme ich? Wie oft? An welcher Stelle der Übung? Paarweiser Austausch ist hilfreich. Auch hier kann die Selbstbeobachtung während des Turnens umgewendet werden in ein Turnen unter Führung des bewußten Atmens.

Übereinstimmend wird jeweils mitgeteilt, daß man bisher weder den Spannungswechsel noch das Atmen bemerkt habe, daß diese Bewußtwerdung jedoch interessant, berührend und weiterführend sei. Die Wahrnehmung der Turnübung habe sich verwandelt, es sei eine andere Dimension der Erfahrung erschlossen worden, in der weniger das Übungsziel und die Ausführungsgüte als vielmehr die Möglichkeiten des Vorgangs selbst zum Vorschein kommen. Es sei interessant, daß man nicht nur so turnen müsse, wie es üblich und gewohnt sei, sondern daß es auch so gehe. Öfter wird auch die Dauerspannung ohne jedes Sich-Lösen als Merkmal des üblichen Turnens angesprochen. Ich interpretiere diese wiederkehrenden Aussagen so, daß sich eine Funktionsverschiebung der Bewegung eingespielt hat. Die Turnbewegung wird nunmehr vorrangig in der "Eigenfunktion" thematisch, d.h. als Möglichkeit bewußter Körpererfahrung und nicht vorrangig in ihrer "Lösungsfunktion im sportlichen Rahmen". Das äußere Bild verwandelt sich. Die Bewegungen gewinnen z.T. meditativen Charakter, und zwar als Folge einer inneren Umorientierung. Der Kontrast läßt aufscheinen, wie stark die Wertung das Turnen normalerweise beherrscht, wie sehr jede Bewegung unter dem Druck des Geschmacksurteils und damit unter einer Außenorientierung steht. Außerdem entstehen erste Hinweise auf auch funktional hinderliche Dauerspannungen und Atmungsblockierungen, mit denen in weiteren Übungsprozessen umgegangen werden kann. An anderer Stelle habe ich hierzu ein kleines Gestaltungsbeispiel mitgeteilt (FUNKE 1988).

2.3 Mitspürendes Sehen

Im Grunde sind die hier anzusprechenden Dinge aus dem sog. observativen Training bekannt. Es geht darum, einen Beobachtungseindruck mit inneren

Gefühlsmomenten so zu verbinden, daß der Eindruck entsteht, man turne die Übung selbst. In der Praxis wird jedoch sehr oft eine Bewegungsbeobachtung nur sozusagen im "optischen Regelkreis" gehalten, indem auf Momente der Ortsveränderung des Körpers in der Zeit relativ zum Bezugssystem des Gerätes abgestellt wird. Diese Perspektive entspricht jedoch nur dem Bild des Zuschauers. Schon wenn einmal ein Kameramann den Standort wechselt und sich z.b. so zwischen die Barrenholme stellt wie der Turner, ist man ganz verblüfft über das neue Bild der Übung, das sich hieraus ergibt. Daß auch Turner selbst dieser Verblüffung anheimfallen, weist darauf hin, daß sie sich vermutlich nicht wirklich sehen, während sie turnen, sondern die Übung gefühlsmäßig steuern und den Blick in einer Weise auf sich selbst und in die Umwelt lenken, über die uns wenig bekannt ist. Bevor jedenfalls ein Turnender lernt, sich selbst bei der Bewegung von der Seite zu betrachten, d.h. seine wirkliche optische Wahrnehmung auf ein Bild zu beziehen, das er sich aus der Trainerperspektive hat machen und merken müssen, scheint es sinnvoller zu sein, die gesehene Bewegung sofort in solche Gefühlsmomente umzusetzen, die vermutlich auftreten, wenn man selbst das tun würde, was man da sieht. Ich nenne dies das mitspürende Sehen. Für die Beobachtung des Schwungverstärkens an den Schaukelringen (s.o.) stelle ich deshalb nicht mehr die naheliegende Frage, wann der Übende beugt und streckt, sondern ich frage danach, ob und wie sich der Geschwindigkeitseindruck ändere, bzw. die Eigengewichtsempfindung und welche Empfindungen in den Armen und Händen auftreten, und was der Übende ggf. sieht. Bei allen Rückwärtsbewegungen (Salto rückwärts; Flickflack) vermittelt die Seitenansicht ein irreführendes Bild des phänomenalen Bewegungsgeschehens. Der Übende springt ja ins Ungewisse, in ein Loch, wenn man so will, gegen eine harte Fläche irgendwo unter und hinter ihm, von der er nichts weiß, die er nicht sieht, die aber unweigerlich kommt, sobald er wirklich abgesprungen ist. Ich empfehle deshalb Beobachtern, sich hinter den Springenden zu stellen und den Übergang vom Ausholen zum Abspringen mitzuspüren. Verstärkt wird diese gefühlsmäßige Vergegenwärtigung, wenn man die Beobachter bittet, sich das Geschehen noch einmal mit geschlossenen Augen zu vergegenwärtigen. Nach Mitteilung von Turnenden bringen sich dann optische und gefühlsmäßige Erinnerung wechselseitig hervor.

Es ist bekannt, daß die Sprache häufig weniger geeignet und umständlicher ist, wenn es darum geht, Übungsabsichten mitzuteilen, die Benutzung von Gerätarrangements anzuleiten, usw. Meist sagen die Teilnehmer nach einigem Zuhören, man solle doch vormachen, was gemeint sei. Es ist meines Wissens trotz einer umfassenden Debatte über das Vormachen dieser Aspekt bisher zu wenig beachtet worden, daß das Vorzeigen eine Bewegungssprache darstellt, die sowohl Bewegungsbedeutung als auch Bewegungsgefühl in einem zum Ausdruck bringt und es gibt bisher recht wenig Auskunft darüber, warum und wie diese Sprache gelesen und verstanden wird (vgl. dazu ENNENBACH 1989). Das mitspürende

138

Sehen soll hilfsweise jenes Lesen und Verstehen bezeichnen. Entsprechend versuche ich meist, das "Lesen" durch "deutliches Mitteilen" zu erleichtern, ich verlangsame und beschleunige z.B. in übertreibender Weise, um gefühlsbestimmende Momente herauszustellen und begleite die Vorführung ggf. mit akustischen Symbolen. Jedenfalls habe ich mir angewöhnt, die Übung weniger "richtig" vorzumachen als vielmehr "gefühlsmäßig die Bewegungsstimmung nach außen zu projizieren".

3. Abschluß

Ich habe mich bemüht, in der Form eines Werkstattberichtes einige wenige Hinweise zu drei Aspekten der Körpererfahrung im Turnen zu geben, und zwar insoweit sie die gezielte Vermittlung (und nicht das vielfältige Erleben der Ausführungen) betreffen. Weit davon entfernt irgendwie vollständig und systematisch zu sein, schien es mir trotzdem mitteilenswert. Es geht ja hierbei um einen Anstoß auch für andere, die Perspektive des Turnenden mehr zu beachten, und sich auf seine spezifische Wahrnehmung zu beziehen. Mehreres, was dazu gehört, ist von mir bereits an anderen Stellen dazu gesagt worden (vgl. die Hinweise im Text, sowie FUNKE 1983, 1984, 1989). Ich möchte es gern dazu gesetzt wissen, ohne daß ich es hier wiederholen kann.

Selbstverständlich gehört außerdem ganz zentral zu unserer Perspektive auf das Turnen die Eroberung von Umgangsformen mit Partnern und Geräten, die ganz aus dem selbständigen Probieren aus Vorgängen ästhetischer Selbsterziehung hervortritt (vgl. dazu FUNKE 1989/90). Dies hier auch noch anzusprechen hätte den Rahmen gesprengt. Auch dazu muß ich auf bereits veröffentlichte Dinge verweisen.

Peter Unger
Faszination Wasser: Körpererfahrung im Schwimmen

"Alles ist aus Wasser geboren, alles wird durch Wasser erhalten".
(J.W.v. Goethe)

"Du verleihst der Schöpfung Leben, Daseinslust dem, der dich kennt.
Schwimmen will ich, in dir schweben, Wasser, du mein Element![1] *"*
(Andreas 1963, S. 7)

1. Vorbemerkungen

Geradezu enthusiastisch wird hier das Wasser besungen, von einem Dichter, der, wie wir wissen, ein sehr geübter und leidenschaftlicher Schwimmer war, und von einem alten Lehrmeister der Schwimm-Methodik: von Könnern also, die sich das Wasser erschlossen, es sich einverleibt und zur alltäglichen Bewegungsgewohnheit haben werden lassen. Sie genießen dieses Können und sind sich seiner auch bewußt geworden - lange bevor die Sportdidaktik dieses Erleben unter der Rubrik "Körpererfahrung" thematisiert hat.

Durchaus zwiespältig hingegen sehen viele von uns das Element Wasser: es bietet einerseits Belebung, wirkt entspannend, kann an heißen Tagen Abkühlung spenden, ist Anlaß für Familienspaß und Freizeitsport - andererseits jedoch äußern nicht wenige Unlust und negatives Körpererleben: Unsicherheit, Ängstlichkeit und das scheinbar unvermeidbare Frösteln und Frieren, das sich seit der Schulzeit demotivierend mit dem Aufenthalt im Schwimmbad verbindet. Überstarke Chlorierung des Wassers, wenig vielfältige Bewegungsanreize in kommunalen Bädern herkömmlicher Art: all dies mag noch hinzu kommen, um Abneigungen zu erklären, die bei vielen bestehen dürften. Und noch ein weiteres: der aufmerksame und sachkundige Betrachter vermag in öffentlichen Bädern Unterschiede zu bemerken, die sich im Fähigkeitsprofil der Schwimmer ausdrücken. Viele Mitmenschen lassen deutliche Atemprobleme erkennen, mit steiler Schwimmlage, hechelnder Atmung, geringer Ausdauer. Viele, die Brust schwimmen, und dies sind die meisten, meiden den Gesichtskontakt mit dem Wasser, drehen auch schon mal den Kopf zur Seite, um keine "Spritzer" ins Gesicht zu bekommen. Ähnliches läßt sich auch im Schwimmunterricht beobachten: vielen unserer Schüler bleibt der lustvolle Umgang mit dem Wasser zumindest teilweise verschlossen. Zwar sind die meisten unserer Grundschulkinder mit Feuereifer bei der Sache, auch in den 5. und 6. Klassen läßt sich noch viel Lern- und Bewegungslust im Wasser beobachten: gleichwohl stagniert der Lernfortschritt bei vielen Kindern, Schwimmausdauer und Wassersicherheit lassen zu wünschen übrig. In den höheren Klassen gar ist der Besuch des Schwimmbades nicht unbedingt mehr ein Anlaß zu Freude und Jubel ...

Warum sich ältere Schüler vor dem Schwimmen "drücken", warum Erwachsene immer weniger in kommunale Bäder gehen, warum das Schulschwimmen ein z.T. negatives Image aufweist, dafür ist sicherlich ein ganzes Ursachen-Bündel zu nennen. Zunächst ist unsere Einstellung zum Wasser abhängig von unserer "Schwimm-Biographie": wie und wo wir lernen durften, bei wem und mit wem und unter welchen Bedingungen. Während früher in vielen Fällen das Schwimmen noch selbst gelernt und damit ein höherer Grad der Wassergewöhnung und Wasservertrautheit meist nicht erreicht wurde, geht dieses "Wiedervertrautwerden" mit einem im frühkindlichen Leben selbstverständlichen Element vielen Kindern im Schwimmunterricht offensichtlich zu schnell. Sie lernen, ohne das Wasser für sich in Erfahrung bringen zu dürfen:

- Schwimmunterricht wird wohl allzu oft auf das Erlernen von Schwimmarten, von Starts und Wenden beschränkt, die "effektvolle" Fortbewegung" steht im Vordergrund. Die Bewegungsmuster und Sinn-Normen des Sportschwimmens dominieren und mit ihnen der "Zwang" zur fortschreitenden Vermethodisierung des Unterrichts durch den Lehrer.

- Diese Orientierung am Leistungssport wirft für viele Schüler Motivationsprobleme auf. Die "Verzweckung" ihres motorischen Lernens und der hierfür nötige Bedürfnisaufschub widersprichen ihrer Vorstellung von Spaß und Freude als einem Ausgleich für die Beanspruchung durch die "Sitzfächer".

- Viele Lehrer teilen insgeheim dieses Mißbehagen. Die Probleme im "Entwicklungsland Schulschwimmen"[2] resultieren wohl auch aus den tradierten Mustern der Sportlehrer-Ausbildung: die Vielfalt der Bewegungsmöglichkeiten im Wasser, wie sie sich im alten "volkstümlichen" Schwimmen und Springen noch darstellte, ist zugunsten einer "Versportung" des Schwimmens nur mehr selten repräsentiert.

Wenn wir Begrenzungen der Wassererfahrung nicht festschreiben und unseren Schülern vielfältige Sinn-Orientierungen des Schwimmens eröffnen wollen, dann scheint es ratsam, eine neue Perspektive des Unterrichts ins Auge zu fassen: nämlich die eines sich an Körpererfahrungen ausrichtenden Schwimmunterrichts. Der folgende Beitrag versucht, dafür Anregungen und Hilfen zu geben.

142

2. Wie können wir unseren Körper im Wasser erleben?

Viele Autoren haben sich mit der einzigartigen Bewegungsumwelt Wasser und ihren Qualitäten beschäftigt. Das unseren ganzen Körper umhüllende Element vermag unsere Sinne sehr stark anzusprechen und schenkt uns Bewegungsmöglichkeiten und Empfindungen, wie wir sie an Land schwerlich wiederfinden. Gerade auch bei "sportschwachen" Schülern, Behinderten und Senioren schlagen diese Vorzüge zu Buche. Allerdings bleibt die freudvolle, angstfreie Bwältigung des Elements nicht wenigen ein "Buch mit sieben Siegeln". Gutes Schwimmenkönnen erfordert viel an positiven Erfahrungen und Erlebnissen mit dem Wasser, die uns unseren Körper in verschiedener Weise zum bewußten Thema werden lassen. Zur "Erfahrung" kann uns Schwimmen allerdings erst werden, wenn wir oftmals und aufmerksam Empfindungen unserer Sinne "herausgehoben" haben, sie gleichsam speichern und konservieren, sie mit neuen Wahrnehmungen im Wasser vergleichen. Was können wir spüren und bemerken?

Das Atmen: Es steht im Zentrum unseres Empfindens: für viele ein latentes psychisches Problem, über das man sich nicht Rechenschaft ablegt, auch kaum mit anderen darüber spricht. Im Wasser erst bemerken wir unser Atmen, spüren, daß wir atmen müssen, daß wir es nicht so recht beherrschen. Eine sonst weitgehend selbstverständliche Funktion unseres Körpers tritt hervor, macht uns zu schaffen: wir drohen Wasser zu schlucken, die Atemnot plagt uns, unser Atemproblem läßt uns schnell ermüden. Schwimmen ist eine "ATEMSCHULE": In ihr lernen wir das geläufige Atmen, jene positive Erfahrung, die wir brauchen, um unser Schwimmen erst "genießen" zu können. Ruhiges Aus- und Einatmen läßt uns Entspannung spüren, Verkrampfungen der Muskulatur lösen - wir schweben, gleiten und strecken uns im Wasser, rollen von der Bauch- in die Rückenlage. In dieser Atemschule erobern wir uns das Wasser.

Gleichgewicht und Wassergefühl: "Wasser hat keine Balken": wie leicht verlieren wir am Anfang unser Gleichgewicht, müssen es wiederfinden - unsere gewohnten Reaktionen dafür greifen nicht. Wenn wir länger nicht geschwommen sind, fehlt uns das gewohnte Gefühl dafür:
Arme, Hände und Füße finden keinen Halt im Wasser, das liebgewonnene Gleiten" will sich nicht einstellen, der Körper ist uns im Wege; wir bemerken, daß er an eine bestimmte Umgebung gewöhnt ist, mit ihr verwachsen, auf sie hin eingestellt. Wir fühlen uns ungeschickt, unbeholfen, unseres Leibes beraubt und müssen ihn ganz neu erobern im Hinblick auf diese eigene Welt: Wasser. Schwimmen ist eine "ZWEITE GEHSCHULE": In ihr lernen wir allmählich, uns geschickt und sicher auf das Wasser einzustellen, es für uns nutzbar zu machen: im federnden Gehen,

schwerelosen Gleiten und Hüpfen. Wir erfahren, wie wir uns an ihm "festhalten" können, lernen uns von ihm abzudrücken und uns Vortrieb zu verschaffen. Nach vielem Üben und Erproben "verschmilzt" unser Körper mit dem Element: Wassergefühl und Gleitenkönnen sparen uns Kraft und unnütze Anstrengung. Uns geschieht gleichsam das, was dem Säugling geschieht im Aufrichten, Stehen und Gehen.

Frieren und Gewärmtwerden: Wir erleben warmes, kühles und kaltes Wasser mit höchst unterschiedlichen Empfindungen. Wir frösteln, erfrischen uns, werden gewärmt, durchgekühlt, erleben starke Reize des kühlen oder warmen Wassers, spüren, was mit uns geschieht, lassen uns darauf ein oder weichen aus, flüchten oder härten uns ab. Schwimmen ist eine "EMPFINDUNGSSCHULE": In ihr lernen wir etwas über unsere Empfindungen und Empfindlichkeiten, wir erfahren Reaktionen unserer Haut, verspüren unseren Kreislauf entspannt oder stimuliert, erfreuen oder "erschrecken" uns an kleinen und großen Temperaturunterschieden. Bewegung im und mit dem Wasser läßt uns die eigene Körperlichkeit außergewöhnlich intensiv wahrnehmen und empfinden.

Anstrengung: Wenn wir uns im Wasser bewegen, fällt uns das anfangs schwer, ungeübt erfahren wir unseren Körper oft als "sperrig", jede Bewegung strengt uns an, fordert uns, wir verspüren die Schwere der Arme nach längerer Strecke, fühlen uns angenehm "geschafft", spüren aber bald auch neue Kräfte wachsen. Schwimmen ist eine "KRAFTSCHULE": Wir lernen allmählich mehr und mehr, uns *mit* dem Wasser zu bewegen, seinen Widerstand zu suchen und ihm gleichzeitig auszuweichen. Wir erfahren viel darüber, mit welchem Maß an Kraft es wirkungsvoll gelingt, uns "Halt" an ihm zu verschaffen, wir erobern uns in der Brandung das Spiel mit den Wellen, stellen uns ihnen entgegen oder lassen uns von ihnen wegtragen. Wir machen Erfahrungen, was unser Körper leisten kann, erleben verbesserte Ausdauer, genießen kraftvolles Schwimmen, lernen unsere Möglichkeiten einzuschätzen, lernen auch dem eigenen Körper "gehorchen", rechtzeitig abbrechen, vernünftige Ziele setzen. Wasser als Quelle der Kraft!

Kontakt: Am und im Wasser, in Bädern und an der See kommen wir in Kontakt mit anderen, lassen uns sehen und sehen selbst, fühlen unseren Körper und den des anderen, vergleichen und werden verglichen, verlieren die Scheu vor Körperkontakten, werden geschickter im Eingehen auf andere. Schwimmen ist eine "SCHULE DES BEGEGNUNGSLEIBES": Im sozialen Miteinander spielt unsere Körperlichkeit im und am Wasser, in seiner (teilweisen) Nacktheit eine bedeutsame Rolle. Wir lernen allmählich immer besser mit ihr umzugehen: zwischen sich

144

scheuen und imponieren wollen - all dies auf Jugendlichkeit und Attraktivität ausgerichtete Tun und Lassen hat mit unseren ureigenen Körpererfahrungen und Selbsteinschätzungen zu tun, erst mit der Erfahrung ist uns dies unverstellt und ohne Zögern möglich. Kinder und Jugendliche bewegen sich bevorzugt mit anderen zusammen im Wasser, verständigen sich verbal über ihr Tun und nonverbal mit Hilfe ihrer Bewegungen und Körper. Tauchen, Kämpfen, Um-die-Wette-Schwimmen und vieles mehr bringen Körperkontakte, lassen Scheu beim Anfassen und Angefaßtwerden überwinden helfen. Das "Baden" in der Clique, die langen Sommertage im Schwimmbad oder am Meer tragen zur "Eroberung" eines entkrampften, natürlichen Körpergefühls und zu erster Erotik viel bei.

Wasser: Wir tauchen in etwas ein, etwas Nasses, Kühles oder wohlig Warmes, in etwas Weiches oder Hartes, je nachdem, wie wir uns verhalten: immer wenn uns etwas mißlingt, stellt sich uns das Wasser entgegen (wenn ein versuchtes sanftes Hineingleiten mit einem "Bauchplatscher" endet). Es heißt: Wasser, und ist doch immer wieder anders. Schwimmen ist eine "WASSERSCHULE": In ihr lernen wir, daß sich unser Körper erst allmählich auf ungewohnte Bedingungen einstellen muß, daß sich warmes, kühles oder kaltes Wasser höchst unterschiedlich "anfühlt", dies gilt wohl auch für verschiedene Härtegrade und für das bewegte oder ruhende Wasser, bei Windstille oder einer Brise Wind.

Dieses unser Objekt Wasser bildet sich wohl erst in unserem Zugriff, je nach den von uns in der Bewegung entfachten Kräften: je schneller wir unsere Hände in ihm bewegen, desto schneller strömt es, sich verdichtend um uns und bietet uns Halt. Doch auch unser Körper bildet sich "neu": er "richtet sich ein" auf die Gegebenheiten des Elements, Erfahrungen unseres Körpers nehmen wir auf, lernen durch den Körper über uns.

Aus der Sicht des Pädagogen bietet das Schwimmen also offensichtlich Wirkungschancen, die für die Entwicklung und das Wohlbefinden von Menschen aller Altersstufen bedeutsam sein können. Das Schwimmen in der Schule kann zu einem weiten Feld der Körpererfahrung werden: Raumerleben, Wasserwiderstand, Auftrieb, die Massagewirkung des Wassers spüren, Temperaturen und den Einfluß auf Körperzustände bewußt aufnehmen, ruhiges, spritzendes, sprudelndes Wasser auf der Haut spüren usf. (vgl. Größing 1985, S. 95).

3. Lehren und Lernen unter dem Aspekt der Körpererfahrung

Es geht im wesentlichen um eine gänderte Perspektive des Unterrichtens: der Anstoß zum Miteinander-Lernen sollte in der Tendenz mehr vom Schüler und seinen Bewegungsbedürfnissen und -ideen und weniger von Bewegungsmustern und Sinn-Normen des Sportschwimmens ausgehen. Damit verbinden wir die Absicht, das Wasser und seine besonderen Gegebenheiten fruchtbarer in den Unterricht einzubeziehen. Dabei handelt es sich nicht um "revolutionäre" Neuerungen: alternative Konzepte fordern nur allzu leicht Gegenreaktionen der "Praktiker" heraus, vor allem wenn sie schwierig zu realisieren scheinen.

Was kann uns hilfreich sein?

- Es bringt uns im Unterrichten weiter, Unlusterlebnisse, Furcht und Ängstlichkeit unserer Schüler ernst zu nehmen, anzusprechen und zu thematisieren. Dies können wir erreichen, indem wir Situationen meiden bzw. abkürzen, die vielen Probleme bereiten: kein unnötiges Warten mit nassem Körper, Sprunghöhe selbst wählen lassen, dem Toben und Plantschen Raum geben und eine "Schutzzone" für Ängstliche einrichten.
- Wir fördern unsere Schüler vor allem dadurch, daß wir sie bewußter machen, was ihren Umgang mit dem Wasser betrifft, und daß wir ihnen zu aufmerksamerem Schwimmen verhelfen: wer gleitet so mühelos entspannt, daß seine Fersen über die Wasseroberfläche kommen?
- Müheloses Schwimmen, im Gleichklang mit dem Element, vor allem im Meer, gehört zu den intensivsten Körpererlebnissen im Sport, die wir erfahren können. Dieses geschmeidige Gleiten kraftvoller und zugleich entspannter Bewegungen sollten wir möglichst für alle Schüler zugänglich machen. Ein erstes "Aha-Erlebnis": gelungene Flossen-Schläge in Rückenlage, ohne daß allzu viel Krafteinsatz die Muskeln beanspruchen würde.
- Unsere Schwimm-Anfänger sollen möglichst spielerisch, lustvoll und kindgemäß einen Zugang zum Element Wasser finden können. Die "spielgerechte Verpackung" und damit Erleichterung des Lernens bleibt unserem Angebot vorbehalten. Stufung nach: Untertauchen-Atmen-Schweben-Gleiten.
- Wir wollen unsere übrigen Schwimmschüler in Richtung auf bessere Wassersicherheit und Wassergewandtheit fördern. Für viele bedeutet dies zunächst, den Mißerfolgszirkel zu durchbrechen, kompensatorisch ihre negativen Wassererlebnisse, das Defizit an Wasservertrautheit, abzubauen. Dies kann z.B. dadurch geschehen, daß wir ihnen Möglichkeiten bieten, das Atemproblem einsichtig werden zu lassen und sie - wahrnehmungsgeleitet - über kleine sukzessive Erfolgserlebnisse an müheloseres Atmen "heranführen".

3.1 Anmerkungen zur Methodik

Eine Beschäftigung mit der unterrichtsmethodischen Seite erscheint vor allem dann dringlich, wenn gewährleistet sein soll, daß

- Schüler bestimmte soziale und materiale Erfahrungen machen können und daß
- sie im Lernprozeß in besonderer Weise ihren Körper erleben und sich seiner
  bewußt werden sollen (vgl. Brodtmann 1981, S. 68).

Für unser Problem, Schüler nachhaltiger und besser schwimmen zu lehren, sollte
es uns gelingen, daß die Kinder mit ihrem Körper aufmerksamer umgehen. Und
dies durch:

1.   Individualisierung des Lernens: durch das Lösen von Bewegungsaufgaben, die
offen genug gestellt sein sollten, um Formen und Arten der Bewegung ins, im und
unter Wasser erfinden zu können.
2.   Selbsttätige Mitgestaltung des Unterrichts: hierbei sollen Ideen und Einfälle
zu einem Unterrichtsthema eigenständig von den Schülern entwickelt werden.
3.   Anregung von Spielen: Materialien und Geräte (wie z.B. Bälle) "absorbieren"
gleichsam Angstgefühle und Scheu, sie lenken ab und lassen die Aufgabenlösung
in den Mittelpunkt rücken. Die Variation von Spielen mit und im Wasser kann zur
Aufgabe der Schüler werden.
4.   Verantwortlicher Umgang von Schülern miteinander: ein Schwimmunterricht,
der Körpererfahrung in den Blick nimmt, braucht ein Maß an Aufmerksamkeit und
Rücksichtnahme aufeinander, das bestimmt ist durch Eigenständigkeit und
Kooperationswillen. Hierin liegt auch eine Chance, erzieherisch wirksam zu sein.

Ein weiteres kommt hinzu:
Neben der die Bewegungsaufgabe kennzeichnenden Fragestellung "Wer kann ...?"
ist die Erweiterung auf "Wie könnt ihr ...?" und "Probiert einmal aus, wie ihr
(etwas) machen könnt!" zu empfehlen. Brodtmann (1987, S. 72f) sieht folgende
Vorzüge:

- die Möglichkeit, zu kooperativen Bewegungslösungen zu kommen,
- die deutliche Ansprache des angestrebten Bewegungsziels für alle und
- die Einleitung von Prozessen des Begreifens von Bewegungszusammenhängen.

Allerdings ist eine Einbeziehung von Sinnes- und Wahrnehmungsübungen nicht nur
in offenen und selbstbestimmten Bewegungshandlungen möglich. Ausschließliche
Selbsttätigkeit und ein Verzicht auf "Führung" wären ein pädagogisches Extrem.
"Die vom Sportlehrer arrangierte ... Bewegungssituation schließt Körpererleben
und Körpererfahren nicht aus" (Größing 1985, S. 96).

Es gilt also, wie wir meinen, eine Position einzunehmen, die undogmatisch genug
ist, um von der offenen Spielsituation der Kinder bis hin zur "geführten" Trai-
ningssituation des Leistungs- bzw. Gesundheitsschwimmens variable Lehrweisen
bereit zu halten, die "Körpererfahrung" in den Blick nehmen.

Damit wird schon deutlich, daß Schwimmenlernen und Schwimmunterricht nicht ausschließlich materiale Angebote, Problemlösungen und Experimente beinhalten können. Gleichwohl stellen diese eine willkommene Gelegenheit dar, unseren Schülern Könnens- und Bewegungserlebnisse zugänglich zu machen, die sonst nur guten Schwimmern vorbehalten bleiben. Ideen, Gestaltungen und Kunststücke, Erfahrungen aus erster Hand gewissermaßen, haben allemal einen höheren Erlebniswert und stärkeren Aufforderungscharakter als Bewegungsanweisungen und "Ratschläge", die der Lehrer in seinem methodischen Überblick "zielstrebig" anbietet.

3.2 Die Rolle der Körpererfahrung bei der Erweiterung der Sinnperspektiven des Schwimmers[3]

Warum jemand gerne schwimmt, läßt sich letztlich, in seinem "Sinn" nur individuell, subjektiv bestimmen. Jeder wird hier seine persönlichen Einstellungen, Motive und Werthaltungen herausbilden, die sich im Laufe des Lebens auch sicherlich ändern werden. Es sollte deswegen im Lernbereich Schwimmen keine Dominanz einzelner Sinn-Perspektiven geben (z.B. der Leistung): die ganze Sinnpallette des Schwimmens, wenn auch mit der nötigen "Reduktion" (Volck 1990, S. 15), müßte geboten werden.

Nun kann ein Konzept der Körpererfahrung im Schwimmen nicht alles abdecken, diese wunderbare Mischung aus sehr unterschiedlichen Bereichen (Springen, Spielen ohne und mit Geräten und Bällen, Tauchen und eben auch sportliches Schwimmen). Hierfür kann Körpererfahrung nicht im Sinne eines "Ersatzes" stehen. Aber wie wohl in keinem Teilbereich unserer Bewegungsumwelt ist es im Wasser nötig, uns aufmerksam werden zu lassen für persönliche Erfahrungen und Entdeckungen, uns Lern-Gelegenheiten zu verschaffen für sportliche Techniken und Problemlösungen mit dem Schwerpunkt, daß der Lernende nicht fertige Lösungen "kopiert", sondern "die stimmige Lösung für sich selbst aus der Wahrnehmung seines Körpers herausarbeitet" (vgl. Funke 1987, S. 99f).
Insofern kann "Körpererfahrung" als Konzept mehr sein, gerade im Unterricht mit Kindern und Jugendlichen, als nur eine methodische Momentaufnahme: Erfahrungen für unsere Schüler zu erschließen, ihnen diesen Bereich des Wassers und das ganze Spektrum seiner Bewegungsvielfalt anzubieten, bedeutet eben auch,

- Schwimmunterricht interessanter zu machen,
- motivational die Grundlage zu legen für ein möglichst lebenslanges gesundheitssportliches Engagement (Erwachsene und Senioren entdecken oft das Wasser als "Fitnessquelle" neu oder entdecken es wieder für sich, wenn auch mit den alten Defiziten ...),

148

- die Schüler im Sport fähig zu machen, vorgefundene und angebotene Formen zu prüfen und ins Leben einzubeziehen, wenn sie ihnen gefallen.

Wir möchten daher für eine Verknüpfung von Körpererfahrung und Schwimmunterricht plädieren, die die Gefahr der Einseitigkeit meidet und sich an folgenden methodischen Zielaspekten orientiert:[4]

1. Offene und selbstbestimmte Bewegungshandlungen dort, wo es sich von der Sache her anbietet:
- den Körper beobachten, spüren, in verschiedenen Zuständen wahrnehmen, verschiedene Materialien, Umgebungen kennenlernen.

Aufgaben

Probleme stellen und lösen lassen: Wer kann sich wie eine Flunder auf den Beckenboden legen? Wie macht man das? Wir lassen erproben, wie der Erfolg von der Ausatmung abhängt. Wie können wir unten bleiben?
Kann ich mit einem Brett, in den Händen unter den gegrätschten Beinen meines Partners durchtauchen? Kann ich das allein, muß ein Partner mithelfen? Wassergewandtheit erzielen und Selbsteinschätzung!
Wieviele passen auf den Autoreifen? Trägt er uns zu dritt? Wann geht er unter, wie können wir uns helfen?
Wir tauchen mit Flossen und "Handicap". Was nehmen wir mit auf die Reise?
Erproben lassen, wie man mit Flossen und Paddels oder Pb in/an Händen untertauchen und vorwärtstauchen kann[5].

Entdecken und Experimentieren: Wir gleiten und machen "Fehler": gezogen werden, loslassen und verschiedene "Stoppbewegungen" ausführen.
Bewegungsexperimente, bewußtes, aufmerksames Schwimmen; Kontrastlernen: wir probieren gute und weniger gute Gleitpositionen des Körpers aus.

Mitschüler heben einen anderen hoch oder tragen ihn; in verschiedenen Wassertiefen die Erleichterung durch den Auftrieb erfahren. Im Wasser "schlafen": wir verschaffen uns Auftriebsmittel und bauen uns ein "Bett", eine "Hängematte"; mit Gummiringen an Armen und Beinen o.ä. versuchen die Schüler, sich flach aufs Wasser zu legen: Ideen sammeln.
Wir "reiten" auf Brettern, wir lassen uns transportieren, wir halten das Gleichgewicht. Baut ein "Wasserfahrzeug"! Wer kann darauf sitzen, liegen, stehen? Wer kann sich damit vorwärts bewegen?
Wir wandern über Wasser: Versucht einen Steg zu bauen; was brauchen wir dazu?
Materialien kombinieren lernen (Luftmatratzen, Reifen ...).
Mit Schwimmbrillen: wir machen eine Entdeckungsreise unter Wasser! Was kön-

nen wir sehen, hören, spüren? Wir halten uns an Leitern fest und beobachten, hören Geräusche und Signale unserer Mitschüler.

Spielen: Zwei Schüler schleppen einen anderen an einem Stab, sie tragen ihn auf einem Stab, wie können wir das möglichst originell machen?
Ein Partner zieht oder transportiert einen anderen, zwei Schüler ziehen einen anderen, an den Armen, den Beinen usw.; wir erfinden und zeigen effektvolle Arten, auch mit Auftriebshilfen (Brett, Pb).
Rettungsaktion vom "sinkenden Schiff"; wer kann Mitschüler schnell und sicher "ans Ufer" bringen?
Verschiedene Gegenstände sollen über eine Breite transportiert werden, allein oder in der Gruppe: Bretter, Bälle, Eimer, Pb usw. mit Auflagen, wie: ohne Wasserberührung, unter Wasser, alle auf einmal; usw.; wie noch?
Wieviele von uns müssen zusammenhelfen, um eine Luftmatratze, einen großen Ball o.ä. zu "versenken"?
Das materiale Angebot läßt die Schüler Auftrieb erfahren und hilft, gemeinsames Tun zu organisieren.

2. Angebote für Wahrnehmungen machen, die in relativ "geführten" Situationen zu finden sind: Aufmerksamkeit lenken, Freiräume "mit Auftrag", Anweisungen, wie, wo und wann etwas zu spüren wäre, z.B.
- was könnt ihr unter Wasser hören?
- Wer kann seinem Partner unter Wasser ein Wort vorsagen?
- Wer kann Grimassen schneiden, die der Partner (ebenfalls unter Wasser) imitiert?

Aufgaben

Im seichten Wasser laufen wir und heben die Beine wie ein Storch; in einer Stufung nach Schwierigkeitsgrad bieten wir Formen der Überwindung des Widerstands an:

Wir rudern im brusttiefen Wasser mit den Armen und Händen; wie können wir ihn überwinden? Wie können wir ihn suchen?
Wir heben die Arme über Wasser, wir halten sie hinter dem Rücken verschränkt, wie noch? Widerstandsgefühl durch vergleichendes, kontrastierendes Versuchen entwickeln;
Wir gehen zu dritt mit Handhaltung: wir hüpfen vorwärts. Wie können wir uns gegenseitig helfen?
Wie können wir einen Ball so unter Wasser drücken, daß er hochschnellt und wir ihn wieder auffangen können? Verschiedene Bälle erproben.
Wir drücken einen umgedrehten Eimer unter Wasser oder eine Plastikflasche; wel-

che Eigenschaften erkennen wir?

Wie können wir auf einem/mehreren Schwimmbrettern stehen, wenn sie unter Wasser gedrückt sind? Ausprobieren, auch mit Partner.

Wie können wir in Bauch- oder Rückenlage vorwärts, rückwärts, seitwärts paddeln? Bewegungsideen der Schüler nutzen, vergleichen.

Können wir neue Schwimmarten erfinden? Wie können wir Vortrieb oder Rückstoß "produzieren"? Mit Hilfe gekonnter Teilbewegungen Neues kombinieren: Brustarmzug rückwärts, auch mit Kontrast zum "Richtigen"!

Bewegungsaufgaben stellen und durch **Beobachtungsaufgaben** bewußt machen:
- durch "zwingende" Situationen die Abdruckflächen der Hände und Beine sensibel machen

Paddelbewegungen der Hände: Hockkreisel: Drehung um die Längsachse; im Hockstand vorwärts o. rückw. bewegen. Wir suchen den Widerstand des Wassers auszunutzen.

In Rückenlage: vorwärts ziehen (fußwärts) bzw. rückwärts treiben (kopfwärts); wir erproben verschiedene Lösungsmöglichkeiten.

Drei Schüler stehen im Reifen und bewegen sich vorwärts, sie stehen außerhalb oder schwimmen, welche Bewegungsmöglichkeiten gibt es?

Atmet mein Partner unter Wasser ständig aus? Macht er Pausen? (Partnerarbeit). Wir beobachten unter Wasser (mit Schwimmbrille), ob unserem Partner das Ausatmen gelingt. Besonders motivierend, v.a. wenn Mitschüler schwimmt (Unterwasserbeobachtung mit Schnorchel möglich).

Wir gleiten und atmen dabei sichtbar aus. Strecke: 3-5 m, aktiv oder passives Gleiten; gegenseitiges Beobachten; zentrale Übung im Übergang zum Erlernen von Schwimmbewegungen!

Variantenreiches Üben anregen: Verbesserung der koordinativen schwimmerischen Fähigkeiten.

In Bauchlage: rückwärts schwimmen mit Hilfe nur der Hände und der Arme, nur mit den Beinen; Bewegungsideen der Schüler anregen; zweckmäßige Bewegungen herausstellen: wie funktioniert das?

Als Partnerübung: in Rückenlage mit Fußflächen gegeneinander, Reaktionsübung; wie kann ich meinen Mitschüler wegdrücken?

Können wir auf einem Brett stehend einen Pb transportieren? Können wir ein Brett von Füßen zu Füßen übergeben (darauf stehend)? Experimente schulen Gleichgewicht und Wassergewandtheit.

Wer kann sich in Rückenlage einen Ball vom Fuß in die Hände spielen? Oder zu einem Partner? Geschicklichkeitsübung: verschiedene Lösungen ausprobieren lassen.

Tunneltauchen: wie können wir das einrichten? Wir lassen die Kinder Vorschläge produzieren: zwischen den Beinen von Partnern oder Tauchreifen hindurch etc.. Zwei schwimmen hintereinander: der hintere "überholt unten"; Partner untertaucht Vordermann (im Wechsel), wie können wir noch überholen?

Reflektieren anstoßen: auch durch Kontrastlernen: Wie können wir ins Wasser lange und tief ausblasen, welche Form geben wir unserem Mund? Vermeiden des "Pressens" (also: ohne Pause ausatmen).
Und **im Kontrast** dazu: Ausatmen mit "Lippenbremse".
Wie können wir unsere Luft ganz schnell und vollständig unter Wasser - ausstoßen - ausblubbern - ausschreien? Welche Tierlaute können wir nachahmen? Langsame Gewöhnung an kürzeres und trotzdem vollständiges Ausatmen.
Wie können wir von der Treppe aus weit gleiten? Formen des Abdrucks und des Eintauchens erproben und gute Lösungen herausstellen.
Worauf sollten wir beim Gleiten achten? Wer kann gute, wer schlechte Formen vormachen? Wasserlage: Arme, Kopf, Füße beobachten lassen; Kontrastlernen: versuche alle gesehenen Formen.
Wie können wir unser Gleiten verlängern? Ideen entwickeln lassen: z.B. Partner hilft am "toten Punkt" nach.
Wir gleiten mit Flossen und verlängern unser Gleiten; "Anschub" über eine bestimmte Strecke, dann Pause der Flossen: wer kommt bis zu einer Marke?

3. Sachgemäßer und verantwortungsbewußter Wechsel der Unterrichts-formen: spielerische Entdeckung, variationsreiches Üben und sanfte Lenkung (z.B. Ausatmungsschulung mit dem Tischtennisball, "Zwerge und Riesen": Anregungen zum Tauchen und Atmen als spielerischer Anlaß). Und schließlich, nicht zuletzt:

4. Möglichkeiten der "Gegenwartserfüllung" bieten, auf die unsere Schüler, gerade im Wasser, ein Recht haben: Baden, Sich-Austoben, Spielen (nicht alles sollte einem "Zweck" dienen!).

Ein paar Regeln für die Praxis:

- Insgeheim nehmen wir uns "Themen" vor ("Schweben"), laden ein zum Experimentieren, versuchen z.B. den eigenen Schwimm-Rhythmus finden zu lassen.
- Nach einer Phase des "Tobens" - lassen wir mit Flossen betont ruhig und entspannt gleiten (Ändern des persönlichen Zustandes).
- "stoßen an", heraus zu bekommen: "wie schwimme ich eigentlich? Was empfinde ich dabei?" (Rückkoppelung durch Bewußtmachen).
- Wir versuchen, Probleme zu lehren, anstatt Lösungen zu bieten: wie können wir im Wasser einen Mitschüler möglichst originell tragen? Wir tauschen uns darüber aus.

- Wir führen "gelenkte" Zufälle herbei, die den Schülern Gelegenheit bieten, z.B. das eigene Gleichgewicht zu halten (auf Schwimmbrettern "reiten", im Sitz, im Knien, stehend): paddelnde Bewegungen der Hände als Vorgriff auf die Schwimmbewegungen.
- Wir "animieren" zum Üben, möglichst abwechslungs- und variantenreich: allein und in der Gruppe z.B. "wie können wir unser Gleiten verlängern?",
- wir nehmen uns als Lehrer zurück, machen uns rar, lassen die gestellten und die selbst gefundenen Probleme "wirken": zwei Partner schwimmen nebeneinander Brust, versuchen ihre Rhythmen aufeinander abzustimmen.

Überhaupt scheinen es wohl in erster Linie die Lehrerqualitäten zu sein, die es dem Schüler ermöglichen, auf die Suche nach Erfahrungen zu gehen. Wir sollten:

- die Aufmerksamkeit lenken, und die Phantasie anregen,
- offene Fragen stellen,
- Situationen arrangieren, in denen sich Erfahrung anbietet,
- Gespräche anstoßen und
- selbst ausreichend Körpererfahrungen im Wasser und mit dem Wasser besitzen, auch solche nachholen wollen und auch noch dazulernen.

Anmerkungen:

[1] Andreas 1963, S. 7

[2] Volck 1990, S. 14

[3] Eines fällt ins Auge: das Schwimmen wird häufig genannt, wenn von der "Mehrperspektivität" von Sport und seinen Vermittlungsweisen die Rede ist, aber auch von der Umsetzung eines Körpererfahrungs-Konzeptes im konkreten Unterricht (vgl. Ehni 1977; Größing 1985; Warwitz 1987; Kurz 1990).
Dies liegt sicherlich einmal daran, daß Schwimmen als eine Sammlung z.T. ganz unterschiedlicher Disziplinen oder sogar Sportarten gelten darf, aber auch, daß das Element Wasser als gemeinsame Basis sich wohl am ehesten anbietet, entwicklungsgemäße und altersspezifische Angebote machen zu können.
Hier sei auch auf den österreichischen Lehrplan verwiesen, der die Vielfalt des Bewegens im, unter und ins Wasser über die Sportart Schwimmen hinaus erfaßt, ohne auf diese zu verzichten.

[4] Die folgenden praktischen Beispiele (Bewegungsaufgaben und -anregungen, "offen" wie "geführt") sollen die inhaltlichen Themen (Abschnitt 2) und die unterrichtsmethodischen Aussagen illustrieren. Sie sind auf den schulischen Elementarbereich zugeschnitten und dienen als Anregung, den "Bewegungsschatz" der Kinder und Jugendlichen im Hinblick auf die koordinativen schwimmerischen Fähigkeiten zu erweitern.

[5] Abkürzungen: Pb: Pullbuoy = Auftriebshilfe für die Beine aus Styropor
Paddles: = Antriebs- und Widerstandshilfe für die Hände (aus Plastik)

Heinz Janalik
Warum das "Anfänger-Sein" nicht genießen? Elementare Erlebnisse und Erfahrungen im Skikurs mit Anfängern

In jedem Skiwinter aufs neue begeben sich Menschen in die Mittel- und Hochgebirgsregionen mit dem Ziel, das Skifahren zu erlernen. Sie alle hoffen, irgendwann einmal technisch perfekte Skiläufer zu sein, um dann die oft zitierte Faszination dieser Sportart erleben zu können. Mit diesem Ziel vor Augen absolvieren sie ihren ersten Kurs. Als Anfänger haben sie sich damit abgefunden, daß Mißerfolge und Frustrationen, Streß und körperliche Plagen, Selbstverleugnung und öffentliche Demütigungen auf dem "Idiotenhügel" künftigen anspruchsvollen Erlebnisqualitäten beinahe schicksalhaft vorausgehen müssen. Für das Endziel "Könner" - das seine verlockende und zugleich lähmende Konkretisierung in der Person des perfekte Schwünge zelebrierenden Skilehrers findet - sind sie offensichtlich bereit, eine mehr oder weniger lange Phase eingeschränkten Wohlbefindens oder sogar des Unwohlseins hinzunehmen.

Der als Anfänger Eingeordnete identifiziert sich mit einer Art ungeschriebenem Gesetz, das ihm auf seiner (Nicht-)Könnensstufe nur eine schmale Palette von Wahrnehmungen und Empfindungen, Erlebnis- und Erfahrungswerten zugesteht, dem Könner jedoch die Breite und Tiefe dieser Qualitäten zuweist. Zwar ist es einsichtig, daß ein hoher senso-motorischer Beherrschungsgrad eine Vielzahl von Erlebnis- und Erfahrungsdimensionen eröffnet, aber viel zu selten nimmt der sog. Anfänger wahr, daß auf seinem Fertigkeitsniveau ebenfalls - wenn auch andere - beglückende Erlebnisse mit ganzkörperlicher Wirkung möglich sind: Vorausgesetzt, daß solche im Kursverlauf überhaupt zugelassen werden und geglückte Aufgabenerfüllungen in der Phase der Erstbegegnung mit dem komplexen Feld Skilauf vorherrschen. Zu oft noch sind Anfängerskikurse innerhalb eines hierarchischen Kursgefüges "Unterorte", in denen Lernende in ihrem Wahrnehmen, Empfinden, Erleben und Erfahren stark eingeengt, nicht selten vergewaltigt werden: die moglichst perfekte Reproduktion derzeit gültiger Skilauftechniken bestimmt weitgehend die kursinternen Handlungen und Interaktionen.

Zahlreiche Probleme der Lernenden resultieren daraus, daß sie sich permanent am Fertigkeitsniveau des perfekten Sikfahrers orientieren und messen müssen (diese Tatsache findet auch in Kursen höheren Leistungsniveaus ihre Fortsetzung). Logischerweise führt dies vorwiegend zur Feststellung erheblicher Diskrepanzen zwischen subjektivem Ist- und objektivem Soll-Wert. Das wiederum läßt den Lernenden noch mehr verkrampfen, sein Selbstwertgefühl wird angegriffen und sein Wohlbefinden ist massiv gestört.
Seit 1979 widmen wir im Rahmen unserer studentischen Ausbildungskurse gerade

und besonders den Anfängern im Skilauf große Aufmerksamkeit. Das Handlungsfeld der Lernenden soll nicht länger ungeliebte, frustrierende Durchgangsstufe oder notwendiges Übel auf dem "Weg zum Gipfel" bleiben. Vielmehr soll sich hier ein aufgewertetes, für viele Sinngebungen offenes Erfahrungsfeld präsentieren, in dem Wohlbefinden stiftende und bewußtseinserweiternde Erlebnisse möglich werden, die eine positive und sensible Grundeinstellung zu Skilauf und winterlicher Natur schaffen. Mehrere Veröffentlichungen haben eine solche Umwertung vorbereitet und eingeleitet (vgl. z.B. BUNCSAK u.a. 1981; DAUGS u.a. 1975; DIGEL 1977; EHNI 1977; FUNKE 1975; GIEBENHAIN 1975; WOPP 1981). Auch die Autoren der neuen DSV-Skilehrpläne erheben entsprechende Forderungen für die Kursgestaltung: "Skiunterricht muß vor allem im Anfängerbereich mehr sein als bloße Auseinandersetzung mit Techniken. Der Lehrer muß zum Erleben führen, muß die Schüler ihr Erleben artikulieren lassen, darf nicht durch eine übereifrige Informationsmethodik und Korrekturmanie die Sphäre des Erlebens stören oder gar unterbinden" (SKILEHRPLAN 1, S. 32). Solche programmatischen Absichtserklärungen müssen konkretisiert werden.

Im folgenden werde ich von meinem Versuch berichten, die Anfangsphase eines Skikurses mit Anfängern so zu gestalten, daß diese sich weniger ihrer Defizite bewußt werden, als vielmehr lernen, ihr aktuelles Können zu genießen und sich entspannt einem neuen Erlebnis- und Erfahrungsfeld zu öffnen. Da im Mittelpunkt allen Bemühens die Kursteilnehmer und deren Befindlichkeit stehen, muß pädagogisches und didaktisches Handeln bei ihnen ihren Anfang nehmen. Mit Hilfe zahlreicher Gespräche und über intensive Beobachtungen während vorhergegangener Kurse wurde - trotz des Vorhandenseins individueller Eigenheiten - eine Art Basiswissen über die Lernenden gewonnen. Ins Zentrum meines Interesses rückte die Beantwortung der Frage: "Was bringt der Anfänger als Ausstattung mit, was kann er schon, was macht ihm Freude?"

Die diese Frage initiierende Grundposition, die dem aktuellen Könnensstand des Anfängers einen hohen Stellenwert beimißt, steht eigentlich im Gegensatz zu der fast stereotypen Selbsteinschätzung von erwachsenen Lernenden: "Das kann ich nicht". Dieser Ausspruch beweist aber weniger ein Könnensdefizit, als vielmehr ein Gefühl der Verunsicherung, des Zweifels, des mangelnden Selbstwertgefühls angesichts einer nur schwer erreichbaren Sollwertvorgabe. Die daraus resultierenden Verspannungen und Verkrampfungen erschweren das Genießen der Gegenwart. Ich habe die Erfahrung gemacht, daß die erwachsenen "Durchschnitts-Anfänger" ein reichhaltiges Spektrum an Vorkenntnissen und Vorerfahrungen, an Einstellungen und Anlagen in das Handlungsfeld Skikurs mitbringen:

- Sie beherrschen Alltagsbewegungen (Gehen, Laufen, Hüpfen).
- Sie können Gleichgewicht halten und verlorenes unter bestimmten Bedingungen

wiedergewinnen.
- Sie spielen und bewegen sich gern.
- Sie haben ein Gefühl für Rhythmus, das sich beispielsweise im Tanz konkretisiert.
- Sie reagieren positiv auf Musik unterschiedlichster Gattung.
- Sie sind kommunikationsfähig.
- Sie können ihre Sinne gebrauchen, auch wenn der Alltag dies oft nur partiell zuläßt (bei Behinderten müssen andere Voraussetzungen angenommen werden).
- Sie haben alle eine spezifische, subjektive "Innerlichkeit", die ihnen nur selten bewußt wird und sich deshalb einer kompetenten "Handhabung" entzieht.
- Sie "fühlen sich zur winterlichen Natur hingezogen".
- Sie sind ganzheitlich angelegt, ungeachtet ihrer Lebensumstände, die dieses Phänomen häufig vergessen lassen.
- Sie wollen etwas lernen und sind deshalb neugierig.

Nun bringt das Skifahren aber auch spezifische Umstände und Anforderungen mit sich, die durch kein noch so ausgeklügeltes Kursarrangement eliminiert werden können. Besonders die Anfänger werden dadurch mit speziellen Problemen konfrontiert. Schließlich

- sind Anfänger nicht gewohnt, abschüssiges Gelände hinunterzugleiten oder -zurutschen;
- sind sie nicht gewohnt, lange Geräte an den Füßen zu tragen und sich damit zu bewegen, d.h. sie haben noch keine Erfahrungen mit ihrem "Skikörper". Dazu kommen auch die Erfahrungslücken hinsichtlich der Einflußfaktoren Sonne, Wind, Schnee, Nebel, Höhe, Kälte innerhalb einer möglicherweise beängstigend wirkenden Hochgebirgslandschaft;
- sind sie nicht angstfrei, insbesondere in der hautnahen Begegnung mit Geschwindigkeit, die beispielsweise beim gewohnten Autofahren ihre Unmittelbarkeit verloren hat. Aber auch die Angst vor Blamage im Falle des Versagens ist tief in ihnen verankert;
- sind sie zu sehr "im Kopf" zentriert, d.h. viele durch den Verstand gespeicherte Fakten (z.B. "richtige Technik", Fehler...) behindern das lustbetonte Erleben;
- können sie in einem ungewohnten Feld keine Mehrfachhandlungen erbringen.

Individueller "Besitz" und individuelle Not müssen gleichermaßen Ausgangspunkte gemeinsamer Kursarbeit werden. Wenn es gelingt, eine Brücke zwischen Vorhandenem und Neuem zu schlagen und dies in einer emotional entspannten, erlebnisorientierten, jeden einzelnen Teilnehmer in seiner Ganzheitlichkeit akzeptierenden Atmosphäre, kann als Ergebnis eine positive Grundeinstellung zum Skilaufen erwartet werden.
Im einzelnen gilt es, sich um die Realisierung folgender Zielperspektiven zu

bemühen:

- Die Lernenden sollen ihren jeweils subjektiven Ist-Zustand kennen und als etwas Achtungswürdiges akzeptieren lernen. Im Bewegungserlebnis, im Gebrauch der Sinne, im kommunikativen Handeln soll der eigene Körper in seiner Ganzheit und der damit verbundenen Erlebnisvielfalt erfahren werden.
- Diese Erfahrung soll in einem mehrperspektivischen Rahmen, d.h. in der Begegnung mit vielen Sinngebungen im Skilauf geschehen - wenn irgend möglich ohne Angst und Streß (was nicht bedeutet, daß es nicht auch zu Mißerfolgserlebnissen kommen kann). In dieser Motivationsphase kommt der Perspektive Körpererfahrung eine überragende Bedeutung zu, wie überhaupt diese Sinnrichtung eine durchgängige didaktische Kategorie in unseren Skikursen darstellt (vgl. TREUTLEIN in diesem Band).
- Der individuelle Skikörper soll sich in Form eines sanften Übergangs aus dem Alltagskörper entwickeln.
- Die Lernenden sollen die Erfahrung machen, daß Skilauf nicht nur Individualsport ist, sondern daß sich gerade in kommunikativen Formen (z.B. Gruppenfahren, Synchronarbeit) neue, wertvolle Erlebnisdimensionen erschließen lassen.
- Alle Kursteilnehmer sollen dazu beitragen, daß sich eine Atmosphäre der Entspannung (nicht der Laschheit), des freudvollen Lernens und des Wohlbefindens einstellen kann. Dazu ist es vor allem notwendig, die gängige Konkurrenzorientierung sowie das irritierende und zu Verkrampfungen führende Wunschbild "perfekter Skifahrer" aufzugeben. Statt sich von diesem weit entfernten Bewegungsvorbild im Fühlen, Wahrnehmen, Denken und Handeln einseitig festlegen zu lassen, sollen sich die Lernenden um eine spezifisch eigene (naheliegende) "gute Gestalt" bemühen und sich mit ihr identifizieren.
- Beglückendes Skifahren ist vorwiegend innenorientiert. Die Anfänger müssen lernen, bzw. ihnen muß die Chance gegeben werden, sich von zu starker Außenorientierung und Fremdbestimmung lösen zu können, um den Weg nach innen zu finden.
- Die Lernenden sollen erfahren, daß Bewegungsgestaltung auf Skiern Freude bereiten kann, besonders in Verbindung mit Musik. Und sie sollen die Erfahrung machen, daß Gestalten als kreativer Prozeß auf jedem Könnensniveau möglich ist, sofern die dazu notwendige innere Beruhigung und Entspannung gelingt.

Die folgenden Tanz-, Spiel- und Übungsformen für einen Skiunterricht mit Anfängern sind aus der Praxisarbeit entstanden. Ihr Einsatz ist besonders wirkungsvoll am ersten Kurstag, in dessen Verlauf sich der Lernende an eine Vielzahl neuer Dinge gewöhnen muß (Gewöhnungsphase) und seine Einstellung zum Skilauf eine grundlegende Ausrichtung erfährt (Motivationsphase). Häufig werden durch unüberlegtes Lehren schon in diesen ersten Stunden die inneren Blockaden provoziert, die ein erfolgreiches und freudbetontes Skifahren erschweren oder gar verhindern.

Deshalb müssen die Sequenzen der Erstbegegnung so arrangiert werden, daß es nicht zu Lern- und Genußblockierungen kommt. Ich habe dies mit Hilfe folgender Maßnahmen zu erreichen versucht:

1. Lehren und Lernen verlaufen größtenteils funktional, d.h. den meisten Lerninhalten begegnen die Kursteilnehmer auf der emotional gefärbten, sinnenbetonten Erlebnisebene. Eine rationale, bewußte Auseinandersetzung, wie sie in späteren, intentional arrangierten Kursphasen gefordert wird, bleibt die Ausnahme.

2. Durch den Einsatz von Musik und rhythmischem Spiel wird versucht, die Lernenden zu einer inneren und äußeren Gelöstheit zu bringen. Je intensiver es ihnen gelingt, sich im musikalisch unterstützten Bewegungsgestalten zu verlieren, sich zu vergessen - und damit ihre zwanghaften Vorstellungen von richtigem und falschen Skilaufen aufzugeben - desto effektiver können die individuellen produktiven Kräfte dem Lernprozeß zugeführt werden. Das Optimum an Freude und Entspannung ist dann erreicht, wenn Geist, Leib, Seele, Musik und Rhythmus als eine Einheit empfunden wird - ein seltener Glücksfall im Rahmen eines Skikurses, aber kein unmöglicher.

   Schwierigkeiten ergeben sich in Zusammenhang mit der Musikauswahl, die sowohl den Vorstellungen der Zielgruppe als auch den didaktischen Intentionen entsprechen soll und bei der Suche nach einem ausgewogenen Verhältnis von Situationen, die einmal vom Fremdrhythmus (Tonträger) bestimmt werden, zum anderen dem individuellen Eigenrhythmus Raum geben müssen.

3. In ausgedehnten, konkurrenzfreien, selbstbestimmten Experimentier- und Gestaltungssituationen kann und soll sich der Lernende mit sich selbst beschäftigen und dabei eine Analyse seiner Befindlichkeit im aktuellen Moment vornehmen können.

4. Wo es möglich ist, wird kommunikatives Lernen und Erleben bevorzugt, und zwar in der Gemeinschaft von Anfängern und Fortgeschrittenen.

Da sich jede Gruppe in ihren Voraussetzungen, Interessen und Interaktionsstrukturen von anderen unterscheidet, läßt sich das im folgenden Aufgeführte nicht ohne weiteres übertragen. Es muß jeweils zielgruppenspezifisch abgewandelt und verändert werden. Jedoch können die exemplarisch ausgewählten Beispiele als Impulse und Vorschläge zur Erweiterung und Ergänzung herkömmlicher Skikursarrangements dienen.

Erster Kurstag:
An unseren Skikursen nehmen Studierende aus allen Fachrichtungen der

Hochschule teil. Die Studenten und Studentinnen unterscheiden sich u.a. hinsichtlich ihrer Semesterzugehörigkeit und ihres skifahrerischen Könnens. Dessen ungeachtet absolvieren am ersten Kurstag alle das gleiche Programm. Während die eine Hälfte der Gesamtgruppe eine Wanderung mit Langlaufskiern auf einer einfachen Loipe macht, setzt sich die andere mit dem Arrangement auseinander, das im folgenden beschrieben wird. Nach etwa zwei Stunden wechseln die Gruppen. Zu den didaktisch bedeutsamen Entscheidungen, die der Lehrende treffen muß, zählt die Wahl des Geländes. Infolge günstiger örtlicher Gegebenheiten standen mir für mein Programm folgende, nahe beieinander liegende Geländetypen zur Verfügung:

Typ A: Steil ansteigender, schneebedeckter, wenig frequentierter Gehweg.
Typ B: Ebene, teilweise gewalzte, teilweise getretene Schneefläche von etwa 50 mal 80 Meter. Dieses Gelände ging bruchlos über in den
Typ C: Sanft abfallender, etwa 30 Meter langer Hang mit ebenem Auslauf (ideal ist hier ein kleiner Gegenhang).

An Geräten hatte ich vorbereitet: 20 Sprungseile, verschiedenfarbige Markierungsfähnchen, 5 Softbälle, einen Kassettenrecorder in einer Plastiktüte (für den Fall, daß es schneit) und eine bespielte Musikkassette.

Erste Praxisphase: Der Skikörper beginnt, ins Bewußtsein der Teilnehmer zu rücken[1].

Gelände: Typ A.
Zielhorizont: Skifahren als ganzheitliches, innen- und außenorientiertes Körpererlebnis ist gebunden an die Fähigkeit zur sensiblen Wahrnehmung des eigenen Körpers. Über leicht zu bewältigende Aufgaben - die nicht alltägliche Skikleidung und die ungewohnten Umweltbedingungen legen solche nahe - sollen die Teilnehmer lernen, ihre Aufmerksamkeit (wieder) auf ihren Körper und damit auf sich selbst zu lenken. Die dabei möglichen Erfahrungen können zueinander in Beziehung gesetzt und mit denen anderer verglichen werden.
Aufgaben, Fragestellungen, Impulse:
- *"Für einen Großteil von uns ist die Skikleidung ungewohnt. Da sie uns aber in den nächsten Tagen dauernd begleiten wird, machen wie sie jetzt zum Gegenstand einiger kleiner Experimente. Wir schließen alle Schnallen unserer Skischuhe, ziehen unsere Handschuhe an, machen unseren Anorak zu und gehen ein Stück bergauf."*
- *"Jetzt versuchen wir, ein paar Meter bergauf zu rennen."*
- *"Bergab machen wir das gleiche - ein Stück gehen, ein Stück laufen. Wie reagiert Euer Körper? Wie fühlt Ihr Euch dabei?"*

- *"Versucht einmal, sowohl bergauf als auch bergab die Geschwindigkeit kontinuierlich zu steigern. Was machen dabei Oberkörper und Arme? Wo spürt Ihr etwas? Wie sind die Spannungszustände in Eurer Muskulatur? Wie bewegen sich die Füße im Schuh?"*
- *"Öffnet die oberen Skischuhschnallen und wiederholt die bisherigen Aufgaben."*
- *"Wenn Ihr bis jetzt Euren Körper befragt habt - wo lagen die intensivsten Auskunftszentren? Wo habt Ihr den Körper am meisten gespürt?"*
- *"Bei welchen Bewegungserlebnissen habt Ihr Euch wohler, bei welchen weniger wohl gefühlt?" usw.*[2]
- *"Wir machen jetzt ein paar Rutschübungen (Zu diesem Zweck begeben sich alle zu einer etwa eineinhalb Meter langen Schneerinne). Versucht, mit den Skischuhen die Rinne hinunterzugleiten. Nehmt dabei eine Körperstellung ein, in der Ihr euch sicher und wohl fühlt."*
- *"Wenn Ihr wollt, könnt Ihr euch zwei Helfer auswählen, die an beiden Händen führen, während Ihr rutscht." usw.*
- *"Zum Abschluß dieser Übungen tanzen wir in der Ebene einen Sirtaki, zuerst in Kreisform, dann in der Reihe."*

Beobachtbares Teilnehmerverhalten und mitgeteilte individuelle Erfahrungen (beispielhaft): Sehr schnell stellt sich eine Erhitzung des Körpers mit Schweißausbruch ein. Der Drang, sich der beengenden Skikleidung zu entledigen, ist groß. Puls- und Atemfrequenz erhöhen sich viel rascher als gewöhnlich ("Das Herz schlägt bis zum Hals."). Die Teilnehmer nennen als Gründe die Höhenlage und die "doppelte" Anstrengung aufgrund der "Ausrüstung". Als besonders bewegungshemmend werden die Skistiefel bezeichnet, obgleich bergab eine Erleichterung verspürt wird, da "das Laufen von alleine geht". Die meisten können dies aber nicht genießen, weil sie Angst haben, nicht mehr bremsen zu können oder ins Stolpern zu kommen. Auf die Frage, wie sich denn Angst in ihrem Körper konkretisiere, kommt die Antwort: "Als schlechtes Gefühl."

Nach entsprechenden Impulsen zur Wahrnehmungszentrierung erlebt die Mehrzahl der Teilnehmer zum ersten Mal bewußt Muskelverspannungen, Unterbrechungen im Atemrhythmus und bestimmte Körperstellungen als Angstsignale ihres Körpers, aber auch die Gegenpole als Zeichen für subjektives Wohlbefinden. Bei den Rutschübungen in der Schneerinne treten - z.T. verstärkt - die gleichen inneren Phänomene auf. Fast alle aber versuchen jetzt schon, Gefühle des Unbehagens durch entsprechende innere (Entspannen, ruhiges Atmen, mentale Vorwegnahme des Bewegungsablaufes) und äußere (Inanspruchnahme von Helfern) Maßnahmen selbständig zu bewältigen. Beim abschließenden Sirtaki, den alle entspannt und mit Begeisterung tanzen, werden plötzlich die Skischuhe als "lustbringendes Schleudergewicht an den Füßen" empfunden.

Am Ende dieses Kursabschnittes herrschte jedes Mal eine lockere, freudbetonte und vertrauensgeleitete Atmosphäre. Die Teilnehmer hatten sich und andere bei gemeinsamen Erlebnissen und Erfahrungen näher kennengelernt. Die anfänglichen Hemmungen, sich in das Interaktionsgeschehen einzubringen, waren geringer geworden - augenscheinlich ab dem Zeitpunkt, als sie erkannten, daß ihre vermeintlichen Defizite unterschiedlichster Art nicht als solche behandelt wurden, sondern z.T. einen eigenen Stellenwert erhielten.

Zweite Praxisphase: Wir tanzen und gestalten auf Skiern

Gelände: Typ B.
Zielhorizont: Die Kursteilnehmer sollen sich entspannt und lustbetont an ihre Ski gewöhnen, spielerisch fundamentale Bewegungsformen lernen und eine positive Grundeinstellung zum Skifahren gewinnen. Das Tanzen, als eine spezielle Form rhythmischen Bewegens, soll dazu mit seinen emotionslösenden, kommunikativen, körperentdeckenden und kreativen Wirkungen Hilfe sein.
Aufgaben, Fragestellungen, Impulse:
- *"Getanzt haben wir ja schon, aber noch nicht mit Skiern an den Füßen. Das probieren wir jetzt. Stöcke brauchen wir dazu keine. Wir stellen uns in einer Reihe (Doppelreihe) auf. Da wir zuerst einzeln und am Ort tanzen werden, sollt Ihr den Abstand zu den Partnern rechts und links von Euch so wählen, daß Ihr genügend Bewegungsfreiheit habt. Ihr werdet gleich eine Schlagermelodie hören (Patrick Hernandez: Born to be alive[3]). Nehmt den Rhythmus auf und beginnt einfach zu tanzen, als hättet Ihr keine Ski an."* Die Teilnehmer wählen unterschiedliche Tanzschritte, z.B. vorwärts/rückwärts, seitlich parallel und winklig versetzt, Drehungen.
- *"Wir greifen im folgenden Eure Tanzschritte auf und beginnen mit dem Parallelversetzen der Skier zur Seite (Demonstration). Also: rechten oder linken Ski seitlich wegsetzen, den anderen beiholen und zurück."*

Während der folgenden Tanzphase lassen sich individuelle Variationen beobachten. Tanzen mit intensivem Ganzkörpereinsatz, Oberkörper nimmt an der Bewegung kaum teil, Kopf in Richtung Boden gesenkt, Kopf aufrecht mit Blickkontakt zu anderen usw.. Einige der Tanzenden belasten immer nur den jeweils ausgestemmten Ski, andere wiederum beide Skier nach dem Aufsetzen. Auch die Vertikalbewegung des Körpers differiert stark: während einige kaum Hoch-Tief-Aktionen zeigen, gehen andere beim Versetzen deutlich tief und richten sich beim Beiholen wieder auf oder umgekehrt. Auffällig ist auch, wie unterschiedlich breit bzw. schmal die Ski versetzt werden. Nicht alle genannten Beobachtungen müssen thematisiert oder zum Anlaß weiterer Aufgaben gemacht werden. Ich habe dies nur dort getan, wo eine bestimmte Bewegungsausführung solche inneren Ursachen

162

vermuten lassen, die beim späteren Skifahren den Genuß stark einschränken können, z.B. muskuläre Verspannungen aufgrund von Unbehagen, Angst, Unsicherheit und negativer Selbsteinschätzung (natürlich muß die Richtigkeit der eigenen Vermutungen nachgeprüft werden). Die entsprechenden Aufgaben können als Vermittlungshilfen das Problem direkt oder indirekt ansteuern:

- *"Versetzt die Ski unterschiedlich breit und achtet darauf, bei welchen Abständen die Beinmuskulatur verkrampft und wann sie zur Spannungslösung gelangt."*
- *"Versucht, nicht nur rhythmisch zu tanzen, sondern auch rhythmisch zu entspannen. Vielleicht gelingt es Euch besser, wenn Ihr während des Bewegungsablaufes auch rhythmisch, d.h. regelmäßig atmet."*
- *"Tanzt mit dem ganzen Körper. Laßt Euch von der Musik leiten und vergeßt, daß Ihr auf Skiern steht."*
- *"Sucht Euch einen Partner, mit dem Ihr tanzen wollt."*
- *"Jetzt, wo Ihr Euren optimalen Abstand zum Versetzen der Ski gefunden habt, machen wir das Ganze als Gemeinschaftsübung. Dazu bleiben wir entweder in der Reihe, oder wir wählen die Gassenaufstellung oder ..."*

Es empfiehlt sich, die detaillierte Gestaltung der Gruppe zu überlassen. Sie soll entscheiden, wie Rhythmus und Schrittfolgen miteinander in Beziehung gebracht werden können (z.B. 4 Schritte zur Seite auf 8 Rhythmusschläge und das gleiche zurück o.ä.), wie organisiert werden soll, welche Partnerhilfen eingesetzt werden können usw..

- *"Wir können unsere Aufstellung beibehalten, wenn wir nun unser Repertoire durch eine Schrittfolge in Richtung vorwärts - rückwärts erweitern (noch wird das bisherige Musikstück eingesetzt)."*

Aus den unterschiedlichen Ausführungsarten wird ein Gleitschritt übernommen, d.h. ein Schritt, bei dem der Ski dauernd Bodenkontakt hat. Während die Teilnehmer die neue Schrittfolge üben, sind wieder interessante individuelle Ausführungsunterschiede zu erkennen, die z.T. als Impulse an die Gruppe weitergegeben werden können: Je nach Gewichtsverlagerung gelingt oder mißlingt der Gleitschritt. Der gleiche Grund ist auch für die unterschiedliche Länge der praktizierten Schritte verantwortlich. Einige Teilnehmer verschieben die Ski sehr zögernd und mit steifen Knien, während andere die Arme frei mitschwingen lassen und rhythmisch in den Knien mitfedern.

Als weiteres Element wird mit der Gruppe eine Drehung über die Skischaufeln entwickelt. Eine gemeinsam gestaltete Gruppenformation, die alle drei erlernten Tanzelemente aufweist, schließt sich an und leitet zu einem neuen Abschnitt über.

- *"Hört Euch jetzt eine neue Musik mit einem anderen Rhythmus (Amazing Grace von Apollo 100) als bisher an. Versucht, ihn tanzend umzusetzen."*

Fast alle Teilnehmer versetzen aufgrund des neuen Dreiviertel-Taktes ihre Ski winkelförmig über die Schaufeln, z.B. bei Beginn nach rechts: Ausstemmen rechts (1), Beiholen des linken Skis (2), noch einmal Anheben des rechten Skis und

Absetzen (3) - das gleiche erfolgt sodann nach links usw.. Individuelle Unterschiede lassen sich feststellen beim Ausstemmen und Beiholen, das einige Teilnehmer mehr hüpfend praktizieren - vielleicht der Beginn des späteren Umsteigens mit schnellendem Abstoß.

- *"Nachdem wir jetzt einen langsamen Walzer getanzt haben, spiele ich Euch eine Musik mit ganz anderem Charakter vor (Jazz Pizzicato von Apollo 100)."*

Dieses Musikstück animiert zum Hüpfen und Springen. Alle Kursteilnehmer finden eine ihrem Gefühl, Temperament und Können angepaßte Ausführungsart. Abgesehen von der individuellen Umsetzung des Rhythmus' zeigt sich dies beispielsweise darin, daß einige ihre Ski vollständig vom Boden abheben, andere wiederum nur mit ihren Skienden hüpfen und mit den Schaufeln Bodenkontakt halten. Die letztgenannte Form wird zumeist mit parallel geschlossenen Skiern praktiziert oder auch als wechselseitiges Einbeinhüpfen.

Eine interessante Beobachtung ist, daß besonders die Teilnehmer, die zum ersten Mal auf Ski stehen, während des Hüpfens nie zu einer Ganzkörperstreckung gelangen. Sie ziehen vielmehr bei gebeugtem Oberkörper nur die Unterschenkel an. Diese Tatsache gibt Anlaß zu folgendem Impuls:

- *"Versucht, gleichzeitig mit dem Anheben der Skienden Euren Körper zu strecken. Wie fühlt Ihr Euch dabei?"*

Alle, denen die Bewältigung der Aufgabe gelingt, sprechen von einem Gefühl der Spannungslösung, der "wohligen Streckung", das sich dabei einstellt. Aufgegriffen wird die Aussage eines Teilnehmers, daß "alles leichter fällt, wenn man die Streckung mit einem kräftigen Einatmen verbindet und das Ausatmen dem Rhythmus der Musik anpaßt." (Diese Aussage erhält eine besondere Bedeutung beim späteren rhythmischen Schwingen). Beim Ausprobieren wird den meisten bewußt, daß sie bis dahin die Bewegung mit angehaltenem Atem ausgeführt haben und dadurch eine innere Verspannung eingetreten ist.

- *"Vielleicht können wir denjenigen helfen, die bisher Schwierigkeiten mit der Körperstreckung hatten. Wir fassen uns zum 'Endenspringen' alle an den Händen und hüpfen eine Zeitlang synchron, anschließend einzeln versetzt. Wie fühlt Ihr Euch jetzt?"*

Es dauert nicht lange, bis aus dem Abheben der Skienden am Ort ein Winkelspringen mit parallelen Skiern erfolgt.

- *"Versucht dabei, regelmäßig zu atmen."*
- *"Wie schafft Ihr es, daß Ihr beim Landen und beim Abdruck zum neuen Sprung nicht wegrutscht?"*
- *"Ihr könnt auch einmal probieren, in der Pflugstellung zu landen und aus dieser Position wegzuspringen."* usw..

Zur Abwechslung und Erholung wird eine mehr statische Tanzform eingeschoben, der sog. "Handklatschhüftbeuger" - eine Dreierformation auf Skiern: Dabei stehen zwei Partner im Abstand von ungefähr einem Meter nebeneinander und halten ihre Hände - Handflächen nach oben - in Kniehöhe vor ihrem Körper. Zwischen beiden

164

- ein wenig parallel versetzt und ihnen zugewandt - federt der dritte in den Knien und schlägt im Rhythmus der Musik (People need love, von Abba) mit den Händen wechselseitig auf die seiner Partner. Hier läßt sich in einfacher und spielerischer Weise der später notwendige Hüftknick als Gegenaktion zur Kniearbeit vorbereiten.

- *"Stellt Euch so zueinander, daß der/die Tanzende in der Mitte den Oberkörper nach seitlich vorne beugen muß."*
- *"Nach einer unter Euch abgesprochenen Zeit wechselt Ihr die Positionen. Bemüht Euch, den Platzwechsel im Rhythmus der Musik zu vollziehen. Jeder sollte mindestens zweimal in der Mitte gewesen sein."*

In einem weiteren Schritt begegnen die Kursteilnehmer jetzt dem Element "Gleiten":

- *"Bis jetzt haben wir auf engstem Raum getanzt - wie in einer Disco. Nun nehmen wir uns das Eistanzen und Paarlaufen auf einer großen Fläche zum Vorbild. Um in diesem Rahmen Bewegung gestalten zu können, benötigen wir nicht nur Schrittelemente am Ort, sondern auch die Fähigkeit des raumgreifenden Gleitens. Am Anfang wird uns jeweils ein Partner dazu verhelfen, in der Ebene zum Gleiten zu kommen; geht also partnerweise zusammen. Derjenige, der in der Funktion des Helfers beginnt, zieht seine Ski aus und steckt sie an der Seite in den Schnee."*
- *"Die Aufgabe für die Helfer lautet: Bringt Euren Partner in sanfter, sensibler Weise zum Gleiten. Oberstes Gebot dabei ist: Der Partner auf Skiern darf keine Angst bekommen, er muß sich sicher und wohl fühlen. Auf diese Gefühlslage hin müßt Ihr Euer Helfen dauernd überprüfen."*

Während sich die Paare mit der Lösung der Aufgabe beschäftigen, lasse ich schon leise die Musiken mitlaufen, die später die Tanzgestaltung beeinflussen sollen (Tristesse und Opus 5 von Apollo 100). Nach einiger Zeit bitte ich zu einem kurzen Auswertungsgespräch, in dessen Verlauf die Beteiligten ihre ersten Erfahrungen mitteilen sollen, die sie in den Rollen des Helfers und Übenden bisher gesammelt haben. Ausnahmslos alle sehen für diese Anfangsphase die Notwendigkeit und Bedeutung des durchgehenden Körperkontakts (taktile Sensibilisierungsphase). Er ermöglicht es, jederzeit helfend einzugreifen, z.B. wenn der Partner auf Skiern sein Gleichgewicht verliert. Zusätzlich bietet er den beiden Experimentierenden die Gelegenheit, einen stetigen nonverbalen Informationsaustausch über die Wirksamkeit der helfenden Maßnahmen und über den schon erreichten Sensibilisierungsgrad im Umgang mit dem Körper des anderen zu führen.

- *"Konzentriert Euch als Helfer ganz auf Euren Partner. Erspürt, wie er sich fühlt, wenn seine Ski gleiten. Ist er dabei verkrampft oder bleibt er entspannt? Achtet auf seine Körperhaltung."*
- *"Dosiert den Antriebsimpuls so, daß die Geschwindigkeit gleichmäßig bleibt und dem Partner angepaßt ist."*

- *"Macht Eurem Helfer deutlich, wie Ihr seine Hilfe empfindet. Kann er sich auf Euch einstellen?"*
- *"Wenn Ihr auch einmal alleine ins Gleiten kommen wollt - z.B. mit Hilfe des Schlittschuhschritts - müßt Ihr das Eurem Partner mitteilen."*
- *"Wenn es Euch Spaß macht, kann Euch der Helfer nach dem Antriebsimpuls (Schieben oder Ziehen) auch alleine ausgleiten lassen."*

In der folgenden Zeit wird den Teilnehmern immer bewußter, daß letztlich bei diesen Formen nicht nur einer als Helfer fungiert, sondern beide gleichermaßen voneinander profitieren.
- *"Versucht, während des Gleitens Eure Bewegungen im Rhythmus der Musik zu gestalten."*
- *"Ihr könnt auch ausprobieren, auf einem Ski zu gleiten und mit dem skifreien Fuß den Antriebsimpuls zu geben, ähnlich wie beim Rollerfahren."*
- *"Schafft Ihr es, zu zweit - jeweils auf einem Ski - eine bestimmte Wegstrecke zu gleiten? Probiert aus, welchen Ski jeder von Euch beiden dazu anbehält. Könnt Ihr während der gemeinsamen Gleitphase Eure Bewegungen im Rhythmus der Musik harmonisch gestalten?"*

Die Teilnehmer zeigen, z.T. mit einfachsten Bewegungselementen, faszinierend abgestimmte Bewegungsgestaltungen zum Rhythmus der Musiken. Trotz der ausgelassenen Stimmung gehen die jeweiligen Partner außerordentlich verantwortungsvoll und sensibel miteinander um. Einige Paare suchen nach einem abfallenden Gelände, um das gemeinsame Gleiten und Gestalten zeitlich verlängern zu können. Zum Abschluß der zweiten Praxisphase ist eine Art Polonaise vorgesehen. Da die eingespielte Musik (Flamingo von Herb Alpert) aber von allen bisherigen Kursabsolventen als "Elefantenmusik" empfunden wurde, hat sich die Bezeichnung "Tanz der Elefanten" eingebürgert. Diesem Titel entsprechend stampfen die Teilnehmer in einer langen Schlange eng hintereinander und in breiter Skistellung zum Rhythmus der Musik vorwärts. Im Regelfall folgt an dieser Stelle noch eine dritte Praxisphase und zwar im Gelände des Typs C. Im Verlauf dieses Arrangements sollen die Kursmitglieder ihre bisherigen Körpererlebnisse und Erfahrungen unter neuen, ungewohnten Bedingungen - z.B. rutschen und gleiten die Ski hangabwärts von selbst - erweitern.

Gemäß dieser Zielperspektive richten sich die Aufgaben auf zwei Hauptfelder. In dem einen geht es darum, die individuelle Erlebnisfähigkeit weiterzuentwickeln. Im anderen wird der Versuch fortgesetzt, durch Wahrnehmungszentrierungen die subjektiven inneren Vorgänge beim skispezifischen Handeln bewußt und damit teilweise steuerbar zu machen. Dazu gehören auch Experimente, die aufzeigen, welche Folgen das bewußte Zu- oder Ausschalten von Sinnestätigkeiten für die Breite und Tiefe der Erlebnisqualitäten beim Skifahren haben kann.

- *"Haltet Euch bei der nächsten Abfahrt die Ohren zu. Welche Gefühle stellen sich während des Fahrens ein?"*
- *"Wie Ihr einige Male erleben konntet, ist das kleine Abfahrtsstück absolut risikolos zu bewältigen. Von daher können wir es uns erlauben, einmal mit geschlossenen Augen zu fahren und die dabei auftretenden Gefühle in uns zu überprüfen. Stellt Euch in die Spur, fahrt los und versucht die Augen so lange geschlossen zu halten, bis Ihr von alleine stehen bleibt. Ich sorge dafür, daß jeder von Euch die Fahrt ungestört machen kann."* usw.

Darüber hinaus wird so oft wie möglich das gegenseitige Helfen praktiziert, um die soziale Sensibilität der Teilnehmer zu erhöhen und ihre Unabhängigkeit von der Person des Skilehrers zu fördern.

Zusammenfassung

Im Rückblick auf die Skikurse, deren erster Tag in der beschriebenen Weise gestaltet wurde, kann eine positive Bilanz gezogen werden. Der ungewöhnlich anmutende Einstiegsmodus sorgte stets dafür, daß eine entspannte Erlebnis- und Lernatmosphäre herrschte, zu der Leistungs- und Konkurrenzdruck nicht paßt. Von Anfang an erfuhren die Kursteilnehmer, daß Skilaufen etwas mit Freude, Lust, Kommunikation, Rhythmus und Tanz zu tun haben kann. Diese Phänomene wiederum können dazu beitragen, sich von zwanghaften inneren Soll-Wertvorstellungen zu lösen. Skilauf sollte sich als ein Weg darstellen, individuelle Erlebnisfähigkeit zu entwickeln und zu steigern. Körpererlebnisse und Körpererfahrungen spielen dabei eine große Rolle.

Und schließlich wollte ich mit dem Arrangement den Grundstein legen zu einem mehrperspektivischen Skifahren. Derjenige, der vielfältige Sinngebungen im Skilauf erfährt, eröffnet sich und anderen die Chance, beglückende Erlebnisqualitäten dieser Natursportart relativ unabhängig von Alter und Leistungsstand genießen zu können.

Anmerkungen

[1]   Dieser Einleitungsteil kann auch anders gestaltet werden, etwa in Form eines kleinen Spaziergangs, in dessen Verlauf sich die Teilnehmer (in Skikleidung) mit der näheren Umgebung des Ortes vertraut machen.

[2]   Eine Vertiefung des Aspekts "Wohlbefinden" erfolgt für die Teilnehmer jeweils im Kursarrangement von Gerhard TREUTLEIN.

[3]   Die angeführten Musikstücke sind nicht als inhaltliche Vorgaben zu verstehen. Sie sollen lediglich helfen, zeitgemäße und zielgruppenangepaßte Stücke mit dem gleichen Rhythmus zu finden.

Gerhard Treutlein
Körpererfahrung im Skilauf - eine vernachlässigte Perspektive

"Wer nur in quantitativen Kategorien denkt und urteilt, kennt den kleinen Prinzen nicht: 'L'essentiel est invisible pour les yeux' (Le petit prince)"[1]
(HOTZ 1986, S. 18)

1. "Lernen" und "Erfahrung" beim Unterricht im Skilauf

Skilaufen zieht große Massen von Menschen an. Wer diese faszinierende Sportart lernen will, wendet sich meist an eine Skischule, hofft dort optimal unterrichtet zu werden und nimmt im Normalfall ohne Widerspruch geduldig alles auf sich, was Skilehrer verlangen. Das Ziel "möglichst schnell Skilaufen lernen" heiligt die Mittel. Meist fordern die Skilehrer von ihren Skischülern, daß sie ihn beim Vorfahren beobachten, ihn nachahmen bzw. in einer langen Schlange hinter ihm herfahren. Vorfahren und nachfahren, Anweisungen geben und diese ausführen, einzeln vorfahren und korrigieren - dies sind die wesentlichen Lehr- und Lernhandlungen im traditionellen Skiunterricht, der von einer völligen Verschulung geprägt ist (vgl. BREHM 1986, S. 178). Dabei steht das "Lernen vorgegebener Fertigkeiten" im Mittelpunkt, "Erfahren" ist eine vernachlässigte Kategorie. In der Praxis des Skiunterrichts wird der Lernende eher als "Objekt" gesehen, das möglichst schnell zum guten Skiläufer "geformt" werden soll. Wissen und Können des Skilehrers sowie richtiges Reagieren und Reproduzieren durch die Lernenden werden als Voraussetzungen für einen sicheren Lernerfolg angenommen. Das "Subjekt Skiläufer" und seine Erfahrung mit und im Skilaufen kommen zu kurz[2].

2. An Körpfahrung orientiertes motorisches Lernen

Motorisches Lernen, das an Körpererfahrung orientiert ist, basiert auf den spezifischen Wahrnehmungen des Lernenden. Seine subjektive Erfahrung wird zum eigentlichen Lehrer. Lernen wird zum Entdeckungsprozeß, der allerdings durch Impulse und vor allem durch entsprechende Aufgabenstellungen des Skilehrers angeregt werden kann. Der Begriff der Körpererfahrung betont sowohl den Prozeß des aktiven, bewußten Wahrnehmens als auch dessen (funktionale oder intentionale) Verarbeitung; "körpererfahrungsorientiertes Lernen" unterstreicht die bewußte Wahrnehmung des ISTWERTS[3] von Bewegungen als wertvolle Erfahrungsquelle und vermeidet eine starre Fixierung auf SOLLWERTE. Der Lernende wird zum kompetenten "Regler" in komplizierten Regelungsprozessen. Hierzu muß er lernen, relevante Informationen wahrzunehmen, interne und externe Informationsquellen auf sich einwirken zu lassen und sie zeitweise bewußt zu verarbeiten. Über ihre Auswertung entsteht ein besseres Modell seiner selbst und seiner Umwelt, damit eine geeignetere Grundlage für weiteres Experimentieren und Korrekturen. Ergebnis ist dann ein individuell ausgeprägter günstiger Bewegungsentwurf, eine bessere Bewegungsausführung und eine gesteigerte Fähigkeit, Störungen in der Ausführung selbst wahrzunehmen und damit vom Skilehrer unabhängiger zu werden, nicht zuletzt aber eine erhöhte Erlebnisfähigkeit.

Wenn Lernen so konzipiert wird, steht am Ende des Lernwegs eine individualisierte Technik als Ergebnis der Suche nach Lösungsmöglichkeiten von Bewegungsproblemen bzw. Bewegungsaufgaben. Eine solche Technik ist situativ variabel verfügbar. In einem körpererfahrungsorientierten Vermittlungsverfahren wird dem Ziel der variablen Verfügbarkeit durch ständige Anregung zur Selbstregulierung Rechnung getragen. Aus einem fertigkeitsorientierten wird so ein fähigkeitsorientierter Skiunterricht.

3. Skilaufen und Wohlbefinden

Was macht Wohlbefinden beim Skilaufen aus? Ein eher masochistisch orientierter Skiläufer könnte darauf antworten: Die Anzahl der Stürze oder möglichst (verkrampft) korrektes Imitieren des Skilehrers. Unsere Überlegungen zur Verwirklichung von "Wohlbefinden beim Skilaufen" gehen in Richtung auf ein Sporttreiben unter leibökologischer Verantwortlichkeit[4] und Berücksichtigung der ganzen Lebensspanne (FUNKE 1986), die "Fähigkeit zum selbständigen und beglückenden Sporttreiben" (unter Berücksichtigung sozialer Eingebundenheit und Pflichten) oder das "Sporttreiben unter Berücksichtigung von Rhythmus und polaren Gesetzmäßigkeiten". Vor diesem Hintergrund greift eine Vermittlung des Skifahrens, die vorwiegend auf das Lernen von (vorgegebenen) Skitechniken beschränkt ist, eindeutig zu kurz.

Jeder Skiläufer kann sich auf Befragen an Situationen erinnern, in denen er sich durch seine skiläuferischen Bewegungen besonders wohl fühlte. Solche Erfahrungen im Umgang mit dem eigenen Körper, der Bewegung und der Situation können z.B. das sich der Bewegung Hingeben sein, das Erleben eines gelungenen Rhythmus beim Kurzschwingen, des Wechsels zwischen Streckung, Spannung und Spannungslösung bei der Hochentlastung, des Lösens der Spannung nach längerem Fahren von Tiefschwüngen, aber auch das Erlebnis des ersten Gleitens eines Anfängers. In geglückten Bewegungen sind Elemente enthalten, die Wohlbefinden und Freude hervorrufen. Wenn es dem Skilehrer gelingt, diese zu identifizieren, ist er eher in der Lage, Lernen und Üben des Skilaufens so zu arrangieren, daß Wohlbefinden für die Lernenden wahrscheinlich wird. Aufmerksamkeit (Wachheit der Sinne), Konzentration (Zentrierung der Wahrnehmung und Aufnahmebereitschaft des Skiläufers), mit dem Ziel des Übergangs von Bewußtheit (FELDENKRAIS 1978) zu selbstvergessener Hingabe - bis hin zu Formen des meditativen Skilaufens - schaffen wesentliche Voraussetzungen für Wohlbefinden beim Skilaufen.

4. Welche Körpererfahrungen sollen angeregt werden?

Ausgangspunkt unserer Überlegungen waren unsere eigenen Erfahrungen beim Skilaufen, als Skiläufer und als Skilehrer. Wir haben versucht, diese Erfahrungen aufzuarbeiten und um die Erfahrungen anderer Skiläufer zu ergänzen. Als wesentliche Voraussetzung für das Ermöglichen von Körpererfahrungen hat sich in unseren Skikursen eine Wahrnehmungszentrierung auf folgende Punkte als zweckmäßig erwiesen:

- Ansprechen der Sinne (was höre, sehe, fühle ich beim Fahren, bei verschiedenen Geschwindigkeiten usw.?),
- Spannung und Spannungslösung,
- deutlicher Wechsel zwischen Spannung und Spannungslösung,
- rhythmischer Wechsel zwischen Spannung und Spannungslösung,
- Öffnen/Strecken und Schließen des Körpers,
- Verschmelzen von Körper und Gerät,
- Fliegen und Landen,
- Steuerungsfunktion des Kopfes,
- Atmung.

Ergebnis eines Vergleichens der Wahrnehmungen mit gespeicherten Erfahrungen und Bewegungsmustern, des Vor- und Nachspürens von Bewegungen, des Hineinfühlens und -hörens in den eigenen Körper können dann z.B. folgende Erfahrungen sein:

- Eine hohe Spannung bringt Freude an der Bewegung, vorausgesetzt, sie wird nicht zu lange aufrechterhalten; sonst kann Wohlbefinden in Unwohlsein umschlagen.
- Vor allem ein rhythmischer Wechsel zwischen Spannung und Spannungslösung bringt lustvolle Gefühle.
- Fahren in Rücklage erzeugt Spannung und kann reizvoll sein, erfordert aber Kondition und Können.
- Die Hochentlastung eröffnet einen leichteren Zugang zu Wohlbefinden als die Tiefentlastung.
- Eine unruhige Kopfführung bringt Unruhe in den ganzen Bewegungsablauf und

stört einen rhythmischen Bewegungsfluß.

- Press-Atmung oder angehaltener Atem können das Wohlbefinden beeinflussen und führen zu schneller Ermüdung; beim Kurzschwingen oder in gefährlichen Situationen können sie aber wichtig sein, um eine Störung der Koordination von Atemrhythmus und Bewegung zu vermeiden.

Die hier formulierten Erfahrungen können von Experten teilweise als trivial und selbstverständlich bezeichnet werden. Aber sind sie es auch für Lernende? Selbst bei guten Skiläufern kann nicht immer davon ausgegangen werden, daß ihnen diese Erfahrungen bewußt sind und ihre Entsprechung im Körperbild haben. Das Wissen z.B., daß Fahren in Rücklage oft ungünstig ist und zudem zu Verkrampfungen führen kann, ist verbreitet, aber: wie wird das im Körper erfühlt, welche Auswirkungen sind zu spüren, wo sind sie zu spüren, wann ist Fahren in Rücklage schön, wann wird es unangenehm? Es macht einen großen Unterschied, ob solche Fragen über eigenes Versuchen beantwortet werden (können) oder ob der Skilehrer seine eigenen Erfahrungen einfach weitervermittelt. An "Körpererfahrung" orientiertes Vorgehen versucht, Lernende ihre Erfahrungen selbst machen zu lassen. Sollten diese allgemeinen und logisch begründbaren Erfahrungen widersprechen, können Fremderfahrungen ("objektive" Erfahrungen) argumentativ und damit nachvollziehbar und überprüfbar eingebracht und für Anfänger, Fortgeschrittene und Könner nacherfahrbar gemacht werden.

5. Förderung der Interaktion durch "körpererfahrungsorientiertes Unterrichten"

Beim körpererfahrungsorientierten Unterrichten kommt es zu einer Abkehr von der üblichen monodirektionalen Kommunikation (Informationen fließen nur vom Skilehrer zu den Skischülern) und zu einer Änderung der Organisationsformen. Der Skilehrer steht nur noch selten vor der Gruppe, er ist mehr Ansprechpartner und Impulsgeber. Durch die Verringerung der Zeitanteile für Erklärungen, Demonstration, Korrektur und Vorfahren wird mehr gefahren, nach dem Prinzip: *"(Er-)Fahren lernt man in erster Linie durch Fahren"*. Die gestellten Aufgaben werden in Einzel-, Partner- und Gruppenarbeit behandelt und ausgewertet, die Ergebnisse des öfteren in ein Gespräch der ganzen Gruppe eingebracht. Der Skilehrer widmet sich während der Experimentierphasen einzelnen Fahrern und Gruppen oder steht als "Service-Station" am Rande der Piste, beobachtet, läßt sich Erfahrungen berichten und gibt weiterführende Denk- und Experimentieranstöße sowie zusätzliche Impulse und Aufgaben.

6.   Methodischer Weg[5]

Wenn über eine funktionale Phase (vgl. hierzu den Artikel von JANALIK zum Anfängerskilauf in diesem Band) eine positive Atmosphäre und ein eutonischer Körperzustand im Umgang mit den Skiern und dem "Skikörper" erreicht ist, sind die Voraussetzungen für intentionale körpererfahrungsorientierte Phasen im Skiunterricht geschaffen. Über Wahrnehmungszentrierung auf einzelne Sinne wird dann versucht, die sinnliche Aufgeschlossenheit zu entwickeln und die Sinne zu schärfen. In einem dritten Schritt werden nicht-figurorientierte Themen als Aufgaben gestellt, so daß sinnliche Bereitschaft und Wahrnehmung zu ihrer Erfüllung gefordert sind und über gemachte Erlebnisse und Erfahrungen geredet werden kann. Skiläufer, die mit dieser Methode unterrichtet werden, sind nach unserer Erfahrung hoch motiviert, fühlen sich wohl, denken mit und verfügen über eine verbesserte Lernfähigkeit, können sich selbst korrigieren und sind zu einem Transfer ihrer Erfahrungen in der Lage. Körpererfahrungsorientiertes Unterrichten zielt auf ein möglichst vielseitiges Bewegungsrepertoire als Grundlage von vielfältigen Körpererfahrungen und eine entwickelte motorische Lernfähigkeit sowie klare Vorstellungen des eigenen Körpers und seiner Bewegungen. Durch das Prinzip der Bewußtheit (vgl. FELDENKRAIS 1978), die stärkere Berücksichtigung der Innenperspektive und Lernen durch bewußtes Wahrnehmen, Fühlen, Erleben und Auswerten - vor allem am Beispiel der von FELDENKRAIS empfohlenen Gegensatzerfahrungen - können diese Ziele angegangen und Grundlagen für Wohlbefinden durch Skilauf gelegt werden.

7.   Aufgaben in einem körpererfahrungsorientierten Skiunterricht

Auf der Grundlage der vorhergehenden Überlegungen wurde im Skiunterricht mit Aufgaben experimentiert; in der Folge finden sich einige Beispiele als Anregung für das Zusammenstellen einer eigenen Aufgabensammlung:

7.1 Körpererfahrungsaufgaben für Anfänger

Wenn die Erstbegegnung mit dem neuen Gerät und dem Medium Schnee - über das Wandern mit Langlaufskiern und/oder eine spielerische Gewöhnung an Alpinskier (vgl. dazu JANALIK in diesem Band) - erfolgreich absolviert wurde, können die nachfolgenden Körpererfahrungsaufgaben für Anfänger in einem leichten Gelände durchgeführt werden. Die mit ihnen verfolgten Ziele sind: Differenzierung der Wahrnehmung und Sensibilisierung für den eigenen Körper, Angstabbau und Erarbeitung von Prinzipien für Wohlbefinden erzeugendes Skilaufen. Diese Ziele gehe ich auf einem leicht geneigten Hang (mit Auslauf oder Gegenhang) mit folgenden Aufgaben an:

1) "Konzentriert euch ganz darauf, ob ihr beim Fahren eure Fußsohlen spürt! Wo verspürt ihr Druck?" Bei dieser wie bei den meisten nachfolgenden Aufgaben ist es gleichgültig, ob die Lernenden mit geschlossenen Skiern, mit parallel offener Skiführung oder im Pflug fahren. Die meisten Teilnehmer verspüren primär Druck auf den Fersen. Dies läßt sich damit erklären, daß Unsicherheit und Angst (vorm Fallen, vor der Geschwindigkeit, wegen noch nicht entwickelter Bremsmöglichkeiten) dazu führen, sich unbewußt gegen etwas zu stemmen, eine Art Abwehr- und zugleich Schutzhaltung gegen das Unbekannte. Insofern handelt es sich bei den Anfängern um eine normale Reaktion, mit der wir uns beschäftigen müssen. Im zweiten Schritt können die verschiedenen Möglichkeiten, Druck auf den Sohlen zu spüren, bewußt herbei geführt werden, verbunden mit der Frage nach dem Sich-Fühlen in den verschiedenen Lagen. Auf diese Weise kann selbständig herausgefunden werden, daß die Mittellage am sichersten und angenehmsten ist. Vorlage kann Angst hervorrufen wegen des Gefühls, bei einem Frontalsturz nicht ausreichend Zeit zum Reagieren zu haben; die Rücklage führt leicht zu Verkrampfungen und zu Beschleunigung sowie unsicherer Skiführung.

2) "Wie hängen die zuvor verspürten Druckempfindungen an den Fußsohlen und der Spannungsgrad der Oberschenkelmuskulatur zusammen?" Druck auf der ganzen Sohle (Mittellage) wird als angenehmer empfunden als Druck auf den Fersen oder Ballen (Rück- bzw. Vorlage), da die Oberschenkelmuskulatur weniger belastet (angespannt) wird. Vorübergehende Vor- oder Rücklage sind nicht unangenehm; ein längeres Verweilen in diesen Lagen (verbunden mit lang anhaltender hoher Spannung) führt allerdings zum Gefühl des Unwohlseins.

3) Angst entsteht vor allem beim Fallen, aber auch bei zu schnellem und unkontrolliertem Fahren. Um auf sie reagieren zu können, muß bewußt gemacht werden, wie sich Unsicherheit und Angst im Körper äußern: *"Wenn ihr Angst habt, wo spürt ihr sie im Körper, wie äußert sie sich?"* Angst macht sich vor allem in der Magengegend und mit Verkrampfungen im ganzen Körper oder von Körperteilen bemerkbar. Mit drei Schwerpunkten sollen die Angst abgebaut und die Voraussetzungen für eutonisches Skilaufen geschaffen werden. *Der Abbau der Angst vorm Fallen* kann mit folgender Aufgabe versucht werden: *"Wie fällt man am günstigsten und wie kann man sicher und problemlos wieder aufstehen? Probiert verschiedene Möglichkeiten aus! Vermeidet aber gefährliche Formen!"* Eine Aufgabe zum *Abbau der Angst vor dem Nicht-Anhalten-Können:* *"Geht zu zweit zusammen; ein Partner zieht die Skier aus. Er zieht den Skiläufer; dieser muß sich dagegen stemmen, weggezogen zu werden."* Als Vermittlungshilfe: *"Experimentiert mit dem Strecken und Beugen der Beine, wann könnt ihr besser Widerstand leisten?"* Bei dieser Aufgabe kann erfahren werden, daß Kanteneinsatz zu Bremswirkung führt. Mit der Aufforderung, später beim Fahren ebenfalls mit

der Winkelstellung der Skier und dem Beugen der Beine zu experimentieren, kann das Wahrnehmen der Bremswirkung und ihre Anwendung weiter entwickelt werden.

Zur Bearbeitung des Problems der bei Anfängern häufigen Verspannungen soll beim Fahren im Pflug oder mit parallel offener Skiführung eine Wahrnehmungszentrierung auf die Oberschenkel erfolgen: *"Ihr habt erfahren, daß Spannung vor allem dann Spaß macht, wenn eine Phase der Entspannung (Spannungslösung) auf die Spannung folgt. Versucht dieses Wissen beim Fahren anzuwenden! Welche Möglichkeiten habt ihr, damit ihr euch beim Skifahren nicht verspannt oder verkrampft?"* Möglichkeiten zum Auslösen eines Spannungswechsels sind: Groß und klein werden durch Beugen und Strecken; das Gewicht von einem Ski auf den anderen verlagern; sich vor- und zurücklegen; eine größere oder kleinere Pflugstellung einnehmen (oder auch diese aufgeben); häufiger und schneller Wechsel zwischen den Möglichkeiten usw.

4)   Differenzieren der Körperwahrnehmung: *"Stellt eure Stöcke an den Rand der Skipiste! Versucht ohne Stöcke zu fahren!"* Fahren ohne Stöcke führt nach einer Phase vorübergehender Verunsicherung zu einer erhöhten Wahrnehmungsfähigkeit und zu einer stärkeren Konzentration auf Situation, Fahrverhalten und eigenen Körper. Dies sind günstige Voraussetzungen z.B. für die Aufgabe, Verspannungen und Verkrampfungen aufzuspüren: *"Überprüft, wo in euch möglicherweise Verspannungen und Verkrampfungen auftreten. Sofern ihr welche findet, versucht sie zu lösen!"* Verspannungen können die Folge von Körperstellungen sein, z.B. ständig gestreckter Arme oder hochgezogener Schultern. Gegensatzaufgaben erleichtern das Finden eigener Lösungen (z.B. *"Fahrt mit gestreckten Armen, mit angewinkelten Armen"*).

5)   ISTWERT und SOLLWERT bei der Skiführung: *"Fahrt - im Pflug oder parallel offen - so, daß einmal die Ski weit auseinander und einmal möglichst eng geführt werden. Wie wirkt sich die Skiführung auf eure Körperspannung aus?"* Sowohl ganz schmale wie auch weite Skistellung können zu Verspannungen und Verkrampfungen führen. Durch den Versuch eines systematischen Spannungswechsels können bei beiden angenehmere Gefühle hervorgerufen werden, mit dem Ergebnis einer "natürlichen", als angenehm empfundenen Skiführung, die nicht einen bestimmten technischen SOLLWERT, sondern das eigene Gefühl als Leitlinie hat.

6)   Sinnesbeanspruchung: Unter dem Aspekt einer Erhöhung der sinnlichen Präsenz erscheint auch im Anfängerunterricht die Aufgabe sinnvoll, auf Geräusche beim Fahren zu achten: "Was hört ihr beim Fahren? Welche Geräusche erzeugen eure Ski? Hört ihr mehr von der vorderen oder hinteren Hälfte der Ski?"

Längerfristig werden Unterschiede bei unterschiedlichen Kanteneinsätzen, Schwungradien, Schwungtypen, Vor- und Rücklage wahrgenommen; die Geräusche können durch Laute, Singen, Pfeifen usw. verstärkt werden. Die zeitweilige Konzentration auf das, was man sehen, fühlen oder riechen kann beim Fahren, ist ebenfalls sinnvoll.

7)   Zusammenhang zwischen Kopf- und Körpersteuerung: *"Achtet darauf, welche Bewegungen ihr mit dem Kopf macht!"* Da die Selbstbeobachtung oft keine ausreichenden Ergebnisse bringt (Kopfbewegungen sind automatisiert und dem Bewußtsein nur schwer zugänglich), hat sich das gegenseitige Beobachten bewährt. Der Fahrende soll zuerst seine eigenen Wahrnehmungen berichten; der Beobachtende kann dann diese Selbstwahrnehmung bestätigen oder korrigieren. Festzustellen ist bei Anfängern, oft aber auch bei fortgeschrittenen Läufern, daß die Augen die neue Richtung suchen, der Kopf dadurch mitgezogen wird und dann der ganze Oberkörper nachfolgt. Dies bringt eine ausgeprägte Rotation mit sich. Der Effekt der Kausalkette kann über folgende Aufforderung verdeutlicht werden: *"Wenn ihr Bewegungen des Kopfes festgestellt habt, versucht diese Bewegungen zu verstärken; beobachtet, wie euer Körper und eure Ski darauf reagieren!"* Die verstärkte Rotation führt zur Belastung des bogeninneren Skis und zu Unsicherheit. Im nächsten Schritt kann daran gegangen werden, die feste Verknüpfung von Kopf- mit Körperbewegung aufzulösen und den Kopf jeweils ab dem Beginn der Einleitung eines Bogens etwas gegen die neue Richtung drehen zu lassen. Als Vermittlungshilfe kann die Anweisung dienen: *"Schaut jeweils zum Ende eures bogenäußeren Skis!"*

Skianfänger, die mit solchen Aufgaben konfrontiert wurden, berichteten eine intensivierte Wahrnehmung des eigenen Körpers und als sehr positiv empfundene Punkte wie z.B.

- *Jeweils mindestens eine Fahrt stand zur - relativ unbeobachteten - Bearbeitung einer Aufgabe zur Verfügung.*
- *Das Alleinfahren ermöglicht es, sich auf sich selbst zu konzentrieren.*
- *Dadurch, daß nicht nachgefahren werden mußte, war es möglich, einen eigenen Rhythmus zu finden.*
- *Sehr geschätzt wurde die Tatsache, daß Äußerungen von Skischülern - vor allem zu Gefühlen - einfach akzeptiert und nicht gewertet wurden.*
- *Der Skilehrer war Helfer und Anreger, nicht aber derjenige, der bei jedem Schritt über "richtig" oder "falsch" entscheidet.*
- *Es gab kein Konkurrenzdenken in der Gruppe, keine "Hackordnung".*

176

7.1 Körperfahrungsaufgaben für Fortgeschrittene

Fortgeschrittene Skiläufer nehmen sich oft einen Teil der Freude am Skilaufen durch eine zu starke Orientierung an Sollwerten: *"Meistens sind wir mit einem Katalog von Anweisungen beschäftigt, die besagen, wie wir das tun und jenes lassen sollen - Selbstkritik, Selbstanalyse, Sorgen, Ängste, Zweifel. Oft geht das Geschwätz ununterbrochen und nicht gerade freundlich vonstatten"* (GALLWEY/ KRIEGEL 1981, S. 36). Denken an Sollwerte führt oft zu psychischen Verspannungen und zu einer geringen Sensibilität für den Istwert: für das, was jetzt gerade ist. Die schönsten Fahrten im Skilaufen sind jene, in denen wir uns voll und ganz der Bewegung und dem Erlebnis hingeben, sensibel für den Istwert sind und jeglichen Sollwert vergessen[7]. Deswegen beginne ich bei fortgeschrittenen Läufern nach einem ersten freien Einfahren stets mit der Frage:

1) *"Worauf habt ihr beim Fahren gerade geachtet?"* Wenn die Antwort auf die Frage schwer fällt, fordere ich zu folgender Selbstbeobachtung auf: *"Achtet bei eurer nächsten Fahrt einmal bewußt darauf, auf was ihr achtet!"* Selten kommen danach andere als sollwertbezogene Antworten: *"Ich hätte besser auf dem Talski stehen müssen"*, *"meine Knie waren nicht ausreichend gebeugt"*, *"ich muß meine Skier enger führen"* usw ... Fast nie werden Gefühle, Stimmungen, Körper- oder auch Naturwahrnehmungen geäußert. Der Hinweis auf den Unterschied zwischen Ist- und Sollwert (oder Ich 1 und Ich 2 nach GALLWAY/KRIEGEL) und die gerade geäußerte einseitige Sollwertorientierung löst meist ziemliche Betroffenheit aus. In der Folge geht es dann darum, sensibler für Istwerte zu werden. Bewußtheit, Sensibilität und die Suche nach Wohlbefinden erzeugendem Skilaufen können durch folgende Aufgaben intensiviert werden[8]:

2) Zum Zusammenhang zwischen Gefühlen/Stimmungen und Spannungszuständen im Körper eignen sich Darstellungsaufgaben: *"Geht in Zweier- oder Dreiergruppen zusammen: Versucht, folgende Begriffe beim Skilaufen darzustellen: lasch, locker, beschwingt, heiter, traurig, deprimiert, fit, jauchzend, 'Null Bock', ängstlich, aggressiv. Welche Begriffe enthalten in ihrer Darstellung Ähnlichkeiten? Welche Unterschiede bezüglich Spannung, Spannungslösung und Rhythmus lassen sich feststellen? Welche Körperhaltungen sind damit verbunden?"* (Öffnung und Schließung des Körpers). Darstellungsaufgaben finden großen Anklang, da sie sensibel machen für Zusammenhänge zwischen Gefühlen/Stimmungslagen und Spannungszuständen im Körper, für Voreinstellungen zum Skilaufen und ihren körperlichen Folgen. Ihre Auswertung ermöglicht, sich und andere Skiläufer besser einschätzen zu können; darüber hinaus kann erarbeitet werden, wie eine durch Wetter, ungünstige Schneeverhältnisse, Probleme in einer Gruppe u.a.m. verursachte zu hohe Spannung beeinflußt werden kann. Meist erfolgt ein unmittelbarer Transfer der gewonnenen Erkenntnisse auf andere Lebensbereiche.

Oft entwickelt sich daraus ein Gespräch über die Polarität des Lebens. Zum Beispiel können ständiger Sonnenschein und/oder durchgehend optimale Schnee- und Pistenverhältnisse unter Umständen den Weg zu einem vollen Genuß des Skilaufens versperren, denn "bessere" und "schlechtere" Bedingungen gehören zusammen, um "optimale" Bedingungen wirklich genießen zu können. Auch "schlechte" Bedingungen haben ihren Reiz. So können Wind, Wetter, schlechte Sicht und schwierige Schneeverhältnisse zu intensiven Körpererfahrungen führen, wenn nicht eine negative Grundstimmung ("So ein Mistwetter heute!") bereits für eine unangemessene Körperspannung und zu einer eingeschränkten Wahrnehmungsfähigkeit führt. Es gibt keine schlechten Verhältnisse, sondern nur ungünstig eingestellte Skiläufer. Hierzu beispielsweise der Kommentar einer Studentin nach einer Abfahrt bei "schlechten" Witterungsbedingungen: *Positiv war für mich die Abfahrt nach Samnaun bei schlechten Wetterbedingungen. Ich habe dabei verstärkt ein Bewußtsein für Körper, Schnee und Ski entwickeln und umsetzen können, was zuvor erarbeitet wurde. Ich habe bewußt auf die Reaktionen meines Körpers und der Skier geachtet und fühlte mich unwahrscheinlich wohl und sicher auf den Skiern. Hätte ich mich nicht auf meinen Körper konzentrieren können, wären mir die schlechten Verhältnisse nur als etwas Negatives bewußt geworden!* - Ein deutlicher Fall einer veränderten selektiven Wahrnehmung!

3)   Zum Problem der Seitigkeit: Fast jeder Skiläufer hat eine sogenannte starke und schwache Seite ("Schokoladenseite"). Oft ist eine unterschiedliche Beugefähigkeit der Knie die Ursache; sie führt zu einer geringeren Beugung der "schwachen" Seite, verbunden mit einem weniger effektiven Kanteneinsatz. Als Aufgabe bietet sich an: *"Achtet darauf, in welchem Umfang ihr bei euren Schwüngen das bogenäußere Knie beugt! Gibt es Unterschiede zwischen der Beugung des rechten und des linken Knies?"* Soweit Unterschiede festgestellt werden, bringen diese Wahrnehmungen meist ein Aha-Erlebnis hinsichtlich der "Schokoladenseite".

4)   Starker Wechsel von Spannung und Spannungslösung: Beim Umsteigeschwingen wird die teilweise extreme Beugung und Spannung des bogenäußeren Knies als angenehm empfunden (Erlebnis der eigenen Vitalität). Dieses Gefühl kann über eine Standübung verdeutlicht werden: *"Geht partnerweise zusammen und stellt euch quer zur Fallinie auf! Der obere verlagert sein Gewicht voll auf den Talski, der unterhalb Stehende packt ihn an beiden Händen und versucht, ihn in Richtung Fallinie zu ziehen. Der obere Läufer muß sich dagegen wehren."* Vermittlungshilfe: *"Experimentiert mit der Streckung und Beugung eurer Knie bzw. eures Körpers. Wie ändert sich dabei die Muskelspannung?"* Widerstand kann am besten durch extremes Beugen der Knie und einen Hüftknick geleistet werden, was zugleich zu höchster Körperspannung führt. *"Versucht, dieselben Gefühle beim Fahren wiederzufinden und der Beugung eine explosive Streckung nachfolgen zu lassen!"*

5) Bewußtheit der Kniesteuerung: Die Bewußtheit für die Tätigkeit der Knie ist oft recht wenig entwickelt. Mit einer zeitlupenartigen Durchführung des reinen Parallelhochschwungs kann die Bewußtheit der Knieführung erzeugt bzw. erhöht werden. In leichterem Gelände (ohne Wellen) wird folgende Aufgabe gestellt: *"Fahrt einen langgezogenen Parallelhochschwung ohne Stockeinsatz, also einen Parallelhochschwung mit großem Radius. Achtet dabei auf die Tätigkeit eurer Knie!"* Die langsame Hochbewegung, die Wohlbefinden erzeugende Überstreckung des Körpers und die Möglichkeit einer genauen Beobachtung der Beinarbeit, besonders der Kniebewegung, finden große Resonanz. Das bewußte Drehen der Knie in die neue Fahrtrichtung kann dann auf schnellere Schwünge übertragen werden.

6) Kopfsteuerung und Rhythmus bei Kurzschwüngen: Der Rhythmus wird oft gestört durch Bewegungen von Kopf und Oberkörper. Nach einer Sensibilisierung für überflüssige Kopfbewegungen und nach ihrer Übertreibung (um die Folgen überflüssiger Kopfbewegungen bewußt zu machen) gebe ich folgende Vermittlungshilfe: *"Schaut während eurer Kurzschwünge immer in Richtung Fallinie!"* Bei erfolgreicher Umsetzung dieser Anweisung bleibt nicht nur der Kopf, sondern der ganze Oberkörper deutlich ruhiger. Teilnehmer berichteten ein Gefühl, als sei der Körper beim Kurzschwingen am Kopf aufgehängt und pendle rhythmisch nach den Seiten. Falls es nicht sofort gelingt, Kopf und Oberkörper ruhig zu halten, kann der Doppelstockeinsatz weiterhelfen. Der gewünschte Effekt wird unterstützt, wenn in Zweiergruppen ein gegenseitiges Beobachten hinzukommt. Der Hinterherfahrende beobachtet den Vorausfahrenden; die Beobachtungtätigkeit führt fast automatisch zu einer ruhigen Kopf- und Oberkörperhaltung.

7) Atmung und Rhythmus: Auf die Atmung wird beim Skilaufen selten geachtet; ihre zeitweilige Beachtung kann zu einem gelösteren, rhythmischeren und empfindungsreicheren Fahren führen. Deshalb folgende Aufgabe: *"Achtet darauf, wie ihr beim Fahren atmet!"* Dabei kann wahrgenommen werden, daß die Atmung oft unregelmäßig ist und vor allem bei schnellerem Fahren oder bei Auftauchen von risikoreichen Situationen der Atem angehalten oder zu Pressatmung übergangen wird. Beides führt zu Sauerstoffmangel und damit zu schnellerer Ermüdung; zugleich bringen sie aber auch den Vorteil, daß der Rhythmus unter höchster Anspannung nicht durch den Atemrhythmus gestört wird. Wichtig ist dann allerdings ein baldiger Übergang zu ruhigerer Atmung. Ruhigeres und entspannteres Fahren kann durch bewußtes, tiefes Ausatmen unterstützt werden. Eine Möglichkeit zu intensiverem Erleben rhythmischer Schwünge besteht darin, daß auf einen Schwung ein- und auf den nächsten ausgeatmet wird (oder Ein- und Ausatmung bei jedem Schwung). Das Tiefgehen und Aussteuern wird durch bewußtes, tiefes Ausatmen erheblich intensiviert. Bei der Koordination von Stockeinsatz und Atmung wird herausgefunden, daß bei der Hochentlastung ein gleichzeitiges Ausatmen stört, das Einatmen das Bewegungserleben dagegen

vertieft und die Bewegungsausführung effektiviert. Eine Teilnehmeräußerung zu einer Atemaufgabe: *"Eine weitere Aufgabe war, den Körper zu strecken, die Arme hochzuheben und dabei einzuatmen; beim Ausatmen sollte man in die Knie gehen und dabei die Arme senken. Bei der Ausführung empfand ich totale Entspannung. Jetzt konzentrierte ich mich nicht mehr darauf, möglichst sicher auf den Brettern zu stehen und ohne Sturz unten am Lift anzukommen. Die Spannung löste sich ganz. Auch später, wenn ich mich nach einer Schußfahrt oder einer für mich anstrengenden Fahrt verkrampft und damit unwohl fühlte, empfand ich eine Streckung bzw. Überstreckung meines Körpers in Verbindung mit der Einatmung als sehr angenehm."*

8) Streckbewegungen und Wohlbefinden: Eine Extension des Körpers bis in die Überstreckung provoziert angenehme Gefühle: *"Fahrt folgenden Schwung: Scherumsteigen bergwärts; setzt dabei die Arme bewußt zur Unterstützung der Streckbewegung ein. Versucht einen maximalen Wechsel zwischen Streck- und Beugebewegung zu erreichen!"* Wenn bei der Streckbewegung bewußt eingeatmet wird, wird das mit ihr verbundene Gefühl intensiviert.

9) Schwünge und Erlebnismöglichkeiten: Bei den verschiedenen Schwüngen gibt es unterschiedliche Wahrnehmungs-, Erlebnis- und Erfahrungsmöglichkeiten. Bei Schwüngen mit Hochentlastung fasziniert der Wechsel zwischen Streckung und Beugung/Schließung, bei Umsteigeschwüngen der starke Wechsel zwischen Spannung und Spannungslösung. Alle Schwünge mit Hochentlastung bringen ein ausgewogenes Verhältnis von Spannung und Spannungslösung. Letztere werden auch durch den häufigen rhythmischen Wechsel bei Kurzschwüngen gefördert (sei es als Parallelhochschwünge gefahren, als Umsteigeschwünge oder in der Ausgleichstechnik). Schnelles Fahren provoziert eine selektive Wahrnehmung des Fahrtwinds, der Atmung, der Ermüdung der Muskulatur oder läßt den eigenen Körper - im Sinne meditativen Versinkens - ganz vergessen. Die verschiedenen Schwünge haben jedenfalls einen besonders hohen Erlebniswert, wenn sie rhythmisch und rund gefahren werden.

Manche Trickskischwünge bringen Prinzipien der Körpererfahrung noch deutlicher zur Anwendung als die "normalen" Techniken. Zum Beispiel erfordert der Reuel-Schwung eine extreme Überstreckung; der Flamingo-Schwung spricht ganz deutlich den Gleichgewichtssinn an, der Charleston-Schwung das Rhythmusgefühl, der Walzer führt zur Empfindung von Rotationskräften. Auch das Springen eröffnet besondere Möglichkeiten. Nicht ohne Grund wollen kleine Kinder bald kleine Sprünge machen und Schanzen bauen. Sprünge bringen Risiko und Spannung, einen deutlichen Wechsel zwischen Spannung und Spannungslösung sowie das Gefühl des Abhebens und Fliegens.

180

10) Ein an Körpererfahrungen orientierter Skiunterricht soll darüber hinaus auch die Sensibilisierung für Skiumwelt (Pisten, Schneearten, Landschaft, Skiort etc.)[9] und die Gruppenmitglieder erreichen. Letztere kann z.B. durch partnerweises Fahren (händchenhaltend), Kleingruppenfahren (mit Halten der Stöcke zwischen den Fahrern), Synchronfahren mit und ohne Musik, Kleingruppenarbeit und gegenseitiges Beobachten und Korrigieren vermittelt werden. Das zeitweilige Fahren hinter einem guten Fahrer schafft Vertrauen und läßt den Nachfahrenden Sollwerte vergessen.

8. Einige Bemerkungen zum Skilanglauf

Viele der oben genannten Körpererfahrungsaufgaben können auf den Skilanglaufunterricht übertragen werden. Für das Lernen und Erleben der Anfänger ist ein Beginn mit Skiwanderungen (Entdecken der Natur, der Umgebung, der gleitenden Bewegung etc.) wichtiger als Unterricht. Beim Skilanglauf sind Körpererfahrungen ohne Unterricht und ohne gezielte Aufgaben leichter zugänglich als beim alpinen Skilauf. Ein gewisses technisches Niveau läßt sich allein durch häufiges Laufen erreichen; es erleichtert den Zugang zu umfangreichen positiven Körpererfahrungen.

Sofern eine gute Loipe zur Verfügung steht, eine günstige konditionelle Verfassung gegeben ist und der Diagonalschritt beherrscht wird (für Kinder ist offensichtlich das Lernen der Skatingtechnik motivierender), ist der Skilanglauf meiner Meinung nach die Sportart, die die umfassendsten und positivsten Körpererfahrungen vermitteln kann. Das Gleiten auf den Skiern, eingebettet in die winterliche Landschaft, durch wechselndes Gelände, die rhythmische, gegengleiche Bewegung, mit der Aufeinanderfolge von deutlicher Spannung und Spannungslösung, verbunden mit der Überstreckung des Körpers nach hinten oben, die gleichmäßigen und fließenden Gewichtsverlagerungen: all dies bringt eine enorme physische und vor allem auch psychische Wirkung mit sich. Die wechselnde Spur, Anstiege und Abfahrten, unterschiedliche Schneebeschaffenheit u.a.m. - alles erfordert eine ständige Bereitschaft des Wahrnehmungssystems, eine wache Hingabe an die Bewegung. Ein Skilanglaufurlaub bringt wegen der Körpererfahrungsqualitäten dieser Sportart und der damit verbundenen positiven psychischen Auswirkungen einen erheblich höheren Erholungseffekt als andere Urlaubsformen (auch als ein Alpinskiurlaub) oder die Beschäftigung mit anderen Sportarten. Wegen der im Vergleich zum Dauerlauf geringeren Belastung kann stundenlang gelaufen werden; damit wird zugleich eine deutliche Verbesserung von Ausdauer und Willensqualitäten erreicht. Nie habe ich mich psychisch so frisch, konzentriert und produktiv gefühlt wie während und nach einem Skilanglaufurlaub!

Als Beispiel für die Art und Weise, wie im Skilanglauf körpererfahrungsorientiert unterrichtet werden kann, einige Bemerkungen zum Lehren des Diagonalschritts. Die nachfolgenden Aufgaben orientieren sich an der Erkenntnis, daß es beim Diagonalschritt vorwiegend um Gleichgewichthalten, Spannung und Spannungslösung sowie um Rhythmus geht.

1) *"Achtet beim Stockeinsatz darauf, wo sich beim Abdruck vom Stock jeweils eure Hand befindet. Ist sie dann vor der Hüfte, auf der Höhe der Hüfte oder hinter der Hüfte?"* Gute Läufer unterscheiden sich von schwächeren Läufern und Anfängern vor allem in der Weite der Hand- und Armführung. Diese sind Voraussetzungen für einen intensiven Schub durch den Stockeinsatz und damit für eine ausgeprägte Gleitphase. Ein effektiver (und rhythmischer) Stockeinsatz setzt eine gewisse Sicherheit und ein gutes Gleichgewichtsgefühl voraus.

2) *"Versucht bewußt, die verschiedenen Armeinsatzmöglichkeiten auszuprobieren! Welche Folgen haben Arm- und Stockeinsatz für eure Körperstreckung und -spannung?"* Je weiter die Arme durchpendeln, desto intensiver werden Stockeinsatz, Schub, Streckung und Spannung, desto länger haben wenig belastete Körperteile auch Zeit zur Spannungslösung.

3) *"Lauft ohne Stöcke und konzentriert euch ganz auf eine weite Armführung im Sinne einer Pendelbewegung! Versucht, eine ausgeprägte Spannung und Streckung der jeweils beanspruchten Körperteile zu erreichen!"* Da Wohlbefinden am besten erreicht wird, wenn es sich beim Diagonalschritt um eine rhythmische Bewegung handelt, kann als Vermittlungshilfe dienen: *"Versucht Brüche in der Bewegung zu vermeiden und lauft rhythmisch!"* In Verbindung mit dem Armeinsatz kann dann zusätzlich auf ein gefühlvolles Suchen des günstigsten Abdruckpunkts mit den Füßen bzw. des günstigsten Abdruckverhaltens geachtet werden. Dieses soll erfühlt werden und nicht durch Anleitung und Korrektur zustande kommen!

4) *"Nehmt nun wieder eure Stöcke! Versucht das, was ihr euch erarbeitet habt, auf das Laufen mit Stöcken zu übertragen! Experimentiert mit eurer Körperspannung und eurem Rhythmus! Wann fühlt ihr euch wohl?"* Wohlbefinden wird vor allem bei ruhigem, rhythmischem, längerem Laufen mit kontinuierlichem Wechsel von Spannung und Spannungslösung erreicht, bei dem keine wesentliche Gefährdung des Gleichgewichts gegeben ist.

9. Schlußbemerkungen

Rückmeldungen von Kursteilnehmern und eigene Beobachtungen erlauben folgende Auswertung von Skikursen, bei denen verstärkt körpererfahrungsorientiert unterricht wurde:
- Es wurde mehr und freudvoller als in vorhergehenden Skikursen gelernt.
- Die Bewußtheit für den eigenen Körper und die Sensibilität für andere Grup-

penteilnehmer nahm im Verlauf von vierzehntägigen Skikursen durch die intensive Beschäftigung mit Körpererfahrungen enorm zu.

- Die Kommunikation war nicht mehr hierarchiegeprägt, sondern multidirektional und offener; es ging weniger um "richtig" oder "falsch", der Skilehrer wurde eher zum Anreger von Wahrnehmungen, Empfindungen, Erlebnissen und Erfahrungen und war weniger derjenige, der mit großem Wissensvorsprung über "gut" oder "schlecht" entschied.
- Erfahrungen aus dem Skilaufen konnten anschließend auf andere Sportarten übertragen werden.

In einem an Körpererfahrungen orientierten Skiunterricht sind Techniken im wesentlichen Ergebnis des eigenen Suchens nach Spannung und Spannungslösung sowie von Erfahrung; sie sind entsprechend den gemachten Erfahrungen individuell geprägte Möglichkeiten, sicher und lustvoll - bei Bedarf aber auch schnell - Gelände zu bewältigen. Körperwahrnehmungs- und -erfahrungsaufgaben können nur einen Teil des Weges zu einem Skilaufen darstellen, das an Wohlbefinden, Genuß und Glück orientiert ist. Am Ziel ist mit Sicherheit folgender Läufer: *"Allmählich wurde ich so ein Skiläufer, gleichsam mit angewachsenen Brettern. Ich stand nicht nur auf ihnen, lenkte sie nicht bloß, sondern ich wandte mich einfach hierhin und dorthin. Aber immer gab es Buckel, die mich warfen, Hindernisse, die mich schreckten, Abgründe, die ich fürchtete. Alles kam noch zu schnell auf mich zu, ich bremste mich und spürte die Anstrengung. Bis eines glücklichen übersonnten Tages mich die Weite und Tiefe lockte. Ich hätte Flügel haben mögen. Es hob mich innerlich, ich ward leicht und schwebte fast hinab. Die Unebenheiten der Piste betrafen mich nicht mehr; das machten die Beine und Skier unter sich aus. Das Schwingen erschien mir nicht als Bremse meines Laufs, sondern wie freundliche Begrüßung dieses Platzes, den ich berührte. Dem Falter gleich, der an Blüten nippt, tanzte ich hinab, rhythmisch und sicher. Es war eine Sternstunde, gewiß. Ich begegnete der Welt, ward eins mit ihr; kein Gedanke an die eigene Funktion oder Stolz auf die Fähigkeiten, doch unaussprechliche Freude, da ich da sein durfte in dieser Welt."* (GLASER 1990, S. 44f).
Fahren auf Firnschnee, Pulverschnee oder im Tiefschnee ermöglicht manchen guten Skiläufern ähnliche Erlebnisse. Noch schöner aber war für mich letzthin das Gleiten im Skating über Firn auf den sonnenüberfluteten Engadiner Seen, spielerisch mit Bewegung und Landschaft umgehend und die Seen weitab von den Loipen erkundend. Im Gegensatz zum Alpinfahren kam hier noch das Genießen der eigenen Anstrengung beim rhythmischen Laufen hinzu, eine Anstrengung, die ich aber nicht als solche empfand. Bei einem solchen Laufen stellen sich "Flow-Erlebnisse" oder "loss of ego" schon fast zwangsläufig ein, das Ziel der Körpererfahrungsorientierung par excellence! Dem Glücklichen schlägt keine Stunde, heißt es im Sprichwort - vor allem aber keine Stoppuhr!

10. Anmerkungen

1) Übersetzt: "Das Wichtige ist für die Augen unsichtbar" (Der kleine Prinz).

2) Daß auch ein völlig anderes Lernen des Skilaufens möglich ist, zeigt das Skibuch von HERKERT, in dem die Gedanken und konkreten Aufgaben dieses Artikels mit anderweitigen Kenntnissen und Erfahrungen verbunden wurden (vor allem aus den Bereichen Entspannung, Superlearning, Zen und Meditation).

3) Die Begriffe IST- und SOLLWERT werden hier in ihrer alltagssprachlichen Bedeutung und nicht im Sinne des sensomotorischen Ansatzes verwendet.

4) Hierzu gehört auch der verantwortliche Umgang mit der Umwelt, ohne den Wohlbefinden langfristig nicht möglich ist.

5) Weitergehende theoretische Überlegungen als Grundlage für den methodischen Weg und die nachfolgenden Aufgaben finden sich in den Artikeln von FUNKE, SCHIMMEL/TREUTLEIN, KNÖRZER et al. und TREUTLEIN in diesem Buch.

6) Ein Videodokument, in dem die Vorgehensweise aufgezeichnet wurde, kann bei JANALIK/TREUTLEIN bezogen werden.

7) Vgl. auch CZIKSZENTMIHALYI (1985) und RHEINBERG (1988), die die Bedeutung des völligen Aufgehens in der Tätigkeit für positives Erleben und Motivation betonen.

8) Je nach Person des Unterrichtenden, Adressatengruppe und Situation sind natürlich auch andere Aufgaben denkbar.

9) Auf den speziellen Aspekt "Körpererfahrung und Umwelt" sollte ein Artikel von SPERLE/WILKEN eingehen, der aber nicht rechtzeitig fertig wurde.

Nico Sperle
Körpererfahrung im alpinen Skifahren

Bei Bewegungshandlungen im Freizeit- und Breitensport geht es sicherlich primär um individuelle Bewegungsqualitäten, die von den jeweiligen Möglichkeiten (Handlungsvorerfahrungen, konditionelle Voraussetzungen usw.) abhängig sind, und sich weniger an einer normierten Technik oder an einem Bewegungsideal des Spitzensports orientieren. Individuelle Erfahrungen und Alltagserfahrungen (im Skisport beispielsweise der Umgang mit dem dynamischen Gleichgewicht und die Gleiterfahrungen aus anderen Bereichen) stellen die Ausgangs- und die Orientierungspunkte dar. Ziel von Bewegungshandlungen im Freizeit- und Breitensport ist es, auf jeder Stufe des Lern- und Aneignungsprozesses eine jeweils spezifische und umfassend ausgebildete Handlungskompetenz zu erreichen, die den erfolgreichen Umgang mit dem Körper und seiner sozialen und materiellen Umwelt ermöglicht. "Der Gebrauch, nicht der Mißbrauch des Körpers ist die richtige Praxis des Sports" (MC CLUGGAGE 1987, S. 73). Eine im traditionellen Sportunterricht, insbesondere im Skisport eher vernachlässigte Komponente, das individuelle Handlungsrepertoire auszubilden und auszuschöpfen, ist die Möglichkeit, Informationen von innen, über die Befindlichkeiten des eigenen Körpers, mit Informationen von außen, über Befindlichkeiten in der jeweiligen Umwelt, miteinander zu verbinden.

Im Mittelpunkt dieses Beitrags steht die differenzierte und vielfältige innere Informationsgewinnung durch Körpererfahrungsaufgaben und deren Verknüpfung mit externen Informationen sowie mit bereits vorhandenen Handlungsschemata.

1. Einige Anknüpfungspunkte

Die nachfolgenden Aufgaben zur Vermittlung von Bewegungsgefühl, Bewegungsbewußtheit und Körpererfahrung im Skifahren wurden in zahlreichen Skikursen mit Anfängern, Fortgeschrittenen und sehr guten Skiläufern sowie bei Aus- und Weiterbildungslehrgängen in den letzten Jahren erprobt und immer auch kritisch mit den jeweiligen Anwendern besprochen und vertieft. Bestärkt, in dieser Richtung weiterzuarbeiten, wurde ich nicht nur durch die positiven Rückmeldungen vieler TeilnehmerInnen, sondern auch durch die Tatsache, daß über die vermehrte Anwendung von Aufgaben zur Körpererfahrung und zum Bewegungsgefühl innensichtgeleitete Hilfen zur Realisierung vermittelt sowie körpereigene Kriterien zur Kontrolle von Bewegungshandlungen entwickelt werden konnten. Die Lernenden standen mit ihren Erfahrungen, Eindrücken, Körperwahrnehmungen im Mittelpunkt des unterrichtlichen Geschehens, fühlten sich in ihrer eigenen Befindlichkeit und in ihren Möglichkeiten ernstgenommen, erlebten Ausdrucksmöglichkeiten und konnten sich auf Wesentliches in ihrer Bewegungsrealisierung konzentrieren. Nicht mehr nur die Vermittlung von normierten Techniken und außensichtgeleiteten Anweisungen sondern das Sammeln und Bewerten vielfältiger Erfahrungen mit den konstituierenden Strukturelementen der einzelnen Techniken stehen damit im Mittelpunkt des Skiunterrichts. Es handelt sich hierbei um die Strukturelemente Gleichgewicht, Kanten und Drehen, wie sie in unserem 1984 erschienenem Aufsatz "Fehlerkorrektur und Mängelreduktion im alpinen Skilauf aus handlungstheoretischer Sicht" beschrieben sind (vgl. BREMER u.a. 1984). Darauf aufbauend lassen sich die Elemente Druckkontrolle, Körperlage und Körperstellung leicht integrieren.

Bei der Vorgehensweise mit Aufgaben zur Körpererfahrung werden neben den körpereigenen Wahrnehmungen auch Situationen, also externe Bedingungen, erfaßt und mit den Körperwahrnehmungen in Beziehung gesetzt. Die internen Abbildungen von Bewegungshandlungen werden um wesentliche Eindrücke über die Zustände und Befindlichkeiten des eigenen Körpers ergänzt. Individuelle Situationsinterpretationen und individuelle Handlungsmöglichkeiten verlangen weniger nach normierten Situationsbewältigungen (normierten Techniken) sondern mehr nach individuellen Lösungen, in die die jeweils unterschiedlichen äußeren Bedingungen gleichermaßen wie die Kenntnisse über und das Erfassen von internen Wahrnehmungen miteingehen.

Die vielfältigen Erfahrungen mit Körpererfahrungsaufgaben und deren Verbindung mit äußeren Bedingungen haben gezeigt, daß damit auch günstige Voraussetzungen erzeugt werden können, Skifahren als eine Natursportart zu erfahren und zu begreifen. Die charakteristische Faszination des Skifahrens, die von der spielerischen, "schwerelosen" und gekonnten Bewältigung vorgegebener, sich ständig ändernder äußerer Bedingungen der alpinen Umwelt ausgeht, öffnet dann auch die Sinne und den Verstand für die Grenzen der Sportart, wenn beim Lernen von Bewegungshandlungen die Umweltbedingungen einfühlsam erfaßt und als Handlungsrahmen erkannt werden. In all den Kursen, in denen ich bislang Körpererfahrungsaufgaben angewandt habe, war eine beachtliche Bereitschaft der TeilnehmerInnen vorhanden, sich mit den umweltbelastenden Auswirkungen der Sportart und des damit verbundenen Tourismus auseinanderzusetzen. Diese Bereitschaft endete nicht bei einer ersten Betroffenheit, sondern verlangte nach Handlungsalternativen, sowohl auf der sportpolitischen wie auf der sportpraktischen Ebene.

2. Aspekte zur pädagogischen Bedeutung von Körpererfahrung im alpinen Skiunterricht

Die hier vorgestellten Aufgaben behandeln die oben angeführten Strukturelemente des Skifahren (Gleichgewicht, Kanten, Drehen sowie darauf aufbauend Druckkontrolle, Körperlage und -stellung), sind nach diesen geordnet und stellen kein vollständiges und in sich geschlossenes Lernkonzept zum Skifahren dar. Sie bieten inhaltliche Teilaspekte für den Skiunterricht jeder Könnensstufe und tragen dazu bei, daß neben den "traditionell" vorrangig verbalen und visuellen Informationen auch solche über taktile, vestibulare und kinästhetische Zustände und Befindlichkeiten sowie deren emotionale Bewertungen bei skitechnischen Handlungen verarbeitet werden. Dabei dürfen wir nicht vergessen: Jede (Ski-)Bewegung hat ihren emotionalen Anteil.

Die Nutzung möglichst vollständiger Informationen zur individuellen Bewegungsregulation und damit auch zur Bewegungskontrolle können zu einer zunehmenden Selbständigkeit des Lernenden im Skifahren führen. Informationsgewinnung und -beurteilung in unterschiedlichsten Situationen machen die Lernenden mit fortschreitendem Lernprozeß unabhängiger. WOPP charakterisiert Selbständigkeit mit Hilfe von drei Kategorien, die der hier vorgestellten Vorgehensweise ebenfalls zugrunde gelegt werden: Selbstregulation, Situations- und Problemorientiertheit (WOPP 1985). Selbstregulation, die Fähigkeit Bewegungshandlungen relativ autonom regeln, steuern und auswerten zu können, ist eine wesentliche Lernvoraussetzung des Menschen. Situationsorientierung bedeutet, daß individuelle Situationsauffassungen unterschiedlicher Menschen bei z.B. gleichen Situationen auch unterschiedliche "Bewegungsantworten" hervorbringen. Individuelle Erfahrungen/Wahrnehmungen und ihre bewußte Verarbeitung spielen dabei eine entscheidende Rolle. Insbesondere "die für das Skilaufen typische ständige Variation der Umweltbedingungen und die vor allem bei der Abfahrt anzutreffende Erhöhung der Eigengeschwindigkeit stellen nicht nur an die Bewegungsleistungen des Individuums sondern gleichzeitig auch an Wahrnehmungs- und Denkprozesse hohe Anforderungen" (WILKEN 1985, S. 103). Problemorientiertheit bedeutet, daß für äußere Bedingungen/Situationen keine entsprechenden oder nur unzureichende Bewegungsantworten verfügbar sind. So kann z.B. ein Skifahrer das temporeregulierende Bogenfahren in einer Passage nicht mehr aufrecht erhalten, weil er kurze, enge Bögen noch nicht beherrscht. Er wird in dieser Situation auf den Bremspflug zurückgreifen müssen, der andererseits enorm anstrengend ist und zu Verkrampfungen führt. Im problemorientierten Unterricht werden nun Lernschritte so arrangiert, daß das Problem (Widerspruch zwischen aktueller, individueller Handlungsmöglichkeit und äußeren Handlungsanforderungen) deutlich gemacht wird und Aufgaben angeboten werden, die Problemlösungsmöglichkeiten aufweisen. In unserem Beispiel könnte nun in vertrautem Gelände ein "Trichter" mit Hilfe von Stangen gesteckt werden. Die Aufgabe lautet: fahre innerhalb des "Trichters" bis zum Ende. Der Lernende kann seine eigenen Radien wählen, kann, wenn ihm am Trichterende die Sache zu eng wird, beliebig ausweichen, erkennt selbst Lösungsmöglichkeiten usw.. Damit sind zumeist die kurzen Radien noch nicht sofort gelernt.

Weitere Aufgaben, deren Aufführung hier den Rahmen sprengen würde, werden notwendig. Hier soll nun aufgezeigt werden, wie mit Hilfe von Aufgaben zur Körpererfahrung Lernende vollständigere Voraussetzungen aufbauen können, die zu einer adäquaten Situationsbewältigung beitragen. Es sollen vorhandene Erfahrungen mit neuen Erfahrungen verbunden werden und somit zu neuen Lösungen von Handlungsaufgaben führen. Bewußtseinsfähige Körperwahrnehmungen sollen über möglichst viele Vorgänge des Körpers bei der Ausführung der Bewegungshandlungen Informationen bereitstellen. Mit der Lösung von Aufgaben zur Körpererfahrung werden auf diese Weise außer der Selbständigkeit auch die Handlungskompetenz erweitert und das Bewegungsverständnis vervollständigt.

3. Einige methodisch-didaktische Aspekte

Beim Unterricht mit den nachfolgend aufgeführten Aufgaben ist auf einige didaktisch-methodische Aspekte zu achten. So beansprucht dieses Vorgehen relativ stark die Konzentrationsfähigkeit der Lernenden und sollte durch "schöpferische Pausen" unterbrochen werden. Selbstverständlich wirken die Wahrnehmungen, die zuvor erschlossen werden konnten, weiter und sind nicht mehr aus dem Bewegungshandeln wegzudenken. Die Aufgabenfolge, in ihrem Lern- und Erfahrungsgegenstand für viele Lernende neu, sollte in möglichst kleinen, leicht überschaubaren Schritten aufgebaut werden; mehrmalige Wiederholungen gleicher oder ähnlicher Aufgaben sind notwendig, um Wahrnehmungsbarrieren abzubauen und um die Wahrnehmungssensibilität differenziert auszubilden. Wechselnde äußere Situationen und Bedingungen können zur Wahrnehmungsdifferenzierung und -stabilisierung beitragen.

Das nachfolgend aufgeführte Ablaufschema für die Anwendung von Aufgabenstellungen im Skiunterricht wurde in anderem Zusammenhang von BREMER/ KOCH/SPERLE bereits vorgestellt (vgl. BREMER u.a. 1984, S. 120ff):

- Orientierung über die spezielle Arbeitsweise mit Aufgaben
- Orientierung über die Zielsetzungen des unterrichtlichen Geschehens
- Aufgabenstellung und Akzentsetzung entsprechend der jeweiligen Situationen
- Relativ lange Erprobungs- und Wahrnehmungsphasen
- Ausführung und Erprobung unterschiedlicher Wahrnehmungsmöglichkeiten

- Besprechung der Wahrnehmungen und Beobachtungen partnerweise oder in kleinen Gruppen
- Modifizierte Aufgabenstellung, Situationswechsel und Wiederholung derselben Aufgabenstellung zur Vertiefung der Wahrnehmungen
- Besprechung der Wahrnehmungen und Herausarbeitung möglicher funktionaler Zusammenhänge (Verbindung von Wahrnehmungen und Kenntnissen)
- Stabilisierung der Wahrnehmungs- und Körpererfahrungsprozesse durch die Anwendung der entsprechenden Aufgaben unter ständig wechselnden äußeren Bedingungen

Gleichzeitig sollten bei der Orientierung der Lernenden im Hinblick auf diese Arbeitsweise folgende Hinweise beachtet werden:

- Handlungszielsetzungen sollten in der Aufgabenstellung erkennbar eingelagert sein. Damit ist nicht gemeint, daß Wahrnehmungsprozesse und Körpererfahrung sozusagen vorweggenommen und erläutert werden.
- Erlebnisse und Körpererfahrungen sind bei unserem Vorgehen immer an Bewußtheit und damit auch an Wahrnehmungshilfen und Beobachtungsaufgaben gebunden. Hierzu sind Orientierungen notwendig, da sonst vielfältige Informationsmöglichkeiten und Eindrücke oft teilweise nur zufällig oder überhaupt nicht erfaßt werden.
- Unvollständige Orientierungsgrundlagen können eine sinnvolle didaktische Reduktion bedeuten und sollten im Laufe des Lernprozesses ergänzt und erweitert werden, da die Aufnahmefähigkeit und das Problembewußtsein mit dem Fortgang der Lernhandlung selbst ansteigen.

4. Aufgaben zur Körpererfahrung im alpinen Skifahren

Auf die Beschreibung einer dem täglichen Skiunterricht vorrausgehenden Aufwärmphase mit Dehnungs-, Anspannungs- und Entspannungsübungen, die besonders geeignet erscheinen, Körpererfahrungsprozesse vorzubereiten, wird an dieser Stelle verzichtet und auf die allgemeinen Beiträge in diesem Band verwiesen. Die Unterteilung der Aufgaben zur Körpererfahrung nach den skitechnischen Strukturelementen bedeutet nicht, daß mit der jeweiligen Aufgabe nur dieses eine Strukturelement erfaßt wird. Selbstverständlich besteht hier über alle Strukturelemente eine gegenseitige Beeinflussung, und die Aufgaben haben zum Teil, je nach Akzentuierung übergreifende Funktionen. Ebenfalls muß an dieser Stelle noch einmal betont werden, daß die nachfolgenden Aufgaben sowohl für Anfänger, für Fortgeschrittene als auch für SkifahrerInnen mit hohem Fertigkeitsniveau gedacht sind. So lassen sich viele der Übungen bereits mit AnfängerInnen beim

Fahren in der Fallinie, beim Bogentreten, beim Bogenlaufen und beim Lernen in Geländehilfen entsprechend modifiziert anwenden.

4.1. Kanten/Gleiten (Skiführung)

Im Mittelpunkt der Aufgaben zum Kanten und Gleiten stehen Wahrnehmungen über die Fußsohle und über die Innenseite des Fußes und des Sprunggelenkes. Die Fußsohle stellt die direkteste Verbindung zwischen dem Handelnden und dem System Ski, Bindung Skischuhe dar. In Gesprächen mit Skischülern habe ich oftmals feststellen können, daß die bewußten Wahrnehmungen oberhalb des Skischuhschafts aufhören (Druck an der Schaftvorderseite) und daß - wenn überhaupt - die Empfindungen im Skischuh und an der Fußsohle ungenau und äußerst diffus sind. Wichtig erscheint mir deshalb der Hinweis darauf, daß eine erhöhte Sensibilisierung im Bereich des Fußes und der Fußsohle durch das Lockern (nicht Öffnen) der Skischuhschnallen zu erreichen ist. So sind das Erstaunen über die "neugewonnene" Bewegungsfreiheit bei nur geringer Destabilisierung und über umfassendere "Empfindlichkeit" im Bereich der Füße häufige Rückmeldungen.

1. Aufgabe: *Ertaste Stück für Stück bei beliebigen Bogen- bzw. Schwungfolgen die Fußsohle und den gesamten Fuß.*
Anmerkungen: Diese Aufgabe ist als Einstieg gedacht; Fahrgeschwindigkeit so wählen, daß eine Wahrnehmungszentrierung auf den Fuß und die Fußsohle möglich wird; mehrere Wiederholungen sind hier notwendig; Schwungradien, falls nicht durch das Gelände vorgegeben, variieren. Nach mehreren Versuchen Erfahrungen mit Partner/n austauschen; Erfahrungen in der Gesamtgruppe austauschen.
Zielsetzung: Den Fuß und die Fußsohle in ihrer Gesamtheit ertasten, um danach differenziert Druck, Spannung und Entspannung wahrnehmen zu können.

2. Aufgabe: *Benenne besonders starke Druckpunkte an der Sohle.*
Anmerkung: Hierbei sollte der Schwerpunkt der Wahrnehmungen auf den Talfuß/Talski gelegt werden.
Zielsetzung: Differenzierung der Wahrnehmungen.

3. Aufgabe: *a) Wann verstärkt und wann verringert sich der Druck und die Spannung in der Fußsohle bezogen auf eine Schwungfolge?*
b) Wann - bezogen auf die einzelnen Bögen/Schwünge - verstärkt sich jeweils und wann verringert sich der Druck an der Sohle?
Anmerkung: Mehrere Wiederholungen bei unterschiedlichen Bogen- und Schwungradien.

190

Zielsetzung: Die zeitliche Komponente bezüglich der Bewegungsabfolge soll differenziert wahrgenommen werden. Damit können Druckunterschiede und ihre funktionalen Bezüge zum Bogen- und Schwungablauf bewußt gemacht werden.

4. Aufgabe: *Verlängere und verkürze bewußt Druck- und Spannungsphasen in der Fußsohle und beobachte die Wirkungen der Schwungfolgen.*
Anmerkungen: Diese Aufgabe sollte im planen und flachen Gelände durchgeführt werden, damit möglichst umfassend die Wirkungen wahrgenommen werden können. Die wahrgenommenen Wirkungen mit den Partnern und in der Gruppe besprechen.
Zielsetzung: Die wahrgenommenen Druck-, Spannungs- sowie Entspannungsphasen bestimmen die Bewegungsgeschwindigkeit und den Bewegungsrhytmus. Mit diesen Aufgabenstellungen können innere Bedingungen für Bogen- und Schwungfolgen erfaßt werden.

5. Aufgabe: *Verlängere bewußt die Druck- und Entspannungsphasen*
Anmerkung: Bogen- und Schwungradien werden nun größer, damit ist ein entsprechend flaches und weites Gelände notwendig.
Zielsetzung: Wie bei Aufgabe 4.

6. Aufgabe: *Laß den Druckpunkt vom Fußballen über die ganze Fußsohle zur Ferse wandern*
Anmerkungen: a) Diese Aufgabe auf mehrere Bögen bzw. Schwünge beziehen.
b) ... auf einen Schwung beziehen und dabei versuchen, ohne "ausladende" Oberkörperbewegungen auszukommen.
Zielsetzung: Gezielt Druck aufbauen und diesen mit Lagetendenzen verbinden (Körperlage: Vor-, Mittel- und Rücklage).

7. Aufgabe: Kontrastaufgaben: *Führe mehrere Bögen und Schwünge mit Druck a) auf dem Fußballen, b) auf der ganzen Fußsohle, c) auf der Ferse aus.*
Anmerkungen: Die Lernenden können mit Hilfe dieser Aufgaben selbstständig Kriterien für die o.a. Körperlagen entwickeln; mit Hilfe solcher Aufgaben können Lageveränderungen in der Regel subtiler wahrgenommen werden, was eine wesentliche Voraussetzung für eine konstante Mittellage bei gleichzeitig sich ständig veränderndem Neigungswinkel der Ski ist (z.B. in der Buckelpiste oder auch innerhalb eines einzelnen Schwungs).
Zielsetzung: Erfahrungen sammeln mit körpereigenen Vorgängen, die dazu beitragen, daß unterschiedliche Druckverteilungen rechtzeitig wahrgenommen, verfügbar und korrigiert werden können. Diese Verfügbarkeit hat Auswirkungen auf die Körperlage, ohne daß ständig von Vorlage, Mittellage und Rücklage gesprochen werden muß.

8. Aufgabe: *Versuche, während eines Schwungs die Druckverteilung und die Druckverteilungsänderung wahrzunehmen.*
Anmerkungen: Hierbei sollen umfangreichere Bogen- und Schwungfolgen ausgeführt werden, um Druckverteilungsänderungen während eines Schwungs ertasten zu können.
Ergänzende Fragestellung: Im Stand spürst du den Druck auf der gesamten Sohle. Beobachte, wie sich der Druck an der Fußsohle während einzelner Schwünge verlagert. Anschließen sollte sich dann eine ausführliche Besprechungsphase der von den Lernenden gemachten und mitgeteilten Beobachtung.
Zielsetzung: Die Lernenden sollen wahrnehmen, daß jede Schwungphase sich auch taktil unterschiedlich an der Fußsohle abbildet (!).

9. Aufgabe: *Versuche bei jedem Schwung ein gleichmäßiges "Rollen" der Fußsohle um die Längsachse auszuführen, so daß am Ende dieses "Rollens" der Druck an der Innenseite der Fußsohle (Talfuß) nur noch als ein ganz schmaler Streifen spürbar ist.*
Anmerkungen: Die Geländewahl ist hier von mitentscheidender Bedeutung (flache und plane Piste).
Zielsetzung: Skiführung und Kanten wird mit Hilfe dieser und der vorange-gangenen Aufgaben zu einer Bewegungsfolge und wird nicht mehr nur noch als Zustand z.B. der Knieführung erlebt. Bewegungsgefühl und Bewegungskenntnis bilden damit die Grundlage für körpereigene Kriterien im Hinblick auf die Anforderungen beim Kanten.

10. Aufgabe: Wie Aufgabe 9 mit Erhöhung bzw. Verringerung der Bewegungs-geschwindigkeit: "Rolle" möglichst schnell bzw. möglichst langsam um die Fußlängsachse!
Anmerkung: Nach ersten Versuchen sollen die Lernenden auch die Wirkungen des unterschiedlich schnellen "Rollens" beobachten. Hier wird sich eine Rhytmisierung der Fahrweise abzeichnen. Insbesondere werden zunehmend Kurzschwünge gefah-ren werden können, auch in steilerem Gelände.
Zielsetzung: Bewußtmachen der körpereigenen Möglichkeitsvielfalt durch die Variation der Bewegungsgeschwindigkeit.

11. Aufgabe: *Versuche sofort nach der Schwungauslösung einen möglichst schma-len Druckstreifen an der Fußsohleninnenseite (Talfuß) zu erzeugen bzw. zu spüren.*
Anmerkungen: Durch diese Aufgabenstellung wird eine Veränderung der Schwungradien hervorgerufen.

Der interessierte Leser, der die oben angeführten Aufgaben im Skiunterricht anwendet, wird sehr schnell erleben, daß der hier vorgezeichnete Weg auch einen erleichterten Zugang zu Techniken ermöglicht. Die Erfahrungen zeigen, daß Lernende, die mit den Aufgaben zur Körpererfahrung vielfältige Handlungsmöglichkeiten durch bewußtes in sich Hineinhören und Empfinden aufgebaut haben, skitechnische Elemente und ihre funktionalen Zusammenhänge relativ leicht realisieren, ebenso die notwendigen Skitechniken. Dabei werden die SkifahrerInnen mit den oben angeführten Aufgaben vielfältige eigene Erfahrungen sammeln und neue und veränderte Aufgaben konstruieren. Diese "innensichtgeleiteten" Aufgaben zum Kanten und zur Skiführung bilden ein solides Fundament für die nachfolgenden Aufgaben.

4.2. Druckkontrolle und Drehen

Die Aufgaben zur Druckkontrolle und zum Drehen knüpfen unmittelbar an die oben aufgeführten Körpererfahrungsmöglichkeiten an. Dabei bleibt zunächst noch die Fußsohle als sog. "Wahrnehmungszone" im Mittelpunkt des besonderen Interesses, um nachfolgend durch Wahrnehmungszentrierungen auf den Bereich der Knie und der Oberschenkel ergänzt zu werden.

1. Aufgabe: *"Rolle" um die Fußlängsachse so, daß der Druck an der Innenseite der Fußsohle (Talfuß) stetig stärker wird.*
Zielsetzung: Hierbei sollen die Lernenden ein Gefühl für die Druckverstärkung bekommen.

2. Aufgabe: *Unterteile das "Rollen" in vier Phasen von "Druck auf der ganzen Sohle" (0) bis "Druck nur auf dem schmalen Streifen an der Innenseite der Fußsohle" (3). Benenne die Phasen dazwischen mit (1) und (2). a) Die Zahlen 0 bis 3 sollen bei entsprechender Ausführung laut gerufen werden (mehrere Wiederhohlungen). b) Versuche die Phasen 0 bis 3 wie "Einzelbilder" zu fahren. c) Fahrt paarweise hintereinander und ruft euch die einzelnen Phasen (0 bis 3) zu, die ihr beim Vorausfahren beobachten könnt die in den jeweiligen Augenblicken realisiert werden.*
Anmerkung: Diese Aufgabe ist dem Buch "Besser Skifahren durch "Inner Training"" von GALLWAY/KRIEGEL (1981, S. 66) entnommen. Eines der zentralen Probleme im alpinen Skiunterricht ist die Vermittlung von Kantengefühl, was immer mit Hinweisen wie "Führe die Knie vorwärts-einwärts" usw. zu erreichen versucht wird. Über die hier vorgestellten Aufgaben werden die Lernenden selbstbewußter, weil wir ihnen zutrauen, aus der Palette der Möglichkeiten (0 bis 3) selbst auszuwählen. Die Lernenden erhalten nicht mehr außensichtgeleitete Anweisungen, die allzu oft unerfüllbar bleiben, sondern können ihren eigenen Möglichkeiten entsprechend kanten. Die Skifahrer können somit ihre eigenen "3" entwickeln und versuchen nicht, den Lehrer oder irgendwelche Idole aus dem

Rennlauf zu imitieren, die beide im Vergleich mit den Lernenden andere Voraussetzungen mitbringen, die für sie zum momentanen Zeitpunkt nicht erreichbar sind. Mit der Aufgabe 2c soll eine Kombination von Innen- und Außensicht erreicht werden, indem der Partner beobachtet wird.

Zielsetzung: Die Schüler sollen über ein Gefühl der graduellen Ausführung des Kantens verfügen, was eine Wahrnehmungsdifferenzierung mit bewußtem Erkennen, realistischem Bewerten und differenzierter Bewegungsausführung zur Folge haben kann. Gleichzeitig soll das Gefühl für das Druckverstärken am Schwungende vermittelt werden.

3. Aufgabe: *"Rolle" bis "3" und löse im Moment des größten Drucks den neuen Schwung aus.*

Anmerkung: Die Lernenden erfahren über Druck- und Spannungsempfindungen das "günstigste" Ende des Skidrehens bzw. des Steuerns und können dies für die Ausnutzung des nächsten Schwungs nutzen. Für viele Skifahrer ist dies bei der herkömmlichen Vorgehensweise des Techniklernens ein schier unlösbares Problem. Nun können - mit Hilfe dieser Aufgaben - die Schüler allmählich eigene Kriterien für die - Spannungsverstärkung, die durch das Drehen und Kanten erzeugt wird (Druckkontrolle), aufbauen.

Zielsetzung: Die Schüler sollen erfahren, wie sprichwörtlich sinnvoll Druckverstärkung zur Steuerung des Schwungs und zur Vorbereitung und Auslösung des nächsten Schwungs ist; funktionale Zusammenhänge werden erfühl- und erlebbar.

4. Aufgabe (Kontrastaufgabe): *Erinnere dich an die Kantenphasen 0 bis 3 und versuche, im flachen und planen Gelände in der Phase 0 und maximal bis zur Phase 1 zu schwingen. Beschreibe die Druck- und Spannungszustände an der Sohle, in den Knien und in den Oberschenkeln und schildere, wie die Ski auf dem Schnee geführt wurden.*

Zusatz: *Achte auf die Geräusche, die durch die Skiführung im Schnee erzeugt werden. Achte auf den Geräuschwechsel.*

Anmerkung: Eine mögliche Vermittlungshilfe könnte lauten: *Drehe deine Füße so, als würdest du eine Zigarette austreten.*

Zielsetzung: Ein starkes Drehen der flachgestellten Ski soll erlebt werden.

5. Aufgabe (Aufgaben, um den durch die Skitaillierung vorgegebenen Radius spüren und kennenzulernen): a) *Fahre in der Fallinie an, kralle dich mit der Innenkante deines Außenskis in den Schnee (Phase 3) und hebe den Innenski an. Warte ab, was geschieht.* b) *Wie a) nur über die Fallinie* c) Wie bei a) und b). *Achte auf die Geräusche, die durch die Skiführung im Schnee erzeugt werden.*

Anmerkung: Flache weite Piste. Durch die Taillierung der Ski fährt der Schüler bergwärts; mehrfache Wiederholungen der Aufgabe sind notwendig, um ein Gefühl

194

für die Skitaillierung und die durch den Skibau vorgegebene Kurvenführung zu gewinnen.

Zielsetzung: Die Lernenden können mit den Aufgaben (4) und (5) die beiden "Pole" realisieren, innerhalb derer sich das Drehen der Ski abspielt.

6. Aufgabe: Aufgabe (4) und (5) im Wechsel ausführen lassen. Fragestellung an den Schüler: *Wodurch ergeben sich welche Unterschiede? Wie unterscheiden sich die verschiedenen Ausführungen durch die verursachten Geräusche?*

Anmerkung: Ein alle Aspekte berücksichtigender Erfahrungsaustausch ist hier unbedingt notwendig.

Zielsetzung: Die Bewegungs- und Handlungsvielfalt soll wahrgenommen und (sprichwörtlich) erfahren werden. Funktionale Zusammenhänge zwischen Kanten/Skiführung und Rutschen, Drehen, Druckkontrolle sowie dem Steuern, Erfühlen und Erleben sollen erkannt werden.

7. Aufgabe: *Kombiniere das "Rollen" um die Fußlängsachse mit einer Vertikalbewegung. Beobachte dabei den möglichen Druck- und Spannungszuwachs bzw. deren Abnahme an der Fußsohle, im Knie und in den Oberschenkeln.*

Zielsetzung: Funktionale Erfordernisse für die Erhöhung des Drucks. Schüler erlebt Vertikalbewegung zur Druckverstärkung bzw. zur Druckabnahme.

8. Aufgabe: *Wiederhole die Aufgaben 3 und 7 und achte auf folgende Ergänzung: Löse im Moment der größten Spannung den neuen Schwung aus und a) versuche rasch, die Phase "3" zu erreichen. b) versuche langsam, die Phase "3" zu erreichen.*

Anmerkung: Dies wird sicherlich einer besonderen Besprechung bedürfen, um bei der Aufgabe b) einen Zusammenhang zwischen der Drehgeschwindigkeit und dem Schwungradius herzustellen. Hinweise auf und Vergleiche mit den Aufgaben 4 und 5 sollten gegeben werden.

9. Aufgabe (Kontrastaufgabe): *a) Fahre mehrere Schwünge in der Abfahrtshocke und beobachte deine Skiführung und das Drehen der Ski. b) Fahre in möglichst aufrechter Körperstellung mehrere Schwünge und beobachte deine Skiführung und das Drehen.*

Anmerkung: Was ist in der jeweiligen Position relativ einfach auszuführen (Kanten bzw. Drehen)?

Zielsetzung: Neben der raschen Ermüdung durch extreme Stellungen soll hier erlebt werden, daß die Körperstellung eine weitere bestimmende Größe beim Drehen und bei der Druckkontrolle darstellt. Weiter soll die Körperstellung als Bewegung erfahren werden. An dieser Stelle werden die Aufgaben zur Druckkontrolle und zum Drehen abgebrochen. Im unterrichtlichen Ablauf wären nun

Situationsarrangements und Aufgaben angesagt, die die durch Körpererfahrungsaufgaben erworbenen Erfahrungen mit wechselnden äußeren Bedingungen verbinden (vgl. hierzu BREMER u.a. 1984, S. 136f). Dadurch können weiter modifizierte Bewegungsantworten ausgebildet und stabilisiert werden. Ein Bewegungsdialog zwischen innen und außen entwickelt sich.

4.3 Dynamisches Gleichgewicht

Nahezu alle Aufgaben der Abschnitte 4.1 und 4.2 lassen sich mit angehobenem Innenski ausführen. Dadurch wird die Erhaltung des dynamischen Gleichgewichtes wesentlich erschwert und eine Druckverstärkung auf dem Außenski erreicht. Eine weitere Steigerung im Hinblick auf das Gleichgewicht - im Sinne der Akzentuierung, wie sie in der Einleitung zum Abschnitt 4 erwähnt wird - erfahren die Aufgaben noch dadurch, daß sie ohne Stöcke versucht werden. Dieser Aspekt soll hier noch aufgegriffen und vertieft werden, indem wir uns Aufgaben zuwenden, die ohne Skistöcke, zusammen mit Partnern und mit einer Slalomstange als Hilfsmittel erprobt werden. Der Partner stützt, sichert und hilft bei der Lösung. In der Folge werden exemplarisch Aufgabenkomplexe zum Bereich der Innenskischwünge und zum Thema "Mit geschlossenen Augen fahren" vorgestellt.

1. Aufgabe: *Paarweise an einer vor dem Oberkörper getragenen Slalomstange fahren: Fahre weite Schwünge nur auf dem jeweiligen Außenski und hebe den jeweiligen Innenski hoch an. a) Der jeweils Äußere trägt die Slalomstange wie ein Tablett auf den flachen Händen. b) Beide tragen die Slalomstange wie der Äußere in a). c) Wechselt für mehrere Schwünge die Körperstellung ("halbe" Hocke, aufrecht).*
Zielsetzung: DYNAMISCHES GLEICHGEWICHT verbessern

2. Aufgabe: *Fahre weite Schwünge nur auf dem Innenski und a) hebe den Außenski hoch an ("Flamingo") b) halte den Außenski weit seitwärts, c) halte den Außenski nach hinten ("Reuel").*
Anmerkung: Der Partner "sichert" normal fahrend den Experimentierenden.
Zielsetzung: Neben der Wahrnehmungszentrierung auf das Gleichgewicht (Lage, Körperstellung und Lagewechsel) sind nun Kommunikationsprozesse mit dem Partner bereits während der Aufgabenausführung gefordert.

3. Aufgabe: *Paarweise an der Slalomstange fahrend: Der jeweils Äußere führt einen Innenskischwung aus.*
Anmerkung: Diese Aufgabenfolge (1 bis 3) kann beliebig fortgesetzt werden, indem die Aufgabenstellungen variiert werden. Z.B.:
- Veränderte Schwungradien bis hin zu Kurzschwüngen

196

- Alle Schwünge nur auf einem Ski fahren
- Veränderte Körperlagen und Körperstellungen

Zielsetzung: Durch das Sichern des Partners gewinnt der Übende soviel Selbstvertrauen, daß weitere Aufgaben aus dem Trickskibereich probiert werden können. Erleben der eigenen Bewegungsvielfalt.

4. Aufgabe: *Mit geschlossenen Augen fahren, indem der Partner an zwei Slalomstangen den Vorderen führt und sichert. Mit einfachen Schwüngen und langsamem Fahrtempo beginnen.*
Aufgaben: a) Führe beim Blindfahren ausladende Bewegungen aus (Bewegungsumfang). b) Führe langsame Bewegungsfolgen aus (Zeitlupe). c) Führe schnelle Bewegungen aus. d) Erhöhe etwas das Fahrtempo und wiederhole die verschiedenen Bewegungsausführungen. e) Reduziere den Bewegungsumfang auf das Nötigste.
Anmerkung: Sicherheitshinweis:
- Abgesicherter Pistenbereich
- Verantwortung des Partners betonen
- Geländewahl sorgfältig treffen
- Pistenbeschaffenheit (Unebenheiten) berücksichtigen.

Zielsetzung: Wahrnehmungskonzentration auf kinästhetische, akustische und taktile Informationen unter Ausschaltung des visuellen Analysators.
Auch diese Aufgaben sind nur Beispiele und können beliebig ergänzt werden.

4.4 Aspekte allgemeiner Körpererfahrungsaufgaben im Skifahren

Hier nun eine kleine Auswahl von Körpererfahrungsaufgaben für das alpine Skifahren, die mehr einen übergreifenden Charakter besitzen und nicht bestimmten Strukturelementen der Skitechnik zuzuordnen sind. Es geht dabei im Wesentlichen um Atmung, Anspannung und Entspannung.

1. Aufgabe: *Erinnere dich an die Phase "3" (Kanten der Ski) am Ende eines jeden Schwungs. Atme nun so aus, daß mit dem Erreichen des schmalen Druckstreifens an der Innenseite der Fußsohle - also mit Erreichen der Phase "3" - die Ausatmung beendet ist. Atme hörbar aus!*
Anmerkung: Mehrere Wiederholungen in unterschiedlichen Situationen (zunächst einfaches Gelände, dann schwierigere Bedingungen).
Zielsetzung: Aufbau eines Anspannungs- und Entspannungswechsels.

2. Aufgabe: Wie in Aufgabe (1) und ergänzt um: *Richte dich nach dem Ausatmen ganz auf (Vertikalbewegung) und atme hierbei ein. Fühl dich leicht/schwerelos. Löse dabei gleichzeitig die neue Richtungsänderung aus.*

Anmerkung: Für viele Skifahrer ist die Angst beim Skifahren eine wesentliche Lernbarriere. Bewußtes, auf den Bewegungsfluß abgestelltes Atmen kann u.a. helfen, diese Angst zu überwinden; ähnlich wie das Selbstvertrauen in die eigenen Fähigkeiten.

Zielsetzung: Sich-Wohlfühlen mit Skitechnik verbinden und erleben.

3. Aufgabe: *Laß die Schultern und Arme in der Phase des Einatmens hängen und laß die Ski von der Fallinie "ansaugen" (warte).*

Anmerkung: Weites Gelände ist notwendig, damit die Lernenden Zeit zum Wahrnehmen z.b. des "Ansaugens" haben.

Zielsetzung: Bewußte Verlängerung der Entspannung. Bewußtes Erleben des "Loslassens".

4. Aufgabe: Wie Aufgabe (3) und ergänzt durch: *Wechsle (erhöhe und verringere) die Schwungfrequenz und damit die Atemfrequenz und umgekehrt.*

Anmerkung: Hierbei soll die Atemfrequenz den Wechsel der Schwungfrequenz (und umgekehrt) bestimmen.

Zielsetzung: Ökonomisch Skifahren heißt auch, den Wechsel zwischen Entspannung und Anspannung durchgängig realisieren können.

5. Aufgabe: *Werde beim Ausatmen zunehmend schwerer!*

Anmerkung: Hiermit soll der Skifahrer zusätzlich zu dem Drehdruck seine Körperschwere erleben und verstärken lernen, indem er tiefgeht.

Zielsetzung: Entspannung verstärken durch Erhöhen der vorangegangenen Anspannung.

6. Aufgabe: *Variiere die Vertikalbewegung:*
- *schnell, langsam*
- *umfangreich, gering und variiere das Gelände und wiederhole die oben angeführten Aufgaben (1 bis 5).*

Anmerkung: Die Erfahrungen sollen in möglichst variantenreichem Gelände angewandt werden.

Zielsetzung: Wahrnehmungen, Empfindungen und Erfahrungen modifizieren und stabilisieren.

7. Aufgabe (zur Schwungauslösung): *Laß die Ski von der Fallinie "ansaugen" (unterstützt durch das Einatmen); spüre wie deine Zehenspitzen gemeinsam mit den Skispitzen eindrehen.*

Anmerkung: Flaches Gelände!!

Zielsetzung: Äußere Kräfte ausnützen; sich fallen lassen.

198

8. Aufgabe: Wie Aufgabe 7 mit dem Zusatz: *Löse deinen Blick von den Skispitzen und versuche, das Gelände vor dir insgesamt aufzunehmen.*

9. Aufgabe: Wie Aufgabe 8 mit dem Zusatz: *Führe mehrere Schwünge aus wie in der Aufgabe 7 und schaue auf zwei Arten: Zur Schwungauslösung weit und das ganze Gelände erfassend, zur Steuerung exakt entlang der unmittelbar danach zu realisierenden Skispur.*

4.5 Fazit

Körpererfahrung im alpinen Skiunterricht bereichert den intendierten Lernprozeß um fundamentale Erfahrungsdimensionen. Lernen - und hier Skifahrenlernen - kann als ein Entdeckungsprozess betrachtet werden, bei dem es auch darum gehen muß, die durch den menschlichen Körper vorgegebene Einheit (Ganzheit) in den differenzierten Prozessen beizubehalten. Wahrnehmen und Fühlen, Erkennen und Verstehen, Planen und Wünschen, Bewegen und Kontrollieren sind Bestandteile von menschlichen Handlungen. Eine Vernachlässigung eines oder mehrerer Bestandteile bedeutet eine Verengung menschlicher Möglichkeiten. In diesem Sinne verstehe ich Körpererfahrung als integralen Bestandteil menschlichen Lernens, der nie verhindert werden kann, der aber im herkömmlichen Skiunterricht bislang mehr zufällig und beliebig ausgebildet wurde. Die hier vorgestellten Beispiele sollen dazu beitragen, daß im Skifahrenlernen künftig mehr auf Körpererfahrungsaspekte eingegangen wird, daß Lernenden ein Erlebnisbereich erschlossen wird, der sowohl das Fähigkeits- und Fertigkeitsniveau erhöht, als auch geeignet ist, Vertrauen des Lernenden in seine eigenen Handlungs- und Erlebnismöglichkeiten aufzubauen.

Frank Schäfer
Körpererfahrungen und Klettern - Überlegungen zu einer Umgestaltung des Lehr-Lernprozesses

1. Einleitung

Klettern ist eine Grunderfahrung menschlichen Bewegens. Schon kleine Kinder klettern regelrecht in die Erwachsenenwelt hinein, wenn sie sich zum Beispiel am Laufstall hochziehen oder sich in Gehbewegungen hineinbalancieren. Ältere Menschen kämpfen hingegen zunehmend gegen den Verlust eines sicheren Gleichgewichts. Klettern ist eine Bewegungsmöglichkeit, die über die im Alltag zu erbringenden Bewegungsmöglichkeiten hinausgeht. Beim Klettern entsteht Bewegungslust dann, wenn es gelingt, durch eigenes Können das Schweregefühl seines Körpers aufzuheben: *"Nur im spannungsreichen Gegenüber des Kampfes gegen die Schwere und des Spiels mit der Leichtigkeit kann man sich seiner Leiblichkeit vergewissern und seiner Sinne sicher werden"* (vgl. MARAUN/PASCHEL/SCHEEL 1982, S. 35).
Das Vertrauen in die eigene Sicherheit aber ist wiederum Grundlage für neues Bewegungsspiel und gesteigerte Bewegungslust. Beim Klettern wird in sich wandelnden Situationen gelernt, mit den Beinen, Händen und Armen der Schwerkraft entgegenzuwirken. Die Handlungsganzheit Klettern vermittelt Sinneswahrnehmungen und waches Bewußtsein für die eigene Körperlage.

Erfahrungen lassen sich in einer Schritt für Schritt verfahrensmethodisierten Aufbereitung von Bewegungslösungen nur schwer machen. Jeder, der klettern lernen will, muß über eine Auseinandersetzung mit dem Bewegungsproblem eine mögliche Handlungsperspektive für sich selbst finden. Zentrales Anliegen eines körpererfahrungsorientierten Vorgehens beim Erlernen des Kletterns ist die Frage: Wie lassen sich Bewegungsprobleme so in den Horizont der Kletteranfänger rücken, daß diese sich individuell und Wohlbefinden fördernd ihre Handlungssituation einrichten können?

2. Zum gegenwärtigen Stand

Wenn man erfahrene Kletterer auf Motive ihres Tuns anspricht, nennen diese oft Schlagworte wie: Draußen sein, Freude an der Bewegung, das Erlebnis Natur, eins werden mit dir und der Natur, das Ausloten eigener Möglichkeiten, der Reiz einer gebändigten Gefahr, Kennenlernen deines Körpers und deines Ichs durch freiwilligen Verzicht auf übertechnisierte Hilfsmittel, deine eigenen Grenzen abstecken, Vertrauen aufbauen zu deinem Seilpartner und zu deinem Material, ohne

Angst und Risiko am Felsen herumturnen. Durch eigene Beobachtungen konnte ich feststellen, daß diese Erfahrungen nur fortgeschrittenen Kletterern vorbehalten waren, die sich ihren Kletterstil nach eigenen Angaben weitgehend autodidaktisch aneigneten. Warum können Kletteranfänger nicht dieselben Erfahrungen wie versierte, erfahrene Kletterer machen?

In der Methodik des Kletterns haben sich feste Lehrwege herausgebildet, die im Anfängerbereich überwiegend motorikzentriert, lehrerdominant und geschlossen sind:

- Vom Ausbilder wird eine möglichst hohe Reproduktion der gültigen Klettertechniken verlangt. Eine "eigene Klettertechnik" kann dabei nicht entwickelt werden.
- Persönliche Erfahrungen und Bewegungserfahrungen werden vom Lehrenden nicht bewußt vermittelt. Nach HOTZ (1986, S. 109) wird durch die Berücksichtigung des Prinzipes der Bewußtheit die Qualität der Lerntätigkeit erhöht und ein differenziertes Erleben möglich.
- Kletteranfänger sind meist "Objekte" ihres eigenen körperlichen Tuns und stehen deshalb in Kletterkursen oft "neben sich".

Häufig wird mit einer geringen Sensibilität gegen das Körperempfinden der Anfänger gearbeitet, wodurch eine einseitige Begegnung mit der faszinierenden Fortbewegungsmöglichkeit "Klettern" angeboten wird. Lernen und Erfahren werden somit zu Gegensätzen. Ein Beitrag zur Entwicklung von Selbsttätigkeit findet damit nicht statt. Der Kletterschüler wird häufig auf einen "Bewegungsapparat" reduziert und von außen fremdgesteuert. Die Lehrverfahren berücksichtigen selten die Innenperspektive des Kletterschülers. Anstelle einer Intensivierung und Differenzierung der Sinneswahrnehmung wird eine Anpassung an die vom Ausbilder vorgestellten Techniken verlangt.

Anfängeräußerungen zeigen, daß über eine solche Art der Vermittlung die Aufmerksamkeit einseitig zentriert wird: "Ich will unbedingt da oben stehen!" "Wenn der das schafft, dann will ich das auch schaffen!" Fast zwangsläufig bleibt dann ein großer Teil der Erfahrungsmöglichkeiten nur den erfahrenen Kletterern reserviert. Ähnlich der Entwicklung in anderen Sportarten gewinnen Aspekte wie Schwierigkeiten der Route und Schnelligkeit während des Kletterns zunehmend einen hohen Stellenwert, vergleichbar der Entwicklung im Judo (vgl. JANALIK in diesem Band). In der Vergangenheit waren Faktoren wie Beweglichkeit, Phantasie, Koordination, psychische Stabilität, Mut, Intelligenz, Erfahrung, Konzentrationsfähigkeit, Taktik, Nerven, Ruhestellungen, Gleichmut, lockere Einstellung, vorrangig. Darunter sind Wahrnehmungen, Erlebnisse und Erfahrungen, die von erfahrenen Kletterern als besonders wichtig für den Reiz des Kletterns angesehen werden; sie werden heute weder vermittelt noch provoziert, sondern sogar eher als hinderlich für ein "schnelles" Lernen angesehen. Gerade im Anfängerbereich sollte in Kletterkursen mehr als die bloße Auseinandersetzung mit Techniken geschehen. Das Lernen muß zu einem Erlebnis werden, das motivierend wirkt. Klettern angemessen erleb- und erfahrbar zu machen bedeutet, sich an die Ursprünge des Kletterns zu erinnern, praktizierte Lehrwege zu korrigieren und um die bewußte Vermittlung von Körpererfahrungen zu ergänzen.

3. Häufige Probleme der Kletteranfänger

Adäquates Unterrichten und Lehren unter besonderer Berücksichtigung des Körpererfahrungsansatzes berücksichtigt und analysiert die Probleme des Kletteranfängers.

- Er hat Angst, will sie aber nicht eingestehen, weil sie oft als Schwäche ausgelegt wird. Gruppen von Kletteranfängern haben meist eine heterogene Zusammensetzung mit rivalisierenden Gruppenmitgliedern. Somit kann sich der Kletteranfänger nicht öffnen für andere positive Erfahrungen und Erlebnisse. Angst vor Blamage bewirkt Verkrampfungen; zum Kletternlernen ist, vergleichbar dem Anfängerschwimmen, eine gewisse Lockerheit und Gelöstheit notwendig (vgl. BOISON 1975).
- Die Bewegungsabläufe sind gekennzeichnet durch übermäßigen und falschen Krafteinsatz, unangepaßtes Tempo der Kletterbewegungen und mangelnde Präzision bei der Bewegungsausführung. Der Kletteranfänger befindet sich nicht in einem eutonischen Spannungsgrad (vgl. GÜLLICH/KUBIN 1986, S. 47).
- Das Zusammenspiel von Armen und Beinen ist überhaupt nicht oder nur gering aufeinander abgestimmt. Meist dominiert übertriebener, unangepaßter Arm- und Fingereinsatz gegenüber dem Beineinsatz.
- Er wird stark geleitet vom Zieldrangsyndrom (vgl. TREUTLEIN 1984): *"Diese Wand, diesen Überhang, den muß ich schaffen!"* Dies bewirkt eine große Verspannung. Diese schränkt die fürs Klettern erforderliche und oft unterbewertete Beweglichkeit stark ein und somit die Fähigkeit zum "leichten", entspannten und lustbetonten Klettern.
- Der Kletteranfänger kommt, bedingt durch die beim Klettern auftretenden Streßsituationen, nicht in den Genuß von Glücksgefühlen: Die Ausschüttung von Endorphinen und anderen Produkten der Körperchemie wird erschwert.
- Die Rolle der Atmung, die einen wesentlichen Anteil am Klettern hat, wird überhaupt nicht wahrgenommen oder vernachlässigt.
- Kletteranfänger sind in überhöhtem Maße "kopfgesteuert". Das theoretische Wissen über das Klettern, das die meisten von ihnen überhaupt erst bewog, einen Kletterkurs zu machen, dominiert über eine sinnliche Bereitschaft zum physischen Erleben.

- Der Kletteranfänger nimmt Schmerz entweder gar nicht oder hyper-intensiv wahr, zum Beispiel beim Fixieren an kleinen Leisten oder beim Verklemmen der Finger, Hände und Arme in einem rauhen Kalk- oder Granitriß. Das Schmerzempfinden dominiert gegenüber anderen positiven Erfahrungen.

4. Klettern und Körpererfahrung

Das Klettern enthält mannigfaltige Erfahrungsmöglichkeiten des Körpers und mit dem Körper. Eine bewußte Wahrnehmung der Reize läßt Sinnesempfindungen entstehen; Körpererfahrung ist nichts anderes als eine bewußte Verarbeitung dieser Empfindungen: *"Damit aus Erlebnissen Erfahrungen werden (können), muß das Erlebte sowohl bewußt, als auch verarbeitet werden"* (SPRENGER/JANALIK/ TREUTLEIN 1984, S. 136). Da das Klettern eine Natur- und Outdoor-Sportart ist, haftet ihm auch das "Abenteuer"-liche an. *"Ein Abenteuer ist eine Erlebnis- erscheinung der alltäglichen Erfahrungswirklichkeit und nimmt einen breiten Raum als Bewußtseinsinhalt und Erlebnisgehalt ein"* (vgl. SCHLESKE 1977, S. 7). Nach SCHLESKE (1977, S. 36) sind Abenteuer und Wagnisse Erlebnisse und Erfahrungen, in denen subjektive und objektive Situationsfaktoren zusammen- wirken. Durch eine bestimmte momentane Konstellation von Faktoren entsteht ein Erlebnisfeld mit intensiven Handlungsimpulsen, die das handelnde Individuum mit all seinen Kapazitäten in Anspruch nimmt und in ein dramatisches Geschehen verstrickt. Hier werden Landschaften erschlossen, hier setzt man sich in der Regel mit der Natur auseinander, hier wird der Körper aktiv eingesetzt.

Früher wurden vor allem Gymnastik und Tanz als Bereiche angesehen, die sich besonders für die Vermittlung von Körpererfahrungen eignen, doch in den letzten beiden Jahrzehnten erfolgte eine Ausweitung über die Entdeckung der fernöstlichen Bewegungskultur (vgl. MÖGLING/MÖGLING 1984 und MÖGLING 1984) und über die Offenlegung der Tatsache, daß auch die traditionellen Sportarten mit umfassenden Erfahrungsmöglichkeiten ausgestattet sind (vgl. TREUTLEIN/ FUNKE/SPERLE 1986). Natursportarten wie Klettern eignen sich hervorragend für die Vermittlung von Körpererfahrungen: Sie werden in wenig verregelter Umgebung ausgeübt, enthalten meist einen deutlich geringeren Teil an normierten Bewegungen und finden eingebettet in die Natur oder in Auseinandersetzung mit ihr statt, was besondere Erfahrungsmöglichkeiten beinhaltet. Grundlegende Körpererfahrungen sind in ihnen oft weitergehend möglich als in Sportarten, die in Hallen durchgeführt werden. Ein Kletteranfänger kann bei seinen ersten Kletterversuchen den "Hauch von Abenteuer" verspüren und Körpererfahrungen wie zum Beispiel den Wechsel zwischen extremer Anspannung und Spannungs- lösung erleben.

Viele Kletteranfänger erinnern sich an die eigene Kindheit, an erste Kletterversuche an Bäumen und Klettergerüsten, an die damit verbundenen spannenden Erlebnisse und Erfahrungen. Bei geübten Kletterern ähneln solche Erfahrungen meditativen Zuständen bei Langstreckenläufern, in dem sie sich so intensiv ihrem Tun hingeben, daß sie alles andere vergessen und in ihrem Klettern und der Auseinandersetzung mit dem Fels völlig aufgehen. Dabei ist es von geringer Bedeutung, ob die Tätigkeit anstrengend oder sogar "qualvoll" ist. Viele Kletterer sprechen von unbeschreiblichen Hochgefühlen (vgl. CSIKSZENTMIHALYI 1985). Die Nähe zur Natur, die beim Klettern am Berg und am Fels besonders tief und nachhaltig empfunden werden kann, zusammen mit einem abstrakten Gefühl der Freiheit, lassen das Klettern zu einem außerordentlichen Bewegungserlebnis werden, verbunden mit Abenteuern und Körpererfahrungen, die der Alltag in dieser Form nicht mehr enthält:

- Verspüren von Spannung und Entspannung.
- Positive Energieflußströme, die bei der Ausführung und/oder im Nacherleben einer Bewegung vorkommen.
- Zirkuläre, zyklische Schwingungen des Körpers in wiederholten Bewegungen, vergleichbar dem Laufen und Rudern.
- Dehnung großer Muskelgruppen.
- Wärme- und Kälteansprachen der Haut.
- Reflexzonenansprache der Hände und Füße bei verschiedenen Arten von Tritten und Griffen.
- Verschmelzung von Körper und Umwelt.
- Fühl- und sichtbare Veränderungen des Körpers durch das fortlaufende Betreiben von Körperübungen.
- Kontakte mit den Körpern anderer Menschen.
- Kinästhetische Empfindungen.
- 'Hineinatmen' von Bewegungen.
- Wahrnehmungszentrierung auf bestimmte Sinnesbezirke.
- Funktionswahrnehmung innerer Organtätigkeiten wie Herzklopfen, Blutströme, Atmen, Lustschmerzen der Muskulatur und der Haut.
- Spüren von Dynamik (vgl. LACKNER 1980 und HEINE 1983).

Auch im Bereich der sozialen Kontakte lassen sich Körpererfahrungen machen (vgl. BRACKHAHNE/WÜRZ 1984, S. 169): Das Klettern in einer Seilschaft (eine Seilschaft setzt sich meist aus zwei bis drei Kletterern zusammen) ist eine sehr außergewöhnliche Art einer Sozialbeziehung. Dabei ist jeder auf den anderen angewiesen. Das Seil verbindet die Kletterer auf eine ganz existenzielle und unmittelbare Art und Weise miteinander. So wirkt das Klettern in hohem Maße sozial integrativ, denn trennende soziale Rollen oder Statusfaktoren gibt es nur selten beim Klettern in einer Seilschaft. Jeder Kletterer wird an seinem Beitrag zum gemeinsamen Gelingen einer Bergtour gemessen. Die Beziehungen zu- und untereinander, selbst wenn man sich vorher nicht kannte, erfahren eine besondere Qualität. So schreibt Reinhold Messner, daß er manchmal das Gefühl hat *'mit dem Partner zu einem einzigen Wesen verschmolzen zu sein'* (MESSNER 1977, S. 176). Beim Klettern werden Formen des Bezuges zum Mitmenschen entwickelt, die viele gerne verwirklichen möchten, die aber mit den Funktionsgesetzen unserer Gesellschaft selten vereinbar sind. In den Bergen wird den Kontakt- und Zugehörigkeitswünschen unmittelbar Rechnung getragen (vgl. AUFMUTH 1984, S. 19). Das Bergsteigen und Klettern mit anderen Menschen bietet direkte Interaktion, Kommunikation und menschliche Nähe. Es kann die gesellschaftsspezifische Tendenz zur Isolierung kompensieren. Im Alltag können solche Erfahrungen nur selten gemacht werden. Körpererfahrungsorientierung beim Klettern ist somit nicht nur Ausgleich für körperliche Erlebnisdefizite, sie kann auch weitere (verlorengegangene) Erfahrungsfelder vermitteln:

- Mit der Betonung des Ist-Werts bringt sie positive Erfahrungen, die motivierend wirken.
- Sie zielt auf ein Klettern ohne Leistungsdruck, da kein Zieldrangsyndrom vorherrscht.
- Sie schafft eine gelöstere Kursatmosphäre.
- Sie vermittelt Bewußtheit für Bewegungen.
- Sie führt zu einer Perspektivenerweiterung, die auch für andere Bereiche gilt.
- Sie ergänzt herkömmliche Methoden des Klettern-Lernens, was in Anbetracht der Monotonie in vielen Kursen von Bedeutung sein kann.

Körpererfahrungsorientierung hilft damit den Körper in der sportlichen Bewegung besser zu erleben, erfahren und kennenzulernen, zumal sie durch die Betonung auf die Bewegung im Körper die Erfahrung und das Wissen über den Körper in der Bewegung ergänzt. So kann eine ungünstige Zielorientierung vermieden und der Reiz des Kletterns voll und ganz erschlossen werden.

5. Praktische Umsetzung

Das Experimentieren mit dem eigenen Körperverhalten läßt sich ideal beim Bouldern durchführen. Bouldern bedeutet, daß man jederzeit abspringen kann, da man kaum über einen Meter Höhe hinausklettert. Es ist ein Klettern ohne Angst, da der Faktor "Höhe" isoliert wird. Bouldern wird oft als Spiel mit der Schwerkraft bezeichnet. Es ist ein seilfreies Klettern an kleinen Felsblöcken oder Wänden. Nach GÜLLICH/ZAK (1987, S. 108) "unterscheidet sich Bouldern deutlich vom notorischen Klettergartentraining". Bouldern schließt Kreativität sowohl in der Wahl der Griffolge, als auch in der Bewegungsform ein. Der Kletterer kann zum Beispiel versuchen, ein Problem bewußt statisch zu klettern oder durch oftmaliges

Wiederholen und Einüben fließender Bewegungen eine Lösung zu erreichen. Eine Weiterführung dieses Bewegungsflusses sind Schwungformen, wobei in schwierigsten Boulderproblemen erst die präzise Aneinanderreihung solcher "Dynamos" zum Erfolg führt. Bouldern ist gekennzeichnet durch das Spiel mit der Schwerkraft und die Freude an der Bewegung. Eine wichtige Voraussetzung ist es, alle den Anfänger behindernden Einflüsse zu beseitigen oder so gering wie möglich zu halten. So sollte man mit den Kletteranfängern an Felsen gehen, an denen ein gefahrloses Abspringen jederzeit möglich ist. Gerade beim Bouldern kann der Anfänger große und vielfältige Bewegungserfahrungen machen und eine Art "Körperbewußtsein" entwickeln. Die Anfänger sollen wirksame Handlungsstrukturen für alle möglichen Bewegungsaufgaben im Fels einsetzen und diese auch möglichst ökonomisch bewältigen können (vgl. GÜLLICH/KUBIN 1986). Beim Klettern an kleinen Felsblöcken erfährt der Anfänger Freude an den eigenen Bewegungen, da störende Außeneinflüsse weitgehend isoliert sind.

Streßfreies Experimentieren birgt intrinsische Motivation in sich (vgl. CSIK-SZENTMIHALYI 1985). Die Perfektionierung der Klettertechnik wird durch wachsende Bewegungserfahrung bestimmt. Sie soll erweitert werden unter Bezugnahme auf die verschiedenen Klettertechniken. Durch eine große Bewegungserfahrung und eine Vielzahl von jederzeit abrufbaren Bewegungsmustern wird beim Klettern der angemessene Rhythmus und Fluß ermöglicht. Von entscheidender Bedeutung sind hierbei Gesprächsphasen. Sie dienen dazu, Beobachtungen, Eindrücke, Schwierigkeiten und Gefühle zu besprechen und durch den gegenseitigen Austausch von Informationen auch zu reflektieren. Ein weiteres wichtiges Element des Bewegungsgeschehens sind die Bewegungspausen, sie sind beim Klettern nicht nur unvermeidbar, sondern für die Dynamik und Dramatik des Bewegungsverhaltens, sowie für die Entwicklung des intendierten Problembewußtseins notwendig. Während der Pausen kann das Suchen nach Alternativen angeregt werden, die der Erweiterung von Bewegungshandlungen, deren Problematisierung und/oder auch der Bewußtmachung von Konflikten dienen.

Die didaktischen Prinzipien der Anregung und Betreuung sind hiermit schon angesprochen. Anregen und Betreuen heißt:

1.	Das Unterrichtsgeschehen distanziert beobachten und nicht ständig steuern.
2.	Mehr die Bedingungen des Unterrichts sichern als seinen Verlauf bestimmen.
3.	Hilfe nur individuell und auf Nachfrage erbringen.

Statt einen Anfänger zu informieren, wie eine bestimmte Stelle einer Klettertour zu klettern ist (Orientierung am Soll-Wert), sollten gezielt Körpererfahrungen provoziert werden, da gerade sie Erlebnis- und Erfahrungsmöglichkeiten eröffnen, die den Reiz des Kletterns ausmachen. Die Beachtung des Prinzips der Bewußtheit erhöht eindeutig die Qualität des Lernens. Das individuelle Erleben und Erfahren ist sehr viel wichtiger als das bloße Informiert-Werden (vgl. HOTZ 1986). Zur Erhöhung der Erlebnis- und Erfahrungsmöglichkeiten sollte auch beim Anfänger eigenständiges Klettern ohne Technik- und Streckenvorgaben zugelassen werden, denn diese schränken die Kreativität und die im Sinne von Wahrnehmungs-, Erlebnis- und Erfahrungsförderung günstige Suchhaltung ein.

Um die Faszination und den Reiz des Kletterns zu erschließen, sollte vor allem auf folgende fünf Aspekte beim Klettern geachtet werden:

1. Achtet einmal darauf, ob ihr etwas riecht, hört oder fühlt! Viele Kletteranfänger haben Probleme mit der Wahrnehmung. Vor Angst und Aufregung sind sie nur eingeschränkt wahrnehmungsfähig und damit nicht ausreichend genuß- und lustfähig.

2. *Achtet einmal darauf, wo ihr Anspannung verspürt (z.B. unter, in einem Überhang)! Welche Muskeln und Körperteile sind verspannt? Versucht euch zu entspannen, tief und vollkommen!* Hierzu können verschiedene Formen des autogenen Trainings genutzt werden, die vor und zwischen das Klettern geschaltet werden können. Auch verschiedene Yoga-Übungen, die der Herstellung von innerer und äußerer Ruhe dienen, - auch solche, die den Gleichgewichtssinn schulen -, können im Anfängerklettern angewandt werden. Wichtig ist die Einsicht des Anfängers, daß Entspannung trainierbar ist.

3. *Achtet auf euren Atem! Versucht einmal herauszufinden, in welchen Situationen ihr ruhig atmet und in welchen ihr den Atem preßt. Gibt es einen Zusammenhang zwischen eurem Kletterrhythmus und eurer Atmung?* Kletteranfänger neigen dazu, ihre Atmung zu pressen. Besonders vor und in "schwierigen" Stellen "kämpfen" sie um Luft. Die Atmung sollte aber passend zum Kletterrhythmus eingestellt sein. Dies wird erreicht, indem die Anfänger eine leichte Kletterei ohne schwierige Einzelstellen bewältigen und dabei als Anweisung formuliert wird: "Versucht einmal passend zum Kletterrhythmus ein- und auszuatmen, was verspürt ihr dabei?" Ruhiges rhythmisches Atmen intensiviert die Erlebnisfähigkeit!

4. *Laßt eure Angst zu! Akzeptiert sie als etwas natürliches, das zu euch gehört.* Klettern hat eine psychische Komponente, so daß sich aus dem Mienenspiel des Kletternden viel herauslesen läßt. Ängstlichkeit z.B. läßt sich unschwer erkennen.

5. *Akzeptiert es zu fallen! Ihr dürft loslassen, denn ihr seid gesichert. Erlaubt den Gedanken da zu sein, indem ihr euch entspannt und tief atmet.*

Je nach Anfängergruppe müssen die Aufgaben natürlich unterschiedlich formuliert und Auswertungen angemessen gelenkt werden. Sinnvoller Einsatz von Körpererfahrungsaufgaben und ihre erfolgreiche Auswertung setzen eine große Offenheit der Kursteilnehmer voraus. Als Folge eines solchen körpererfahrungsorientierten

Vorgehens stellen sich Ergebnisse ein wie:

- Eine verbesserte Kommunikation: Über Angst wird offen gesprochen.
- Ein ruhigeres, entspannteres Angehen der Kletterei. Die Erscheinung des in den Fels "Krallens" ist weitaus weniger zu beobachten.
- Eine Einsicht in die Zusammenhänge von Atmung und Spannung.
- Eine Erhöhung der Bewußtheit des eigenen Körpers und speziell des Körperschwerpunkts beim Bewegungsablauf.
- Ein intensiveres Genießen der Natur und des Umfeldes.
- Ein intensiverer Austausch über Körpererfahrungen, bzw. über Faktoren, die Wohlbefinden beim Klettern ausmachen.

6. Schlußbemerkung

Der Mensch hat immer weniger die Möglichkeit, sinnliche Erfahrungen zu machen und sich seines Körpers bewußt zu werden. Auch die Schule ist oft "körperfeindlich" und hindert die Kinder daran, ihre Sinne und ihren Körper richtig zu gebrauchen. Über das Klettern, vor allem im idealen Umfeld der Natur sind wichtige Ergänzungen für verloren gegangene Möglichkeiten gegeben. Im Sportunterricht ist Klettern zwar nicht vorgesehen, aber mit dem pädagogischen Anspruch, den Schülern ein breites Spektrum von Sport zu präsentieren, wäre es durchaus vertretbar, Klettern zu vermitteln, zumal es in England und Frankreich in der Schule mittlerweile schon längst berücksichtigt wird. Gerade Natur- und Risikosportarten bieten dem jungen Menschen auf Grund ihrer aktivierenden Wirkung wesentliche Möglichkeiten. So kann eine positive Umweltzuwendung angeregt werden. Intensive Erfahrungen, Lernvorgänge und persönlichkeitsbildende Erlebnisse, die den Umgang mit angsterzeugenden Situationsfaktoren ermöglichen, sind in der zivilisierten Gesellschaft nicht mehr, oder nur unter existentieller Gefährdung, realisierbar. Solche Erfahrungen sollten im Rahmen einer umfassenden Sporterziehung erschlossen werden.

Anderl Hcckmair, einer der Erstbesteiger der Eiger-Nordwand, formulierte einmal, daß er beim Klettern Erlebnisse sucht, die mehr sind als Sport. Über eine Körpererfahrungsorientierung können diese auch Kletteranfängern erschlossen werden.

Stefan Köhler
Ringen - eine Sportart jenseits der Vorurteile.

1. Das Bild der traditionellen Sportart Ringen

Ringen ist eine der ältesten Sportarten, worauf ca. 3000 v.Chr. entstandene Wandzeichnungen in Ägypten hinweisen. Sie entspringt offensichtlich einem natürlichen (Bewegungs-)Bedürfnis des Menschen, vor allem von Kindern. In fast allen Kulturbereichen wurde und wird Ringen praktiziert, mit jeweils kleinen regionalen Unterschieden. Mit der Entwicklung der modernen Sportarten nahm auch die Bedeutung des sportlichen Ringens zu, in Deutschland im Rahmen der Schwerathletik. Es war allerdings eine fast ausschließliche Angelegenheit der Arbeiterklasse; fast nur deren Angehörige betrieben um die Jahrhundertwende und später Sportarten wie Ringen, Boxen oder Gewichtheben. Viele in der damaligen Zeit gegründete Schwerathletikvereine waren daher eindeutig politisch ausgerichtet (kommunistische und sozialistische Arbeitersportvereine). Nach dem zweiten Weltkrieg wurde diese Tradition der Arbeitersportvereine in der DDR, der Volksrepublik Polen und in der Sowjetunion bewußt fortgesetzt, während diese kraft-, körper- und kampfbetonten Sportarten wegen ihres "sozialen Makels" in der Bundesrepublik keine breitere Bedeutung erlangten. Trotz der Beliebtheit des Ringens und Raufens bei Kindern blieb das sportliche Ringen bei den Heranwachsenden und Erwachsenen in der Bundesrepublik eine Angelegenheit eher der Unterschicht; in Anbetracht des beim Ringen scheinbar vorherrschenden Auslebens körperlicher Aggressivität fanden und finden kaum Angehörige anderer Schichten Zugang zu dieser Sportart. Sie ist auch nicht in den Sportlehrplänen der verschiedenen Bundesländer enthalten, im Gegensatz beispielsweise zu Frankreich.

Trotz seiner langen Geschichte kann Ringen nicht auf ähnliche Wurzeln wie z.B. Judo (vgl. JANALIK in diesem Band) zurückgreifen; obwohl sich Judo in seiner Wettkampfform zumindest in den Schwergewichtsklassen heute kaum mehr vom Ringen unterscheidet, gilt es wegen seiner Wurzeln in der japanischen Philosophie als die "feinere", "gehobenere" Sportart. Nicht zuletzt wegen des Bilds, das sich die Mehrheit der Bevölkerung vom Ringen macht, wird Ringen aus "ästhetisch - moralischen" Gesichtspunkten ablehnt. Diese ablehnende Haltung wird noch zusätzlich gefördert durch den Umgang mit dieser Sportart in den sogenannten "Ringerhochburgen", in denen durch übertriebene Resultatsorientierung eine Perspektivenverengung auf den (kurzfristigen) Wettkampferfolg zu beobachten ist. Da aber durchaus auch einige wenig aggressionsorientierte und nicht vor Kraft strotzende Menschen Spaß am Ringen finden und auch behalten, stellt sich natürlich die Frage, ob das weit verbreitete Bild vom Ringen richtig ist und ob nicht - ähnlich wie beim Judo - doch noch andere Elemente in dieser Sportart enthalten sind.

2. Ringen als Wettkampfsportart

Da Ringen sich heute fast ausschließlich als Wettkampfsportart präsentiert und Erfolg als wesentlichstes Kriterium für den Wert eines ringenden Menschen gilt, soll zunächst untersucht werden, welche Faktoren dieses offensichtliche Hauptkriterium "Erfolg" bestimmen. Ringen gilt als eine komplexe, resultatsorientierte Sportart (TIWALD 1981); als eine wesentliche Voraussetzung für Erfolg wird Erfahrung angesehen. Darunter wird die Fähigkeit verstanden, die im Ringen auftretenden Situationen und Probleme vor dem Hintergrund verarbeiteter ähnlicher früherer Erlebnisse und Handlungen effizient zu bewältigen; Erfahrung gilt als besonders tiefgreifend, wenn sie das Resultat sowohl körperlicher als auch emotionaler und geistiger Prozesse ist. Der erfahrene Ringer unterscheidet sich von dem Unerfahrenen in folgenden Punkten:

- Seine Situationswahrnehmung ist sensibler und differenzierter.
- Bei seiner Situationsanalyse berücksichtigt er mehr Informationen (Wahrnehmungen).
- Außerdem verfügt er über ein viel größeres Repertoire an Handlungsmöglichkeiten, d.h. an situationsangemessenen Handlungsalternativen, die er flexibel und passend mit seiner Wahrnehmung verknüpfen kann.

Wenn das Erlernen des Ringens beim Anfänger nur bei dem Einüben von Handlungsalternativen ansetzt - wie dies beim Ringertraining fast ausschließlich der Fall ist - bringt dies unerfahrenen Ringern keine Vorteile, da ihre Wahrnehmungs- und Analysefähigkeiten nicht ausreichend entwickelt sind und sie deshalb ihre neuerworbenen ringerischen Handlungsmöglichkeiten unter Handlungsdruck im (Wett-)Kampf selten sinnvoll einsetzen können. Die Antizipationsfähigkeit von Situationen, Situations- und Handlungs-Folgen hängt von der ausreichenden Entwicklung der Wahrnehmungsfähigkeit und von Erfahrung ab. Ein erfahrener Ringer spürt viel früher, ob z.B. ein Beingriff innen oder außen beabsichtigt ist und verbindet meist zeitgleich damit seine Antizipation möglicher Aktionen und Reaktionen. Er unterscheidet sich nicht nur quantitativ (Umfang der Wahrnehmung) sondern auch qualitativ (Genauigkeit und Differenziertheit der Wahrnehmung) vom unerfahrenen Ringer. Quantität und Qualität der Situationswahrnehmung sind somit die entscheidende Voraussetzung für das Entstehen von Erfahrung.

Nun vertreten viele Trainer die Auffassung, daß "Erfahrung" nur durch Wettkampfpraxis erworben werden kann. Aus diesem Grund beachten sie in ihrer

Trainingsplanung und -durchführung diesen Punkt nicht oder verkürzen ihn auf die Vermittlung von Handlungsalternativen. Diese werden möglichst nahe der Vorstellung einer idealen Technik immer wieder geübt. Eine solche Vorgehensweise mag vielleicht noch im Training einer verlaufsorientierten Sportart wie z.B. dem Eiskunstlauf akzeptabel erscheinen (jedoch kaum aus körpererfahrungsorientierter Sicht!); im Ringen dagegen trifft der Sportler auf stets veränderte Situationen und Gegebenheiten, wo weniger die Bewegungsgenauigkeit entscheidend ist, sondern ein schnelles Reagieren auf die jeweilige Situation, was mit viel Erfahrung leichter und effektiver möglich ist. Natürlich ist "erfahrenes Handeln" nicht auf die gleiche Art und Weise erwerbbar und trainierbar wie z.B. Kraft oder Ausdauer. Aber selbst wenn man das Ringen nur unter dem Aspekt "Effizienz im Wettkampf" betrachten würde, müßte herkömmliches Training um folgende vier Punkte ergänzt werden:

- Verbesserung der Wahrnehmungsfähigkeit als Voraussetzung von Erfahrungs-entwicklung;
- Perspektivenerweiterung mit dem Ziel der Erlebnissteigerung (Motivation!) und der Erfahrungserweiterung;
- Entwicklung von taktischem Denken durch bewußte Verarbeitung von Wahr-nehmungen und Erlebnissen (Problemorientierung);
- Möglichkeiten zur Verringerung schmerzhafter Erlebnisse im Training und Wettkampf.

Über das Herausarbeiten dieser Punkte wird die grundlegende - und in der gegenwärtigen Ringpraxis in keiner Weise ausreichend berücksichtigte - Bedeutung von Situationswahrnehmung, Erfahrung und nicht zuletzt aber auch von positiven Erlebnissen für effizientes sportliches Handeln unterstrichen. Von hier ausgehend scheint es sinnvoll, bewußt Situationen zu arrangieren und Methoden anzuwenden, die ein "mehr" an Wahrnehmungen und Erfahrungen ermöglichen. In der Folge sollen hierzu Möglichkeiten aufgezeigt werden.

3.   Erfahrungsentwicklung im Ringen

3.1. Verbesserung der Wahrnehmungsfähigkeit als Voraussetzung von Erfahrungen

Sensibles Empfinden von Druck oder Zug ist für angemessenes Agieren und Reagieren im Kampf bei der Abwehr fast aller Grifftechniken von entscheidender Bedeutung. Die Praxis lehrt, daß kaum ein Trainer oder Athlet den für das Ringen besonders wichtigen taktilen Sinn im Training berücksichtigt. Offensichtlich liegt auf solchen Wahrnehmungen ein deutliches Tabu. Körperlicher Kontakt wird eher als etwas Negatives, Rohes, der Unterschicht Vorbehaltenes angesehen; sicher ist jedenfalls, daß die Verbalisierung von Wahrnehmungen im taktilen Bereich erhebliche Schwierigkeiten bereitet, ebenso die der sich aus der Interpretation der Wahrnehmungen ergebenden Gefühle, so daß das Thematisieren im Training schwerfällt.

Ausgangspunkt einer Wahrnehmungsschulung in diesem Bereich sollten deshalb positive Erlebnisse sein. Der direkte Körperkontakt wird von vielen Ringern als durchaus angenehm empfunden. Und dies ist ja durchaus nicht nur im Ringen der Fall; wenn in anderen Situationen - aus welchen Gründen auch immer - Schranken fallen, sei es nach Alkoholgenuß, in freudvollen oder in angstbesetzten Situationen, wird die Wärme, die vom Körper eines anderen ausgeht und Berührung und Druckempfinden, die durch ihn auf die eigene Haut ausgeübt wird, als wohltuend und beruhigend empfunden. Solche Erfahrungen sollten den Versuch einer Erhöhung der Sensibilität im Bereich der taktilen Wahrnehmung beeinflussen; dies ist z.B möglich über eine sensible gegenseitige Massage (Ganzrückenmassage). Körperkontakt entsteht nun nicht im Kampf, der andere ist kein Gegner sondern Partner und der Umgang miteinander bei der Massage ein vertrauensvolles Geben und Nehmen. Verspannungen, Verkrampfungen sind beim Ringen überaus häufig. Mit einer solchen Massage können die Partner so auch lernen, sich über das eigentliche Training hinaus zu helfen und gegenseitig Verantwortung zu tragen. Damit kann zugleich eine oft zu beobachtende Rivalität der beiden Partner zumindest verringert, möglicherweise aber auch vermieden und die Trainingsatmosphäre entkrampft werden. Über Partnerstretching, Blindenspiele, Partnerübungen u.a.m. kann anschließend das Ölringen als wesentlichste Übung vorbereitet werden. Mit Hilfe der folgenden Übungen und Trainingskämpfe kann das Ölringen vorbereitet werden:

Aufgaben: Zieht mit geschlossenen Augen auf, was empfindet ihr? Spürt ihr Wärme? Spürt ihr den Druck? Welche Gefühle begleiten diese Wahrnehmungen (schön, glitschig, angenehm, unangenehm etc.)? Versucht, die Bewegung des Aufziehens harmonisch und rhythmisch zu gestalten und sie zu genießen! Wo berühre ich meinen Partner? Mit welchen Körperteilen? Wie kann ich den eigenen Körperwiderstand vergrößern, wie verkleinern?

Die Bedeutung des Ölringens ergibt sich aus der Kampfsituation; im Kampf treten durch die schweißnassen Körper ähnliche Bedingungen auf wie beim Ölringen. Die Auswertung der vorhergehenden Aufgaben kann nun beim Ölringen mit folgenden Aufgaben fortgeführt werden:

- *Welche Griffe sind unter diesen Bedingungen schwerer durchführbar, welche sind einfacher geworden?*
- *Wer ist beim Ölringen im Vorteil (Angreifer, Verteidiger, der Leichtere, der Schwerere)?*

- Werden Faktoren wie Verletzungsgefahr usw. durch das Ölringen positiv oder negativ beeinflußt?

Viele Lösungen, die mit Hilfe dieser Aufgaben gefunden werden, sind individuell und subjektiv, sie können nicht einfach übernommen werden, jeder sucht sich seinen eigenen Weg. Oft geben Ringer im Wettkampf frühzeitig auf mit der Begründung, der Körper des Gegners sei einfach zu glatt. Die beim Ölringen gewonnenen Erfahrungen zeigen, daß diese Begründung so nicht stimmt. Zu dieser Erfahrungserweiterung kann noch zusätzlich jene hinzukommen, daß der Umgang mit dem eingeölten bzw. schweißnassen Körper des anderen durchaus nicht abstoßend sein muß, sondern sehr angenehm sein kann.

3.2. Perspektiven- und Erfahrungserweiterung durch Körpererfahrung

Kinästhetische Sinneswahrnehmungen sind immer mit positiven oder negativen Gefühlen verbunden (angenehm - unangenehm, Wohlbefinden - Unwohlsein, Angst - Euphorie usw.). Durch ein körpererfahrungsorientiertes Vorgehen wird dem Sportler die Möglichkeit gegeben, positive Gefühle, welche mit einem Spannungsaufbau zusammen mit dem Öffnen des Körpers und der anschließenden Energieentladung und Spannungslösung verbunden sind, bewußt zu machen. Auf die bewußte Wahrnehmung der spezifischen Abläufe beim Ringen können Übungen und Spiele wie das Maschinenspiel oder das Bauen eines Denkmals mit lebendigen Körpern vorbereiten; mit diesen Aufgaben können Teil- und Ganzkörperspannung bewußt aufgebaut und gehalten werden. Sinnvoll ist es, wenn über Beobachtungsaufgaben Wahrnehmungen und Erlebnisse registriert und in ein gemeinsames Gespräch eingebracht werden. Folgende Beobachtungsaufgaben haben sich bewährt:

- Wo nimmst Du Spannung wahr, wo nicht?
- Welche Spannung kannst Du isoliert herstellen?
- Welche Gefühle begleiten Spannung, Spannungshalten und Spannungslösung?
- Wie atmest Du?

Bei solchen Aufgaben muß der Übungsleiter dem Sportler einen großen Spielraum für umfangreiches Experimentieren und persönliche Erfahrungen zugestehen; er darf nicht nur Wahrnehmungen und Erfahrungen gelten lassen, die seinen eigenen Wahrnehmungen und Erfahrungen entsprechen. Die Ergebnisse der Auswertung der vorherigen Aufgaben können beim Erlernen des "Wurfes über die Brust" sinnvoll verwendet werden. Diese Technik besitzt für fast jeden Ringer eine hohe Faszination. In meiner langjährigen Tätigkeit als aktiver Ringer und Übungsleiter konnte ich oft beobachten, welche Emotionen die Ankündigung dieser Technik freisetzte, Emotionen in der ganzen Spannbreite zwischen fast ängstlich verzweifelter Ablehnung und jubelnder Zustimmung. Angesichts solcher Emotionen in Verbindung mit einer Technik greift eine Vermittlung dieses Griffs, die sich nur an seiner Biomechanik orientiert (stell den Fuß so .. , ziehe solange, bis . , usw.), eindeutig zu kurz.

Sinnvoller ist es, sich mit den Gefühlen, die mit der Bewegung verbunden sind, auseinanderzusetzen und positive Erlebnisse zu verstärken. Wie kann der Zugang zum Reiz dieser Grifftechnik gefunden werden?

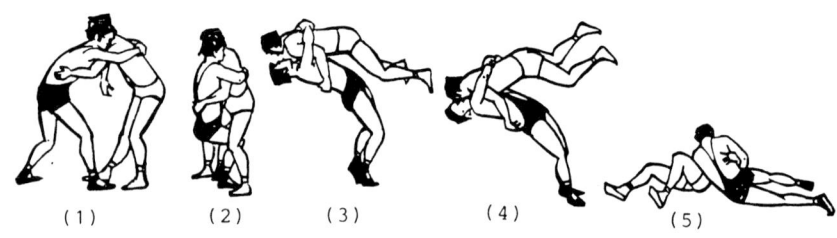

(1)   (2)   (3)   (4)   (5)

Reizvoll ist vor allem der Wechsel zwischen Spannung und Spannungslösung. Bei den Bildern 3 und 4 kann man den Spannungsaufbau über die Körperöffnung mit Zurücknahme des Kopfes und Verlängerung der Wirbelsäule erkennen. Die Bilder 4 und 5 zeigen auf, daß die Energieentladung und Spannungslösung nicht wie zum Beispiel bei einem Tennisaufschlag nach vorne, sondern durch aktives Drehen zur Seite ausgelöst wird. Diese Drehung zum richtigen Zeitpunkt (d.h. möglichst spät) durchzuführen ist das eigentliche Problem dieser Technik. Sobald die Grundvoraussetzungen für die Einführung dieser Technik (Beweglichkeit und Kraft) gegeben sind, gilt es vor allem, eine angstfreie Atmosphäre zu schaffen. Als Arbeitsform eignet sich besonders die Kleingruppe oder Partnerarbeit (freie Partnerwahl). Folgende Übungen und Aufgaben eignen sich für ein erfahrungsorientiertes Vorgehen:

Wurfimitation: Zwei Partner stützen einen dritten in der Schulter ab. Dieser führt eine hohe Bogenstreckung mit Zurücknahme des Kopfes nach hinten aus. Auf Zuruf des Übenden treten die Hilfestellungen seitlich weg, um die Drehung zu ermöglichen.

Beobachtungsaufträge: Wo spüre Ihr Spannung? Wie ändert sich das Spannungserleben, wenn Ihr den Kopf nicht zurücknehmt oder die Zehenspitzen nicht streckt?

Ändern sich je nach Kopfführung auch die begleitenden Gefühle? Wann dreht Ihr? Dreht Euch einmal früher, einmal später. Wann ist die Drehung am schönsten? Versucht es nun einmal ohne Hilfestellung. Was ändert sich (Vergleich der Eigen- mit der Fremdbeobachtung)? Wann wurde nun gedreht? Danach sollte die Technik mit einer Puppe durchgeführt werden.

- *Werft die Puppe in weitem Bogen, versucht ein Klatschen der Puppe auf der Matte zu erreichen! Der Partner unterstützt dies, indem er der Puppe am unteren Ende einen Schub gibt. Wann klatscht die Puppe am lautesten auf?*
- *Wie atmet Ihr beim Werfen? Versucht einmal dabei ein-, einmal auszuatmen. Schreit einmal beim Werfen der Puppe. Könnt Ihr Veränderungen beim Spannungsempfinden und den begleitenden Gefühlen feststellen?*
- *Verlängert die Flugphase (z.B. vom Stand auf einer Doppelmatte aus). Bringt die Verlängerung der Flugphase eine Veränderung? (Meist wird eine Intensivie- rung des Genusses berichtet). Versucht Euch auf das Genießen der Flugphase zu konzentrieren!*

Im Anschluß daran erfolgt der Wurf mit dem Partner. Es ist zu beachten, daß sowohl "Ziehende" als auch "Gezogene" aus Angst zu Fehlreaktionen neigen. Deshalb ist es wichtig, daß ein Anfänger beide Wurfsituationen jeweils mit einem erfahrenen Ringer ausübt bzw. ausüben läßt. Prinzipiell sollte zu Beginn immer ein schwerer Ringer einen leichteren Partner werfen, denn nicht die Wucht des Aufpralls auf der Matte, sondern die Art des Aufkommens (d.h. eine möglichst hohe "Amplitude") bestimmen die Art der begleitenden Gefühle. Für den Ziehenden eignet sich zur Vermittlung von Körpererfahrungen beispielsweise folgende *Aufgabe: Führe den Wurf in Gedanken durch. Versuche eine Brücke für den Partner zu sein, auf der dieser auf seine Schulter gleiten kann. Gib ihm mit der Hüfte einen Schubs, damit der Partner sich überschlagen kann. Genieße die Überstreckung möglichst lange und schreie dabei, wenn du willst.* Eine *Aufgabe* für den Gezogenen: *Führe den Wurf in Gedanken aus. Berühre den Partner an vielen Stellen des Körpers. Lege den Kopf neben den Kopf Deines Partners. Wehre dich nicht gegen den Wurf, sondern stell dir vor, Du seist mit Deinem Partner verwachsen. Schreie mit ihm mit, wenn Du willst. Schlage beim Aufkommen mit dem freien Arm auf die Matte. Schau nicht auf die Fallhöhe über den Rücken des Partners, sondern beuge den Kopf nach vorne!* Nach einem ausreichend häufigen praktischen Ausprobieren im Anschluß an diese mentale Phase kann im gemeinsamen Gespräch über Erlebnisse und Erfahrungen mit der Technik gesprochen werden. Dabei können die Sportler erkennen, daß zwischen subjektivem Wohlbefinden und objektivem "Erfolg" ein grundlegender Zusammenhang besteht. Solche Erfahrungen erhöhen "Selbstbewußtheit" und Können und damit letztlich auch die Motivation. Nun sollte man allerdings nicht in den Fehler verfallen, gleich im richtigen Wettkampf gerade gelernte Würfe zu praktizieren, und zwar aus gutem Grunde: Das positive Erleben der Überstreckung kann nur dann in vollem Umfang erlebt werden, wenn sich eine Entspannungsphase anschließt. Dies ist im Wettkampf oft nicht der Fall, da der Griffausübende hier nach dem Wurf versuchen muß, seinen Gegner auf beiden Schultern zu fixieren (dies kann er nur mit Ganzkörperspannung und Haltearbeit erreichen). Damit wird ein großer Teil des Wohlempfindens nicht zugänglich. Darüber hinaus wird im Wettkampf der Gegner versuchen, sich dieser Technik zu entziehen (Distanz vom Gegner, Kopfstreckung bei Flugphase usw.). Dadurch kann es in dieser Phase für beide Ringer zu schmerzhaften Erlebnissen kommen, welche bei beiden die Reaktion provoziert, diese Technik zu vermeiden. Deshalb sollte sie oft in Form eines Schaukampfs durchgeführt werden, bei dem die genannten negativen Aspekte vermieden werden, die Ringer zugleich aber den Zugang zu Erlebnissen und Erfahrungen mit dieser Technik aus der Bewegung heraus finden können:

Aufgabe: Versucht einen interessanten Kampf mit vielen hohen Wertungen zu zeigen. Sprecht euch über den Verlauf ab!

- *Versucht das Kampfgeschehen so zu gestalten, daß ein Außenstehender nichts von eurer Absprache bemerkt (flüssiges Ringen)!*
- *Sucht euch für einen Schaukampf eine passende Musik aus. Versucht die Höhepunkte der Musik auch in eurem Kampf zu Höhepunkten werden zu lassen!*
- *Versucht einmal in einem Schaukampf folgende Gefühle durch eure Bewegung, Gestik und Mimik auszudrücken: Ängstlich - mutig, selbstsicher- unsicher. Welche Veränderungen im Bewegungsablauf und in Spannungsgrad Eures Körpers konnt Ihr dabei beobachten? Welche Beobachtungen können Außenstehende machen?*

Auch erfahrene Ringer finden großen Spaß an der Durchführung solcher Schaukämpfe. Dies ist darauf zurückzuführen, daß die Sportler im Schaukampf ungeniert ihre Bewegungsmöglichkeiten genießen können und die relativ unattraktive, statische Haltearbeit entfällt. Erst nach ausreichenden Erfahrungen mit diesem Wurf in Schaukämpfen sollte eine solche Technik auch im Wettkampf verwendet werden.

3.3. Zur Entwicklung von Geistesgegenwart und taktischen Fähigkeiten

Im Westen wird die Geistesgegenwart meist als eine Frage der Reaktionsgeschwindigkeit angesehen, was eine verkürzte Sichtweise dieses Problems darstellt. In den Budo-Sportarten wird unter Geistesgegenwart eine anzustrebende vollkommene Harmonie zwischen Denken und Tun angesehen. Dabei geht das Denken dem Tun nicht voraus, sondern es begleitet es: "Wenn es also heißt, daß Geistesgegenwart erlangt werden soll und kein Hauch zwischen Denken und Tun sein soll, so ist damit gemeint, daß vor dem Tun kein Denken sein soll, damit das Tun unmittelbar auf das erfahrene Denken wirken und so neue echte Erfahrungen gemacht werden können" (TIWALD, 1981).

Diese Gleichschaltung von Denken und Tun ist es, die in einer resultatsorientierten Sportart den "begnadeten" Sportler ausmacht. Ein "Gegenbeispiel" aus der eigenen Wettkampfpraxis mag dies verdeutlichen: Vor einigen Jahren verlor ich nicht wenige Kämpfe knapp nach Punkten, obwohl ich meinen jeweiligen Partner "beherrscht" hatte. In all diesen Kämpfen war ich in der letzten Kampfminute nur von dem Gedanken geleitet, den bis dahin erzielten Vorsprung über die Zeit zu bringen. Mit diesem Gedanken waren starke Emotionen verbunden (Versagensängste, körperlich ausgedrückt in Form von Zurückweichen und andauernder gebückter Haltung etc.). Ich war nicht mehr "bei mir"! Damit waren zugleich eine sensible Wahrnehmung als auch ein sinnvolles Handeln kaum mehr möglich. Ich überschätzte die Fähigkeit meines Partners und verlor zunehmend das Vertrauen in meine eigenen Qualitäten. Dadurch kam es tatsächlich zu dem befürchteten Ergebnis, und die Ängste wurden dadurch verstärkt.

Wenn man sich dem gegenüber einen gelungenen Wettkampf vor Augen führt, dann ist es gerade jenes besondere Gefühl von Einheit zwischen Bewegung und Bewußtsein, zwischen Denken und Tun, das eine wesentliche Grundlage von Erfolgen darstellt, ohne Angst vor Verletzungen oder Versagen, ohne bewußtes Antizipieren oder Reflektieren von Raum, Zeit oder Gegner. In erfolgreichen Kämpfen war ich bei mir und der Sache, ich selbst war meine Bewegungen und Handlungen. Ist aber solch eine "Fähigkeit" trainierbar? Viele der genannten Elemente werden im allgemeinen der Intuition zugerechnet, die man nachlandläufiger Meinung "hat oder nicht hat". Doch diese Einschätzung ist so nicht richtig. So wird z.B. ein traumhafter Hackentrick von einem 35jährigen Sportler im Fußball mit dem Satz kommentiert "Er spielt seine ganze Erfahrung aus", während für den gleichen Hackentrick ein Neunzehnjähriger als "Instinktfußballer" eingestuft wird. Einmal wird das technische Können als "logische" Konsequenz einer langen sportlichen Laufbahn angesehen, das andere Mal als kaum beeinflußbare Fähigkeit interpretiert("begnadet").

Einige dieser Elemente sind mit Hilfe einer körpererfahrungsorientierten Vorgehensweise in gewissem Umfang lern- und trainierbar. Während bei der traditionellen Vermittlung von Techniken das Vorausdenken geradezu charakteristisch und damit der oben geäußerten Auffassung von Geistesgegenwart entgegengesetzt ist, entsteht das Bild einer guten Bewegung bei der körpererfahrungsorientierten Vorgehensweise erst nach einem Experimentieren, Erleben und Nachdenken über das Tun. Das heißt, das Reflektieren erfolgt erst nach der Beschäftigung mit dem Istwert; eine günstige Bewegung entwickelt sich aus einer breiten Palette von versuchten Bewegungen, die aber zudem für die zukünftige Auseinandersetzung mit unerwarteten Situationen zur Verfügung stehen. Experimentieren im Rahmen einer körpererfahrungsorientierten Vorgehensweise scheint demnach unerläßlich für die Entwicklung von Geistesgegenwart und Intuition.

Beispiel: Beim Groß/Kleinringen sucht sich ein schwerer, körperlich überlegener Partner einen bedeutend leichteren und schwächeren Partner aus. Beide sollten über ein ausreichendes technisches Repertoire und Kampferfahrung verfügen. Ohne Leistungszwang und Zieldrangsyndrom sollen beide Partner (gegebenenfalls in Verbindung mit Musik) mit ihren Bewegungen spielen, experimentieren und sie genießen, bzw. auch gemeinsam Problomsituationen bearbeiten und Lösungen suchen. Diese Aufgabenstellung, die die Grundlagen für Geistesgegenwart und Intuition verbessert, bringt den Beteiligten nicht nur viel Spaß, zugleich läßt sich auch immer wieder ein hohes Verantwortungsbewußtsein des stärkeren gegenüber dem schwächeren Partner beobachten.

Über diese - exemplarisch dargestellten - Punkte hinaus sollten im Rahmen einer körpererfahrungsorientierten Vorgehensweise im Wettkampfsport andere angesprochen werden wie z.B. eine sinnvolle Vor- und Nachbereitung von Wettkämpfen, die Vorbeugung von Verletzungen sowie Faktoren eines die Gesundheit berücksichtigenden Ringens, die Verrringerung des Umfangs schmerzhafter Erlebnisse sowie Möglichkeiten des Erhöhens von Wohlbefinden.

4. Körper- und Kontakterfahrung - Möglichkeiten zur Erhöhung des Reizes von Ringen

Körpererfahrungsorientierung kann also im Wettkampfsport Ringen eine wesentliche Rolle spielen. Viel bedeutender könnte ihre Rolle in der Erstbegegnung mit dem Ringen und beim Lernen von Anfängern sein. Mit ihrer Hilfe läßt sich zeigen, daß Ringen mehr sein kann als das brutale Miteinanderumgehen, das sich Lieschen Müller unter dieser Sportart vorstellt. Im folgenden soll an verschiedenen Beispielen gezeigt werden, wie ein Teil der bisher angeschnittenen Punkte bei der Erstbegnung mit Ringen und beim Lernen von Anfängern Berücksichtigung finden kann.

Wer aktive Ringer nach der Motivation für ihr Sporttreiben befragt, hört vor allem Hinweise auf vergangene oder zukünftige Erfolge. Faktoren wie etwa Gemeinschaftsgefühl, Freude an der Bewegung oder Wohlbefinden durch Ringen werden fast nie erwähnt. Dies steht in einem gewissen Gegensatz zu Beobachtungen im Training. Wer einige Minuten vor Trainingsbeginn den Trainingsraum betritt, kann Ringer sehen, die mit Kameraden auf der Matte "herumzubalgen". Wenn Ringer beispielsweise wegen einer Ferienreise längere Zeit kein Training mehr absolviert haben, demonstrieren sie ein deutliches Bedürfnis, mit einem Partner ringerische Bewegungen durchzuführen. Noch deutlicher ist dieses Bedürfnis zum Ringen und Raufen bei Kinderfreizeiten zu sehen; vor allem Phasen mit wenig Bewegungsmöglichkeiten führen zu diesem Bedürfnis, das sich oft ausgehend von spontanen Fangspielen in einem Übergang zu harmlosen Balgspielen, Ringen und Raufen äußert. Daraus läßt sich folgern, daß zumindest Kinder und Ringer Freude bei bestimmten Bewegungselementen empfinden, die am besten mit dem Wort "herumbalgen" beschrieben werden können. Beim Ringen gibt es demnach Elemente, die unabhängig von Erfolg den Menschen Freude vermitteln. Wenn es gelingt, solche Elemente vor allem jenen nahe zu bringen, die mit dem Ringen beginnen oder ihm ablehnend gegenüberstehen, besteht eine Möglichkeit, das Negativbild dieser Sportart aufzubrechen. Da die genannten Aspekte des Reizes von Ringen ziemlich viel mit positiven Körpererfahrungen zu tun haben, bietet sich gerade bei der Erstbegegnung eine körpererfahrungsorientierte Vorgehensweise an.

Eines dieser für das Ringen spezifischen Elemente ist die schon zuvor erwähnte taktile Sinneswahrnehmung. Eine Versuchsstunde mit Jugendlichen oder Erwachsenen sollte die Möglichkeit geben, sich mit eher ablehnenden als auch mit zustimmenden Perspektiven auseinanderzusetzen und neue (eigene) Erfahrungen zu provozieren. Zu Beginn verbalisieren die Teilnehmer ihre Gedanken und Gefühle, welche sie mit dem Wort "Ringen" verknüpfen. Im weiteren Verlauf werden folgende *Aufgaben* zur Technik des "Aufziehens" gestellt (nach einer Erklärung durch den Übungsleiter):

- *Wo berühre ich überall meinen Partner?*
- *Suche ich Distanz oder Nähe?*
- *Versucht aus dieser Bewegung heraus den Partner auf den Boden zu legen. Welche Möglichkeiten gibt es dazu?*
- *Wann ist mein Partner am leichtesten/am schwersten?*
- *Gelingt es besser aus der Nähe oder aus der Distanz?*

Zur Technik des "Armzugs" werden folgende Aufgaben gestellt:
- *Welche Rolle spielt die Distanz zum Partner für das Wohlbefinden der beiden?*
- *Wodurch wird der Bewegungsablauf "rund"?*
- *Welche Bewegungen sind günstig bzw. ungünstig?*

Vor allem das Ölringen, das immer wieder als sehr angenehm und wohlbefindenfördernd beschrieben wird, bringt stets für die Teilnehmer überraschend positive Erfahrungen. Nach dem Einreiben der Körper erhalten die Teilnehmer folgende *Aufgabe: Versucht mit Hilfe des Aufziehens Euren Partner auf den Boden "niederzuringen. Stellt Ihr einen Unterschied zum Ringen mit nicht eingeöltem Körper fest?* Als wichtigste Erfahrungen mit solchen Formen des Ringens wurden von Teilnehmern folgende genannt:

- *Ringen hat in dieser Form mit Gewalt und Schmerzen nichts zu tun.*
- *Trotz der individuell in unterschiedlichem Umfang vorhandenen Hemmungen wird der direkte körperliche Kontakt als etwas schönes bezeichnet.*
- *Das Ölringen wird von fast allen, die es versucht haben, als etwas angenehmes empfunden.*
- *Einer der Reize des Ringens besteht in der Möglichkeit, mit einem Minimalaufwand an Kraft den Körper des Partners zu werfen. Dabei kommt es auf den richtigen Moment (Rhythmus), die richtige Schwerpunktverlagerung und die Nähe zum Partner an. Beide Partner empfinden gelungene Aktionen als "lustbringend".*

5. Schlußbemerkung

Bei meinen Versuchen mit einer körpererfahrungsorientierten Vorgehensweise konnte ich als Ergebnis sowohl in der Schule als auch im Verein eine hohe Motivation bei allen Beteiligten feststellen. Dies hängt sicherlich damit zusammen, daß die Erfahrungsmöglichkeiten der Teilnehmer erhöht und intensiviert wurden. Obwohl die Leistungsentwicklung nicht im Zentrum körpererfahrungsorientierten Unterrichtens steht, läßt sich durch die Verbesserung von Geistesgegenwart sowie die Entwicklung von Intuition und Erfahrung eine direkte Auswirkung auf das Leistungsvermögen feststellen (soweit das erfahrene Trainer einigermaßen objektiv beobachten und konstatieren können). Die subjektive Einschätzung der Sportler ging jedenfalls eindeutig in diese Richtung. Im Rahmen der erwähnten Vorgehensweise konnten die Sportler im Gegensatz zur sonstigen Trainer-Athlet- oder Lehrer-Schüler-Beziehung selbst aktiv und kreativ werden und damit das übliche Verharren in reproduktivem Denken und Handeln aufgeben. Deshalb müssen solche Einschätzungen von Betroffenen ernst genommen werden, ebenso auch die nachfolgenden Eindrücke und Meinungen, die von Teilnehmern an verschiedenen von mir geleiteten Trainings-, Sportunterrichtsstunden und Seminarveranstaltungen geäußert wurden:

- *Wenn es Spaß macht, dann klappt es, und wenn es klappt, dann macht es Spaß* (Ringer).
- *Das Ölringen und die Massage waren das Beste, ich freue mich schon, das Entdeckte im Wettkampf ausprobieren zu können* (Ringer).
- *Vieles ist mir erst jetzt deutlich geworden, z.B. auch warum ich gerne ringe* (Ringer).
- *So habe ich mir das Ringen nicht vorgestellt* (Schüler).

222

- *Das Ringen mit Öl hat mir gut gefallen, das hätte ich nicht gedacht* (Schüler).
- *Spaß hat es gemacht; und wie* (Ringer).
- *Man braucht gar keine Kraft beim Ringen* (Schüler).
- *Die Demonstrationsstunde im Ringen hat gezeigt, daß diese Sportart eine deutliche Aufwertung erfahren könnte, wenn Wahrnehmungen, Experimentieren und Gestaltung sowie auch Nachspüren und reflexive Durchdringung von Körperkontakten stärker im Mittelpunkt stehen würden. Am Beispiel von Handlungen wie "sich eindrehen", "jemanden ausheben", "jemanden zu Boden bringen" wurden Lösungen entwickelt, bei denen der mannigfaltige Bedeutungs- und Spielgehalt des kämpferischen Körperkontakts erhalten blieb oder noch gesteigert wurde. Die wahrnehmungs- und funktionsbezogenen Hinweise des Übungsleiters waren eine echte Hilfe und schränkten die eigenen Möglichkeiten nicht ein* (Teilnehmer an einem Breitensportkongress).

Hubert Schneider
Körpererfahrung im Tennis

1. Problemstellung

Tennis ist eine Sportart, die in den letzten 20 Jahren einen Boom erlebte und den Deutschen Tennisbund zum zweitgrößten Verband des DSB werden ließ. Verstärkt wurde diese Entwicklung noch durch die einzigartigen Erfolge von Steffi Graf und Boris Becker, die eine allgemeine Tennisbegeisterung ausgelöst haben. Anfänger aus allen Altersgruppen versuchen sich in dieser Sportart, die beim reinen Zusehen so einfach erscheint.

Der Lernprozeß verläuft nun meistens so, daß der Tennislehrer (Übungsleiter) versucht, seinen Schüler möglichst nah an die ihm vorschwebende Idealtechnik (Lehrbuchtechnik) heranzuführen. Dabei stuft er alle auftretenden Abweichungen von diesem Sollwert als Fehler ein und korrigiert sie entsprechend. WALTER KUCHLER beschreibt diese Lernsituation wie folgt: "Die herrschende Unterrichtspraxis ... ist verunglimpfend ausgedrückt durch eine Neurotisierung des Schülers geprägt... Das methodische Inventar von Anleitungsmechanismen, die Art der Informationsvermittlung, die Unterrichtsorganisation und vor allem die Korrektur werden gewöhnlich in einer Art gehandhabt, daß Unselbständigkeit und Lehrerabhängigkeit vorprogrammiert sind." (KUCHLER 1981, S. 159) Wenn der Anfänger es wagt, nach den ersten Stunden mit dem Trainer mit einem gleichstarken (gleichschwachen) Partner zu spielen, dann fallen die vom Trainer gleichmäßig im richtigen Tempo und zielgenau zugespielten Bälle weg und der Anfänger erlebt, wie variabel und komplex Spielsituationen im Tennis sein können. Oft lassen dann diese komplexen Anforderungen einen Anfänger, der auf einen idealtypischen, fast stereotypen Bewegungsablauf hin geschult und unterrichtet wurde, sehr schnell resignieren und den Schläger wieder an den berühmten Nagel hängen.

Handlungsorientierte statt fertigkeitsorientierte Vorgehensweise
Wie sieht das Anforderungsprofil aus, das den Anfänger im Tennis erwartet?

- Er muß eigene Lösungen für ständig wechselnde Situationen finden.
- Er muß seine Bewegungen an relativ hohe Spiel- und Aktionsgeschwindigkeiten anpassen.
- Er muß versuchen, ein hohes Maß an Präzision und Genauigkeit zu erreichen.

Aus dieser Analyse der tennisspezifischen Leistungsanforderungen wird deutlich, daß eine andere methodische Vorgehensweise als die rein auf die Vermittlung von

225

Fertigkeiten ausgerichtete notwendig ist. Im folgendem soll aufgezeigt werden, wie über die Verbesserung der koordinativen Fähigkeiten und unter Einbeziehung von Wahrnehmungs- und Körpererfahrungsprozessen eine andere, vielleicht weniger frustrierende Unterrichtsmethode beim Anfänger angewendet werden kann. Mit Sicherheit ist es eine Vermittlungsform, die den Anfänger in seiner individuellen Selbständigkeit akzeptiert und ihm einen großen Spielraum für eigenständige Erfahrungs- und Handlungssituationen beläßt.

Welche grundlegenden Körpererfahrungen kann der Anfänger im Tennis machen?

- Der Spieler merkt sehr schnell (auch als Anfänger), ob er den Ball optimal getroffen hat oder nicht (Sweet-spot).
- Die runde, schwunghafte, wenig Kraft fordernde Schlagbewegung und die daraus resultierende Schlagwirkung kann erfühlt werden.
- Er entwickelt das Gefühl, den Schlag aus der Gesamtkörperbewegung heraus harmonisch ablaufen zu lassen.
- Der Spieler merkt die äußeren Einflußgrößen (Schlägermaterial, Schläger-kopfgröße, Besaitung, Ausgewogenheit des Schlägers, d.h. ob der Schläger eher kopflastig oder mehr grifflastig ist).
- Er merkt die Auswirkungen des Spring- und Flugverhalten des Balles (Neuer Ball, harter Ball, abgespielter Ball...).
- Er merkt die äußeren Einflüsse wie Wind und Bodenbelag (Spiel auf Sand, auf Teppichboden oder Hartplatz).
- Er merkt die Auswirkungen des Spielpartners auf die Qualität seines eigenen Spiels.

Alles dies wird nicht in distanzierender Weise bemerkt, sondern in der Art einer leiblichen Resonanzbildung in sich aufgenommen. Man sieht den Ball nicht, sondern ist "in ihm", ist selbst springendes, fliegendes Objekt. Mit solcher körperlichen Resonanz auf das Geschehen baut der Spieler eine lebendige Beziehung zu den wechselnden, nie gleichen Spielsituationen auf, er nimmt sie wahr, indem er sich bewegt, er bewegt sich, indem er sie wahrnimmt.

Wie kann nun der Lehrer Körpererfahrungsprozesse beim Schüler bewirken und initiieren und was kann der Schüler tun, um mit Hilfe der Körpererfahrung seinen Lernfortschritt im Tennis zu verbessern?

2. Körpererfahrung im Anfängerunterricht

2.1 Lernschritte

1. Lernschritt - Erfühlen des optimalen Treffpunktes: Im ersten Lernschritt soll der Spieler mit Hilfe von einfachen Ballgewöhnungsübungen herausfinden, wie und wo er den Ball am besten treffen sollte.

a. Erfühlen des optimalen Treffpunktes am Schläger: Dazu faßt der Spieler den Schläger mit dem Kurzgriff (in der Mitte des Schlägerschaftes) so, daß die Schlägerfläche parallel zum Boden steht, und spielt einen Tennisball mehrmals nacheinander direkt in die Luft (maximal bis in Kopfhöhe). Hat der Spieler dabei eine gewisse Sicherheit erreicht, soll er den Ball abwechselnd in der Schlägermitte (Sweetspot) und als Kontrast dazu am Schlägerrand aufspringen lassen. Dabei merkt er deutlich, daß immer dann, wenn der Ball mehr am Schlägerrand aufspringt, der Schläger sehr instabil in der Hand liegt. Beim Spielen des Balles in der Schlägermitte dagegen liegt der Schläger ruhig in der Hand und der Ball springt gleichmäßig und kontrolliert ab. Die erste Erfahrung lehrt in der Regel: Der optimale Treffpunkt ist die Mitte des Schlägerkopfes, der sogenannte Sweet-spot.

b. Erfühlen des optimalen Abstandes zwischen Körper und Ball: Der Anfänger spielt den Ball wie oben beschrieben mehrmals nacheinander direkt in die Luft und streckt und beugt dabei den Schlagarm. Der Ball wird dabei in unterschiedlichen Entfernungen zum Körper hochgespielt und der Spieler merkt deutlich, bei welchem Abstand er den Ball am besten kontrollieren kann. Die zweite Erfahrung lehrt in der Regel: Der optimale Treffpunkt bezüglich des Abstandes zwischen Körper und Ball ist dann gegeben, wenn der Schlagarm locker gestreckt ist.

c. Erfühlen der optimalen Treffhöhe: Der Spieler spielt den Ball in der gewohnten Weise direkt in die Luft und verändert durch Anheben und Absenken des Schlägers die Treffhöhe. Die dritte Erfahrung lehrt in der Regel: Der optimale Treffpunkt bezüglich der Treffhöhe liegt im Bereich zwischen Knie und Hüfte. Entscheidend ist jeweils, daß nicht nur ein optisches sondern ein kinästhetisches Kriterium für diese Erfahrungen entwickelt wird - der optimal getroffene Ball wird im Vollzug gespürt und nicht (nur) distanziert gesehen. Mit Hilfe dieser einfachen Ballgewöhnungsübungen konnte der Schüler so wichtige Hinweise und Informationen zum optimalen Treffpunkt selbst herausfinden und damit Erfahrungen sammeln, die ihm beim weiteren Lernen behilflich sind, auch wenn er immer wieder Situationen erleben wird, in denen er den Ball eben nicht so ideal treffen kann. Aber er ist dann sicher selbst in der Lage, die Ursache(n) zu erkennen und zu analysieren und seinen weiteren Lernprozeß bewußter und selbständiger zu gestalten.

2. Lernschritt - Ballgewöhnungen in Einzelarbeit: Im weiteren Verlauf des Unterrichts spielt sich der Anfänger den Ball im Stand, später in der Bewegung selbst hoch, läßt ihn einmal aufspringen, um ihn dann wieder hochzuspielen. Dabei überprüft er immer wieder, ob der Ball entsprechend den oben genannten drei

Erfahrungen optimal getroffen wurde. Der Spieler entwickelt sehr schnell ein Gefühl dafür, gegen welchen der drei optimalen Treffpunkte er verstößt, wenn er die Kontrolle über den Ball verliert.

3. Lernschritt - Das Spielen "mit" der Wand: Auf dieser Lernstufe spielt der Anfänger aus kurzer Entfernung weich gegen eine Wand. Sein Ziel ist es, den Ball möglichst lange im Spiele zu halten. Wenn der Spieler erkennt, daß der Ball nicht mehr optimal getroffen werden kann, soll er ihn auffangen und neu anspielen, oder mit Hilfe eines Kontrollschlages (er spielt sich den Ball erst selbst hoch, bevor er ihn an die Wand schlägt) im Spiel halten. Der kurze Spielabstand und die hohe Übungsintensität bringen sehr schnell das richtige Gefühl für den Schlagablauf. Bis zu diesem Zeitpunkt wurde der Schüler noch nicht mit technischen Detailangaben über Ausholbewegung, Schlagbewegung oder Fußstellung belästigt und trotzdem bildet sich sehr schnell eine erstaunliche Spielfähigkeit heraus. Mit der Vergrößerung des Wandabstandes werden die Schlaghärte und damit das Spieltempo erhöht, bei ständiger Beachtung der drei optimalen Treffpunkte.

4. Lernschritt - Spiel "mit" dem Partner: Auf dieser Lernstufe wird der Anfänger vom Spiel "mit" der Wand zum Spielen mit dem Partner herangeführt, wobei die Anweisungen bezüglich des Treffpunktes und der möglichen Treffpunkte bestehen bleiben. Das Spiel mit dem Partner erfolgt über eine sehr kurze Distanz und zunächst ohne Netz. Beide Partner sollen erfahren, bei welchem Spieltempo und bei welchem Abstand sie die längsten Ballwechsel erzielen können.

5. Lernschritt - Spiel mit dem Partner über das Netz: Auf dieser Lernstufe spielen sich die Partner den Ball über das Netz zu. Der zunächst sehr kurze Abstand wird erst langsam vergrößert. Bei allen fünf Lernschritten faßt der Spieler den Schläger im Kurzgriff und soll Kontrollschläge verwenden, um den Ball optimal zu treffen und damit gezielt zum Partner spielen zu können.

6. Lernschritt - Einführung des Langgriffes: Bevor der Schläger mit dem Langgriff gefaßt wird, empfiehlt es sich, die möglichen Griffhaltungen anzusprechen. Dann sollte es aber dem Schüler selbst überlassen werden, den für ihn richtigen Griff zu finden.

Mit Hilfe dieser fünf Lernschritte kann der Spieler entsprechend seiner individuellen Fähigkeiten sehr schnell zu einer grundlegenen Spielfähigkeit gebracht werden. Im weiteren Verlauf des Unterrichtes wird nun durch eine gezielte Schulung der tennisspezifischen koordinativen Fähigkeiten der Weg über die handlungsorientierte Vermittlungsweise fortgesetzt. Differenzierungsfähigkeit, Gleichgewichtsfähigkeit und Rhythmisierungsfähigkeit sind drei wichtige Komponenten, die im Lernprozeß eines Tennisanfängers berücksichtigt werden müssen.

2.2 Schulung der Differenzierungsfähigkeit

Für das Tennis stellt die Differenzierungsfähigkeit die wichtigste Fähigkeit dar, denn bei 100 Vorhandschlägen sind keine zwei Schläge genau identisch. Auch wenn die Abweichungen bezüglich Treffpunkt, Treffhöhe, Stellung der Schlägerfläche sowie Körper- und Krafteinsatz oft nur minimal sind, muß der Spieler in der Lage sein, seine Bewegungen variabel zu gestalten.
In diesem Übungskomplex stehen die Verbesserung der variablen Verfügbarkeit der beherrschten Schlagtechniken sowie das beidhändige und beidseitige Spielen im Vordergrund. Durch die Verwendung von unterschiedlichen Schlägern und Bällen lernt der Schüler, seine Bewegungen an die wechselnden Situationen anzupassen. Diese wechselnden Situationen betreffen dabei:

- den optimalen Treffpunkt am Schläger (sweet point) durch die verschiedenen Größen des Schlägerkopfes (Squashschläger, Badmintonschläger...).
- den optimalen Treffpunkt bezüglich des Abstandes von Körper-Hand-Ball durch die verschiedenen Schlägerlängen (z.B. Holzbrett, Squashschläger, Raquetballschläger...).
- den optimalen Treffpunkt bezüglich des Sprungverhalten des Balles (der Squashball springt nur sehr flach, der Vollgummiball sehr hoch und schnell ab).
- den unterschiedlichen Druck am Schläger (z.B. von Softball, Tennisball, Vollgummiball...) durch die unterschiedlichen Gewichte und Größen der Bälle.

Außerdem soll der Schüler in diesem Übungskomplex versuchen, mit der linken und mit der rechten Hand zu schlagen und auch auf beiden Körperseiten beidhändig zu spielen.

1. Der Übende spielt nacheinander mit verschiedenen Schlägern den gleichen Ball gegen die Wand (z.B. Holzbrett, Familytennisschläger, Squashschläger, Badmintonschläger, Tennisschläger...).
Hinweis: Es muß herausgefunden werden, ob der Schläger für den entsprechenden Ball geeignet ist. Der Tennisball wird für den Badmintonschlager oder den Squashschläger zu schwer sein.
2. Der Übende spielt verschiedene Bälle mit dem gleichen Schläger gegen die Wand (z.B. großer Softball, druckloser Tennisball, Vollgummiball, Wasserball, Tennisball...)
3. Ballwechsel auf Kommando: Der Übende spielt einen Ball mehrfach gegen die Wand. Auf Zuruf des Trainers läßt er den von der Wand zurückspringenden Ball durch und der Trainer bringt einen anderen Ball ins Spiel. Der Übende muß sich schnell auf das veränderte Sprungverhalten des neuen Balles einstellen, denn er erkennt erst sehr spät, welchen Ball der Trainer ins Spiel bringt.

4. Spontaner Ballwechsel: Nun spielen Schüler und Trainer den Ball jeweils abwechselnd gegen die Wand. Der Trainer steht etwas hinter dem Schüler und wechselt den Ball ohne Zuruf; er läßt den von der Wand zurückspringenden Ball durch und bringt einen anderen Ball ins Spiel, ohne daß der Schüler es merkt.

5. Spielen mit Handwechsel: Der Übende spielt mit einem Schläger, wobei er abwechselnd mit der rechten und der linken Hand schlägt. Zunächst soll mit jeder Hand nur Vorhand, dann nur Rückhand gespielt werden. Später kann der Schüler frei entscheiden, welche Schläge er mit welcher Hand spielen will.

6. Spielen mit zwei Schlägern: Der Übende hat in jeder Hand einen Schläger. Sie unterscheiden sich in der Länge, im Gewicht, im Material, in der Besaitung und in der Größe des Schlägerkopfes. Zunächst soll wieder mit jeder Hand nur Vorhand, dann nur Rückhand gespielt werden. Später kann der Spieler selbst entscheiden, welchen Schlag er mit welcher Hand ausführt. Nach einer bestimmten Übungszeit sollen die beiden Schläger gewechselt werden. Wird nun zusätzlich der Spielball ausgetauscht, stellt dies hohe Anforderungen an die Auge-Hand-Schläger-Koordination.

7. Beidhändiges Spielen: Der Übende soll nun sowohl mit der Vorhand als auch mit der Rückhand den Ball beidhändig gegen die Wand spielen. Auch bei dieser Übungsform können Schläger und Spielball beliebig gewechselt werden.

2.3 Schulung der Gleichgewichtsfähigkeit

Die Gleichgewichtsfähigkeit ermöglicht es dem Spieler, die Beinarbeit optimal zu gestalten und die Schläge aus der Bewegung heraus rhythmisch, gezielt und auch hart durchzuführen. Vor allem auf Sandplätzen erfordert das Rutschen zum Ball ein hohes Maß an Geichgewichtsfähigkeit. Aus diesem Grunde sollte auch im Anfängerunterricht die Gleichgewichtsfähigkeit gezielt verbessert werden. Als vorbereitende Übungen kann das Rutschen in der Turnhalle auf Teppichfliesen durchgeführt werden. Bei der ersten Übung steht der Spieler mit jedem Bein auf einer Fliese und gleitet wie beim Skilanglauf durch die Halle. Bei der nächsten Übung nimmt er Anlauf und springt beidbeinig oder einbeinig auf die Fliese und rutscht bis zum Stand. Die nun folgenden Übungen werden auf dem Tennisplatz (Sandplatz oder andere Beläge, die das Rutschen ermöglichen) durchgeführt.

1. Der Spieler steht in der Mitte des Feldes hinter der Grundlinie. Er nimmt einen kurzen Anlauf und rutscht zur Seitenlinie. Der Rechtshänder rutscht auf dem rechten, der Linkshänder auf dem linken Fuß.
2. wie bei 1., nur soll jetzt der Anlauf verlängert werden.
3. Bei dieser Übungsform soll der Spieler beim Rutschen den Oberkörper nach

vorne und dann wieder zurücknehmen. Er soll erfühlen, was passiert, wenn er Rück- und Vorlage hat und in welcher Oberkörpereinstellung er sich am sichersten fühlt.
4. Der Spieler rutscht nach wie vor noch ohne Schläger, simuliert aber jetzt in der Rutschphase einen Vorhand- oder Rückhandschlag.
5. Bei dieser Übung soll der Spieler einen von vorne zugeworfenen Ball im Rutschen (nach dem ersten Aufsprung) fangen. Eine Variation dieser Form wäre das Fangen des Balles mit einem "Schmetterlingsnetz" (= ein unbesaiteter Schläger, an dem ein Netz befestigt wurde). Bei dieser Form kann bereits darauf geachtet werden, daß der Spieler den Ball im richtigen Abstand zum Körper auffängt, denn dies entspricht dem Treffpunkt beim Schlagen des Balles.
6. Der Spieler soll nun die zugeworfenen Bälle im Rutschen schlagen. Dabei soll das Hauptaugenmerk zunächst auf den vorderen Fuß gerichtet werden, der mit der Fußsohle flach aufgesetzt werden muß.

2.4 Schulung der Rhythmisierungsfähigkeit

Beim Tennis zeigt sich die Rhythmisierungsfähigkeit einmal im harmonischen Ablauf einzelner Schläge (z.B. Rhythmus beim Aufschlag oder beim Vorhandschlag), dann in der Verbindung von Laufarbeit und Schlagverhalten und schließlich in der Fähigkeit, den Rhythmus des Spieltempos zu variieren.

1. "Trockenübung" des Schlagablaufs: Bei den Profis sieht man immer wieder, daß sie nach verschlagenen Bällen die Schlagbewegung nochmals als Trockenübung nachvollziehen, um wieder den richtigen Rhythmus für die Schlagbewegung zu finden. Wenn der Spieler dazu noch die Augen schließt, kann er sich noch besser auf den rhythmischen Schlagablauf konzentrieren, was aber eine gewisse Körpererfahrung des Spielers voraussetzt.

2. "Schattenspiel" - Schlagimitation ohne Ball: Zwei Spieler stehen hintereinander. Ein Spieler führt abwechselnd einen Vorhand- und dann einen Rückhandschlag aus. Der andere Spieler soll den Rhythmus des Demonstrators aufnehmen.

3. "Zeitlupenspiel": Der Spieler soll versuchen, die Schlagbewegung bewußt zu verlangsamen und im Zeitlupentempo zu spielen. Weitere Möglichkeiten zur Schulung der Rhythmisierungsfähigkeit liegen in der Zulassung verschiedener Erleichterungen. Der Spieler soll den Ball erst nach dem zweiten Aufsprung schlagen. Er hat dadurch mehr Zeit und kann sich besser auf die einzelnen Phasen der Bewegung konzentrieren. Auch die Verwendung von leichteren und langsamen Bällen kann zur Verbesserung der Rhythmisierungsfähigkeit beitragen.

Zusammenfassend kann für die Anfängerschulung festgestellt werden: Für das Tennistraining existiert eine ungeheure Vielfalt an Variationsmöglichkeiten, denn neben

- dem Schlaggerät (Größe, Material, Länge, Besaitung, Schlägerkopfgröße...)
- den Bällen (Softbälle, Tennisbälle, Weichbälle, Vollgummibälle, verschiedene Größen...)
- dem Spielfeld (Größe und Form, Bodenbelag...)

können auch Netzhöhe, Spielabstand sowie Spielhöhe und Spielhärte beliebig variiert werden. Der Schüler kann die zum Teil gegensätzlichen Erfahrungen und Anforderungen bewußt erleben und erfühlen und diese dann als Bewegungserfahrungen in seine Spielaktionen integrieren. Wenn zusätzlich versucht wird, den Anfänger so früh wie möglich spielfähig zu machen, können diese beiden Maßnahmen dazu beitragen, dem Schüler einen offeneren und selbständigeren Zugang zu ermöglichen, statt ihn durch einen norm- und fertigkeitsorientierten Unterricht frühzeitig zu frustrieren.

3.   Körpererfahrung im Fortgeschrittenenunterricht

In diesem Abschnitt sollen einige Möglichkeiten aufgezeigt werden, wie auch im Fortgeschrittenenunterricht der Komplex der Körpererfahrung in das Üben, Trainieren und Spielen integriert werden kann. Oft ist gerade der Weg über die Verbesserung der Körpererfahrung die einzige Möglichkeit, um Veränderungen bei Spielern zu bewirken, die schon über Jahre hinweg in der gleichen Weise spielen, es aber trotz aller Mühen nie geschafft haben, die ihnen bekannten technischen Fehler und Schwächen zu beheben. Damit aber der Lehrer (Trainer) bei seinem Schüler Körpererfahrungsprozesse initiieren kann, muß er sich selbst immer wieder beobachten und versuchen, seine eigenen Bewegungen und die darin enthaltenen Erfahrungsmöglichkeiten bewußt zu machen. Er muß bereit sein, selbst auch immer wieder mit seinem technischen Können zu experimentieren, denn nur so erschließen sich ihm neue Erfahrungen, die er dann weitergeben kann: "Einer, der nicht springen kann, hat keine Wahrnehmung derjenigen Körperteile, die am Springen beteiligt und die einem der springen kann, deutlich gegenwärtig sind "(FELDENKRAIS 1968, S. 47)

3.1 Verbesserung der Differenzierunsgfähigkeit

a) Zwei Meter über dem Netz wird eine Zauberschnur gespannt. Die Spieler sollen jetzt den Ball einmal über das Netz und dann über die Schnur schlagen.

232

Variation: Der Ball soll abwechselnd über das Netz geschlagen und dann geprellt werden. Ebenso über die Schnur. Die Schlägerfläche muß einmal unter den Ball und dann über den Ball (für das Prellen) gebracht werden.

b) A spielt nacheinander mit der Vorhand (Rückhand) auf drei verschiedene Ziele (Grundlinie - Halbfeld - kurz hinter das Netz).

c) A soll bewußt den Ball erst ganz kurz vor dem zweiten Aufsprung schlagen. Danach soll er versuchen, den Ball so früh wie möglich zu nehmen.

d) Imitationsspiel im Kleinfeld: A muß dieselbe Schlagtechnik anwenden wie B. Möglichkeiten sind: Rechte - linke Hand, beidhändig auf der VH- oder RH-Seite, Kurzgriff rechts - links, Spielen durch die Beine, hinter dem Rücken (Diese Übungsform verbessert die Orientierungsfähigkeit).

In diesem Komplex werden dem Spieler Übungen angeboten, bei denen er durch Gegensatzerfahrungen oder durch bewußtes Verändern von Bewegungen und Kraftimpulsen ein Gefühl für die Variabilität seiner eigenen Bewegungsausführung entwickeln kann.

Rhythmuswechsel beim Aufschlag: Der Spieler soll den Ball beim Aufschlag bewußt verschieden hoch anwerfen und dabei erfühlen, wie sich mit dem Ballwurf auch die Aushol- und Schlagbewegung verändert. Ein sehr flacher Ballwurf bewirkt eine sehr schnelle körpernahe Aushol- und Schlagbewegung. Bei einem sehr hohen Ballwurf erfolgt die Ausholbewegung mehr zeitlupenartig und manchmal kann sich dabei auch ein Stop vor der Schlagbewegung ergeben.

Variation der Ausholbewegungen: Bei den Grundschlägen (Rückhand und Vorhand) soll der Spieler seine Ausholbewegung bewußt variieren. Ausholen

- mit einer großen Schleife,
- mit einer unteren Schleife,
- durch ein gradliniges Zurückführen des Schlägers.

Er erfühlt dabei, welche Ausholbewegung rhythmisch und rund, welche sehr schnell erfolgt und welche ihm größere Sicherheit beim Treffen des Balles ermöglicht. Er merkt, daß die Art der Ausholbewegung wesentlich durch den ankommenden Ball bestimmt wird. Ein sehr flach abspringender Ball kann praktisch nur mit einer gradlinigen, kurzen, eventuell auch unteren Ausholbewegung geschlagen werden. Im Gegensatz dazu erlaubt der langsam, hoch abspringende Ball eine relativ großräumige, obere Schleife in der Ausholphase.

Unterschiedliche Schlagstellungen: Der Spieler soll bei den Grundschlägen nacheinander den Ball aus der seitlichen und dann aus der offenen Schlagstellung schlagen und dabei erfühlen, wie sich die Schlagstellung auf den Treffpunkt, die

Schlagführung, die Schwungübertragung und auf das Körpergleichgewicht auswirkt. Beim Rückhand-Schlag aus der offenen Stellung kann der Spieler sehr gut erfühlen, welche wichtige Rolle der Rumpfeinsatz gerade beim Rückhandschlag spielt.

Differenzierung der Drallarten: Der Spieler soll bei den Grundschlägen nacheinander verschiedene Drallarten einsetzen, - Vorwärtsdrall - Rückwärtsdrall - Seitendrall und den glatten Schlag. Bei dieser Übungsform merkt er, wie die unterschiedliche Ausgangsstellung und Neigung des Schlägerkopfes sowie die unterschiedliche Griffhaltung und Schlägerführung den Drall erzeugen.

3.2 Erfühlen des Ganzkörpereinsatzes

In diesem Komplex werden Übungen vorgestellt, bei denen der Spieler erkennt und erfühlt, wie wichtig der Ganzkörpereinsatz bei verschiedenen Schlägen ist.

- Der Spieler soll auf beiden Körperseiten beidhändig schlagen. Bei dieser, für den Einhandspieler zunächst ungewohnten Spielweise spürt er sehr gut, wie wichtig und hilfreich der Bein- und Rumpfeinsatz bei den Grundschlägen ist.
- Um die Notwendigkeit des Ganzkörpereinsatzes beim Aufschlag zu erfühlen, soll der Spieler in der Ausgangsstellung die Beine kreuzen und aus dieser Position aufschlagen. Er merkt deutlich, wie schwierig die Bewegung plötzlich wird, da der gesamte Schlag nur aus der Armbewegung erfolgen kann. Ähnliche Erfahrungen kann er machen, wenn er versucht, einen Aufschlag aus dem Kniestand auszuführen.
- Zur Verdeutlichung der Notwendigkeit eines kräftigen Oberkörpereinsatzes beim Vorhandschlag aus der offenen Stellung soll der Spieler einige Schläge aus dem Schneidersitz ausführen. Da die Beine als schwungunterstützendes Element ausgeschaltet sind, wird der Rumpfeinsatz zur alleinigen Kraftquelle für den Schlag. Dieses Gefühl der starken Rumpfdrehung soll der Spieler konservieren und bei seinen Schlägen aus dem Stand dann wieder hervorholen.

3.3 Der Einsatz der freien Hand im Tennis

Wie wichtig die Funktion der freien Hand beim Tennis ist, kann der Spieler in den folgenden Übungen erfühlen.

Die freie Hand zur Erhaltung des Gleichgewichts: Der Spieler soll die freie Hand während des Spiels in die Hosentasche stecken oder hinter den Rücken nehmen. Er merkt, wie unharmonisch seine Schläge werden und wie unsicher er sich plötzlich bewegt, da es ihm schwerfällt, das Gleichgewicht zu halten.

234

Die freie Hand zur Einleitung der Ausholbewegung: Der Spieler darf bei den Grundschlägen den Schläger nicht mit der freien Hand berühren. Er merkt sehr schnell, wie seine Ausholbewegung langsam und unrhythmisch wird und wie sein Schlagarm durch die permanente Muskelanspannung sehr schnell ermüdet. Der natürliche Wechsel von Spannung und Entspannung in der Schlagmuskulatur entfällt und erschwert dadurch ein harmonisches und lockeres Schlagen des Balles.

Die freie Hand als Informationsquelle: In der Grundstellung befindet sich die freie Hand am Schlägerherz und die Finger berühren zum Teil die Besaitung. Bei der Ausholbewegung zum Rückhandschlag (hier speziell zum Rückhandslice) führt die freie Hand den Schlägerkopf nach hinten und meldet dem Spieler die Position und Neigung des Schlägerkopfes. Diese Informationen sind sehr wichtig, weil bei einer zu steilen Schlägerkopfstellung der Ball ins Netz geht und bei zu flach gestelltem Schlägerkopf im Aus landet. Der Spieler soll die Information der freien Hand nutzen, um so die richtige Schlägerposition zu erreichen.

3.4 Schaffen von zwingenden Situationen

Im Tennis gibt es eine Vielzahl von Bewegungsaufgaben, die der Spieler nur dann lösen kann, wenn er sich situativ richtig verhält. Ohne Anweisungen und Erklärungen findet der Spieler selbst heraus, welche Technik- und Bewegungskriterien er beachten muß.

Aufschlag aus einem Schaumgummiblock: Der Spieler steht auf einer dicken Schaumgummimatte und führt einen Aufschlag aus. Er erfühlt dabei, wie schwierig die Gesamtbewegung ist, wenn er nicht voll im Gleichgewicht steht.

Frühes Treffen beim Flugball: Um das frühe Treffen des Balles beim Flugballspiel zu erreichen, werden 2 Spieler sehr nahe beim Netz in Gegenüberstellung aufgestellt. Der seitliche Abstand zwischen den Spielern beträgt je nach Spielsicherheit 3 - 6m. Die Spieler sollen sich den Ball als Flugball so zuspielen, daß der Ball fast parallel zum Netz fliegt. Diese Aufgabe ist nur dann zu lösen, wenn jeder Spieler den Ball sehr weit vor dem Körper schlägt.

Aufschlag mit Unterarmrotation: Der Aufschlagspieler steht etwa 3 - 4m vom Netz entfernt und soll von hier aus mit voller Wucht in das gegenüberliegende Aufschlagfeld aufschlagen. Er schafft diese Aufgabe nur dann, wenn er den Schlag mit der nötigen Unterarmrotation ausführt. Fehlt diese, wird der Aufschlag nicht im richtigen Feld landen.

Volleyspiel mit Vollgummibällen: Zwei Spieler sollen mit Vollgummibällen Volleys spielen. Durch die große Elastizität der Gummibälle müssen die Spieler sehr dosiert schlagen, um den Ball im Spiel halten zu können.

Kontrolliertes Flugballspiel: Um den Spieler an ein kontrolliertes und sicheres Flugballspiel heranzuführen, erhält er die Aufgabe, die weich zugespielten Bälle möglichst auf die Aufschlaglinie zu plazieren. Dieses sehr kleine Ziel, das auch von Spitzenspielern nicht immer getroffen werden kann, veranlaßt den Spieler dazu, den Flugball sehr gefühlvoll, ohne übermäßigen Krafteinsatz zu spielen.

Das Spielen aus den Beinen heraus: Damit der Spieler seine Schläge nicht nur aus dem Schlagarm ausführt, sondern den gesamten Körper einsetzt, kann ihm folgende Spielaufgabe gestellt werden. Der Spieler steht hinter einem am Boden liegenden Gymnastikreifen und spielt einen Ball so bis in Kopfhöhe hoch, daß er in dem Reifen aufspringt. Wenn der Spieler versucht, den Ball nur aus dem Handgelenk und dem Arm zu spielen, wird der 2. oder 3. Ball mit Sicherheit außerhalb des Reifens aufspringen. Nur wenn der Schlag mit fixiertem Handgelenk hauptsächlich aus den Beinen erfolgt, kann der Ball mehrmals nacheinander im Reifen gehalten werden. Der Spieler merkt, wie wichtig die Fixierung des Handgelenks und der Einsatz der Beine ist, um auch im Spiel mit dem Partner gezielt und sicher spielen zu können.

Gewichtsverlagerung beim Schlagen: Damit der Spieler erfühlt, wie er das Körpergewicht in den Schlag hineinlegen kann, soll er sich an der Grundlinie auf einen Stuhl setzen und den vom Partner angeworfenen Ball beim Aufstehen über das Netz schlagen. Der Spieler merkt plötzlich, wie er das Gewicht vom hinteren auf den vorderen Fuß verlagert und damit mehr Schwung für seinen Schlag erreicht hat. Dieses Bild (Gefühl) - "Aufstehen vom Stuhl" soll sich der Spieler einprägen und immer dann abrufen, wenn seine Bälle zu wenig Länge und Schwung aufweisen.

Weitere sehr wirkungsvolle Möglichkeiten, um über Körpererfahrungen sein Spiel besser und bewußter zu gestalten, sind:
- Die Schläge im Zeitlupentempo durchzuführen,
- Beim Aufschlag, aber auch bei den Grundschlägen, den Krafteinsatz bewußt zu reduzieren,
- Schläge mit verschiedenen Griffhaltungen und bewußt locker gefaßtem Griff zu probieren (ein zu fest und verkrampft gehaltener Schläger verhindert einen lockeren Schlagrhythmus),
- Bewußtes Verändern des Schlagrhythmus.

3.5 Variation der Informationsaufnahme

Im Tennis erfolgt die Informationsaufnahme vor allem auf visuelle und akkustische

236

Weise. Bei den folgenden Übungsbeispielen wird jeweils eine dieser Informations-quellen ausgeschaltet, um dem Schüler die Bedeutung bewußt zu machen und ihm gleichzeitig zu einer höheren Konzentrationsfähigkeit zu verhelfen.

Spiel mit "Ohrenschützer": Der Spieler trägt "Ohrenschützer" (oder Kopfhörer eines Walkman) und kann dadurch den Schlag des Gegners und die damit zusammenhängenden Informationen nicht hören. Er muß seine Schlagvorbereitung nur mit Hilfe der visuellen Wahrnehmung treffen. Viele Spieler berichteten nach der Übung von einem "tollem Gefühl", weil man sich total auf den Ball und den Schlagablauf konzentrieren konnte und die visuelle Wahrnehmung viel intensiver erlebte.

Ausschalten der visuellen Wahrnehmung: Der Spieler steht mit dem Rücken zum Partner an der gegenüberliegenden Grundlinie und darf sich erst dann drehen, wenn er den Schlag des Zuspielers gehört hat. Gleichzeitig mit der Konzentrations-fähigkeit werden bei dieser Übungsform Reaktions- und Orientierungsfähigkeit verbessert.
Variation: Der Spieler steht an der Grundlinie und senkt den Kopf. Er darf erst dann aufschauen, wenn er den Schlag des Gegners gehört hat. Oder: Ein Spieler steht mit geschlossenen Augen in der Volleyschlagstellung nahe am Netz. Der Partner wirft ihm nun aus kurzer Entfernung den Ball auf den Schläger. Der Spieler kann die beim Treffen des Balles auftretenden Kräfte sehr deutlich und intensiv erfühlen.

3.7 Verdeutlichung der Funktion des Kopfes als Steuerungselement

Dem Spieler wird eine Halskrause angelegt, die die freie Beweglichkeit des Kopfes stark einschränkt. Der Spieler merkt, wie wichtig der Kopf für die Ballbeobach-tung und für die freie und rhythmische Führung der Ganzkörperbewegung ist. (Vor allem beim Rückhandschlag ergaben sich bei vielen Spielern Probleme, da der Ball sehr früh aus dem Blickwinkel verschwindet und somit sehr viel Ballgefühl und Timing erforderlich wird, um den Ball im richtigen Moment zu treffen.

3.8 Trockentraining mit dem Power-Swing-Gerät

Mit Hilfe des "Power-Swing-Gerätes" soll der Spieler den Vorhandschlag simulieren und nach einigen Versuchen den gleichen Schlag mit dem Tennis-schläger nachvollziehen. Bedingt durch den größeren Luftwiderstand beim Power-Swing-Gerät läuft die Schlagbewegung mit dem Tennisschläger nahezu von selbst ab. Ein Spieler hatte sogar das Gefühl, daß ihn der Tennisschläger nach vorne in ein Loch hineinzieht.

Leist, Karl Heinz/Loibl, Jürgen
Basketball - grundsätzliche Überlegungen und erste praktische Schritte

1. Die Wiederkehr des Körpers

"Die Erziehung des Leibes in zeitgemäßer Form, das muß ja heißen, daß hier der ganze Mensch tätig ist - in seiner ursprünglichen Welt des unmittelbaren Erlebens von Raum und Zeit, von Bewegung und Rhythmus ..., so hat einmal PORTMANN (1958, S. 327) die zentrale Aufgabe für diejenigen formuliert, die heute Sport unterrichten. In der Folgezeit wurde jedoch der Leib aus den Curricula herausoperationalisiert und aus den "modernen zeitgemäßen methodischen Vorgehen" ausgeblendet. Diese sind auf Bewegungsabläufe, auf die "im Raum und in der Zeit beobachtbaren Veränderungen ... als Lösungsmöglichkeiten von Aufgabenstellungen" (GÖHNER 1979, S. 13) zurechtgeschnitten - wobei die Aufgabenstellungen durch situationsspezifische Bewegungsziele und Regelbedingungen einerseits sowie Umgebungsbedingungen, Movendum- und Bewegerattribute andererseits gekennzeichnet werden (vgl. GÖHNER 1979). Hinter den Stand solcher Vermittlungskonzepte gibt es, so sagt man, ganz unbenommen von Meinungsverschiedenheiten hinsichtlich didaktischer Positionen, kein Zurück (vgl. GÖHNER 1981, S. 382). Der Leib, der erfahrene Körper, stellt sich im Rahmen solcher Vermittlungskonzepte nicht mehr als pädagogische Aufgabe, er taucht allenfalls als Störfaktor auf, wenn er "als Beweger" nicht den Gefordertheiten entsprechend funktioniert.

Das Thema "Körpererfahrung" fand sich so abgeschoben in Vorhöfe von Sportunterricht (Vorschule, vorbereitende Übungen), in psychotherapeutische Zentren, wo Körpertherapien immer mehr Zuspruch und Verbreitung fanden, in Selbsterfahrungsgruppen, wo versucht wird, "verlorene Körpersensibilität gegen die Rüstungen und Panzerungen eines abstrakten Ich wiederzugewinnen" (KAMPER/ WULF 1982, 10), in Bereiche der Sondererziehung (Psychomotorik). Das Thema tauchte in den exotischen Zirkeln einer Gegenkultur auf. Und da in diesen Zirkeln "reichlich voreilig begeisterte, dafür aber oft ziemlich finster entschlossene Leute es mit Yoga, Zen und Bogenschießen treiben, wie einst heruntergekommene Alchimisten mit den ketzerischen Weisheiten des Mittelalters unter naturwissenschaftlicher und protestantischer Zensur" (ZUR LIPPE 1974), konnte man sich - sicher nicht ganz zu unrecht - vor einer näheren Beschäftigung mit Duschen, Yoga, Zen und Streicheleinheiten im Sportunterricht scheuen.Nun aber kündet der aus einem systemrational aufgebauten Sportunterricht so systematisch vertriebene Leib bzw. Körper in schon dürrenmattisch zu nennender Konsequenz (vgl. "die

Physiker") seine Wiederkehr an. In der Gestalt von "Trimm-Dich", "Jogging", "Squash", "Aerobic" macht er auch vor den Schultüren nicht mehr halt. Unübersehbar zeigen sich hier Symptome eines Mangels. Was sich hier Bahn bricht, ist der Protest gegenüber der alltäglichen Beanspruchung des Körpers - auch im Sportunterricht (vgl. RUMPF 1980, 1983).

Aber dem Symptom haftet ebenso unübersehbar der Mangel an, von dem es kündet: Der Mensch wird getrimmt, gejoggt, in Aerobic gebadet, er wird mit Körpererfahrung versorgt, der Körper wird auffrisiert, aber der Mensch ist verplant. Umso eindringlicher stellt sich Körpererfahrung als pädagogische Aufgabe und unüberhörbar wird hier auch von außen, von Anthropologen, Pädagogen ... darauf verwiesen (vgl. z.B. RUMPF 1983, ZUR LIPPE 1982). Aber, als was und wie ist dieses Thema zu stellen und zu behandeln? Müssen wir neue Betätigungsfelder suchen oder lassen sich nicht auch die alten Felder des Turnens, des Spiels auf Körpererfahrung hinwenden? Und kennen wir nicht auch aus dem alltäglichen, systemrational aufgebauten Sportunterricht Erfahrungen, die den Rahmen dieses Modells sprengen, und sind nicht sie es, die solchen Unterricht über die Runden bringen?

2.1. Umwelt und Aktionserfahrung

Es ist Winter. Die Teiche vor unserem Dorf sind zugefroren. Seit heute trägt ihr Eis und ganze "Völkerscharen" nehmen sie als Schlitter- und Schlittschuh-Landschaft wahr. So erfahren wir die winterlichen Teiche und ihr Eis als etwas und dies ist das Charakteristikum jedweder Erfahrung: daß wir etwas in bestimmtem Sinn auffassen, eben als etwas. Dies bedeutet zunächst, daß unsere Erfahrung begrifflich geprägt ist. Damit greift sie über den aktuellen (Einzel-)Fall hinaus und umfaßt Möglichkeiten: "Eis ist etwas zum Schlittern".

Die begriffliche Struktur der Erfahrung von etwas als etwas ist nun eine Beziehungsstruktur: Sie ist bezogen auf das Etwas, einen Erfahrungsgegenstand, wie auf ein Subjekt, das etwas als etwas erfährt. Die Beziehungsstruktur als primäre Gegebenheit manifestiert sich in der Einheitlichkeit der unmittelbaren Wahrnehmungs- bzw. Erfahrungswelt. Da ist nicht ein Teich und ein Eis und seine Fähigkeit, da sind eine Schlittschuhbahn bzw. ein rutschiges Eis als primäre Wahrnehmungseinheiten. Da ist - für manche Skifahrer - die Fallinie unmittelbar als etwas, das einen "in die Tiefe absausen läßt", das folglich zu "umkurven" ist. So erfahren sind ein vereister Teich, eine Fallinie, bestimmte Bestandteile einer i.S. von UEXKÜLL/KRISZAT (1956) zu verstehenden Umwelt als von uns behandelbarer, bemerk- und bewirkbarer Wirklichkeit.

Als solche erscheint sie einem als Gefüge abgrenzbarer Anschauungseinheiten, wobei die Ordnung des Gefüges wie seine Einheiten vom gegebenen Handlungszusammenhang abhängt, davon also, wie ein Handelnder im Rahmen einer bestimmten Zielperspektive eine Umweltsituation und sein Handeln darin sieht. Die so bestimmte Erfahrung der Umwelt ist - worauf die Beispiele bereits verweisen - nicht nur begrifflich "geprägt", sie ist auch gefühlsmäßig "getönt", die Fallinie z.b. kann als "Zone der Bedrohung" angstvoll gemieden aber auch als "tragendes Moment" lustvoll gesucht werden. Erfahrung trägt schließlich nicht nur abstrakt-begriffliche und gefühlsmäßige Züge, sie ist durch und durch sinnlich-körperlich "durchwirkt": Der Skifahrer, der die Fallinie angstvoll als Bedrohung erfährt, "blockiert" vor ihr, steht stocksteif verspannt auf den Skiern, während sich der Könner gelöst, entspannt der Fallinie überläßt (um sich dann in der Aussteuerphase anzuspannen, in der sich demgegenüber der "Fallinien-Blockierer" nach überstandener Gefahr entspannt - wodurch er dann oft zu sehr ins Rutschen kommt) - man macht eben Erfahrung und dies auf "körperliche Weise". Schließlich ist zu vermerken, daß Erfahrung von ihrem Inhalt, den Umweltgegebenheiten, "durchtränkt" ist, die Weichheit des Pulverschnees, der Duft einer Bergwiese bleibt einem im Sinn, unsere Erfahrung ist material.

Genau wie das strömende Wasser, der Wind, der Schnee, die Erde, der Regen, die Frühlingsluft, die Oktoberkühle und der Herbstnebel, so ist auch die dynamische Konstellation von Spielern im Spielraum ein Medium, das sich mir entgegenstellt, mit dem ich mitströmen kann, das mich mitzieht, in dem ich nach dem Maße meines Könnens mehr oder weniger bruchlos "schwimmen " kann. Und hier wie dort ist ein sinnlich-körperlicher Genuß, von dem Medium umhüllt, in es eingetaucht zu sein, es mehr oder weniger bruchlos als zweite Haut zu erfahren.
Zu unserer Umwelt gehören unsere Mitmenschen. Auch Interaktionsprozesse und -erfahrungen mit ihnen sind als sinnlich- körperliche Prozesse bzw. Erfahrungen dingfest zu machen. An dem Beispiel "Zwei Jungen spielen Federball" hat WERTHEIMER (1963, S. 151-159) dies eindringlich deutlich gemacht, indem er den Prozeß einer produktiven Konfliktlösung mittels der Kategorien personaler sinnlich-körperlicher Prozesse bzw. Erfahrungen charakterisiert. Unsere (Bewegungs-) Umwelt ist schließlich soziokulturell geformt und die entsprechend normierten Einrichtungen von Bewegungsumwelten finden ihren Erfahrungsniederschlag in unserer sinnlich- körperlichen Verfassung, die also auch sozialer Natur ist. So kann z.B. der eingefleischte Basketballer nicht einfach aus seiner Haut. In fußballerischen Wegen steht ihm seine begrifflich geprägte, gefühlsmäßig getönte, sinnlich-körperlich "durchwirkte" Basketball-Verfassung im Wege und dem eingefleischten Volleyballer geht es zunächst gegen den Strich, wenn er nach Faustballmanier agieren soll. In seinem gewohnten Handlungsraum, der für ihn erschlossenen (Bewegungs-) Umwelt geht er gewöhnlich auf: zentriert auf den Handlungsvollzug nimmt er sich bietende Gelegenheiten unmittelbar wahr, so daß

er die Erfahrung macht, seinem Handeln ganz und gar innezuwohnen, sich wie ein Fisch im Wasser zu bewegen; seine eigene Verfassung tritt nicht in Erscheinung. Die "bipolare Verankerung" von Wahrnehmung bzw. Erfahrung macht es aber möglich, bewußte Wahrnehmung (Aufmerksamkeit) auf den einen wie den anderen Pol zu konzentrieren, intentional auf den Handlungsgegenstand, reflexiv auf den Handelnden und "dazwischen" auf den Handlungsvollzug zu richten - wobei aus der Dualität von Objekt und Subjekt einen Dualismus (von Substanzen) gemacht zu haben, der Fehler des klassischen Subjekt-Objekt-Schematismus ist (vgl. LEIST 1983). Die im Handeln regelhaft auftretenden Widerstände führen zur Bildung von - relativ zu den Einwirkungen konstanten - Reaktions- bzw. Eigenschaftsbegriffen wie Trägheit, Elastizität, Verschiebbarkeit von Dingen, Glätte des Eises. Komplementär dazu entwickeln sich Aktionsbegriffe wie Stoßen, Biegen, Verschieben, Rutschen.

Die sozial reglementierte "Widerständigkeit" des Aktionsraums "Fußballfeld" gegenüber basketballspezifischen Aktionsweisen führt im Lernprozeß zur Bildung von fußballspezifischen Feldeigenschaften wie "Tiefe des Raumes" und komplementär dazu zu Aktionsbegriffen wie "Öffnen des Raumes", "In den freien Raum stoßen". Auch eine Bewegungsaktion erscheint in der natürlichen Erfahrung nicht als neutrale Sache, sondern als "Funktion" (BUYTENDIJK 1956), als Tätigkeit, "die etwas soll, etwas zeigt und zu etwas führt" (CHRISTIAN 1963, S. 21). Wichtig ist, als was etwas gemacht wird und nicht was dabei geschieht. Sinn ist wichtiger als Struktur. Aktionserfahrungen sind somit wie Umwelterfahrungen durch zwischenbegriffliche Relationen "geprägt" und emotional "getönt", sie sind "umweltdurchwirkt" (in die Erfahrung des "Abfederns" beim Tiefschneefahren geht der "federnde Schneewiderstand" mit ein) und schließlich sind sie natürlich sinnlich-körperlich "durchtränkt".

2.2. Das "Körper-Ich"

Zentriert man seine Aufmerksamkeit reflexiv auf den subjektiven Pol des Ich-Umweltbezugs im Handeln oder wird man - wie der geschilderte Basketballer - aufgrund der Gebrochenheit der Handlungssituation darauf geworfen, dann wird man sich seiner eigenen Verfassung bewußt: Polar zur Erfahrung von Umwelt und Handeln wird man sich seiner selbst als einheitliches "anschauliches Ich" bzw. "Körper-Ich" bewußt. Dieses "Körper-Ich" ist einerseits erfahrbar als (Umwelt- und Aktions-) Erfahrung Konstituierendes und bergendes, als "Erfahrungs-gebilde", das immer wieder von den Umwelteinwirkungen bzw. Aktionsrückwirkungen betroffen wird - dem Volleyballer geht Faustballgeplänkel gegen den "(alten) Strich", wenn ich mit den Fingern über die Tischkante gleite, kann ich spüren, wie scharf sie ist, ich kann aber auch den Einschnitt, den "Strich" spüren, den sie auf dem Finger hinterläßt.

Das "Körper-Ich" tritt andererseits als "Erfahrung Machendes", "Wirkendes und Merkendes" in Erscheinung - auf "Basketballprellen" antwortet ein Handball anders als ein Basketball, und diese Erfahrung macht man, indem man als "Körper-Ich" wirkt und merkt. Dies sind nun ineinander verschränkte Prozesse: Wenn wir ein Holz auf seine Bruchfestigkeit prüfen wollen, so nehmen wir erstens vorweg, wie hart oder weich, fest oder spröde es seine könnte. Damit geben wir gleichzeitig vor, wie stark wir zupacken, wo wir zugreifen. Wir führen zweitens die Wahrnehmungstätigkeit korrekt aus, packen hier und dort zu, biegen, verwinden usw. und das kann man daran sehen, daß unsere linke Hand hier, unsere rechte Hand dort, der Griff mehr oder weniger fest ist, daß unsere Muskeln mehr oder weniger angespannt sind, daß das Holz mehr oder weniger gebogen ist. Die in unserem Zugriff gegebene Spannung des Holzes impliziert ein Urteil über seine Bruchfestigkeit.

Das Körper-Ich, darauf verweist dieses Beispiel, kann mehrere Rollen spielen: es kann Ausführungs- wie Wahrnehmungsorgan, es kann aber auch Wahrnehmungsgegenstand sein. Und diese Rollen sind ineinander verschränkt: die Hand ist Greifer und Fühler zugleich, vermittelt Informationen nicht nur über das betastete Objekt, sondern auch über sich als Organ. Laufen sich solche Prozesse auf immer denselben sportiven Bahnen tot, so kommt es zu dem, was man Verdinglichung des Körpers nennt (vgl. RUMPF 1983). Soll der Prozeß lebendig erhalten bleiben, so bedarf es prinzipiell offener Erfahrungssituationen, in denen jede Grenze ein neuer Anfang ist.

2.3. Exkurs: Zur Auffassung von Umwelt und Körper-Ich im Rahmen handlungstheoretischer Betrachtung

Im Rahmen der gerade skizzierten Abstraktionsstufe von Erfahrung können Eigenschaften von Umwelt wie Körper-Ich gleichartig kategorisiert werden: Sachliche wie personale wie soziale Umwelt werden in Handlungsmerkmalen, in Merk-, Wirk- und Wertmerkmalen erfaßt: die "tragende Fallinie", "die schneidende Kante", der "griffige Schnee", der "flüchtige Seitenblick" des Mitspielers, seine "enttäuschte Miene", der "tiefe Raum", die "Abwehrkette". Entsprechend wird das auf die jeweilige Umweltebene bezogene "Körper-Ich" aufgefaßt: man "fühlt" sich "gelassen", "gelöst", "verspannt", "weich", "hart", man spürt einen "Einschnitt", man "haftet im Schnee", ein trauriger Blick "nimmt einen mit", es geht einem gegen den "(gezogenen) Strich".

Das "Körper-Ich" ist polar dazu verfaßt, wie die Umwelt für das "Ich" verfaßt ist, die Erfahrung des "Körper-Ich" bildet die Umwelt so ab wie der Schlüssel sein Schloß. Gleichwohl bleibt das Körper-Ich von der Umwelt wohlunterscheidbar: Ein abgeschlagener Finger ist nicht mehr der meine, er kann nichts bemerken oder bewirken, die Einheit des "Ich", die Einheit der Funktion ist zerstört. Die Einheit der Funktion im Rahmen handlungsgebundener Ich-Umwelt-Verflechtungen bringt es allerdings mit sich, daß die Grenzen zwischen Umwelt und "Körper-Ich" fließend sind, daß das "Körper-Ich" weiter reichen kann als anatomisch-physiologisch definierte Körperglieder gehen (können). Man kann mit Schlittschuhen oder Skiern so verwachsen, daß man die Beschaffenheit des Eises oder des Schnees unmittelbar unter den Schlittschuhen oder Skiern wahrnimmt, an ihrer Angriffsstelle zur Umwelt; polar dazu reicht dann eben auch das "Körper-Ich" bis zu dieser Angriffsstelle. Daß das "Körper-Ich" wie die "Umwelt" - aufgrund der Ich-Umweltverflechtungen im Handeln - keine festen Gebilde sind, zeigen auch folgende Beispiele: Macht man über einen quergestellten Kasten hinweg eine Hechtrolle durch einen dahinter gehaltenen Reifen, so kommt man sich länger vor als ohne Reifen, ist der Reifen mit einem Tuch verhängt, das sich beim Durchspringen um den Kopf verfängt, hat man den Eindruck, man stürze unmittelbar zu Boden, springt man mit zugebundenen Augen von einem Kasten nach unten, meint man ins Bodenlose zu stürzen (der "optische Halt" (GIBSON) fehlt). All dies sind keine Falsch-, sondern Wahrnehmungen, die den Ich-Umwelt-Bezug reflektieren (vgl. LEIST 1983).

Über diese bislang skizzierte elementare Abstraktionsebene hinaus können Abstraktionen weitergeführt werden, einerseits von wahrgenommener Umweltgegebenheit bis hin zu dem Abstraktionsprodukt eines physikalischen Gegenstandes als isoliertem Element einer (physikalischen) "Umgebung" (vgl. UEXKÜLL/ KRISZAT 1956) als angenommener Wirklichkeit vor ihrem Wahrgenommen-Werden und andererseits vom (empirischen, gewußten) "Körper-Ich" bis hin zu dem logischen (erkennenden) oder transzendentalen Ich. Auf dieser Ebene erscheint der Körper als anatomisch-physiologisches Gebilde und von dieser Beschreibungsform her führt kein Weg mehr zum (wahrgenommenen) "Körper-Ich" und seinen Funktionen. Ein analoges Beispiel von LAUCKEN (1983, S. 64) soll diesen Sachverhalt verdeutlichen: "Wenn man erklären will, wie und warum sich ein Kind über eine Blume freut und diese pflückt, so scheint es unangemessen zu sein, diese Blume aus zellbiologischer Sicht zu beschreiben. Eine Beschreibung, die von Farben, Gerüchen, Gestalten usw. spricht, mag angemessener sein. Und eine solche Beschreibung ist nicht "richtiger" oder "falscher" als eine zellbiologische, sie ist nur anders."

2.4. Funktionale Potentialität und Symbolcharakter des "Körper-Ich"

Im Rahmen der ersten Abstraktionsebene bleiben Objekt und Subjekt polar verbunden, Gegenstände sind als behandelte konstituiert und vermögen als handhabbare Handlungsfähigkeiten anzuregen, so daß die Umwelt auf neue Weise subjektiviert wird, sie repräsentiert die "funktionale Potentialität" (BOESCH 1980, S. 65) des Handelnden, die sich wiederum im "Körper-Ich" manifestiert. Dazu ein Beispiel: *Wenn ich mich meiner Tochter als Turngelegenheit anbiete, erfahre ich, daß ich so wahrgenommen werde, indem das Kind an mir herumturnt, sich an mich hängt ... Und bei Zentrierung auf die Aktivität des Gegenübers tritt mein "Körper-Ich" (die Turngelegenheit) zurück, nun wird meine Wahrnehmung von den Turnfiguren, die das Kind macht, beherrscht. Sie ist ihrerseits jedoch imprägniert von dem Halt, dem Widerstand, der Unterstützung, der Sicherheit, der Elastizität ..., von alledem, was ich als Turngelegenheit biete. Insofern spiegelt auch sie noch, wie ich meinen Körper in die Situation einbringe, welche seiner Eigenschaften sich entfalten. Und dieser Eigenschaften werde ich dann ausdrücklich gewahr, wenn sie überstrapaziert werden, und ich merke und spüre, daß ich den Füßen, die an mir hochlaufen, nicht mehr genug Widerstand bieten kann, daß mein Halt unsicher wird, daß meine Muskeln zittern .....* So vergegenständlicht sich mein Körper im Rahmen von Handlungen, und in analoger Weise lernt auch das Kind seinen Körper erfahren, wenn seine Füße nicht den erwarteten Halt finden, wenn es nachgreifen muß, wenn es sich mit den Armen nicht mehr halten kann und mit den Beinen nachklammern muß.

Der Einschnitt in die ursprünglich gegebenen Sinnbezüge bringt Eigenschaften wie die der Haltekraft der Arme oder die Elastizität der Turngelegenheit "Vater" zur Wahrnehmung. Aber auch sie sind nicht neutral, keine Eigenschaften als solche, die Elastizität besagt nichts bloß über die Turngelegenheit, sondern auch über ihre Verwendbarkeit, Beanspruchbarkeit. Gegenläufig, aber - aufgrund der primären Einbindung von Körpererfahrung in Handlungszusammenhänge - gleichwohl in Ergänzung zu Prozessen solcher Vergegenständlichung, vollzieht sich eine Subjektivierung des Körpers: das Kind erfährt seine körperlichen Möglichkeiten, Fähigkeiten, seine Handlungspotenzen. Und diese verkörpern sich in Handlungen, deren Sinn "nur" darin besteht, eben diese Potenzen zu aktivieren. Dies genießt das Kind, wenn es z.B. unaufhörlich dabei ist, vorn an mir hochzulaufen, auf meinen Schultern die freie Balance zu halten, den Rücken hinunterzugleiten .....

Auch wir jagen ja nichts anderem als unseren Handlungsmöglichkeiten nach, wenn wir auf Jahrmärkten Stände umlagern und bedrängen, an denen es darum geht, möglichst gut zu hämmern. Der Nagel hat dort nichts zu verbinden oder zu halten, wichtig ist hier allein, daß man die Gelegenheit zum Nageln, also zum Handeln hat, wichtig ist allein das Nageln-Können bzw. das Hämmern (vgl. BOESCH 1980). Nicht nur die "funktionale Potentialität" manifestiert sich im "Körper-Ich", es trägt auch symbolische Züge. Dazu zwei Beispiele: Das "Körper-Ich" des Vaters kann für das Kind über die eben skizzierte Situation hinaus zum Symbol für Sicherheit und Geborgenheit werden. Fühlt es sich bedroht, kann es in dem

"Außenhaus" "Vater" Schutz suchen. --- Die Wucht, mit der im Volleyball geschmettert wird, präsentiert nicht nur die "funktionale Potentialität" des Angreifers, sie symbolisiert auch seine Männlichkeit, weswegen viele Mädchen das Schmettern scheuen.

3. Didaktische Umsetzung im Basketballunterricht

Greifen wir noch einmal das Bild vom "Fisch im Wasser" auf: Um einem Menschen den Zugang zu einer Sportart, also einem "Wasser", überhaupt zu ermöglichen und damit die Voraussetzung zu schaffen, daß er möglicherweise ein "Fisch" auch in diesem "Wasser" werden kann, gilt es, den jeweiligen Sportartkörper zu entwickeln. Dies kann nur geschehen, indem wir dem Lernenden ermöglichen, die sportarttypischen Erfahrungen zu sammeln. Um dies leisten zu können, sind also zunächst zwei Fragen zu beantworten:

1. Welches sind die mit sportarttypischen Erfahrungen verbundenen Handlungssituationen?
2. Was hindert Anfänger daran, diese Handlungssituationen aufzusuchen und die entsprechenden Erfahrungen zu machen?

Diese beiden Fragen sollen zunächst beantwortet werden, bevor dann in einem dritten Schritt ein Lehrgang zur Vermittlung des Basketballspiels dargestellt wird.

3.1. Grundlegende Körpererfahrungen des Basketballspiels

3.1.1. Körperloses Spiel: Das Prinzip des "körperlosen" Spiels Basketball führt zunächst für den Angreifer zu drei wesentlichen Erfahrungen:

- Mein Körper ist tabu!
- Der Ball ist keineswegs tabu, auch wenn ich ihn "besitze"!
- Auch der Körper eines Gegenspielers ist tabu!

Die Erfahrung, daß der eigene Körper tabu ist, nicht aber der Ball, führt nun dazu, daß der Angreifer seinen Körper einsetzt, um den Ball gegen die Verteidiger abzuschirmen. Damit hat er ein Mittel gefunden, mit dem Ball durch Lücken in der Verteidigung zu schlüpfen, um in eine korbnahe und sichere Wurfposition zu gelangen. Dabei liegt die Betonung auf dem Begriff "schlüpfen", denn die Erfahrung, daß auch der Körper des Gegners tabu ist, hält die Möglichkeiten durchzu-"brechen" in Grenzen. Bei der gegebenen Möglichkeit, den Ball mit der Hand zu spielen, ist damit klar, daß im Basketballspiel ein Angreifer von seinem

Gegenspieler praktisch nicht zu stoppen ist. Dies gilt, obwohl eine komplizierte Schrittregel die Möglichkeiten der Bewegung mit dem Ball einschränkt, wenn der Angreifer die daraus resultierenden Techniken (Dribbling, Zweierrhythmus) nur gut genug beherrscht. Diese Tatsache prägt nun ihrerseits wieder das Spiel: Man kann einen Korbwurf eben nicht verhindern, sondern dem Werfer nur den Weg in eine erfolgversprechende Position so schwer wie möglich machen und dann den Wurf möglichst stören, um seine Wurfausbeute zu verschlechtern.

Damit sind nun auch für den Verteidiger bestimmte Körpererfahrungen verknüpft:

- Der Körper des Gegners ist tabu!
- Der Ball ist keineswegs tabu!
- Mein eigener Körper ist tabu!

Dabei steht, nach unserer Erfahrung, tatsächlich auch für den Verteidiger der Körper des Angreifers im Vordergrund, der nicht berührt werden darf und nicht der eigene Körper. Dieser wird zum Instrument, um die einzig mögliche Verteidigungsmaßnahme durchzuführen: dem Gegner den Weg zum Korb möglichst zu erschweren und seinen Wurf zu stören. Dies erfordert in hohem Maße Bewegungsbereitschaft, Antizipation und Kraft, um dem Gegner zuvorzukommen oder den Weg abzuschneiden; denn wenn beider Körper tabu ist, dann hat derjenige Anrecht auf einen Platz auf dem Spielfeld, der zuerst da ist.

3.1.2. Täuschungen, Spiel 1:1: Diese Verhaltensweise des Verteidigers, basierend auf der Tatsache, daß auch dessen Körper tabu ist, führt nun wiederum den Angreifer zu einer bestimmten Erfahrung: Der Verteidiger reagiert auf meine Bewegung mit einer entsprechenden Bewegung. Dies kann ausgenutzt werden, um den Verteidiger z.B. aus dem geplanten Weg zum Korb hinaus zu manövrieren: zu Täuschungen. Die Körpererfahrung ist diejenige, daß nach einer Reihe von Täuschungsbewegungen der Verteidiger nicht mehr mitkommt und der Angreifer dann an der Stelle, wo der Verteidiger gerade nicht ist, durchschlüpfen kann. Der Wahrnehmungscharakter dieser Erfahrung wird im amerikanischen Sprachgebrauch offensichtlich, wenn dort gesagt wird, daß der Angreifer da durchschlüpft, wo "daylight" zwischen ihm und dem Korb ist. Dies spiegelt auch die wahrnehmungsmäßige Lernaufgabe des Anfängers wider, der lernen muß, die Lücken wahrzunehmen und nicht die Körper der Verteidiger.

3.1.3. Angriffspositionen: Die Tatsache, daß der Ballbesitzer von seinem Verteidiger praktisch nicht zu stoppen ist, legt es nun den Angreifern ohne Ball nahe, ihrerseits dem Ballbesitzer den Weg zum Korb nicht zu verlegen, indem sie sich etwa in Korbnähe in Erwartung eines Zuspiels aufhalten. Stattdessen läßt sich unter Freihaltung des Raumes am Korb (unabhängig von einer 3-sec-Regel) hieraus die Verteilung des zur Verfügung stehenden Angriffsfeldes auf alle Angreifer in Form von festen Angriffspositionen ableiten. Da diese Position unterschiedliche Aufgabenverteilungen aufweisen, entwickeln sich hier auf Leistungsniveau sogar spezielle Aufbau-, Flügel- und Centerspielerkörper. Für die Verteidiger bedeutet die Übermacht des Ballbesitzers, daß man sich gegenseitig beim Stoppen des Ballbesitzers helfen muß, wobei natürlich der eigene Gegenspieler zumindest kurzfristig vernachlässigt werden muß.

3.1.4. Freilaufen: Mit der Festlegung von Angriffspositionen und der Aufgabe, den Raum am Korb freizuhalten, werden nun für die Angreifer spezielle Manöver zum Freilaufen notwendig, um auf engem Raum den Ball zugespielt bekommen zu können. Auch dies geschieht wieder auf der Grundlage von Täuschungsbewegungen. Daneben ergibt sich aus dem gegenseitigen Helfen der Verteidiger bei einem Durchbruchsversuch die Möglichkeit, einen Mitspieler freizuspielen - indem ein Durchbruch nur angetäuscht wird, um einen Verteidiger zum Helfen zu veranlassen und dann dessen Gegenspieler anzuspielen.

Damit sind die Grundstruktur des Basketballspiels und die damit verbundenen Erfahrungen beschrieben. Es gilt nun die zweite Frage zu beantworten:

3.2. Was hindert Anfänger, sich wie beschrieben zu verhalten und diese Erfahrungen zu machen?

Das entscheidende Hindernis für den Anfänger, wie beschrieben zu spielen, besteht nach unseren Erfahrungen in der Reglementierung der Bewegung mit dem Ball durch die Dribbelregeln des Basketballspiels. Bedenken wir, daß Ausgangspunkt der grundlegenden Erfahrungen des Basketballspiels der Körper als Schutzschirm des Balles war. Dies ist nur dann richtig, wenn die Spieler so gut dribbeln können, daß sie dabei den Ball immer noch abschirmen können. Könner können dies! Anfänger jedoch, für die der Ball im Dribbling kaum zu kontrollieren ist, selbst ohne Verteidiger, können dies sicher nicht! Umso weniger, als dabei auch noch auf bestimmte Kontaktregeln zu achten ist! Es ist offensichtlich, daß damit schon vor die grundlegendste Erfahrung eine schier unüberwindliche Barriere gestellt ist. Denn wer nicht erlebt, daß er den Ball abschirmen kann, der wird auch die daraus abgeleiteten Erfahrungen nie machen können - entweder weil er den Ball verliert oder weil er einen Schrittfehler begeht oder weil er, um beides zu vermeiden, den Ball wie eine heiße Kartoffel schnellstens wieder loszuwerden versucht.

Ein traditioneller Vermittlungsweg versucht, dieses Problem durch die Schulung der Technik Dribbling zu lösen, wobei zunächst das Spiel in den Hintergrund treten muß. Damit gehen aber die mit dem Spiel verbundenen Erfahrungen verloren. Da diese für uns die grundlegenden Erfahrungen sind, muß unser Weg also genau der umgekehrte sein: Das Dribbling wird aus dem Basketballspiel eliminiert - beim Laufen mit dem Ball muß dieser nicht geprellt werden! Wie unter diesen Voraussetzungen unser Basketballehrgang aussieht, soll im folgenden aufgezeigt werden. Dabei können nur nach unseren Erfahrungen geeignete Problemlösungen aufgezeigt werden; eine Reihenfolge ist nicht anzugeben, sie wird durch die von der jeweiligen Lerngruppe im Spiel festgestellten Probleme bestimmt.

3.3. Lehrgang Basketball

3.3.1. Problem Regelveränderung: Um das Spiel für Anfänger spielbar zu machen, haben wir als Einstieg in das Basketballspiel ein Basketballspiel gewählt: die Schüler werden aufgefordert, Basketball zu spielen; weitere Angaben werden nicht gemacht. In aller Regel sind genügend Vorerfahrungen, zumindest bei einigen Schülern, vorhanden, um ein Spiel in Gang zu bringen. In einem anschließenden Gespräch werden die aufgetretenen Probleme aufgegriffen, insbesondere das Leistungsgefälle in der Lerngruppe und die meist implizit vorgenommenen Regelveränderungen, die das Spiel spielbar machen sollten. Auf dieser Grundlage werden die Regeln des Basketballspiels erarbeitet, die unverzichtbar erscheinen, um die Spielidee zu erhalten:

1. Spiel zweier Mannschaften auf zwei hohe Körbe in einem Spielfeld, mit einem Ball, der mit den Händen gespielt wird. Das Spielziel ist es, den Ball in den Korb zu werfen bzw. den Gegner daran zu hindern.
2. Dabei muß die Foulregel beachtet werden: Jede Behinderung durch Körperkontakt, auch unabsichtlich, wird als Foul definiert.
3. Die Dribbelregel wird ausdrücklich weggelassen, um das Leistungsgefälle auszugleichen.

Weitere Regeln sind zunächst nicht notwendig; rein organisatorische Regeln können bereits dem Basketballspiel entsprechend übernommen werden: Einwurf an der Grundlinie nach Korberfolg, sonst von der Seitenlinie; Sprungballsituationen. Da das Regelwerk sehr wenige Regeln umfaßt, können die Schüler das Amt des Schiedsrichters übernehmen.

3.3.2. Problem Körperkontakt: In einem ersten Spiel mit dem neuen Regelwerk ist häufig schon eine zunehmende Aktivität der Anfänger festzustellen; sie übernehmen mehr Spielanteile, die sonst nur von den erfahrenen Spielern getragen werden. Entgegen den Erwartungen, vor allem der erfahrenen Schüler, zeigt sich, daß das Weglassen der Dribbelregel keineswegs zu rugbyähnlichem Spielverhalten führt, mit einer Vielzahl nicht zu stoppender Einzeldurchbrüche. Stattdessen muß man die Anfänger immer wieder zu Durchschlüpfaktionen ermuntern. Dabei zeigt sich jedoch häufig, daß der Versuch sehr früh wieder abgebrochen wird. Im Gespräch kommt hier immer wieder heraus, daß die unerfahrenen Spieler, in der Mehrzahl die Mädchen, sich in dieser Situation davor scheuen, ihren Körper als Schutzschirm für den Ball einzusetzen, da es dabei zu Körperkontakten mit anderen Spielerinnen und Spielern kommen kann. Dies gilt nicht nur bei harten Rempeleien, sondern für jeden Kontakt! Hier tritt die symbolische Bedeutung für Körpereinsatz als "männliches" Durchsetzungsvermögen zutage, das aufgrund sozio-kultureller Einflüsse vor allem von den Mädchen abgelehnt wird.

Dies ist eine weitere, entscheidende Schranke, die für solche Spieler (-innen) vor das Erreichen der Spielfähigkeit gestellt ist. Wird sie nicht geöffnet, so muß für diese Spieler der Weg zum "Wasser" Basketballspiel verschlossen bleiben, ähnlich wie man schwimmen lernen kann, ohne sich wie ein Fisch im Wasser zu fühlen. Wichtigste Voraussetzung für das Durchbrechen dieser Schranke ist es, dieses Problem überhaupt zur Sprache zu bringen; und zwar nicht rein theoretisch, sondern auf der Grundlage von Erfahrungen, wie sie etwa in unserem ersten Basketballspiel mit neuem Regelwerk für jeden machbar sind. Als methodische Schritte, diese Barriere aufzubrechen, sind nach unseren Erfahrungen folgende Situationen geeignet:

1. Oktopus-Spiel: *Eine Gruppe von Spielern (etwa 2/3 der Gesamtgruppe), die "Oktopusse" stellen sich auf dem Spielfeld in feste Positionen, in denen sie sich bewegen, die sie aber nicht verlassen dürfen. Die verbleibenden Spieler müssen als "Fische" mit einem Ball durch das Oktopus-Feld laufen, wobei die Oktopusse versuchen, ihnen den Ball abzunehmen. Dabei treten in spielerischer Form typische Formen des Ballabschirmens und Körperkontakts auf. Das genaue Regelwerk - Abstände der "Oktopusse" und erlaubter Körperkontakt - kann der Gruppe zur Absprache überlassen werden.*

2. In der im folgenden Abschnitt besprochenen Spielform "Streifenlaufen" wird das Körperkontaktproblem in Verbindung mit typischem Verteidiger-Sperrverhalten ebenfalls thematisiert.

3.3.3. Problem individuelle Verteidigung: Ein Problem, das sich scheinbar durch das Weglassen der Dribbelregel stellt, wird von den Schülern wie folgt formuliert:"Wie kann man denn den Ballbesitzer stoppen, wenn er nicht dribbeln muß"!? Dies ist deshalb nur ein scheinbar neues Problem, weil es im Spiel mit Dribbling sich im Prinzip ganz genauso stellt, wenn ein Dribbler nur gut genug dribbeln kann. Andererseits ist diese Tatsache eine wichtige Voraussetzung dafür, daß das Weglassen der Dribbelregel nicht zu einer Änderung des Spielverhaltens führt! Es gibt im Basketballspiel für den Verteidiger eben im Prinzip nur die

Möglichkeit, im Zurückweichen dem Angreifer den Weg zum Korb so lang wie möglich zu machen und ihn dann beim Wurf zu stören. Dieses Verhalten kann in folgender Spielform geschult werden:

Streifenlaufen: *In einem etwa vier bis fünf Schritte breiten Streifen auf dem Spielfeld hat ein Angreifer die Aufgabe, an einem Verteidiger vorbeizulaufen, zunächst ohne Ball. Hierbei tritt neben den Versuchen des Verteidigers, über "Beinarbeit" seine Position vor dem Angreifer in Laufrichtung gegen dessen Täuschungsmanöver zu erhalten, vor allem ein typisches Verteidigerverhalten auf: Die Verteidiger strecken in kritischen Situationen einen Arm seitlich aus, um dem Angreifer eine offen gebliebene Lücke zu versperren. Da dies im Fall des Körperkontakts mit dem Angreifer ein Foul des Verteidigers darstellt, gilt es, dieses Verhalten durch Übungsaufgaben abzustellen.*

Viel wichtiger jedoch ist die Beobachtung, die schon oben besprochen wurde: Dieses Verteidigerverhalten wirkt nicht erst durch das körperliche Versperren der Lücke, sondern die Angreifer scheuen schon vor den ausgestreckten Armen zurück. Da das Ausstrecken der Arme zum Angriff auf den Ball erlaubt ist, kann man nicht dieses allein schon als Foul definieren. Stattdessen muß es zum Körperkontakt kommen, um den Tatbestand des Fouls zu erfüllen. Wenn aber die Angreifer diesen Körperkontakt scheuen, so ist das Ausstrecken des Armes eine wirkungsvolle Verteidigungsmaßnahme ohne Foul. Deshalb ist es in dieser Spielform erste Aufgabe, die Angreifer dahin zu bringen, daß sie diese Scheu überwinden. Dabei ist es sehr hilfreich, daß die Verteidiger in aller Regel kurz vor dem Kontakt den Arm wieder wegziehen, so daß es gar nicht zu massivem Körperkontakt kommt.

3.3.4. Problem kollektive Verteidigung: Neben der Möglichkeit, wie bisher angenommen, ein Verteidigerverhalten in Mann-Mann-Verteidigung aufzubauen, wird von den Schülern häufig die Lösung Zonenverteidigung vorgeschlagen. Vieles spricht dafür, im Schul- und Breitensportbereich mit Mann-Mann-Verteidigung zu spielen. Wir gehen zur Lösung dieses Problems den Weg,zunächst, wie oben beschrieben, mit Mann-Mann-Verteidigung zu spielen. Danach wird die Zonenverteidigung erklärt und ein Spiel mit Zonenverteidigung durchgeführt. Auf der Grundlage der im Spiel mit Mann-Mann-Verteidigung gewonnenen Erfahrungen treten dann die eingeschränkten Handlungs- und Erfahrungsmöglichkeiten des Spiels mit Zonenverteidigung deutlich hervor, vor allem die Verlagerung auf Würfe aus der Halb- und Mitteldistanz, sowie das Wegfallen aller Durchbruchaktionen.

3.3.5. Problem Angriff: Positionen: Obwohl durch das Weglassen der Dribbelregel jedem Angreifer die Möglichkeit gegeben ist, seine Aufmerksamkeit vom Ball weg auf den Spielablauf zu richten, ist dieser Spielablauf noch sehr chaotisch. Dieses Chaos entsteht durch die Bemühungen, den Ball möglichst in Korbnähe zugespielt zu bekommen. Da dies außer dem Ballbesitzer bis zu vier Spieler sein können, behindern sie sich in ihrem Bemühen gegenseitig. Vor allem aber hindern sie den Ballbesitzer daran, einen Durchbruch zum Korb zu starten. Denn obwohl er, wie gesehen, von seinem Verteidiger praktisch nicht zu stoppen ist, scheut er zurecht davor zurück, sich in das Getümmel in Korbnähe zu stürzen. Auch dieses Problem ist mit den Schülern leicht zu erarbeiten, sind sie doch gerade auch als Ballbesitzer in der Lage, diesen Spielablauf wahrzunehmen, da sie sich praktisch nicht um den Ball kümmern müssen.

Die Lösung dieses Problems wird leicht aufgrund von Vorerfahrungen auch aus anderen Sportspielen gefunden: das Festlegen von Angriffspositionen mit bestimmten Aktionsradien und Aufgaben. Aus den vielen möglichen Formationen des Basketballspiels wählen wir die 2-2-1 Aufstellung aus, mit zwei Aufbauspielern, zwei Vorderspielern und einem Centerspieler, so daß der Raum am Korb freigehalten wird. Dabei ist die Aufgabe der Aufbauspieler neben dem Spielaufbau noch das Verhindern schneller Gegenangriffe, die anfangs wegen der geringen Wurfausbeute verstärkt auftreten können. Diese brauchen nicht durch Zusatzregeln (wie etwa: jeder muß einmal den Ball vor dem Korbwurf berührt haben) unterbunden zu werden, denn nur ihre übermäßige Häufung ist störend! Das Spiel selbst hält in der Verbesserung der Wurfausbeute und der Aufgabenstellung an die Aufbauspieler das Regulativ für dieses Problem bereit. Bezüglich der Rolle des Centerspielers ist darauf zu achten, daß er, auch ohne 3-sec-Regel, den Raum am Korb nicht durch ständiges Freilaufen blockiert. Da er prinzipiell eine Sonderrolle im Spiel einnimmt (Spiel mit dem Rücken zum Korb!) kann man ihn auch zunächst ganz weglassen. Dieses Spiel 4:4, mit zwei Aufbau- und zwei Vorderspielern, haben wir mit gutem Erfolg durchgeführt.

3.3.6. Problem Technik: Die in unserem Spiel geforderten Techniken entsprechen durchaus denen des Basketballspiels: Standwurf, Sprungwurf, Korbleger, Passen und Fangen sind von Anfang an beinhaltet. Es fehlt jeweils nur der spezielle 2-Kontakt-Rhythmus. Prinzipiell schulen wir solche Techniken in parallel laufenden Übungsreihen, die zum Schluß über Komplexübungen die Technik ins Spiel einführen. Besonderes Gewicht kommt in unserem Spiel von Anfang an dem Durchbruch und damit der Korblegertechnik zu. Hier können alle typischen Probleme der Wurfsituation, aus schnellem Lauf und Sprung zum Korb, bereits angesprochen werden: weicher Wurf mit Unterhandwurfbewegung; Werfen mit der vom Verteidiger abgewandten Hand; Abspringen möglichst mit dem zur Wurfhand gegengleichen Bein. Das Ermöglichen und Unterstützen von Durchbruchsituationen weist ebenso direkt auf die Notwendigkeit des Sprungwurfes, der sich aus der Bewegung heraus viel schneller ausführen läßt als der Standwurf.

252

Trotz allem Üben jedoch ist kurz- und mittelfristig keine zufriedenstellende Wurfausbeute bei Anfängern zu erreichen. Um die notwendige Übungszeit zu umgehen, setzen wir hier einen Korb von ca. 65 cm Durchmesser ein, der das Treffen erleichtert. Dies ist technisch einfacher zu bewerkstelligen als ein niedriger hängender Korb. Dabei ist die Wurfausbeute nicht nur wegen der motivationalen Bedeutung des Erfolgserlebnisses wichtig, sondern vor allem dafür, ein realistisches Verteidigerverhalten zu erreichen: einen Angreifer in etwa 4 m Entfernung vom Korb muß man beim Wurf stören!

3.3.7. Problem Freilaufen und Freispielen (Spiel 2:2 bis 5:5): Mit der Festlegung von Angriffspositionen, verbunden mit der Aufgabe, den Raum am Korb freizuhalten, werden für die Angreifer besondere Manöver zum Freilaufen notwendig, um auf engem Raum den Ball zugespielt bekommen zu können. Im Basketballspiel kommt hier vor allem dem Freilaufen im Rücken des Verteidigers zum Korb, der sog. "backdoor"-Bewegung besondere Bedeutung zu. Neben dieser Möglichkeit des Freilaufens ist besonders das Freispielen eines Mitspielers zu schulen: Die Übermacht des Ballbesitzers bedeutet für die Verteidiger, daß man sich gegenseitig beim Stoppen des Ballbesitzers helfen muß, wobei natürlich der eigene Gegenspieler zunächst kurzfristig vernachlässigt werden muß. Dies kann umgekehrt von den Angreifern genutzt werden: ein Durchbruchversuch lockt einen Verteidiger weg von seinem Gegner, der dann aus dem Durchbruch heraus angespielt werden kann. Dieser Spieler hat dann einen raumzeitlichen Vorsprung vor seinem Verteidiger, der erst wieder zu ihm zurückkommen muß.

Dies stellt vor allem eine Möglichkeit dar, den Centerspieler mit ins Spiel zu bringen. Durch ein anschließendes Zurückkehren des ursprünglich durchgebrochenen Spielers (und damit auch seines Verteidigers) auf die Ausgangsposition entsteht darüber hinaus eine Lücke, die dem neuen Ballbesitzer seinerseits eine Durchbruchgelegenheit bietet. Dabei hat er sogar einen kleinen Vorsrprung vor seinem Verteidiger mit auf den Weg bekommen. Führt sein Durchbruchversuch nicht gleich zu einer günstigen Wurfsituation, so kann er daraus seinerseits einen anderen Angreifer freispielen usw.. Diese Verhaltensweise ist die grundlegende im Zusammenspiel zweier Spieler und schließlich einer ganzen Mannschaft: Durch Freilaufen und Freispielen sich selbst und anderen Gelegenheiten zu einem Durchbruch und erfolgreichen Wurf zu schaffen. Hierin ist die Grundlage für das Entstehen eines "Mannschaftskörpers" zu sehen, bei dem alle Spieler in Abstimmung aufeinander ständig in Bewegung sind und füreinander spielen - mit und ohne Ball.

3.3.8. Problem Dribbling: Mit dem bisher beschriebenen Spielverhalten ist nach unserer Auffassung ein typisches Basketballspiel entstanden, das die Grundlage für alle im Basketball möglichen Entwicklungen in sich trägt. Mit dem Einführen der

Techniken Dribbling und Zweierkontakt sollte nicht zu früh begonnen werden: Erst wenn die Grundlage tragfähig genug ist, kann man erwarten, daß mit dem Fordern des Dribblings im Spiel das Spielverhalten nicht unter eine untere Grenze absinkt. Das Einführen der Technik Dribbling ins Spiel geschieht dabei wie bei allen anderen Techniken nach Üben in Übungsreihen und Komplexübungen. Da die Techniken Dribbling und Zweierkontakt entgegen den anderen Techniken vom Regelwerk gefordert werden, ist hier auf ein anfangs großzügiges Auslegen der Regel zu achten, das nur langsam an das strenge Regelwerk angeglichen wird. Die grundlegenden Bewegungsabläufe wie etwa der Korbleger sind so weit vorbereitet, daß eine regelgerechte Ausführung leicht gelernt wird. Diese im Spiel anzuwenden, ist auch bei frühzeitigem Einführen der Dribbelregel nur in einem langen Lernprozeß zu erreichen. Während dieser Zeit haben unsere Schüler ständig Basketball gespielt.

Peter Weinberg
Was die Hände über (den) Kopf auf das Spielfeld bringen.
Oder: Körpererfahrung im Volleyball

1. Volleyball, die Sportart

Volleyball ist eine international anerkannte und in weltweit beachteten Regeln verankerte Sportart. In den Regeln ist fast bis ins Detail festgelegt, was der Spieler mit dem Ball und im Spielfeld machen kann oder darf. Im Spielen entsteht dann konkrete Erfahrung, es verbinden sich die objektiven Regelungen des Spiels mit den sinnlich-körperlichen "Regungen" von Menschen. Natürlich entwickeln sich dabei auch Fertigkeiten, d.h. relativ stabile subjektive Formen des Volleyballspiels. Diese Techniken z.B. des Pritschens, Baggerns oder des Schmetterns sind, sofern sie in Büchern beschrieben oder auf Bildern festgehalten sind, quasi Momentaufnahmen aus dem vielfältigen Geschehensablauf des Spiels. Solche Techniken repräsentieren eine bestimmte Struktur, von der Lehrer oder Trainer ausgehen, um sie an Lernende weiter zu vermitteln. Durch Körpererfahrung[1] soll nun nicht direkt eine bestimmte Technik erlernt, es soll der Prozeß des "Sich-Bewegens" hin zu einer Struktur erlebt werden. Was dann i.e. gelernt wurde, das wird dann im Spiel deutlich werden.

In einem speziellen Sinn sind Körpererfahrungen Erfahrungen von etwas, d.h. von einer funktionellen Bedeutung des Körpers und seiner Teile für Spiel und Spielfertigkeiten. Die funktionellen Bedeutungen ergeben sich aus den funktionellen Beziehungen, die im Volleyballspiel objektiv gegeben sind. So hat beispielsweise das "Pritschen" die Funktion des "oberen Zuspiels", um den Ball "in der Luft" zu halten bzw. herauszustellen. Das Pritschen hat aber auch für die einzelnen Spieler eine Funktion: es wird zu einem Mittel, um den Ball in Verbindung mit Regeln und bestimmten Zielen oder Wünschen zu spielen. Die letztgenannte Funktion ist für Körpererfahrung entscheidend. Es ist eine "psychische Funktion" und nur in Verbindung mit einem "persönlichen Sinn" des jeweiligen Spielers zu verstehen. Wenn nun Körpererfahrungen organisiert (!) werden, dann geht es z.B. beim Pritschen um folgendes:
1. Wie kommt es zum Pritschen?
2. Wie komme ich zum Pritschen?
Dies soll in der Praxis erarbeitet werden. Dazu werde ich im folgenden "Praxisteile" vorstellen. Es sollen hierdurch

- Funktionen erfahren und erlebt (wie liegen die Finger am Ball?),
- funktionelle Verbindungen geschaffen (Auge-Hand Verbindung)
- und funktionelle Systeme (eben: das Pritschen) entwickelt werden[2].

Im Hinblick auf das Lernergebnis geht es mir in erster Linie um ein Verständnis für Handlungs- und Bewegungszusammenhänge und darum, daß sich eine bestimmte Bewegungsstruktur funktional "einpendeln" (und nicht starr fixieren) läßt. Ich werde Aufgaben und Übungen umschreiben, in denen das Entdecken von wichtigen Zusammenhängen möglich wird. Es soll also nicht das schon "Entdeckte" lediglich reproduziert werden[3]. Meine Hinweise und Anregungen sollen also in Erfahrungen umgewandelt, nicht "erfüllt" werden. Aufgaben und Übungen sind "Stellvertreter" von Erfahrungen. Ein solches Vorgehen halte ich aber in einer Hinsicht dennoch für problematisch: ich tue so, als ob das zu Entdeckende auch mir oder einem anderen Lehrenden selbst unbekannt wäre. In Wirklichkeit weiß ich (und muß ich möglichst genau wissen), was herauskommen sollte (wozu sollte ich sonst Aufgaben stellen?). Für den Lernenden ist die Sache noch weitgehend unbekannt, und das ist der wesentliche psychologische Unterschied zum Wissen des Lehrers/Übungsleiters.

2. Das obere Zuspiel oder Pritschen: worum geht es?

In dieser Handlung soll mit Fingern, Händen und restlichem Körper eine Fertigkeit gebildet werden, damit ein Volleyball nach nur geringer Kontaktzeit mit den Händen in den Raum zu einem Partner gezielt zugespielt werden kann (unter Berücksichtigung bestimmter spieltaktischer Erfordernisse). Pritschen heißt:

1. eine feste und doch variable (weil hochgradig steuerfähige) Abspielfläche mit den Händen bilden;
2. Energie gewinnen und umsetzen können, um den Ball "spielend" leicht "fliegen zu lassen";
3. Wahrnehmungen von Raum, Partner, Ballflug und eigenem Körper perzeptiv-operativ "richtig" umsetzen zu können (i.w. Abstimmung von Ball- und Raumwahrnehmung).

2.1 Das obere Zuspiel oder Pritschen: wie erfahre ich funktionelle Verbindungen?

Ich setze voraus, daß derjenige, der nun mit diesem Text oder den Aufgaben und Übungen konfrontiert wird, über Erfahrungen und Können in "Ballspielen" (weitestgehend: im Umgang mit einem Ball) verfügt. Und daß er zumindest "Volleyball" kennt und daher weiß, was "Pritschen" ist.

Aufgabe: Versucht genau herauszufinden, wie ihr einen Ball fangt und werft. Welche Beziehung könnte zum Pritschen bestehen?

256

- *Konzentriert euch auf die zeitliche Dauer des Ballhaltens.*
- *Konzentriert euch auf den Kontakt von Finger/Händen zum Ball.*
- *Können die Augen den Ball sehen? Müssen sie ihn sehen?*
- *Wie wird der Auge-Ball-Kontakt beim Pritschen sein und welche Auswirkungen hat dies auf die Körperhaltung?*

Aufgabe: Werft euch einen Ball zu zweit zu, und zwar mit einem Arm (links, dann rechts), mit beiden Armen (vor dem Körper, oberhalb oder hinter dem Kopf) und versucht herauszufinden, was die Beine machen.

- *Wann wird ein Bein parallel (gleichseitig) mitgeführt bzw. "eingesetzt"?*
- *Gibt es beim Pritschen ein bestimmtes Bein, das vorne bzw. hinten stehen sollte? Wenn ja, wie begründet sich dies aus eurer bislang gemachten Erfahrung? Versucht herauszufinden, wie sich die Bewegungsmöglichkeiten des gesamten Körpers im Raum bei paralleler Fußstellung oder bei einer Grätsch-Schrittstellung ändern. Was wird besser, schlechter?*
- *Beim Pritschen soll eine Grätsch-Schrittstellung eingenommen werden, ist das angemessen?*

Wovon hängt es ab, welcher Fuß vorne steht? Worin unterscheiden sich dabei der Bodenkontakt des vorderen und hinteren Fußes? Ihr könnt dies leicht herausfinden, wenn ihr in einer Schrittstellung das Körpergewicht einmal nach vorne, dann wieder nach hinten verlagert.

Aufgabe: Es ist immer einmal möglich, daß sich Erlebnisse nicht sofort einstellen, weil unsere "Erfahrungsmöglichkeiten" nicht mehr fein genug, unsere Fertigkeiten noch zu eingespielt oder starr sind. Dann biete ich folgende Übung an, um die funktionellen Verbindungen zwischen Rumpf, Armen und Beinen besser erfahren zu können: *Jeder geht durch den Raum, zuerst vorwärts - dann rückwärts. Wie "bewegen" sich Arme und Beine zueinander (miteinander, gegeneinander?). Nachdem ihr nun spontan eine bestimmte Erfahrung gemacht habt, versucht einmal bewußt Arme und Beine parallel (gleichseitig) oder überkreuz (gegenseitig) einzusetzen. Könnt ihr nun herausfinden, was dies mit "Fangen und Werfen" und mit Pritschen zu tun hat?* Doch zurück zur Aufgabe "Fangen und Werfen":
- *Ihr fangt und werft den Ball mit beiden Händen und variiert die Wurfposition (vor, oberhalb, hinter Kopf).*
- *Achtet darauf, wie die Wurfposition die Ellenbogenfreiheit in Verbindung mit der genauen Position von Fingern und Händen am Ball verändert.*
- *Was geschieht, wenn ihr die Ellenbogen "aufmacht" (nach außen führen) oder "zumacht" (nach innen zum Körper)? Läßt sich der Ball noch werfen? Könnt ihr herausfinden, wie die Verbindung Ellenbogen - Hände - Finger beim Pritschen aussieht?*

Aufgabe: Der Volleyball wird mit beiden Händen gehalten und oberhalb des Kopfes geführt, etwa stirnhoch. Die Augen sollen den Ball fixieren (dabei wird der Kopf leicht nach hinten geneigt sein; die übrige Körperhaltung ist noch unwichtig). Handfläche und Finger sollen vollen Ballkontakt haben.
- *Konzentriert euch auf die Stellung der Daumen, verändert diese Stellung (bis der Ball aus den Händen fällt).*
- *Welche Position des Daumens zum Ball und zu den Augen ist für das Pritschen wichtig?*

Diese Aufgabe scheint sehr simpel zu sein, doch sie ist sehr wichtig und sollte sorgfältig durchgeführt werden: das Zurückführen des Daumens ist das A und O beim Pritschen, denn dieser will "von selbst" (und rein "reflektorisch") immer nach vorne. Wenn diese Aufgabe durchgeführt ist, sollte die funktionell angemessene Form für das Pritschen erarbeitet worden sein. Bevor nun der Ball auch "regelgerecht" gespielt werden kann, möchte ich noch auf folgendes eingehen. Bei der vorgestellten Übung "sieht" der Kopf zum Ball. Durch diesen Blickkontakt wird der Kopf nach hinten in den Nacken geführt, daraus wiederum folgt, ebenfalls reflektorisch, eine Streckung des Oberkörpers. Diese Körperhaltung ist beim Pritschen ungünstig. Hier sollte wegen der Vorwärts-Aufwärts Bewegung des Balles (Flugbahn) eine ihm entsprechende Körperposition eingenommen werden.

Haltet den Ball wieder oberhalb des Kopfes, geht nun deutlich "in die Knie" (bei leichter Schrittstellung). Wie verändert sich die Form des Oberkörpers? Welche Verbindung besteht zwischen Flugbahn des Balles und einem "runden Rücken"? Achtet nun bitte besonders auf die Spannung in euren Oberschenkeln (und macht zwischen den Übungen ruhig eine Pause, konzentriert euch dann jeweils neu). Was ist der Unterschied zur aufrechten Haltung?

Der Körper stellt durch ein spezifisches Spannungsverhältnis in den Muskeln auch Energie (sog. Kraft) bereit, die erforderlich ist, damit der Volleyball hoch, weit und längere Zeit gespielt werden kann.

Nun möchte ich abschließend zum Pritschen noch auf das kurzzeitige Berühren des Balles beim Abspiel eingehen. Erinnert euch an das Fangen und Werfen: hier hatte der Ball unterschiedlich lange Kontakt zu den Händen/Fingern. Beim Pritschen soll dieser Kontakt nun praktisch "gegen Null" gehen, der Ball wird weder gehalten noch geführt, sondern sofort weiter und/oder zurückgespielt.

Aufgabe: Haltet den Ball oberhalb des Kopfes in den Händen, Finger haben vollen Ballkontakt. Klappt jetzt die Hände nach vorne und versucht gleichzeitig, den Ball hoch nach oben und vorwärts (vielleicht zu einem Partner) zu spielen. Den Ball bitte nicht "herunterdrücken".

258

- *Welche Teile der Hand sind zuletzt am Ball - dies sind dann auch die wesentlichen Kontaktstellen beim Pritschen? Den Ball könntet ihr nun auch mit den Handballen regelgerecht (und mit wesentlich mehr Kraft) spielen. Versucht herauszufinden, warum dies im Endeffekt doch schlechter ist als das Spielen des Balles mit den Fingern. Wer weiter nachdenken und erfahren möchte: was hat z.B. ein Tennisschläger mit der Form des Pritschens in bezug auf kurzzeitiges und präzises Abspiel des Balles zu tun?*

Und nun noch ein Hinweis, warum die für das Pritschen günstige Körperhaltung stets vor dem Ballabspiel eingenommen werden sollte: Das kurzzeitige Ballabspiel ist eine Art "ballistische" Bewegung, bei der unmittelbar nach dem Schlag jede Möglichkeit verloren geht, den Ball noch zu steuern bzw. die Flugbahn zu korrigieren. Die Flugbahn muß also durch eine günstige Körperhaltung vor dem Schlag gewissermaßen programmiert werden (dies gilt auch für andere Schlag-Ball-Spiele).

3. Das untere Zuspiel oder Baggern: worum geht es?

Volleyball ist ein Flugballspiel. Der Ball soll fliegen, in der Luft bleiben, nicht geführt oder gar gehalten werden. Nun hat der Ball von sich aus die Eigenschaft, daß er auf den Boden fällt, auch wenn er noch so gut gepritscht, d.h. in der Luft gehalten wird. Für diese Zwecke gibt es eine Fertigkeit, mit der der Ball nach oben "geschaufelt" werden kann: das Baggern. Oftmals wird beim Baggern ein sog. Annahme- von einem Abwehrbagger unterschieden. Der Unterschied resultiert aus verschiedenen Fluggeschwindigkeiten des Balles. Bei einem relativ "langsamen" Ball (6,4 m/s nach IWOILOW 1984) wird der Oberkörper zum Baggern vorwärts geneigt, die Spielhandlung ist aktiver, die Annahme des Balles kann in der Regel in ein genaues Zuspiel umgesetzt werden. Bei einem relativ "schnellen" Ball (18 m/s), z.B. nach einem Schmetterschlag, bleibt der Oberkörper fast senkrecht, er bewegt sich sogar leicht nach rückwärts und der Ball wird "federnd" von den Armen abgespielt. Ein gezieltes Zuspiel ist oftmals kaum möglich. Hauptsache, der Ball bleibt im Spiel.

3.1 Das untere Zuspiel oder Baggern: wie erfahre ich funktionelle Verbindungen?

Aufgabe: Paarweise einen Volleyball fangen und werfen, aber so, daß der Ball in Kniehöhe aufgefangen wird. (Bemerkung hierzu: Bei dieser Übung fangen einige zuerst den Ball und führen ihn dann in Kniehöhe; so bitte nicht.) *Versucht herauszufinden, welche Zusammenhänge zwischen der Fuß-/Beinstellung beim Pritschen und der hier erfahrenen Stellung besteht.*

- *Welcher Fuß ist vorne?*
- *Wie ist der Bodenkontakt der Füße?*
- *Wie sieht die Schritt-/Grätschstellung aus?*

Nun konzentriert euch bitte auf die Arme: ihr werdet sehen können, daß diese gestreckt sind, wenn der Ball wirklich in Kniehöhe gefangen wird. Merkt euch diese Armhaltung, sie wird nachfolgend wichtig.

Aufgabe: Der Volleyball soll beim Baggern von unten nach oben "hochgeschaufelt" werden. Wie verändert sich die Beweglichkeit der Arme, wenn sie in den Ellenbogen "fixiert" sind? Wie erklärt es sich, daß die Bewegung der Arme nach oben durch die tiefe Körperhaltung (in die Knie gehen) unterstützt wird? (Diese Aufgabe kann auch ohne Ball ausgeführt werden.) Das Verständnis über die Beweglichkeit der Arme wird vielleicht durch folgenden Hinweis erleichtert: Wenn ihr die Arme in den Ellenbogen abwinkelt und somit den Ball durch aktiven Unterarmeinsatz spielt, verändert sich automatisch der Abflugwinkel des Balles. Denkt an das physikalische Gesetz vom Einfall- und Ausfallwinkel. Probiert den aktiven Unterarmeinsatz und stellt fest, wo der Ball jeweils hinfliegt.

Aufgabe: Bisher sollte nicht auf die Haltung der Hände geachtet werden. Das soll nun geschehen.

- *Wie beeinflußt die Stellung der Hände eine zusätzliche Streckung der Arme (und damit zugleich Qualität und Breite - erweiterte Unterarmfläche - der Abspielfläche)?*
- *Probiert verschiedene Handstellungen aus!*
- *Hände liegen ineinander (Handrücken der einen Hand in der Handinnenfläche der anderen Hand)!*
- *Hände liegen mit den Fäusten aneinander!*
- *eine Faust wird von einer Hand umschlossen.*

Was haltet ihr von folgenden Behauptungen:

*1.	Die Handflächen müssen fast gestreckt ineinander liegen und nach unten abgewinkelt werden, weil dadurch die Armstreckung optimal unterstützt wird (richtiges Baggern?).*
*2.	Für die Haltung der Hände gibt es unterschiedliche Möglichkeiten, eine absolut "richtige" Stellung gibt es nicht, wohl aber eine bestimmte funktionell günstige Form.*

Ihr könnt zusätzlich noch folgendes machen: Vergleicht in Lehrbüchern zum Volleyball Bildvorlagen mit Textdarstellungen zum Baggern. Was fällt euch auf?

260

Damit wäre ich abschließend wieder bei einem Problem angelangt, das auch beim Pritschen schon angeklungen war: Kraft-und-Energiemobilisierung. Hinweise dazu habe ich schon gegeben (vgl. Annahme- und Abwehrbagger).

Ihr könnt euch nunmehr selbst die Bälle abwechselnd "weich" oder hart zuspielen. Habt ihr den wichtigsten Unterschied entdeckt?

Bei harten Bällen ist das Baggern wie gesagt mehr passiv, die Füße stehen parallel zueinander und bilden so eine sichere Stützfläche. Die Arme federn leicht nach hinten, der Oberkörper wird nach oben und hinten gestreckt. Und umgekehrt: "normales" Baggern erfolgt aktiv, die Füße/Beine nehmen eine Grätsch-Schrittstellung ein, die Arme bewegen sich leicht vorwärts-aufwärts, der Oberkörper "hebt" sich durch die Streckung der Beine.

4. Schmettern des Balles: worum geht es?

Körpererfahrung und Schmettern? Mag sein, daß sich manch einem die Haare sträuben ... Gewiß, hier ist eine bestimmte reale wie didaktische Grenze erreicht, wo es fraglich scheint, was diese "destruktive" Spielhandlung noch mit Erleben und Körpererfahrung zu tun hat. Schmettern kann durchaus auch positiv gesehen werden. Diese Handlung bereichert dann das Volleyballspiel, und erhöht damit Spielerlebnisse, weil sie schwierige wie abwechslungsreiche Spielsituationen bewirkt. Unter dieser Prämisse ist Schmettern sinnvoll, es wird in der Praxis eigentlich auch von jedem Spieler als Lernziel angestrebt. In diesem Sinne will ich hier auf Schmettern als "Körpererfahrung" eingehen. Wohl wissend um die Grenzen des Ganzen. Das große Problem des Schmetterns besteht im wesentlichen darin, den herabfallenden Ball in der Luft situations- und zeitgerecht (mit dem richtigen Timing also) nach einem Sprung zu schlagen.

4.1 Schmettern: wie erfahre ich funktionelle Verbindungen?

Aufgabe: Ihr müßt "in die Luft" kommen, also abspringen und dann den Ball schlagen.
- *Wie springt ihr ab? Im Stemmschritt, beide Beine werden gleichzeitig aufgesetzt? Oder Schrittsprung, d.h. die Beine werden nacheinander aufgesetzt? Lauft durch den Raum, stoppt und springt ab, konzentriert euch auf die Beine. Versucht zwischendurch einen Sprungwurf im Basketball (entweder mit oder ohne Ball). Überlegt anschließend, ob es beim Absprung einen bestimmten Zusammenhang zwischen Schlagarm und Beinen gibt. Bei einem Schrittsprung werden in der Regel Schlagarm und entsprechendes Bein gleichseitig (nicht unbedingt gleichzeitig) geführt. Ist dieser Absprung günstiger als ein Stemmschritt (s.o.)?*

Aufgabe: Hochspringen ist die eine Sache, rechtzeitig ablaufen und springen ist die andere. Und die ist gar nicht einmal so einfach. Dazu folgende Übung:

- *Der "Schmetterspieler" bekommt den Ball so gut es geht am Netz zugespielt. Gleichzeitig wird er von einem Partner, der hinter ihm steht, leicht an der Hüfte mit beiden Armen "festgehalten". Der Schmetterspieler merkt sich nun, wann er abgelaufen ist: direkt nach dem Ballabspiel, als er den aufsteigenden Ball sehen konnte, nachdem der Ball den höchsten Punkt der Flugbahn erreicht hatte? Bitte nicht durchlaufen und schlagen, nur der Ablaufzeitpunkt ist interessant. Der hintere Partner registriert nun seinerseits über ein "Zucken" in der Hüfte den Ablaufzeitpunkt (er muß also auch den abgespielten Ball beobachten). Setzt euch zusammen und wertet etwa immer drei bis vier Schlagversuche aus. Habt ihr den optimalen Ablaufzeitpunkt herausgefunden...?*

Und nun noch einige Hinweise zum "Schlagen" des Balles. Das Schmettern ist ein sehr dynamischer Handlungsablauf, so daß die folgenden Dinge schlecht "geübt", wohl aber überdacht und von anderen beobachtet und mitgeteilt werden können. Es ist wichtig, daß vor dem Schlag die Arme hochgeführt werden. Die Armhaltung sollte parallel sein, weil dadurch die Flugphase stabiler wird. Der Nicht-Schlagarm kann in Richtung Ball zeigen und damit den gezielten Schlag des Balles visuell unterstützen. Es ist weiter wichtig, daß der Ball mit den Augen fixiert wird, wie beim Tennis oder Badminton. Der Volleyball sollte vor dem Körper (nicht oberhalb oder hinter dem Kopf, was man meistens beobachten kann) getroffen werden, wo er genau gesehen wird. Im günstigsten Fall überdacht die Schlaghand den Ball. Der Schlagarm wird geführt wie z.B. beim Badminton: so wird beim "Clear" der Schläger hinter dem Rücken soweit abgesenkt, daß der Schlägerkopf sich unterhalb des Ellenbogens befindet. Übersetzt in Volleyball: der Unterarm wird soweit abgesenkt, daß der Ellenbogen "spitz" nach vorne/oben zeigt und die Schlaghand unterhalb des Ellenbogengelenks liegt. Dies kann auch im Stand geübt werden.

5. Das Volleyballspiel oder wie ich die Aufgaben des Körpers im Raum und in Verbindung mit anderen erfahren kann.

Im folgenden soll erfahren werden, ob und warum eine bestimmte Spielstruktur (aus der sich dann bestimmte Spielsysteme entwickeln) sinnvoll ist. Die Erfahrung des Spielzusammenhangs erfolgt schrittweise, indem ich von den bekannten Spielideen des Volleyball ausgehe: 1. der Ball soll hin und her gespielt werden, 2. der Ball soll so gespielt werden, wie dies nach internationalen Regeln "erlaubt" ist (den Ball auf den Boden des Gegners spielen und dementsprechend den Aufschlag gewinnen oder Punkte machen).

1. Schritt: Spieler verteilen sich im Raum, dieser ist nach außen hin begrenzt (Spielfeld), der Ball wird hin und her gespielt (ihn also möglichst lange im Spiel halten, bewußt miteinander spielen).

Aufgabe: Das Spielfeld mit möglichst vielen Spielern "besetzen" (9, 10, 12 usw.), den Ball spielen und feststellen, wie das Spiel läuft.

- *Wieviel Ballkontakte sind naheliegend?*
- *Versucht an dieser Stelle schon herauszufinden, warum es günstig ist, mit sechs Spielern Volleyball zu spielen.*

In diesem Erfahrungsschritt sollte ohne gezielten Aufschlag gespielt werden, das Spiel ist auch nicht weiter speziell geregelt. Die Spielzeit ist unwichtig, ebenso sind es besondere Techniken oder Taktiken. - Macht das Spielen Spaß?

2. Schritt: Der Ball soll nun innerhalb der Mannschaft zugespielt und gezielt vor das Netz gespielt werden. Einzelne Spieler können besondere Aufgaben erhalten (z.B. die des sog. "Stellers").

Aufgabe: Spielt sechs gegen sechs und versucht herauszufinden, warum es sinnvoll ist, den Ball in der jeweiligen Mannschaft durch drei Ballkontakte zu spielen. Nach Spielidee 1 reicht es oftmals aus, wenn der Ball sofort wieder über das Netz gespielt wird. Wahrscheinlich reichen euch 1 bis 2 Ballkontakte. Nach Spielidee 2 wird der Ball "in der Regel" dicht an das Netz gespielt (1. Ballkontakt), von dort wird er "schmettergerecht" herausgestellt (2. Ballkontakt, auch möglich als direktes Spiel über das Netz). Schließlich kann ein Schmetter- oder anderer Schlag erfolgen (3. Ballkontakt).

Nunmehr kann das Volleyballspiel mit einer bestimmten Taktik, Spielaufstellung usw. gespielt werden. Es ist auch möglich, daß mancher Spieler spezielle Aufgaben erhält (Abwehr-, Stell- oder Angriffsspieler).

Das wars. Alles weitere wird sich dann schon auf einem relativ hohen Niveau von Volleyball (mit bestimmten taktischen Variationen, Spielsystemen, Spezialisten usw.) vollziehen. Aber dann wird der Körper mehr und mehr Instrument für bestimmte Ziele sein. Von den (oftmals recht leidvollen) Erfahrungen, die dann gemacht werden, soll hier nicht mehr die Rede sein.

Anmerkungen

[1] Ich habe an anderer Stelle versucht, den Begriff "Körpererfahrung" in einen umfassenderen Begriff von Selbsterfahrung einzuordnen (vgl. WEINBERG 1984). Es schien mir angemessen, von Selbsterfahrung zu sprechen, weil damit jene Prozesse von individueller Selbstorganisation und Selbständigkeit erfaßt werden können, die über alle Elemente und Prozesse von Handlungen hinweg integrativ wirken und in ihrer übergreifenden Bedeutung erfahren werden können. Der Begriff "Selbsterfahrung" hebt personenbezogene Handlungsbedingungen, Erfahrungen und Erlebnisse hervor. Sie können - gerade im Sport - bewegungsbezogen und körperorientiert sein und dementsprechend organisiert werden.

[2] Meine praktischen Beispiele zu Körpererfahrung im Volleyball beziehen sich in erster Linie auf lernorientierte Prozesse. Erfahrungen und Erlebnisse des "Spielens" selbst sind hier nicht gemeint. Für das Lernen sind Körpererfahrungen von großer Bedeutung. Sie zeigen an, was der Körper mitbringt, um etwas neues zu lernen. Meine Praxisbeispiele sind insgesamt dem Modell des "etappenweisen Lernens" von Sporthandlungen zugeordnet (vgl. WEINBERG 1981). Sie werden hier aber ohne diesen Theoriekontext dargestellt.

[3] Lernen wird somit wesentlich ein Entdeckungsprozeß der eigenen, personinternen Regulationsvorgänge. Die regulativen Vorgänge kommen direkt aus der Handlungsausführung. Sie kommen indirekt aus Anweisungen, methodischen Maßnahmen, Geräten usw. Wenn wir nicht bereit sind, aus unseren eigenen regulativen Vorgängen zu lernen, hemmen wir unseren eigenen Entwicklungsprozeß. Und der bekannten gesellschaftlichen Erfahrung fügen wir nicht Neues hinzu ... Es ist erforderlich, daß wir uns in unsere eigene Ausführung von Handlungen vertiefen. Das braucht Zeit und Mut und vieles mehr. Nur wer sich vertieft, erhält eine kontinuierliche Rückmeldung seiner eigenen Erfahrungen (in der Fachsprache heißt dies Referenzen).

Bernd Ruhnau
Körpererfahrung im Handball

In der Spielidee "Handball", wie sie Carl Schelenz in den zwanziger Jahren dieses Jahrhunderts entwickelte, wurde der Kampf um den Ball freigegeben und der Zweikampf gefordert. Wer die Entwicklung des Handballspiels über das Feldhandball zu dem heute gespielten Hallenhandball verfolgte, kennt die Dynamik und Vielseitigkeit, die heute von den Spielern gefordert wird. Das Handballspiel erfordert hohen körperlichen und regelgerechten Einsatz. In diesem so körperbetonten Spiel gewinnt die "Körperlichkeit" natürlich einen hohen Stellenwert und Körpererfahrungen werden fast zwangsläufig gemacht. Die Möglichkeiten intentionaler Körperwahrnehmung zur Entwicklung der Persönlichkeit werden im Handball aber viel zu wenig genutzt. Die Verbesserung der Leistungsfähigkeit über Konditions-, Technik- und Taktiktraining stehen im Vordergrund. Spielfreude, wie sie durch einen ganzheitlichen Ansatz vermittelt werden kann, findet in der Übungsleiterausbildung und den Richtlinien des Deutschen Handball-Bundes sowie seiner Landesverbände zu wenig Berücksichtigung. Spielfreude meint körperliche und spielerische Leistungsfähigkeit, aber gleichwertig auch das miteinander Spielen Gleichgesinnter, die Wahrnehmung des eigenen Körpers und des Mitspielers. Die Faszination, die von Kombinationsmöglichkeiten ausgeht, begründet den Stellenwert der großen Sportspiele.

Seit mehr als neun Jahren experimentiere ich mit Wahrnehmungs- und Körpererfahrungsübungen im Handball. Der Weg führte über eigene leistungssportliche Erfahrungen als Spieler, Trainer und Sportlehrer zu der Tätigkeit als Referent des Deutschen Handball-Bundes für Breitensport. Am Anfang meines Wegs zu körpererfahrungsorientiertem Unterrichten im Handball stand die Frage eines Kommilitonen: "Warum spielst Du eigentlich Handball?" Als einzige Antwort fiel mir ein: "Weil es mir Spaß macht!" "Und was macht Dir Spaß?" Diese unerwartete Frage machte mich sprachlos, verunsicherte und provozierte mich. Sie stand am Beginn einer langen Suche nach den Gründen für meine Freude beim Ausüben dieser Sportart. Irgendetwas machte Spaß, es war mehr als nur der freundschaftliche Kontakt zu den Mitspielern (oder auch zeitweise zu den Gegenspielern) oder das Erlebnis von Erfolg und Sieg. Ich war sicher, es hatte etwas mit meinem Körper zu tun, ich konnte es aber nicht in Worte fassen und beschreiben. Ich begann zunächst mich selbst eingehender zu beobachten, dann auch andere; als Übungsleiter hatte ich zudem Gelegenheit, bei der Vermittlung des Handballspiels zu experimentieren und mich auf die Suche nach Freude erzeugenden Elementen des Handballspiels zu begeben. Der nachfolgende Beitrag stellt einen Versuch dar, meine Experimente zum Thema "KÖRPERFAHRUNG" offen zu legen und andere zu eigenen Versuchen zu ermutigen. Die Anwendung der nachfolgenden Übungen wirkte sich sehr positiv auf die Motivation der beteiligten Sportler aus. Es muß dabei aber darauf hingewiesen werden, daß ihre Durchführung im Verein und bei Prüfungskandidaten unter den Sportstudierenden zunächst auf Schwierigkeiten stieß. In Anbetracht der hier vorherrschenden leistungs- bzw. prüfungsorientierten Einstellung war es nicht unproblematisch, Inhalte und Übungen (und die damit verbundenen Ziele) in den Übungs- und Trainingsablauf zu integrieren, die sich nicht sofort augenscheinlich leistungssteigernd auswirkten. Die auf diesem Weg gemachten Erfahrungen und Versuche sollen den Leser zu Nachahmung und Experimentieren anregen.

Die anschließenden Übungen zur Verbesserung der Wahrnehmungsfähigkeit und Steigerung der Erlebnisfähigkeit werden in Aufgaben für Anfänger und Fortgeschrittene getrennt, dabei bleibt allerdings zu beachten, daß Anfängerübungen oft auch für erfahrene Spieler interessant sind. Bei komplexen Einheiten zur Verbesserung der Körperwahrnehmung im Handball muß die starke Zentrierung auf "Leistung und Erfolg" berücksichtigt werden, die den Zugang zu Körperwahrnehmung und Körpererfahrung erheblich erschwert.

1. Zur Vorgehensweise

Als günstig hat es sich erwiesen, wenn eine Sensibilisierungsphase den handballspezifischen Aufgabenstellungen vorangestellt werden kann (vgl. KNÖRZER in diesem Band). Allerdings kann es passieren, daß solche handballfremden Aufgaben, die selten den Erwartungen der Spieler entsprechen, zunächst auf Ablehnung stoßen können. Bei der Planung von Körpererfahrungsaufgaben und ihrer Integration in Unterricht und Training muß der Lehrer/Trainer die Erwartungshaltung seiner Adressaten eruieren und berücksichtigen. Deshalb sollte für Vereinsmannschaften der Einstieg in Körpererfahrungsaufgaben in eine Übergangsperiode zwischen Wettkampf- und Vorbereitungsperiode - mit vermindertem Leistungsdruck - gelegt werden. Diese zur Regeneration der Spieler gedachte Zeit läßt größere Offenheit der Spieler für ein solches Angebot erwarten.

Alle im Anschluß aufgeführten Übungen enthalten vorwiegend das Ziel, die Körperwahrnehmung der Spieler zu erhöhen und damit eine verbesserte Grundlage für Erlebnis- und Erfahrungsmöglichkeiten zu schaffen. Es hängt von der Situation und den Intentionen des Lehrenden ab, ob er es bei einer Wahrnehmungszentrierung und Sensibilisierung für Körper und Bewegung bewenden läßt oder von einem intentionalen Ansatz her gezielt Erlebnisse und Erfahrungen anspricht (vgl. dazu SPRENGER/TREUTLEIN/JANALIK 1984, S. 137 ff.).

2. Übungen zum Anfängerbereich

2.1. Fangen des Balls (Sensibilisierung für Tast- und Muskelsinn)

Als Einstieg in die "KÖRPERERFAHRUNG IM HANDBALL" eignet sich das
Fangen des Balls, das stark den taktilen Wahrnehmungsbereich anspricht; hier
kann über die Sensibilisierung für den Bewegungsablauf und die Beteiligung des
Körpers an ihm in vielen Fällen Betroffenheit über die geringe Kenntnis (bzw.
Automatisierung und damit geringe Bewußtheit) der eigenen körperlichen
Reaktionen ausgelöst werden. Hierzu folgende Frage: *"Mit welchen Fingern
berührt ihr den Ball beim Fangen zuerst?"* (Der Handball wird gefangen, indem
die Hände dem Ball entgegengeführt werden, wobei Daumen und Zeigefinger fast
ein Dreieck bilden. Die Finger sollen in mittlerer Spannung und nicht verkrampft
sein. Sobald die Daumen Ballkontakt haben, schließen sich die anderen Finger
krallenartig um den Ball.) Obwohl jeder Handballer schon unzählbar oft den Ball
gefangen hat, haben selbst "Profis" Probleme, die Frage zu beantworten. Die
Antworten reichen von den kleinen Fingern als erstem Ballkontaktpunkt bis zu den
Daumen. Eine nachfolgende Experimentalphase bringt Übereinstimmung, daß der
erste Ballkontakt mit den Daumen erfolgt; viele Spieler sind dennoch verblüfft, daß
sie eine so einfache Frage nicht gleich beantworten konnten.

2.2. Welche Muskeln gebrauche ich beim Wurf? (Sensibilisierung des Muskelsinns)

Diese Frage regt dazu an, sich bewußt mit seinem Körper und den Bewegungsabläufen auseinanderzusetzen. Handball ist ein typisches Ganzkörperspiel; trotzdem
müssen bestimmte Muskelpartien stärker ausgeprägt sein, um den speziellen
Anforderungen des Spiels gerecht zu werden. Dies kann am Beispiel des Wurfs
bewußt gemacht werden: Folgende Muskelgruppen werden beim Wurf besonders
beansprucht: Finger-, Handgelenks-, Unterarmmuskulatur, Armstreck-, Brust- und
Deltamuskel. Bei dynamischem Ganzkörpereinsatz und Sprungwurf werden
darüber hinaus beansprucht: gerade und schräge Bauchmuskulatur, Gesäßmuskulatur, Lendendarmbeinmuskeln, Oberschenkelmuskulatur, Wadenmuskulatur
und Zehenbeugemuskeln.
Aufgabe: *Werft kräftig gegen die Wand und versucht, die Muskeln zu erfühlen, die
für den Wurf wichtig sind.*
Manchmal wird man gezieltere - engere - Aufgaben stellen müssen, da oft zunächst
undifferenzierte Antworten kommen wie z.B.: "Man braucht den ganzen Körper"
oder "die Armmuskeln braucht man zum Werfen". Bei solchen Antworten muß
nachgefragt werden, welche speziellen Muskeln besonders stark beansprucht
werden. Funktionszusammenhänge der Bewegung wie das Zusammenspiel von

Beuger und Strecker können hier erarbeitet werden mit Hilfe einer Wahrnehmungs-zentrierung. Bei allen Versuchsgruppen ergaben sich angeregte Diskussionen unter den Teilnehmern, persönliche Eindrücke wurden ausgetauscht. So manchem wurde bewußt, daß man z.b. auch die Bauchmuskulatur zum Werfen braucht, oder daß ein stark entwickelter Bizeps nichts über die Wurfkraft aussagt.

2.3. Gefühle beim (Sprung-)Wurf (Sensibilisierung für Spannung und Ent-spannung)

In den meisten Sportarten wird versäumt, bei häufig ausgeführten Bewegungen die Gefühle zu berücksichtigen. Aber nur angenehm empfundene Bewegungen werden aus eigenem Antrieb heraus häufig ausgeführt und automatisiert. Beim Werfen und vor allem beim Sprungwurf können angenehme körperlich sinnliche Empfindungen zu Spannung (Wurfauslage) und Spannungslösung (Abwurf) auftreten. Mit folgendem Versuch sollen solche Empfindungen bewußt und damit erlebbar gemacht werden:

Bewegungsablauf: Beim Sprungwurf kommt es im Körper zu einer starken Bogenspannung im Moment der optimalen Wurfauslage. Der Wurfarm ist bei gleichzeitiger starker Verwringung des Schultergürtels zur Hüfte nach hinten geführt, um eine maximale Vorspannung für den Wurf zu erreichen, während die Beine nach dem Absprung durch Streckung die Flugphase stabilisieren. Die Hüfte wird beim Wurf weit nach vorne gebracht, um die Bogenspannung zwischen Beinen und Oberkörper zu erhöhen. Diese hohe Spannung im ganzen Körper wird im Moment des Abwurfs aufgelöst.
Aufgabe: *Was wird bei der Ausführung des Sprungwurfes als besonders angenehm empfunden? Probiert es aus! Lauft aus der Mitte an und werft auf das Tor!*

Verschiedene Antworten aus meinen Kursen:

- Hohe kurzzeitige Spannung und deren Lösung im Wurf;
- Der schöne, gut ausgeführte Wurf (Form);
- Das Fluggefühl und die momentane Schwerelosigkeit sind schön;
- Ich spüre meine eigene Kraft (sich vom Boden lösen);
- Starke Spannung in Bauch und Brust;
- Erfolgserlebnisse;
- Von der Form der schönste und leichteste Wurf.

Alle direkt nach den Würfen geäußerten Gefühle sollten beachtet und evtl. aus eigenen Erfahrungen heraus ergänzt werden. Äußerungen zum Fluggefühl könnten beispielsweise folgendermaßen aufgegriffen werden: "Ja, das Fluggefühl und die

268

Schwerelosigkeit sind auch für mich sehr wichtig. Wir sollten uns gemeinsam überlegen, wie wir öfter zu diesem schönen Gefühl kommen können." Mögliche Ergebnisse solcher Gespräche können sein:

- Verstärktes Sprungkrafttraining, um die Flugphase zu verlängern;
- Aufbauten (z.b. Kastenteile), um die Flugphase zu verlängern und mehr (Flug-)Zeit für eine Feinkorrektur der Bewegung zu haben.

Andere Wurf- oder Angriffsvarianten können ähnlich angegangen werden (z.b. der Fallwurf beim Handball, der Hook-Shot beim Basketball, der Schmetterschlag beim Volleyball). Die genaue Kenntnis des Bewegungsablaufs und der dabei möglichen Wahrnehmungen, Empfindungen, Erlebnisse und Erfahrungen ist Voraussetzung dafür, über Fragen und Selbstbeobachtungsaufträge Wahrnehmungszentrierungen vornehmen und Schwerpunkte setzen zu können. Bei den Aussprachen darf aber nicht auf den vorausgeplanten und beabsichtigten Schwerpunkten beharrt werden, da jeder das Recht zu einer ganz persönlichen Sicht und Erfahrungsebene hat. Es kann nur angestrebt werden, diese Perspektiven zu erweitern.

2.4. Abwehr von Bällen (Sensibilisierung für Spannung und Verspannung)

Die bisherigen Aufgaben behandelten Aspekte von Angriffsaktionen, aber ca. die Hälfte der Spielzeit besteht aus Abwehrhandlungen. Anfänger und Fortgeschrittene greifen meist lieber an als abzuwehren. Die Gründe dafür sind vielschichtig, einen Aspekt möchte ich im folgenden behandeln.
Problemstellung: Jeder Handballer kennt die Situation: Man steht als Abwehrspieler am Torkreis und ein Rückraumspieler "zieht" am Freiwurfkreis ab. Die normale Reaktion wäre, den Körper davor zu schützen, getroffen zu werden, d.h. die Trefferfläche kleiner zu machen, sich zusammenzukauern oder zumindest die (empfindlichere) Körpervorderseite abzuwenden. Die taktisch richtige Reaktion verlangt aber eine möglichst große Abwehrfläche, um einen Torerfolg zu verhindern oder ein frühzeitiges Angreifen des Rückraumschützen, damit er bereits im Wurfansatz gestört wird. Wegen des Zwiespalts zwischen der Angst vor Schmerzen und Verletzungen einerseits und dem geforderten taktisch richtigen Verhalten andererseits kommt es oft zu einem Abwehrverhalten, das der Situation nicht gerecht wird. Viele Abwehrspieler drehen sich ab, oder heben vielleicht noch einen oder beide Arme. So entsprechen sie weder ihrem Schutzbedürfnis noch werden sie zu wertvollen Abwehrspielern. Die beste Möglichkeit, diesen inneren Zwiespalt zu lösen, besteht darin, den Schützen schon frühzeitig am Wurf zu hindern. Diese Abwehrtaktik muß den Spielern einsichtig gemacht werden.

Aufgabe: *"Stellt Euch auf den Torkreis und versucht, möglichst viele Bälle abzublocken, die von der Freiwurflinie geworfen werden!"*
Wenn jeder Spieler versucht hat, mehrere Würfe abzuwehren, kann entweder sofort die Frage nach den möglichen Gefühlen und (Ver-)Spannungen gestellt werden oder die Gruppe erhält eine entsprechende Selbstbeobachtungsaufgabe. Antworten aus den Versuchsgruppen:

- Der ganze Körper vom Kopf bis zu den Füßen ist angespannt (unangenehm);
- Angst, getroffen zu werden, dabei weniger Angst, verletzt zu werden, als vielmehr die Angst vor Schmerzen;
- Am besten, man dreht sich weg, man hat doch keine Chance;
- Ich bin doch kein Torwart!
- Man verspannt sich vor allem im Genick und im Bauch, die Augen sind geschlossen.

Nach solchen Äußerungen erfolgt die Frage: *"Was könnte man anders machen, um solche negativen Gefühle zu vermeiden? Probiert Möglichkeiten aus!"* Sehr schnell werden die Spieler zu der Einsicht gelangen, daß die beste Methode die ist, den Schützen schon frühzeitig am Wurf zu hindern.

3. Übungen für Fortgeschrittene

Bei den Versuchs- und Übungsvorschlägen für Fortgeschrittene gehe ich davon aus, daß die handballspezifische Feinmotorik weitestgehend entwickelt ist und die wichtigsten Handlungen und Bewegungsabläufe automatisiert sind. Bei diesen Gruppen ist es nicht leicht, neue Inhalte und Sinnperspektiven in das Sporttreiben zu integrieren, da bereits festgeformte Vorstellungen und Normen von dem, was Sporttreiben zu beinhalten hat, bestehen. Gute Spieler haben **"nichts am Hut mit so nem neumodischen Zeugs"** (Aussage eines Spielers). Es kommt hier vor allem darauf an, verkrustete Denkweisen und unbewußte Handlungen bzw. Reaktionen aufzubrechen und bewußt zu machen.

3.1. Schweißnasses Trikot (Sensibilisierung für den Tastsinn)

Problemstellung: Normalerweise nimmt man einen Kreisläufer mit dem Körper an und versucht, ihn "hautnah" zu beschatten, um seinen Wirkungskreis einzuschränken. Wenn ein Kreisläufer jedoch ein schweißdurchnäßtes Trikot trägt, ist man stärker versucht, ihn auf Distanz zu halten.
Aufgabenstellung und Vorgehensweise: Gegen Ende eines Trainings ließ ich einen Kreisläufer zum abschließenden Spiel ein mit Wasser präpariertes Trikot

270

überziehen, um die Reaktion der Abwehrspieler zu beobachten. Tatsächlich versuchten die Spieler, den direkten körperlichen Kontakt mit dem "verschwitzten" Kreisläufer zu vermeiden; für ihn ergaben sich mehrfach Situationen, in denen er den Spielraum erfolgreich ausnutzen konnte. Nach dem Spiel fragte ich die Spieler der abwehrenden Mannschaft nach ihren Reaktionen und Gefühlen. Der allgemeine Tenor war, die Berührung des nassen Trikots sei unangenehm und man würde versuchen, den Körperkontakt zu vermeiden. Manche Spieler spürten sogar Aggressionen wach werden und fühlten sich irgendwie provoziert. Alle Spieler betonten, diese Reaktion erfolge nur im Training und spielte im Wettkampf keine Rolle. Meine daraufhin angestellten Beobachtungen bestätigten diese Aussage: Während des Spiels hat das Ziel zu gewinnen eindeutige Priorität; unangenehme Gefühle werden dafür in Kauf genommen.

3.2. Wohlbefinden und Unwohlsein bei verschiedenen Geräuschen (Sensibilisierung für den Hörsinn)

Problemstellung: Unter diesem Punkt möchte ich den Einfluß und die Wirkungen eines aktiven Publikums auf die Spieler beleuchten, das Einfluß auf das körperliche Empfinden haben kann. Leistung, Anstrengungsbereitschaft, Anspruchsniveau, soziales Verhalten und Taktik der Spieler können dadurch gefördert oder beeinträchtigt werden. Bekannt sind Aussagen von Sportjournalisten wie:

- Die Mannschaft von X wirkte im Hexenkessel von Y verkrampft und fand nie zu ihrem Spiel.
- Mit dem Publikum im Rücken spielte die Mannschaft gelöst auf und eröffnete sich eine um die andere Möglichkeit.

Nicht umsonst behauptet so manche Mannschaft, ihr Publikum sei immer für einen Punkt gut. Die Ursache liegt darin, daß die eigene Mannschaft frenetisch angefeuert wird, die gegnerische Mannschaft dagegen wird mit Pfiffen bedacht und nicht selten diffamiert. Als Spieler bin ich in manche Halle mit gemischten Gefühlen gefahren und ließ oft noch kurz vor dem Spiel meinen Nacken und Schultern massieren, weil sie völlig verspannt waren. Damals habe ich diese Verspannung zwar registriert, konnte sie jedoch nicht einordnen. Während des Spiels löste sie Hektik, Ballunsicherheiten etc. aus. All diese Faktoren werden durch ein negativ wahrgenommenes Publikum noch verstärkt. Junge, unerfahrene Spieler sind für solche Einflüsse von außen anfälliger als "alte Hasen". Dennoch wird es versäumt, sie auf solche Situationen vorzubereiten.

Vorgehensweise: Auf Band aufgezeichnete Zuschauerreaktionen wurden während eines Trainingsspiels über die Hallenlautsprecheranlage eingespielt: Zuerst etwa

7 Minuten lang ein wildes Pfeifkonzert, Geschrei und Buh-Rufe, danach etwa genauso lang Anfeuerungsrufe und Beifall. Nach dem Training befragte ich die Spieler nach ihren Reaktionen und Gefühlen: die Pfiffe und das Geschrei wurden als Mißfallenskundgebungen gewertet und riefen vor allem bei unerfahrenen Spielern starke emotionale Reaktionen hervor, die sich in einer wesentlich härteren Spielweise auswirkten. Das Interaktionsverhalten wurde bei einigen Spielern empfindlich gestört und damit automatisch das Kooperationsvermögen. Spielsituationen wurden von den Akteuren unterschiedlich gesehen und führten zu verschiedenen Handlungen, wobei jeweils die Handlung des Mitspielers als nicht situationsangemessen bezeichnet wurde. Insgesamt wurde diese erste Versuchsphase mit unangenehmen Empfindungen in Zusammenhang gebracht. Nur zwei Spieler fühlten sich motiviert oder nicht beeindruckt - beides ältere Spieler mit viel Spielpraxis, die auch während Punktspielen als eiskalt gelten.

Der zweite Bandabschnitt mit Applaus wirkte auf alle Spieler stimulierend, obwohl das Gruppenkommunikationssystem teilweise beeinträchtigt wurde. Auf meine Beobachtungen hin angesprochen, entwickelte sich unter den Spielern eine lebhafte Diskussion. Als Ergebnis wurde beschlossen, des öfteren auf das Band zurückzugreifen, um sich an solche Einflüsse zu gewöhnen, und um die eigenen Reaktionen zu beobachten und gegebenenfalls ändern zu können. Bei einer Erweiterung des Versuchs setzte ich bei der Aufwärm- und Konditionsarbeit Musik ein, um beobachten zu können, ob die Anstrengungsbereitschaft ähnlich positiv beeinflußt wird wie bei Skigymnastiken und Aerobicstunden. Die meisten Teilnehmer empfanden die musikalische Untermalung mit Schlagermusik als angenehm und entspannend; einige meinten sogar, automatisch ihren Schrittrhythmus dem Takt der Musik angepaßt zu haben. Eine Minderheit lehnte die Musik im Training jedoch als unpassend ab. Diese drei Spieler, die alle etwa 3O Jahre alt waren, haben weder im Sportunterricht noch im Training bis dahin jemals mit Musik gearbeitet. Insgesamt wurde von den Spielern geäußert, daß solche akustischen Reize von der Anstrengung ablenken und die Ermüdung erst später einsetzt.

3.3. Wurfkorrektur mit Hilfe von Videoaufzeichnungen

In den meisten Großsporthallen stehen heute Videoanlagen zur Verfügung; sie werden jedoch meist nur zur Spielanalyse herangezogen und auch dann oft nur von den Trainern und Übungsleitern analysiert. Die Möglichkeiten, die in diesem Medium liegen, werden dabei bei weitem nicht ausgenutzt.

Problemstellung: Durch den Muskelsinn, den Stellsinn, den Raum-Lage-Sinn und andere Sinne bekommt der Spieler ständig Rückmeldungen über seine momentane Haltung und die Stellung der einzelnen Glieder. Bei schnellen Bewegungen reichen diese subjektiven Rückmeldungen jedoch oft nicht aus, um sich ein genaues Bild von der Bewegung zu machen, eine äußere Rückmeldung bis hin zu Bewegungskorrektur wird notwendig. Sobald die Bewegung effektiver wird, geht die Anzahl der äußeren Rückmeldungen und Korrekturen erheblich zurück. Der Lernende kann dann davon ausgehen, er habe seine Bewegungsabläufe den Idealvorstellungen angeglichen. Bei einer solchen Vorgehensweise bleibt der Spieler stets voll und ganz von der Trainereinschätzung abhängig. Ziel ist es deshalb, über einen Vergleich von Selbstwahrnehmung und Videoaufzeichnung die innere Rückmeldung zu verbessern.

Aufgabenstellung und Vorgehensweise: Die Spieler führten Sprungwürfe aus der Mittelposition auf das Tor aus, wobei ich sie von der Seite auf der Höhe des Freiwurfkreises mit der Videokamera aufnahm. Im nächsten Schritt teilte ich den Teilnehmern Bewegungskontroll- und Korrekturbögen aus, mit der Aufgabe, sich selbst als Strichmännchen im Moment der maximalen Wurfauslage einzuzeichnen. Diese visualisierte Selbstwahrnehmung verglichen die Spieler mit den Videobildern (Einzelbildschaltung) bzgl. des Körperwinkels, der Armposition, des Schwungbeines etc. Diese Vorgehensweise wurde mehrfach wiederholt, bis es zu einer weitestgehenden Übereinstimmung zwischen Vorstellung und Ausführung kam. Diese Vorgehensweise bietet sich nicht nur für den Sprungwurf oder Würfe generell an, sondern läßt sich z.B. auch gut zur Selbsteinschätzung und zur Korrektur von Abwehrverhalten (Torwart) und Spielzügen anwenden. Interessant war die Beobachtung, daß selbst geübte Handballer, die bereits unter mehreren Trainern gespielt haben, keine genaue Bewegungsvorstellung hatten. Äußerungen der Teilnehmer zu dem Versuch:

- Mensch, ich springe ja viel höher, als ich gedacht habe.
- Ja, ich sehe, mir fehlt noch etwas Bogenspannung beim Wurf.
- Meine Beinarbeit ist ineffektiv.
- Ich hab gar nicht gewußt, daß mein Wurf so schön ist.
- Der Wurf (meiner) sieht unmöglich aus, wie bei einem Amotoriker, und ich war immer der Meinung, der Wurf sei so in Ordnung.
- Es ist schon toll, wenn man sich so sehen kann, das bringt einem viel mehr als die Anweisungen von Trainern.

Mehrere Teilnehmer erklärten, die letzten Rückmeldungen zu ihrer Sprungwurftechnik würden schon mehrere Jahre zurückliegen. Die Spieler waren bei diesem Versuch motiviert, weil ein für viele neues Medium eingesetzt wurde. Auch an das Arbeiten mit Video gewöhnte Spieler können profitieren, weil sie noch nie aufgefordert worden waren, ihre Körperstellung zu zeichnen. Bei diesem Rückerinnern erkennen sie, wie wenig sie sich über die im Moment "nicht gebrauchten" Extremitäten und deren Stellung im klaren sind.

4. Ausblick

Das bewußte Auseinandersetzen mit dem eigenen Körper ist für Spieler ein wichtiger Schritt zu verantwortungsvollerem Umgehen mit dem Körper. Die Sensibilisierung für sich selbst führt auch zu einer Sensibilisierung für den Mitspieler. Die Zahl der Möglichkeiten für weitere Versuche und Übungen ist leicht zu erhöhen, wenn man versucht beim eigenen Sporttreiben Erlebtes und Erfahrenes auch anderen zugänglich zu machen, hierzu einige Anregungen:

- Übungen zum Problem der Wirkung des Gegners, z.B. Sprungwurf durch eine Abwehrgasse von Spielern, die eine Abwehr nur simulieren. Viele Spieler verkrampfen bei diesen Übungen und erst durch die Problematisierung wird bewußt, daß die Verletzungsgefahr durch die Verspannung erst vergrößert wird.
- Spiel 1:1 Angreifer - Abwehrspieler: Wann und wie atme ich im Zweikampf? (Sensibilisierung für den Atemrhythmus)
- Würfe in verschiedenen Raumlagen, z.B. liegend auf einem Kasten, Sensibilisierung für den Raum-Lage-Sinn durch Erzeugen von Orientierungs- und Koordinationsschwierigkeiten;
- Mit geschlossenen Augen aus der Bewegung werfen. Bei Sprung- und Schlagwürfen mit geschlossenen Augen werden der Raum-Lage- und der Tastsinn sensibilisiert.
- Übungen und Versuche zu visuellen Täuschungen und Abhängigkeiten.
- Richtigen Abstand vor der eigenen Freiwurfmauer erproben (eigene Mauer als Hindernis oder als Hilfe?) Nach einer Ist-Analyse (Abstand zum Block meist zu groß) sollen die Werfer ihren Anlaufweg abmessen und sich den gewünschten Absprungpunkt suchen. Große Abweichungen optische Täuschung, der Block sei ein Hindernis, zurückzuführen.
- Wirkung verschiedenfarbiger Trikots von Mitspielern: Hier lassen sich starke individuelle Unterschiede registrieren. Ein Spieler orientiert sich an der Trikotfarbe, ein anderer am typischen Angriffsverhalten.
- Spiel in der abgedunkelten Halle (andere Sinne müssen stärker eingesetzt werden, Bewußtmachen der Abhängigkeit vom Sehsinn).
- Mit geschlossenen Augen Richtung und Entfernung eines Signals (z.B. Zuruf) abschätzen und den Ball zum Signalgeber zupassen (erkennen, daß die anderen Sinne zu wenig eingesetzt werden, obwohl sie sehr präzise arbeiten).

Bei diesem Artikel habe ich bewußt ein Schwergewicht auf den **praxisorientierten Aspekt** der Körpererfahrung und Sensibilisierung gelegt, da ich das Problem einer schnelleren Entwicklung der Theorie zu ungunsten der Praxis sehe. In diesem Punkt kann ich mich nur E. HEINE anschließen, der schon früh erkannt hat, daß man sich davor schützen muß, theoretische Konzepte einer Praxis aufzustülpen, die für dieses Anliegen nicht sensibel und empfänglich ist (E. HEINE 1983, S. 11f).

Gerhard Hamsen
Körpererfahrung im Fußball

Die nachfolgenden Überlegungen und Beispiele zur Körpererfahrung im Fußball entstanden aus der praktischen Auseinandersetzung mit der Thematik in der Sportlehrerausbildung sowie der Grund(lagen)ausbildung für F- und E-Junioren. Dabei erwies sich die Tatsache als besonders "erfahrungsträchtig", daß seit zwei Jahren die Sportstudentinnen in Baden-Württemberg Fußball als Pflichtfach absolvieren müssen. Dies führte zu einer Auseinandersetzung mit der Thematik, die sich beim Fußball mit Kindern und männlichen Erwachsenen nicht mit derselben Intensität ergab. Man ist mit Personen konfrontiert, die meist nur selten oder gar nie mit einem Ball am Fuß Erfahrung gesammelt hatten.

Spezifische Körpererfahrungen in einer Sportart sind aus einer Analyse der sportartspezifischen Situationen und Anforderungen abzuleiten. Sie umfassen alle Bestandteile menschlichen Handelns, wobei eine "Zergliederung" in einzelne Komponenten nicht bedeutet, daß das konstituierende Ganze außer Acht gelassen wird.

Spezifische Körpererfahrungen sind im Fußball im individuellen und sozialen Bereich möglich: individuell im Behandeln des Balles, im Umgehen mit dem zur Verfügung stehenden Raum, im Umgang mit den zur Verfügung stehenden Kräften und im Umgang mit den Kognitionen, die gruppenbezogenes, taktisches Verhalten in defensiven und offensiven Situationen mit Mit- und Gegenspielern bestimmen.

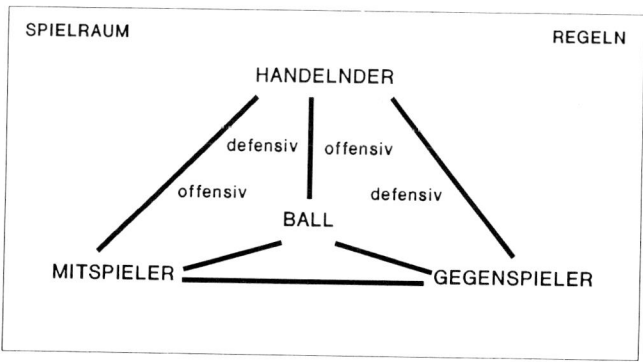

Abb. 1: Interaktionsfeld im Sportspiel Fußball.

Eine Übersicht über die zentralen Elemente des Fußballspiels im Rahmen allgemeiner koordinativer Fähigkeiten verdeutlicht Abbildung 2.

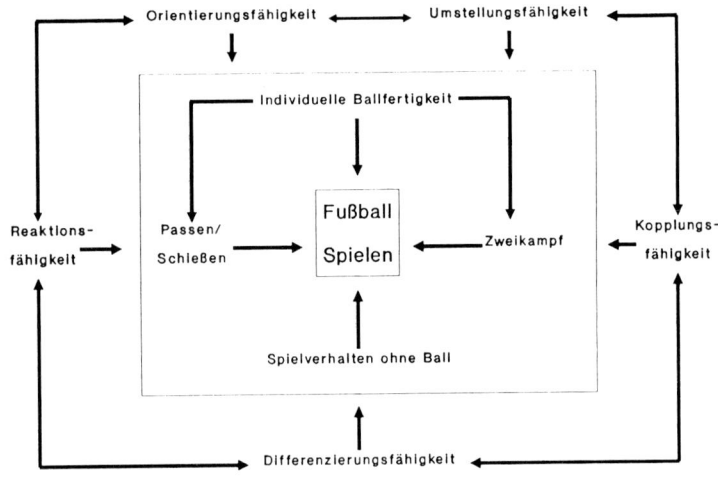

Abb. 2: **Zentrale Elemente des Fußballspielens im Rahmen koordinativer Fähigkeiten**

1. Individuelle Ballerfahrung

a) Ball am Fuß

Zentrales Erfahrungsfeld im Fußball ist der individuelle Umgang mit dem Ball am Fuß und mit den Körperteilen, deren absichtlicher Kontakt mit dem Ball nach den Regeln nicht verboten ist (Kopf, Brust, Oberschenkel). Einem ballbesitzenden Spieler bleiben generell nur zwei Handlungsalternativen: entweder er entscheidet sich, in Ballbesitz zu bleiben und mit dem Ball zu laufen bzw. einen Gegner zu umspielen, oder er entscheidet sich, sich vom Ball zu trennen, indem er abspielt oder aufs Tor schießt. Ersteres erfordert große, möglichst vielseitige Erfahrung mit dem Ball am Fuß, die sich in der Beherrschung gegnerüberwindender Fertigkeiten ausdrückt (gelegentlich genügt schon eine perfekt beherrschte Finte). Zu diesem Problembereich legte COERVER 1988 eine Folge von Videobändern vor, in denen die individuelle Ballschulung zunächst im Vordergrund steht. Ziel ist, die Ballbearbeitung so weit zu verbessern, daß die optische Aufmerksamkeit vom Vollzug der Fertigkeit losgelöst werden kann und damit die Orientierung auf das soziale Interaktionsfeld von Mit- und Gegenspielern ermöglicht wird. Diese Verschiebung von der optischen zur vorwiegend kinästhetischen Steuerung wird nur in einem langjährigen Lernprozeß erreicht werden können. Erwachsene Anfänger können in der Regel diese Könnensstufe nicht mehr erreichen. Das Üben fußballspezifischer Fertigkeiten und Finten läßt jedoch bereits nach kurzer Zeit fußballtypische Bewegungsmuster erkennen, die selbst Unerfahrene - wenn auch mit viel optischer Konzentration auf den Ball und mit niedrigem Tempo - von außen wie "Fußballer" aussehen lassen. Zu diesen Fertigkeiten gehören alle Formen der Ballführung: mit der Innenseite, dem Innenspann, dem Vollspann, dem Außenspann, mit der Außenseite und mit der Hacke. Gerade die unüblichen Formen der Ballführung wie das Führen des Balles mit der Außenseite bzw. der Hacke führt auch bei aktiven Fußballern zu bisher nicht gemachten Erfahrungen mit dem Ball am Fuß.

Neben dem Führen des Balles mit verschiedenen Stellen am Fuß, ist das Ballbehandeln mit der Sohle eine wesentliche fußballspezifische Komponente von Körper- und Bewegungserfahrung. Dazu gehören Formen wie das Rollen des Balles mit der Sohle nach außen bzw. nach innen, das Zurückziehen des Balles mit der Sohle und die darauf folgende sofortige Mitnahme des Balles mit der Innenseite des anderen Fußes bzw. der Außenseite des anderen Fußes. Aus dem Rollen des Balles mit dem Fuß in verschiedene Richtungen läßt sich die Fintengruppe der "Übersteiger" entwickeln. Statt den Ball mit der Sohle weiterzurollen, tut man nur so, als würde man ihn weiterrollen, steigt über ihn hinweg und nimmt den Ball mit der Innenseite des Übersteigbeines in die Gegenrichtung mit. Dabei taucht als wesentliches Unterscheidungsmerkmal zwischen erfahrenen und nichterfahrenen Fußballern auf, daß der Körperschwerpunkt beim Übersteigen des Balles unnötig hochgenommen wird. Eine wesentliche Korrektur zum Erreichen eines fußballspezifischen Aussehens ist dabei der Hinweis, den Körperschwerpunkt auf einer Ebene zu lassen und die Beine aktiv so anzuheben, daß ein Übersteigen des Balles und kein "Überhüpfen" erkennbar wird.

Neben diesen für den offensiven aber auch defensiven Zweikampf wesentlichen Fertigkeiten, die vorwiegend auf engem Raum ausgeführt werden, kommt der Lokomotion mit dem Ball eine zentrale Rolle zu. Dabei ist das Erfahren von Geschwindigkeitsveränderungen, von engem und weitem Ballführen, von abruptem Abstoppen aus vollem Lauf mit nachfolgender Richtungsänderung, sowie eine Richtungsänderung nach akustischen oder optischen Vorgaben durch den Lehrer oder Trainer von Bedeutung. Insbesondere das Reagieren auf optische Hinweisreize, verlangt von den Übenden, die Aufmerksamkeit vom Ball wegzunehmen und sie auf das soziale Umfeld zu richten. Hierzu eignen sich auch Formen von unregelmäßig gesteckten Slalomläufen, aus denen heraus ein Mitspieler angespielt werden muß, sobald er sich freizulaufen beginnt.

b) Der Ball verläßt den Fuß

Hat sich ein Spieler entschieden, nicht in Ballbesitz bleiben zu wollen, sondern einen Mitspieler anzuspielen, aufs Tor zu schießen oder einen Befreiungsschlag zu machen, steht die Grundsituation des Sich vom Ball-Trennens im Vordergrund. Dabei können wie beim Führen des Balles mit dem Fuß prinzipiell alle Teile des Fußes zum Abspielen benutzt werden. Wesentliche Ballerfahrungen können durch das Bewußtmachen des Ballverhaltens in Abhängigkeit vom Treffpunkt am Ball evoziert werden. Das Spielen flacher Bälle mit dem Treffpunkt genau im Zentrum des Balles, das Spielen hoher Bälle mit dem Treffpunkt unterhalb der Ballmitte, das Erzeugen von Effet einwärts bzw. auswärts durch Treffen des Balles seitlich vom Zentrum, sowie das Erzeugen von Rückwärtsdrall bei einem hohen Zuspiel gehören in diesen Erfahrungskomplex. Der Unterschnitt wird durch extrem tiefes Treffen unterhalb der Ballmitte erzeugt. Eine Sonderform des hoch zugespielten Passes ist der "gelupfte Ball", bei dem der Ball mit dem Vollspann und im allgemeinen nur mäßigen Krafteinsatz in hohem Bogen zum Partner gespielt wird. Diese Paßform führt bei Anfängern ziemlich schnell zu Erfolgserlebnissen, weil sie ihnen das Gefühl vermittelt, eine ganz spezielle, trickreiche Form des Zuspiels erlernt zu haben.
Alle Formen des Zuspiels können unter dem Aspekt der Differenzierungsfähigkeit ausprobiert und erfahren werden. So kann man etwa den Vollspannstoß mit einem minimalen Kraftaufwand über eine Entfernung von nur einem Meter zu einem gegenüberstehenden Partner spielen. Über eine allmähliche Vergrößerung der Distanz zwischen den Partnern kann die unterschiedliche Zuspiel- bzw. Schußhärte vermittelt werden bis hin zu der Aufgabe, den Ball so weit zu schießen wie nur möglich.

Wesentliche Schlüsselerfahrungen bei der Durchführung der Stoßarten ist das Schwingen des Beines im Hüftgelenk, sowie bei den Spannstoßarten die Spannungsempfindung und Fixierung im Fußgelenk. Am Wahrnehmen des Kontrasts zwischen einem Paß, der lediglich aus dem Kniegelenk heraus erfolgt und einem Paß, der durch ein Schwingen aus der Hüfte erzeugt wird, können die wesentlichen Unterschiede verdeutlicht werden. Bei den gelegentlich auftretenden Schmerzen, die durch Nichtfixierung des Fußgelenks bei den Spannstoßarten auftreten, kann es zu einer - allerdings nicht absichtlich herzustellenden - Lernhilfe kommen. Als Beispiel für die Kombination von Ballführung und Abspiel kann eine spielerische Übungsform dienen, bei der bis zu fünf Spieler durchnumeriert werden. Die Pässe müssen in der Reihenfolge der Ziffern zugespielt werden. Hier wird neben der Ballführung, dem Zuspiel und der Kontrolle ankommender Bälle gleichzeitig die Orientierungsfähigkeit geschult, indem der anzuspielende Partner zunächst noch gesucht werden muß. Die Reihenfolge der Zahlen läßt sich beliebig abwandeln (etwa erst Ungeraden dann die Geraden oder die Ziffern müssen rückwärts abgespielt werden etc.). Weiterhin können Auflagen hinsichtlich des Zuspiels erfolgen (etwa Innenseite, Hacke, Sohle rückwärts, Sohle vorwärts, Vollspann etc.).

c) Der Ball kommt an

Die in der eben erwähnten spielerischen Übungsform enthaltene Kontrolle ankommender Bälle, stellt eine weitere elementare Form fußballerischer Bewegungs- und Körpererfahrung dar. Für den Handelnden ergeben sich zwei Alternativen: entweder er versucht, den Ball unter Kontrolle zu bringen, um ihn weiter zu verarbeiten oder er spielt den Ball direkt weiter, indem er aufs Tor schießt, einen Mitspieler anspielt oder - beim Befreiungsschlag - den Ball einfach wegschlägt. Kernstück des Bewegungserlebens bei der Ballkontrolle, ist das Gefühl, das Tempo aus dem ankommenden Ball herauszunehmen, ihn zu bremsen. Diese Bremsbewegung wird dadurch erleichtert, daß man mit dem Körperteil, mit dem man den Ball unter Kontrolle bringen möchte, dem Ball möglichst weit entgegengeht, um ihn dann weich abbremsen zu können. Dieses Gefühl kann vor allen Dingen beim Kontrollieren des Balles mit dem Vollspann bei hoch ankommenden Bällen erzeugt werden, indem man die Spieler darauf hinweist, den Ball mit dem Stoppbein nach Möglichkeit schon in Hüfthöhe - zumindest aber über Kniehöhe - anzunehmen. Dabei ist darauf zu achten, daß der Ball mit dem Spann nicht "eingeklemmt" und neben das Standbein "heruntergezogen" wird, sondern der Ball soll so angestoppt werden, daß er spielbereit in ausreichendem Abstand zum Spielbein "tot" auf den Boden fällt.
Hilfreich für das Verständnis dieser Fertigkeiten ist die Einsicht, daß viele Stopparten (Formen der Ballkontrolle) Umkehrungen der entsprechenden Stoßarten sind. So wird etwa beim Wegschießen des Balles aus der Hand mit dem Vollspann genau die Position eingenommen, die man einnehmen sollte, wenn der Ball zum Stoppen aus der Luft kommt. Ähnliches gilt für das Ballanhalten mit der Innenseite, bei der man mit dem Spielbein dem Ball in der Haltung des Innenseitstoßes entgegengeht und ihn mit der gleichen Fußhaltung wie man ihn wegschießen würde annimmt.

Da im heutigen Fußball die Formen der statischen Ballkontrolle immer mehr an Bedeutung verlieren, sollten sie nach dem Erreichen einer gewissen Könnensstufe sofort in ein Mitnehmen des Balles in irgendeine Laufrichtung übergehen. Hat sich der Spieler entschlossen, den ankommenden Ball nicht weiter selbst verwerten zu wollen, sondern ihn zu einem Mitspieler zu spielen, entsteht als wesentliche Körpererfahrung, das "Wandgefühl". Dieses Wandgefühl besteht darin, daß der Spieler für den Ball gleichsam als Wand fungiert, die den Ball so abblockt, daß er zum Mitspieler gelangt. Dieses Gefühl ist insbesondere bei einem Doppelpaß von Bedeutung, auch wenn es andere Formen des Doppelpasses gibt, bei denen der

Ball geschlenzt wird. Diese Variante des Schlenzens ist im Bereich individelle Ballerfahrung und Drallerzeugung enthalten. Zur "Wanderfahrung" muß die Aufgabe gestellt werden - zumindest beim Wandspiel mit der Innenseite - , das Spielbein so zu fixieren, daß der der Ball wie von einem nicht nachgiebigen Hindernis zurückprallt.

Die direkte Verarbeitung ankommender Bälle zu einem Torschuß vermittelt gelegentlich geradezu "abenteuerliche" Empfindungen. So wird beim Üben eines Fallrückziehers, eines Hüftdrehstoßes, eines Flugkopfballs oder eines Drehschußes aus der Luft die Beobachtung gemacht, daß die Übenden (alle Altersstufen) mit wachsender Freude teilnehmen. Es ist jedoch dringend zu empfehlen, Weichbodenmatten zu verwenden, um das Verletzungsrisiko auf ein Minimum zu begrenzen. Übungen zur Entwicklung des Fallrückziehers können aus dem Sitzen begonnen werden. Bei der Verwendung des Kopfes als ballspielendem Körperteil sind in den Anfangsphasen Softbälle zu verwenden, um die Angst vor harten Bällen zu verringern. Die Erfahrung des fliegenden Körpers und die Koordination mit der Flugbahn des Balles in Kombination mit der Absicht, ein spektakuläres Tor zu erzielen, stellt das "thrilling event" dar, das diese Übungen mit so viel Freude und Engagement ausführen läßt.

Für unerfahrene Spieler ist die Kontrolle springender Bälle besonders schwierig. Es fehlt am richtigen Abschätzen des Ballsprungverhaltens und der Einnahme der entsprechenden Körperposition, um den Ball entweder zur Ruhe zu bringen oder in eine bestimmte Laufrichtung mitzunehmen. Die Einsicht, nach Möglichkeit keinen Ball springen zu lassen, indem man ihm möglichst schnell entgegen geht, um ihn noch rechtzeitig vor dem Bodenkontakt unter Kontrolle bringen zu können, ist für diese unerfahrenen Spieler und Spielerinnen eine wesentliche Handlungserleichterung. Da man sich allerdings häufig dem Ball nicht soweit annähern kann, daß man ihn direkt verarbeiten kann, muß man mit allen Formen der indirekten Ballkontrolle Erfahrungen vermitteln: hierzu gehört das indirekte Stoppen mit der Innenseite und mit der Sohle sowie das Herunterdrücken des hoch abspringenden Balles mit der Brust. Auch für Fußballer ungewohnte Erfahrungen vermitteln die Aufgaben, den ankommenden Ball mit dem Knie einzuklemmen bzw. den ankommenden Ball unmittelbar nach dem Aufsprung mit dem Gesäß einzuklemmen. Generell ist bei allen Formen der individuellen Ballarbeit, des Trennens vom Ball und der Ballkontrolle auf beidbeinige Ausführung zu achten.

2. Die Erfahrung des Zweikampfs

Bei fußballunerfahrenen Spielern treten große Defizite im fußballtypischen Zweikampfverhalten auf. Diese Defizite sind deshalb besonders anzusprechen, weil aus ihnen unbeabsichtigt Verletzungsrisiken entstehen können. Das Hauptproblem besteht darin, daß die Aufmerksamkeit sowohl im defensiven als auch im offensiven Zweikampf so stark auf den Ball gerichtet ist, daß der Gegenspieler in seiner räumlichen Position nicht mehr wahrgenommen wird. Deshalb ist im defensiven Zweikampf die Erfahrung zu vermitteln, daß die Annäherung an den Gegner nicht mit ungebremster Geschwindigkeit erfolgen darf, sondern daß man sich dem Gegner in einem Tempo nähert, das ihn zum Zweikampf "stellt". Aufgabenstellungen mit verschiedenen Tempi der Annäherung an einen ballführeneden Gegenspieler helfen diese Erfahrung zu vermitteln. Dadurch kann das bei ungeübten Fußballspielenden häufig zu beobachtende unkontrollierte Zusammenprallen über dem Ball vermieden werden. Selbstverständlich gibt es Zweikampfsituationen, in denen nur durch ein ganz entschlossenes, schnelles "Zupacken" der Ball erobert werden kann, doch sollten solche Übungsformen von noch Ungeübten erst nach Erreichen einer höheren Könnensstufe ausprobiert werden.

Neben diesem überschießenden Zweikampfverhalten, bei dem das Verletzungsrisiko beträchtlich ist, ist eine andere Form des Zweikampfverhaltens beobachtbar, bei der ein regelgerechter Körpereinsatz gezielt vermieden wird. Die Scheu, mit dem Gegner in Berührung zu kommen, ist offensichtlich. Sie kann vermindert werden durch Übungen, bei denen das Ballabdecken mit dem Körper, das Kämpfen um den Ball Schulter an Schulter verlangt werden oder in nicht so spezifischer Form durch Zieh- und Schiebekämpfe. Gerade Sportler aus den Spielsportarten, bei denen das Stellen eines Blocks oder Sperren zum taktischen Grundrepertoire gehört (Basketball, Handball) müssen sich mit der fußballtypischen Erfahrung vertraut machen, daß ein Sperren ohne Ball als Regelwidrigkeit geahndet wird. Sie müssen situativ mit der Erfahrung konfrontiert werden, daß stehen bleiben und auflaufen lassen, wie es in ihren Sportarten üblich ist, beim Fußball durch ein Aufnehmen des gegnerischen Tempos zu vermeiden ist. Die häufig zu hörende (empörte) Frage *"Ja wo soll ich denn hin?"* nach der Ahndung eines Sperrens ohne Ball bzw. Auflaufen lassens kann durch das praktische Durchspielen solcher Situationen mit dem Erfahren der regelgerechten Lösung in Kontrast zum regelwidrigen Verhalten beantwortet werden. Dies erfolgt u.a. durch Übungsformen, bei denen der defensive Spieler im Rückwärtslaufen versucht, den Rhythmus der Beine des offensiven Spielers aufzunehmen, um ihn beim Erkennen einer technischen Unsicherheit in der Ballführung zu attackieren.

Für den offensiven Zweikampf ist als Schlüsselerfahrung zu vermitteln, daß man nach dem erfolgreichen Durchführen einer Finte mit einer sehr dynamischen Beschleunigung den geringfügig erzielten Zeitvorsprung ausnutzen muß. Sehr häufig macht man die Beobachtung, daß ein Gegenspieler auf das "falsche" Bein gestellt wird (etwa beim Übersteiger) und dann aber die erfolgreiche Fortführung dieser Zweikampfsituation nicht mehr erfolgt. In der Fußballersprache würde man sagen, es fehlt die Entschlossenheit und das Durchsetzungsvermögen im Zweikampf. Der

Offensivzweikampf ist technisch wesentlich schwieriger als der Defensivzwei-kampf, weil man bei ihm zunächst lediglich eine destruktive Aufgabe hat. Beim offensiven Zweikampf muß nach dem Überwinden des Gegenspielers noch dazu ein erfolgreiches Handlungsende unter Gegner- und Zeitdruck angestrebt werden. Die dafür notwendige Könnensstufe der individuellen Ballfertigkeiten kann von "Späteinsteigern" praktisch nicht mehr erworben werden, auch wenn in unbe-drängter Form die spezifischen Bewegungsausführungen erlernt werden können. Die zunächst nur destruktive Funktion des Defensivzweikampfes sollte allerdings durch die Aufgabenstellung erweitert werden, nach Möglichkeit den Ball so zu erobern, daß er in der eigenen Mannschaft produktiv weiter verarbeitet werden kann.

3. Spielverhalten ohne Ball - Orientieren auf dem Feld

Auch ein Spieler, der nicht in Ballbesitz ist, ist stets am Spielgeschehen beteiligt. in der Offensive drückt sich das in den beiden "Herberger-Sätzen" aus: *"Hin zum Ball"* und *"Man muß auch mal wegbleiben können"*. Damit ist gemeint, daß man einem abgespielten Ball nachgehen soll, um dem angespielten Mitspieler eine zusätzliche Handlungsalternative zum Abspielen zu bieten (ihm zu helfen), oder um in Ballnähe eine Überzahl der eigenen Mannschaft herzustellen. Andererseits muß man aber auch mal "wegbleiben" können, wenn in dem angespielten Spiel-feldbereich bereits eine zu starke Verdichtung von Spielern erkennbar ist.

In engem Zusammenhang mit der Orientierung auf dem Spielfeld steht das Dek-kungsverhalten, das die Alternativen Mann- bzw. Raumdeckung (oder eine Misch-form) bietet. Für unerfahrene Spieler ist die Manndeckung am einfachsten. Man hat eine fest umrissene Aufgabe und muß lediglich berücksichtigen, daß die eigene Stellung zum Gegenspieler so zu gestalten ist, daß man ihn und den Ball ständig im Blickfeld hat. Weiterhin muß man seine Position zum Gegenspieler so wählen, daß er keine Möglichkeit hat, den direkten Weg zum Tor zu nehmen. Schwieriger sind Formen der Raumdeckung, bei denen - vermutlich aus Gründen des Begriffes "Raum" - Deckung - den Spielern nicht klar wird, daß Raumdeckung auch eine Form der Manndeckung ist, allerdings eine Form, bei der man gegen wechselnde Gegenspieler Manndeckung spielt, während man bei der Manndeckung stets denselben Gegenspieler zu bewachen hat. Der eigene Körper wird zum verschieb-baren Raumelement, das je nach Ballbewegung wechselnde Räume zu besetzen hat, um Wege zu verlegen, Aktionsräume einzuengen oder eindringende Gegenspieler anzugreifen. In diesem Zusammenhang weisen FRANKE/JANSSON (1983, 186) auf eine interessante, wahrnehmungstheoretische Perspektive hin, die bei der Schulung des Raumdeckungsverhaltens zu berücksichtigen sei. Es ist anzustreben, bei zunehmender Orientierungskomplexität die "...Struktur der Spielräumlichkeit und die des Aktionsraumes des raumdeckenden Abwehrspielers..." in Übereinstimmung zu bringen.

Zur Vermittlung der Raumdeckungserfahrung bietet sich eine Spielform an, die auch bei unerfahrenen Fußballspielern recht schnell zu einem Aha-Erlebnis führt. In etwa 30m frontalem Abstand werden mit jeweils 10 - 15m Seitenabstand drei Tore für jede Mannschaft aufgestellt (siehe Abb. 3).

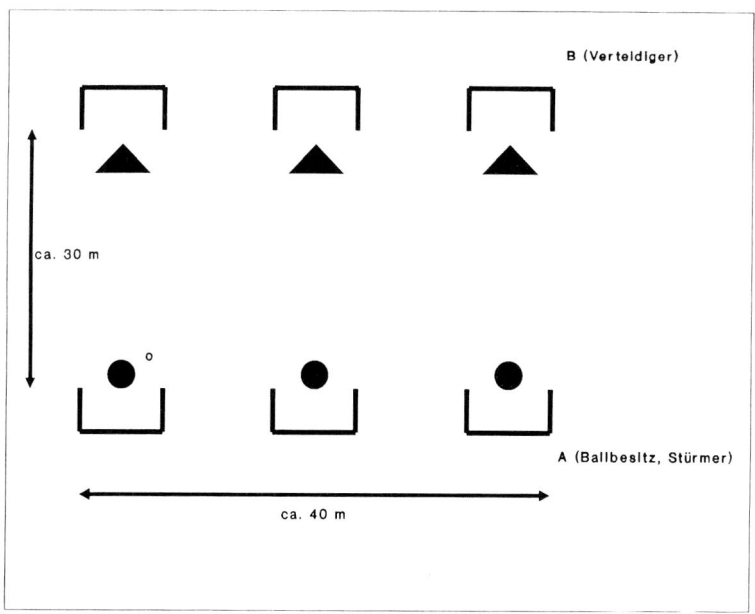

Abb. 3: Spielform zur Vermittlung der Raumdeckungserfahrung (Erläuterungen im Text)

Jede Mannschaft besteht aus drei Spielern; die ballbesitzende Mannschaft ist jeweils im Angriff. Jeder Spieler der verteidigenden Mannschaft hat das Tor zu verteidigen, vor dem er sich befindet. Gleichzeitig hat er die Aufgabe, jeweils den Gegenspieler anzugreifen, der sich im Raum vor seinem Tor mit Ballbesitz aufhält. Die beiden anderen verteidigenden Spieler haben sich dann so zu bewegen, daß der ballbesitzende Angreifer nicht direkt in ihr Tor schießen kann. Bei der abwehrenden Mannschaft besteht die Absprache, daß Gegenspieler, die die Positionen vor den Toren wechseln, "übernommen" werden. Dadurch entsteht ein "Verschieben" der Abwehrkette in der Richtung, in der der Ball gespielt wird.

Jeder abwehrende Spieler erfährt dabei die Position im Rahmen des Abwehrverbandes. Unabhängig von den Laufwegen der Angreifer hat er stets sein Tor (seinen "Raum") abzuschirmen oder den in seinem zu verteidigenden Raum befindlichen ballbesitzenden Angreifer zu attackieren. Wichtig ist die Erfahrung, daß die Positionen als linker, mittlerer oder rechter Abwehrspieler nicht verlassen werden, sondern daß die gesamte Abwehrkette als sich verschiebender Block fungiert. Die Einbeziehung der Abseitsregel für die jeweils offensive Mannschaft macht die Effizienz einer solchen Spielweise deutlich. Die im allgemeinen in aktuellen Spielsystemen erkennbare kombinierte Mann-Raumdeckung mit einem Libero und zwei (drei) Manndeckern läßt sich in dieser Spielform durch das Einführen eines freien Mannes hinter den drei Abwehrspielern einführen, wobei das Spielfeld allerdings vergrößert werden muß. Dabei erfolgt die Orientierung des freien Mannes hinter der Abwehr auch nach der Bewegung des Balles, um einen ausgespielten Manndecker zu unterstützen.

Auch für erfahrene Fußballspieler ist die Erkenntnis der Blockbildung der gesamten Mannschaft auf dem Spielfeld ein Gewinn. Das Verschieben dieses Blocks in Abhängigkeit von der Ballbewegung ist auch bei aktiven Mannschaften häufig nicht gut ausgeprägt.

4. Erfahren des Spielrhythmus

Unerfahrene Fußballer neigen zu einem "Hurra-Fußball", d.h. sobald sie in Ballbesitz kommen, versuchen sie, zunächst in Richtung der gegnerischen Hälfte bzw. des gegnerischen Tores zu laufen. Dies ist nur in bestimmten Fällen sinnvoll. Die Erfahrung, daß es häufig nützlicher ist, den Ball zurück oder quer zu spielen, um zunächst einmal den Ballbesitz zu sichern, ist von wesentlicher Bedeutung. Die Vermittlung unterschiedlicher Spielrhythmen (Spieltempi) läßt sich über die Simulation unterschiedlicher Spielstände erreichen. Man gibt vor, daß eine Mannschaft kurz vor Ende des Spiels mit einem Tor Vorsprung führt und versucht, diesen Vorsprung über die Zeit zu retten, indem sie den Ball in den eigenen Reihen hält. Die andere Mannschaft erhält die komplementäre Aufgabe, diesen Rückstand aufholen zu müssen und durch das Erzielen des Ausgleichs ein Weiterkommen zu erreichen. Selbstverständlich bestehen noch eine Vielzahl weiterer Situationen, die unterschiedliche Formen des Spieltempos erfordern bzw. von Trainern als taktische Marschrouten angeordnet werden, doch reicht dieses Beispiel zur Verdeutlichung des Erfahrungsbereiches "Variation des Spieltempos" aus.

5. Erfahren verletzungsträchtiger Situationen

Bei vielen unerfahrenen Fußballspielern läßt sich eine gewisse Sorglosigkeit in Situationen erkennen, in denen der Ball mit großer Wucht geschossen wird - etwa bei einem harten Torschuß oder einem Befreiungsschlag. Sie sind nicht in der Lage zu antizipieren, daß der Ball sie in dieser Situation treffen und verletzen könnte. Sie nehmen daher keine Schutzhaltung durch Abducken und Anspannen der Muskulatur ein. Diese Erfahrung läßt sich natürlich nicht dadurch vermitteln, daß man Spieler anschießen läßt, doch sollte das Wissen um die Problematik auf die Situation mental vorbereiten. Eventuell lassen sich solche Negativerfahrungen andeutungsweise vermitteln, indem man jemanden mit einem großen Softball bei unterschiedlich angespannter Muskulatur anwerfen oder (leicht) anschießen läßt. Weitere verletzungsmindernde Maßnahmen bestehen bei unerfahrenen Fußballern darin, das Fallen zu üben, da man gerade in Zweikämpfen einen Sturz nie ausschließen kann. Bei Kopfballduellen im Sprung muß den Abwehrspielern die Erfahrung vermittelt werden, nicht frontal mit der Brust zum Angreifer hochzuspringen, sondern so, daß stets die Schulter zum Rücken des Angreifers zeigt. Dadurch wird vermieden, daß der Hinterkopf des Stürmers von unten gegen die Kinnlade des Verteidigers stoßen kann.

6. Perspektiven eines körpererfahrungs-orientierten Unterrichtens

Die in den letzten Jahren gewonnenen Unterrichtserfahrungen mit der immer umfangreicheren - wenn auch nicht streng systematischen - Einbeziehung körpererfahrungsorientierter Elemente lassen die Möglichkeit erkennen, einen "Körpererfahrungslehrgang Fußball" zu entwickeln. Dies geschieht durch die Konfrontation mit Situationen, in denen angestrebte Erfahrungen mit hoher Wahrscheinlichkeit eintreten, aber auch durch das Vermitteln von Einsicht in wesentliche Schlüsselstellen fußballspezifischen Bewegens und Verhaltens.

Nicht nur fußballunerfahrene Adressaten können davon profitieren, sondern auch aktive Fußballer gewinnen wertvolle Erfahrungen und Einsichten, die sich - als eines von vielen möglichen Beispielen - in Äußerungen widerspiegeln wie: *"Das ist mir bis jetzt noch nie klar geworden, warum das so ist; ich werde das in mein Training mit meiner Jugendmannschaft mit einbeziehen, damit sie dieselben Erfahrungen machen können. "* (aktiver Verbandsligaspieler und Jugendtrainer). Diese Aussage bezog sich auf die Erfahrung, mit welcher "Weichheit" ein hoch ankommender Ball mit dem Vollspann angenommen werden kann, wenn man ihm über Kniehöhe seine Bewegungsenergie so herausnimmt, daß er spielbereit "tot" auf den Boden fällt. Die meisten Fußballer versuchen dagegen, den Ball auf dem Vollspann durch Anziehen der Fußspitze so einzuklemmen, daß sie ihn neben dem Standbein absetzen können. Der Ball ist dadurch allerdings so nahe am Körper, daß er nicht unmittelbar spielbereit ist. Selbstverständlich ist auch dies ein erstrebenswertes fußballerisches "Kunststück", doch wird die Weichheit der Ballannahme durch die erste Form besser erfahrbar gemacht.

Ob sich solche auch für viele erfahrene Fußballer neuen Erfahrungen leistungssteigernd auswirken, kann (noch) nicht entschieden werden. Es ist jedoch anzunehmen, daß eine Verbreiterung des sportarttypischen Erfahrungsspektrums im Umgang mit Ball, Mit- und Gegenspielern sowie dem Spielraum keine Verringerung der Leistungsfähigkeit mit sich bringt. Darüberhinaus kann man argumentieren, daß das systematische Einbeziehen körpererfahrungsbetonter Inhalte in den Ausbildungsprozeß nicht nur unter dem Aspekt der Verbesserung und Beschleunigung des Lernprozesses gesehen werden kann, sondern daß der Erwerb fußballspezifischer Körpererfahrungen - dies gilt für alle Sportarten - sowohl für aktive als auch nicht aktive Fußballer auf allen Könnensstufen zum eigenständigen Lernziel werden soll. Die generell positive Akzeptanz der Studierenden gegenüber dieser Akzentuierung und ihre Bereitschaft, in der späteren eigenen Lehrpraxis ähnlich vorzugehen, bestätigt diese Lernzielsetzung.

Die von LEIST/LOIBL (1986, S. 240) gestellte Frage, was Anfänger daran hindere, sportarttypische Handlungssituationen aufzusuchen und die entsprechenden Erfahrungen zu machen, läßt sich zumindest teilweise beantworten. Sie werden nicht systematisch zu diesen Erfahrungen hingeführt, weil eine körpererfahrungsorientierte Methode noch zu wenig von den Unterrichtenden selbst erfahren und akzeptiert worden ist und somit nicht weitergegeben werden kann. Sicherlich existiert - zumindest im Fußball - noch kein stringenter, spezifischer körpererfahrungsorientierter Lehrgang, doch sind die bislang vorliegenden Ansätze geeignet, ein durchgängiges Konzept sowohl zur Verbesserung von Lernprozessen als auch zur Vermittlung der Erfahrung "an sich" aufzubauen.

Wolfgang Knörzer
Körpererfahrungsübungen - Hilfen zur Verbesserung der Körperbewußtheit

1. Einleitung

Hat man als Lehrer im Sportunterricht oder als Trainer im Verein die Perspektive "Körpererfahrung" als wesentlich anerkannt und möchte sie nun in seine Unterrichtsplanung einbeziehen, so stellen sich neben den Überlegungen, wie man Körpererfahrungen sportartspezifisch vermitteln kann, häufig folgende Fragen: Wie kann ich meine Schüler/Gruppenmitglieder für körperliche Erlebnisse öffnen? Wie kann ich die für meine Sportart typischen Körpererfahrungen exemplarisch und sportartunabhängig vermitteln? Hier bieten sich nun Körpererfahrungsübungen an. Ich verstehe darunter solche Übungen, die dazu dienen können, die Bewußtheit der eigenen Körperlichkeit und ihrer Handlungsmöglichkeiten zu erhöhen. Sie können dazu dienen, die Sensibilität für die eigene Körperlichkeit im allgemeinen zu erhöhen, oder aber dabei helfen, sportartspezifische Körpererfahrungen zu vertiefen. Möchte man allgemein die Körpersensibilität erhöhen, so erscheint es mir sinnvoll, sie vor allem in den Aufwärm- und Schlußteil einer Übungsstunde immer wieder einzubauen. Sollen mit ihrer Hilfe sportartspezifische Körpererfahrungen vertieft werden, so bietet sich an, sie im Sinne von flankierenden Maßnahmen situationsentsprechend einzusetzen. Im ersten Fall empfiehlt es sich, die Körperwahrnehmung nur allgemein auf das Körpererleben zu lenken ("Achtet darauf, was ihr fühlt bzw. erlebt!"). Im zweiten Fall ist es dagegen oft angebracht, die Körperwahrnehmung auf spezielle, für die sportartspezifischen Körpererfahrungen typische Bereiche zu zentrieren (z.B. "Achtet auf den Punkt, an dem ihr das Gleichgewicht verliert!"). In beiden Fällen halte ich es für wichtig, nach der Durchführung von Körpererfahrungsübungen immer wieder einmal die Möglichkeit zum Gespräch über die gemachten Erlebnisse zu geben. Wie ein solches Gespräch aussieht (Partner- oder Gruppengespräch; Länge des Gesprächs), wird sich aus der Situation ergeben. Sicherlich sollte auch nicht über jede Körpererfahrungsübung sofort gesprochen werden, dies würde das angestrebte Körpererleben oft eher behindern. Jedoch glaube ich, daß nur dann Körpererfahrung und Körperbewußtheit entstehen kann, wenn auch die Anregung zum Gespräch und zur Reflexion über das Erlebte gegeben wird (vgl. auch KNÖRZER 1985).

Soweit einige Bemerkungen zum Umgang mit Körpererfahrungsübungen. Ich möchte nun versuchen, einen allgemeinen Überblick über mögliche Körpererfahrungsübungen zu geben. Hierzu werden diese in Gruppen und Untergruppen eingeteilt. Dies scheint mir vor allem sinnvoll im Hinblick auf den Lehrenden, der solche Übungen einsetzen will und einen Hinweis braucht, welche von ihnen seinen Intentionen am ehesten entsprechen. Die Unterscheidung darf aber nicht so verstanden werden, als handle es sich hier um unabhängige Teile der Körperlichkeit, die zusammengesetzt dann deren Gesamtheit ausmachen. Vielmehr ist es so, daß die Körperlichkeit immer als Ganzheit gesehen werden muß und die hier gemachte Unterscheidung lediglich dazu dient, einzelne Aspekte ein und derselben Körperlichkeit besonders in den Vordergrund zu stellen. Die einzelnen Gruppen werden zunächst knapp beschrieben, dann werden einige Übungen aus der jeweiligen Gruppe vorgestellt und schließlich werden weiterführende Literaturangaben zur Gruppe gemacht. Bei der Auswahl der angeführten Übungen habe ich versucht, solche zu nehmen, die möglichst leicht anhand der Beschreibung nachvollzogen werden können. Die Übungen sind zum Teil der angeführten Literatur entnommen. Die anschließenden Literaturangaben zeigen auf, wo weitere Übungen mit Beschreibung gefunden werden können. Die Übersicht erhebt keinen Anspruch auf Vollständigkeit, sie kann und soll ergänzt werden. Sie bietet aber dem, der sich neu mit dem Thema befaßt, eine große Anzahl an Übungen und Hinweisen, die auch zum eigenen Weitersuchen anregen sollen. Im folgenden sind vier Gruppen von Körpererfahrungsübungen unterschieden, von denen die ersten beiden noch in Untergruppen geteilt sind.

2. "Ich und mein Körper"

Hierzu zählen Übungen, die besonders dazu dienen, die eigene Körperlichkeit und ihre grundlegenden Funktionen bewußt zu machen: Gemeint sind Übungen zur Atemschulung, Übungen, durch die das rechte Verhältnis zwischen Spannung und Entspannung gefunden werden kann, Zentrierungsübungen, die dazu dienen, den rechten Körperschwerpunkt und damit die eigene Mitte zu finden und Übungen zur Haltungsschulung. Zu jedem Unterpunkt werden jeweils einige Beispiele aufgeführt.

2.1 Atemschulung

"Ballonverschieben": *Der Übende liegt entspannt auf dem Rücken. Nun soll er tief in den Brustraum hinein einatmen und lange durch den Mund ausatmen. Dies wird mehrere Male wiederholt. Besonders wichtig ist dabei das bewußte lange Ausatmen, das Einatmen sollte dann erfolgen, wenn es von alleine kommt. Danach soll mehrere Male in den Bauchraum geatmet werden. Auch hier tiefes Einatmen und langes Ausatmen. Schließlich wird tief in den Brustraum eingeatmet, die Luft angehalten, nun die Luft in den Bauchraum verschoben, dann wieder zurück und wieder in den Bauch ("Stellt Euch vor, ihr verschiebt einen Luftballon!"). Die Luft wird* so lange hin- und hergeschoben, wie man die Luft anhalten kann. Dann wird einige Male ruhig durchgeatmet. Die Übung soll mehrere Male wiederholt werden. Bei der Einführung kann die Übung mit Partnerhilfe durchgeführt werden. Der Übende wird dabei von einem Partner unterstützt, der ihm je eine Hand auf Brust und Bauch legt. Der Übende stellt sich nun vor, "in die Hand des Partners zu atmen". Die Übung hat das Ziel, den Unterschied zwischen Brust- und Bauchatmung deutlich erfahrbar zu machen sowie Verspannungen der Atemmuskulatur zu lösen. Sie eignet sich besonders für den Einstieg in Atemübungen. Sie kann vielfach variiert werden (vgl. FELDENKRAIS S. 138-147).

"Im Knien atmen": *Der Übende kniet sich auf den Boden, setzt sich auf seine Fersen ab und beugt den Oberkörper so weit nach vorn, daß seine Stirn den Boden berührt. Die Hände werden zu beiden Seiten des Kopfes mit der Handfläche auf den Boden gelegt. Nun wird tief in den Bauchraum eingeatmet und lange ausgeatmet. Man kann dabei mit der Vorstellung arbeiten, daß man durch den Beckenboden atmen würde. Der Atmungsvorgang wird so noch vertieft. Die Übung kann ruhig mehrere Male wiederholt werden. Sie dient vor allem dem Aufladen mit Energie und der Sammlung.*

"Ki-Atmung": *Der Übende sitzt im Fersensitz, die Wirbelsäule soll aufrecht gehalten werden ("Mit dem Scheitel himmelwärts spüren!"), die Schultern locker hängen lassen, den Schwerpunkt im Unterbauch (Hara) suchen (vgl. c). Nun wird tief eingeatmet, vor allem auch in den Bauch und anschließend durch den Mund lange ausgeatmet. Am Ende des Ausatemvorgangs wird der Oberkörper langsam nach vorn gebeugt, bis zu einem Winkel von ca. 45 %, dabei wird auch noch der Rest der eingeatmeten Luft ausgeatmet. Nun wird in dieser Haltung so lange verharrt, bis "das Einatmen von selbst kommt". Während des Einatmens wird der Oberkörper wieder langsam aufgerichtet, so daß er am Ende des Vorgangs wieder ganz aufrecht gehalten wird. Diese Übung kann man mehrere Minuten, sogar bis zu einer halben Stunde, wiederholen. Sie dient, neben dem Aufladen mit Energie, vor allem auch der Vertiefung des langen Ausatmens.*

Weiterführende Literatur: FELDENKRAIS S.138-147 u. 224-235; TÄUBE S.64-67; DÜRCKHEIM S.78-79; MOEGLING/MOEGLING S.84 u. 90; PALOS S.55ff; LODES S.32ff.

2.2 Spannung und Entspannung

"Händeausschütteln": *Der Übende steht aufrecht, Füße etwa schulterbreit auseinander, den Schwerpunkt im Unterbauch halten. Nun werden beide Hände und Unterarme so schnell wie möglich geschüttelt, so daß der ganze Körper bis zu den Zehen vibriert.*

"Hundabschütteln": *Man steht wie bei der o.g. Übung. Nun stellt man sich vor, ein Hund würde sich an ein Hosenbein hängen und man wolle ihn abschütteln. Beim Abschütteln kann man ruhig Töne von sich geben oder "Geh weg, hau ab!" rufen.*

"Schüttelsieb": *Man steht wie oben. Nun stellt man sich vor, man sei ein Schüttelsieb mit dem Einfülltrichter oben auf der Schädeldecke. Die "Steine", die dort eingefüllt werden, müssen durch Schüttelbewegungen mit dem ganzen Körper durch die Arme und Beine wieder herausgeschüttelt werden.*

"Reise durch den Körper": *Der Übende liegt auf dem Rücken. Die "Reise" wird von außen angeleitet. Jedes Körperteil, durch das die Reise geht, soll danach ganz schwer sein. Die Aufmerksamkeit des Übenden soll mit den Anweisungen des Leiters mitwandern.*
Man beginnt am linken Fuß und Unterschenkel ("Dein linker Fuß und Unterschenkel ist ganz schwer"), geht weiter zu Knie, Oberschenkel, zum rechten Fuß und Unterschenkel sowie Knie und Oberschenkel. Nun sind beide Beine ganz schwer. Anschließend das Becken, dann der untere und obere Rücken, der linke Arm und die linke Hand, der rechte Arm und die rechte Hand. Nun geht es hoch zu den Schultern, zu dem Nacken und zum Kopf. Jetzt sollte der Körper ganz schwer sein. Zwischen den einzelnen "Reisestationen" sollte immer genügend Zeit sein, so daß der Übende seine Aufmerksamkeit auch wirklich auf diesen Punkt richten kann. Die so entstandene Entspannung kann noch vertieft werden, wenn der Übende nun aufgefordert wird, sich vorzustellen, er läge auf einer Sommerwiese oder am Strand und würde nichts tun, als sich die Sonne auf den Bauch scheinen zu lassen. Nach einigen Minuten soll der Übende ganz langsam wieder von seiner "Reise" zurückkommen, sich strecken und räkeln, die Augen aufmachen und wieder aufstehen.

"Spannen und Entspannen": *Diese Entspannung ist der vorherigen ähnlich. Auch hier wird zunächst jedes einzelne Körperteil entspannt und dann der ganze Körper. Die Entspannung erfolgt jetzt jedoch nicht durch reine Vorstellung, sondern das jeweilige Körperteil wird zunächst stark angespannt, die Spannung wird gehalten und dann wird entspannt. Nachdem von den Füßen beginnend nach und nach jedes Körperteil ge- und entspannt hat, wird abschließend der ganze Körper so kräftig wie möglich angespannt, die Spannung gehalten und dann entspannt. Anschließend kann man wie oben die Entspannung vertiefen.*

Weiterführende Literatur: BÜSSER S.53-56; BROOKS S.31-90; TOHEI S.152-155; MOEGLING S.25-35; MÜLLER S.25-64.

2.3 Zentrierungs- und Haltungsübungen

"Seinen Schwerpunkt im Hara finden": *Die Übung wird im Stand ausgeführt. Man drückt mit den Fingern von zwei Händen oder mit der Faust einer Hand ca. drei Finger breit unter dem Bauchnabel in den Unterbauch. Dieser Punkt entspricht sowohl dem physikalischen Schwerpunkt des menschlichen Körpers als auch dem Sitz einer Energie, die von den Japanern "Ki", von den Chinesen "Chi" genannt wird. Nun werden die Finger mit einem kräftigen Stoß der Muskulatur wiederhinausgeworfen, gleichzeitig wird mit einem kräftigen Atemstoß ausgeatmet. Wiederholt man dies mehrere Male, kann man einmal die Kraft spüren, die hier vorhanden ist, zum anderen ein Gefühl für seinen Schwerpunkt entwickeln.*

"Zentrieren im Fersensitz": *Den Fersensitz einnehmen wie bei der "Ki-Atmung". Der Oberkörper bleibt jetzt aber aufrecht. Die Konzentration ist auf den Hara-Punkt (drei Finger breit unter dem Nabel) gerichtet und auf das lange Ausatmen. Mit jedem Ausatmen soll der Übende versuchen, seinen Schwerpunkt noch weiter abzusenken, wobei der Beckenboden und der Unterbauch mehr und mehr entspannt werden. Dies sollte man regelmäßig einige Minuten üben. Eventuell störende Gedanken läßt man "wie Wolken vorüberziehen". In der Zenmeditation wird diese Übung, das Za-Zen, bis zu 30 Minuten ausgedehnt.*

"Haltungsschulung im Stehen": *Am besten führt man diese Übung barfuß aus. Die Beine stehen schulterbreit auseinander, Knie ganz leicht gebeugt, der Oberkörper ist aufrecht ("mit dem Scheitel himmelwärts spüren), die Schultern locker lassen, den Schwerpunkt im Hara suchen, das Becken leicht nach vorne schieben. Wird die Haltung richtig eingenommen, so steht man stabil und ohne Anstrengung. Als Test kann ein Partner dem Stehenden einen leichten Stoß mit der flachen Hand auf die Brust geben. Ist die Haltung richtig, so wird er dadurch kaum erschüttert, ansonsten kippt er entweder nach hinten oder er muß viel Muskelanspannung aufwenden, um stehen zu bleiben.*

"Haltung/Zentrierung in der Bewegung": *Zunächst wird die richtige Haltung, wie oben beschrieben, eingenommen. Auf ein Signal hin wird schnell auf der Stelle gelaufen. Auf ein zweites Signal wird wieder die Ausgangsstellung eingenommen. Dies wird so oft wiederholt bis es gelingt, mühelos von der Bewegung in die richtige Ausgangsstellung zu wechseln.*
Nun kann man die Übung bezüglich der Bewegungsarten variieren: langsames Gehen, Laufen, Hüpfen, Tanzen etc.. Wichtig ist, daß der schnelle Wechsel von der Bewegung zur Ruhestellung gelingt.

Weiterführende Literatur: ABHUDAYA S.42-49; FELDENKRAIS S.98-120; DE HAAS S.120-125; MOEGLING/MOEGLING S.33-43; TOHEI S.26-30.

3. "Mein Körper in Beziehung zu anderen Körpern"

Übungen, die besonders dazu dienen, die eigene Körperlichkeit in Beziehung zur fremden Körperlichkeit bewußt zu machen. Gemeint sind hier solche Übungen, die vor allem die Wahrnehmung des Partners zum Ziel haben, aber auch solche, bei denen der oder die Partner als Helfer bei der Selbstwahrnehmung auftreten.

3.1 Partnergewöhnungs- und Vertrauensübungen

"Pendel": *Ein Partner, der sich passiv verhält, wird zwischen zwei oder mehreren Partnern hin- und hergependelt. Seine Füße bleiben an einem Punkt. Der Pendelnde soll dabei darauf achten, welche Gefühle er hat, ob er weiter normal atmen kann, ob er sich verspannt, ob er passiv bleiben kann.*

"Blindenführung": *Ein Partner schließt die Augen oder bekommt sie mit einem Tuch verbunden, ein zweiter Partner führt ihn an der Hand durch die Halle. Der Geführte soll dabei wie bei der vorher beschriebenen Übung auf seine Atmung, seine Spannung und seine Gefühle achten.*
Nun kann diese Übung variiert werden, einmal bezüglich des Laufweges. Es können beispielsweise Hindernisse mit zunehmendem Schwierigkeitsgrad eingebaut oder unterschiedliche Laufuntergründe gewählt werden, zum anderen kann man die Art der Führung variieren, Handhaltung, Fingerhaltung, Verbindung nur mit Hilfe eines Gymnastikstabes, Führung nur durch akustische Signale, schließlich läßt sich auch noch das Tempo der gemeinsamen Fortbewegung variieren.

"Gassenschaukel": *Ein Partner liegt auf dem Rücken. Jeweils vier Partner stehen links und rechts an seiner Seite. Sie schieben ihre Arme unter den Liegenden, der seine Augen geschlossen hält und heben ihn langsam bis Kopfhöhe an. Nun beginnen sie, ihn sanft vor- und zurückzuschaukeln.*

"Kreiseln": *Mehrere Partner (6 - 10) bilden auf dem Rücken liegend einen Stern, wobei ihre Köpfe die Mitte des Sternes bilden. Sie halten ihre Arme nach oben. Nun legt sich ein weiterer Partner mit dem Rücken nach unten auf die ausgestreckten Arme der Liegenden und wird nun nach rechts und links gekreiselt.*

Weiterführende Literatur: BÜSSER S.47-50; BROOKS S.165-182; DIETRICH/ KLEIN S.147f; REICHEL u.a. S.7-35.

3.2 Atemübungen

"Paralleles Atmen": *Zwei Partner sitzen Rücken an Rücken auf dem Boden. Sie lehnen sich aneinander, der Kontakt soll möglichst den ganzen Rücken betreffen.*

Nun beginnen sie tief einzuatmen und lange auszuatmen, vor allem auch mit Bauchatmung. Nachdem jeder seinen eigenen Atemrhythmus gefunden hat, sollen sie nun versuchen, einen gemeinsamen Rhythmus zu finden. Oft ist es dabei so, daß der eine seinen Rhythmus verlängern, der andere seinen verkürzen muß.

"Atmungsvertiefung": *Beide Partner stehen Rücken an Rücken, die Arme sind untergehakt. Der eine Partner beugt seinen Oberkörper nach vorne und zieht den anderen auf seinen Rücken, nun können die Arme gelöst werden. Der auf dem Rücken liegende Partner soll ca. 10 mal tief in Brust- und Bauchraum atmen. Bei eventuell auftretenden Unsicherheiten können die Arme auch untergehakt bleiben.*

"Wechselatmung": *Zwei Partner sitzen sich auf dem Boden gegenüber, die Beine sind leicht gegrätscht, die Fußsohlen sind gegeneinandergestellt. Nun fassen sich beide an den Händen und ziehen sich abwechselnd vor und zurück. Derjenige, der gerade zieht, soll einatmen, der Gezogene atmet aus. Die Übung soll nicht zu schnell ausgeführt werden. Wichtig ist es, daß beide einen Rhythmus finden, der es ihnen erlaubt, tief zu atmen.*

Weiterführende Literatur: DOWNING (1981) S.68-79; TÄUBE S.70f; SCHWIEGER S.28.

3.3 Spannung und Entspannung

"Klopfmassage": *Ein Partner liegt auf dem Bauch, der andere massiert ihn nun durch Klopfen mit den Fingerspitzen aller zehn Finger. Es kommt dabei nicht so sehr auf kräftiges Klopfen an, viel wichtiger ist die Geschwindigkeit, je schneller desto besser. Man beginnt am Kopf, geht dann über den Nacken, die Schultern zu den Armen bis zu den Fingern. Nun kommt der Rücken, dann das Gesäß. Weiter geht es zunächst ein Bein hinunter bis zu den Füßen, wobei die Fußsohlen nicht vergessen werden dürfen. Dann das andere Bein.*

"Ausschütteln": *Ein Partner liegt auf dem Rücken, der andere steht vor seinen Füßen. Dieser hebt nun die Beine des Liegenden an und schlenkert sie von der einen zur anderen Seite. Allmählich kann diese Schlenkerbewegung den ganzen Körper des Liegenden erfassen. Danach wird ein Arm des Liegenden an der Hand gefaßt, leicht angehoben und ausgeschüttelt. Anschließend der andere Arm.*

"Kopfmassage": *Ein Partner sitzt auf einem Stuhl oder auch auf dem Boden, der andere steht oder sitzt hinter ihm zum Massieren. Er legt seinem Partner eine Hand auf die Stirn und massiert mit der anderen dessen Nackenmuskeln. Danach legt er eine Hand auf den Hinterkopf des Partners und massiert mit der anderen* *das Gesicht, hier vor allem Stirn, Schläfen und Wangen. Abschließend wird mit beiden Händen die Kopfhaut des Partners massiert.*

"Die rechte Spannung finden": *Ein Partner liegt auf dem Rücken, der andere steht, faßt den Liegenden an den Füßen und hebt diese langsam an. Zunächst soll der Liegende sich ganz entspannen, jetzt werden nur die Beine angehoben. Beim nächsten Versuch sollen alle Muskeln so stark wie möglich angespannt werden. Nun läßt sich der ganze Körper anheben, allerdings ist das Anspannen aller Muskeln sehr anstrengend. Jetzt soll der Liegende versuchen, die Muskeln gerade so weit anzuspannen, daß sein ganzer Körper angehoben werden kann. Nach einigen Versuchen gelingt es so, die mittlere Spannung zu finden.*

"Der unbeugsame Arm": *Ein Partner streckt seinen Arm aus, der andere versucht, diesen mit zwei Armen zu beugen. Versucht man nun, mit großer Muskelanspannung den Beugeversuchen zu begegnen, so kann bei gleich starken Partnern der Arm ohne große Schwierigkeiten gebeugt werden. Hält man den Arm dagegen in einer mittleren Spannung, zentriert sich im Hara, stellt sich vor, daß vom "Hara" Energie durch den Arm nach außen fließt und ignoriert gleichzeitig die Beugeversuche des Partners, so wird dieser den Arm kaum beugen können.*

Weiterführende Literatur: DOWNING 1978; TOHEI S.37f u. S.206f; SPRENGER S.39f.

4. "Mein Körper in Beziehung zum Raum"

Übungen, die besonders dazu dienen, die eigene Bewegung in Beziehung zum Raum bewußt zu machen. Gemeint sind hier solche Übungen, die dabei helfen, ein Gefühl für die räumlichen Entfernungen zu entwickeln und für die Abstände zu möglichen Partnern. Beispiele:

"Den Raum durchlaufen": *Den Raum zunächst mit offenen Augen auf vorhandenen Linien, später dann auf gedachten, durchlaufen (geradlinig, in Wellenlinien, im Zickzack, vorwärts und rückwärts, langsam und schnell). Wichtig ist, daß man sich immer vor Beginn des Laufweges den genauen Endpunkt festlegt. Dann die gleichen Übungen mit geschlossenen Augen.*

"Die Distanz zum Partner erspüren": *Zwei Partner bewegen sich mit geschlossenen Augen auf einer Linie aufeinander zu und versuchen, genau in der Mitte der Linie zusammenzutreffen.*
Zwei Partner stehen an verschiedenen Enden des Bewegungsraumes und bewegen

sich mit Hilfe von akustischen Signalen (Rufen, Pfeifen etc.) aufeinander zu. Die Aufgabe wird erschwert, wenn mehrere Paare dies gleichzeitig versuchen.

Weiterführende Literatur: REICHEL u.a. S.52-57.

5. Übungen, die dazu dienen, die eigene Körperlichkeit in Beziehung zu Geräten, Objekten und Materialien bewußt zu machen

Anstelle von Beispielen, die mir deshalb nicht sinnvoll erscheinen, weil es in beinahe jeder Sportart eine Fülle von Übungen gibt, die eine Gewöhnung ans jeweilige Sportgerät erleichtern sollen, möchte ich hier kurz auf deren Ausführung eingehen. Der Umgang mit Geräten etc. kann unter folgenden Fragestellungen erfolgen: Wie ist die Beschaffenheit des Gegenstandes? Kann ich beim Umgang mit dem Gegenstand in der richtigen Spannung bleiben, oder verspanne ich mich unnötig? Atme ich richtig? Gelingt es mir, mich mit dem Gegenstand zu bewegen, mit ihm zu spielen oder "kämpfe" ich gegen ihn?

Weiterführende Literatur: BROOKS S.112-119, 129-138, 144-149, 183-190; REICHEL u.a. S.81f; DEPPERT S.122-134; MÜNSTERMANN; TREBELS.

Abschließend noch ein Hinweis für Lehrende, für die Körpererfahrungsübungen neu sind. Es ist in jedem Fall sinnvoll, die Übungen einmal selbst auszuprobieren, bevor man sie im Unterricht einsetzt. Ist dies jedoch nicht möglich, etwa bei Partnerübungen, so kann man sie durchaus auch gemeinsam mit der Gruppe erarbeiten. Oft ergibt sich so eine entspannte Atmosphäre des gemeinsamen Experimentierens.

Im folgenden einige Bücher mit besonders großer Übungsauswahl:
BROOKS, Charles: Erleben durch die Sinne, Paderborn 1983; DOWNING, Georg: Partnermassage, München 1978; ders.: Massage und Meditation, Berlin 1981; DÜRCKHEIM, Karlfried Graf: Ubung des Leibes, München 1981; FELDENKRAIS, Moshe: Bewußtheit durch Bewegung, Frankfurt 1981; LODES, Hiltrud: Atme richtig, München 1985; MOEGLING, Klaus (Hrsg.): Sanfte Körpererfahrung II, Kassel 1984; MÜLLER, Else: Hilfe gegen Schulstreß, Reinbek bei Hamburg 1984; MÜNSTERMANN, Uta: Spielen, Experimentieren und Gestalten mit Materialien und Objekten, in: "Turnen und Sport", Heft 1/2/4/5/6/11/12 1983 und 4/5/6 1984; REICHEL/RABENSTEIN/THANHOFFER: "Bewegung für die Gruppe", Frankfurt 1982, zu beziehen über: PUPPEN und MASKEN, Eppsteiner Str. 22, 6000 Frankfurt 1.

Angelika Förster
Atmung und Bewegung: Über die psychophysiologische Wirkung von Atemübungen auf den Organismus - Eine praktische Anleitung für den Sport

1. Einleitung

Atmen ist mehr als ein Austausch von Gasen, der uns physisch am Leben erhält. Neben der rein gesundheitsfördernden Wirkung einer richtigen Atmung, hat der Atemprozeß als solches auch Auswirkungen auf das gesamte psychische Wohlbefinden des Menschen. Eine Erkenntnis, nach der bereits seit Jahrtausenden (Yoga) bzw. seit Jahrhunderten (Zen-Buddhismus) in der meditativen Praxis der fernöstlichen Körperkultur verfahren wird und die zu einer Vielfalt an Übungsformen und Techniken der Atemschulung geführt hat (DÜRCKHEIM 1976, 1981 a und b; MOEGLING 1984; NAKAMURA 1984; PALOS 1980; TOHEI 1980; WU 1984). Im westlichen Kulturkreis entwickelten sich zunehmend aus der gleichen Erkenntnis heraus verschiedene Atemschulen und gerade die Neuen Körpertherapien (s. PETZOLD 1981; ZIMMER-SCHÜRING 1979; LOWEN 1979; FELDENKRAIS 1978; MIDDENDORF 1977; LODES 1985) und die verschiedenen psychophysischen Regulationsverfahren (Autogenes Training, Mentales Training u.a.) räumen dem Atem einen hohen Stellenwert ein.

In der jüngsten Zeit wurden im Bereich des Leistungssports, hauptsächlich aus Gründen der weiteren Optimierung des Leistungsvermögens von Athleten, verschiedene psychoregulative Verfahren entwickelt und eingesetzt (FÖRSTER 1985 b; STEINER 1983; GABLER et al. 1985). Diese sollen die Athleten befähigen, Belastungssituationen zu meistern, um sich soweit selbst zu regulieren, daß die gewünschte Leistung erbracht werden kann (STEINER 1983, 1984-1985). Der Einsatz dieser Verfahren beschränkt sich keineswegs nur auf den Bereich der verbesserten Leistungsfähigkeit, sondern auch auf eine umfassendere Regeneration und Motivation. Eine Notwendigkeit, einfache psychologische Verfahren zur Entspannung, Beruhigung oder auch Aktivierung zu vermitteln (z.B. körperliche Entspannungsübungen, einfache Atemübungen) ergibt sich bereits für den Breiten- und Schulsport. Wenn diese Bestandteil einer täglichen "Psychohygiene" geworden sind, lassen sich die Auswirkungen der bestehenden Reizüberflutung und des psychosozialen Stress (vegetative Störungen, Nervosität, Angst) mildern.
Zwar steigt die allgemeine Anerkennung und Popularität solcher und ähnlicher Verfahren außerhalb des Sports, jedoch wurde innerhalb der Sportpsychologie mit "Atmung" als psychoregulativem Verfahren ein Neuland betreten (s. STEINER,

Manuskripte der Sportpsychologischen Trainerseminare in Karlsruhe 1984-1985).
In den letzten Jahren zeigt sich ein zunehmendes Interesse von Trainern und
Athleten an psychoregulativen Verfahren, die auf einer Regulierung durch
Atemübungen basieren. Ein Grund dafür ist die unkomplizierte und praxisnahe
Übertragungsmöglichkeit auf Bedingungen, die durch das Training und den
Wettkampf vorgegeben sind.

In diesem Beitrag sollen einige wichtige Zusammenhänge bezüglich der psycho-
physiologischen Auswirkung von Atmung auf den Organismus dargestellt werden.
Der praktischen Umsetzung ist das Verzeichnis von Übungen am Ende gewidmet.

2. Atmung als Mittel zur psychophysiologischen Regulation

Entgegen früher vorherrschender Lehrmeinung (insbesondere aus der Medizin),
daß sich unwillkürlich verlaufende Körperprozesse nicht willkürlich beeinflussen
lassen, hat sich inzwischen die Erkenntnis durchgesetzt, daß eine bewußte
Einflußnahme auf normalerweise unwillkürlich verlaufende Prozesse möglich ist
(Erkenntnisse aus der Hirnforschung, aus dem Biofeedback u.a.). Die Trainingspraxis der fernöstlichen Körperkultur machte sich dies bereits seit langer Zeit zu
eigen. Was im Westen bis in die 60er Jahre hinein als ein "Geheimnis östlicher
Philosophie und Religion" galt, nämlich die willkürliche Steuerung "innerer" Körperprozesse, wird mittlerweile intensiv wissenschaftlich erforscht (vgl. SIEVE-
KING/ANCHOR 1983). Resultierend aus einer ganzheitlichen Grundhaltung
wurde, mit den Mitteln der Atemschulung, des Haltungs- und Spannungsaufbaus
des Körpers, der Schulung und Erspürung vonmuskulären Spannungszuständen und
der Schulung des psycho-physischen Gleichgewichts (jap. Hara, s. DÜRCKHEIM
1981 a und b) Einfluß auf verschiedene Regulationsebenen des menschlichen
Organismus genommen, insbesondere auf Prozesse, die durch das Vegetative
Nervensystem gesteuert werden (MAIER 1981, DÜRCKHEIM 1976, 1981 a und
b). Das bedeutet, daß sich mit Hilfe der Atmung Erregungszustände beeinflussen
lassen (Dämpfung und Anregung) und die Befindlichkeit des Menschen sich
verändern läßt.

Die Atmung zeichnet sich besonders durch die folgenden drei Zusammenhänge
aus:

1. Die Atmung wird gleichzeitig willkürlich (bewußt) und unwillkürlich
   (unbewußt) gesteuert. Einerseits können wir willkürlich auf Atemfrequenz,
   Atemzuglänge u.ä. Einfluß nehmen, andererseits atmet der Organismus beim
   Verlust der bewußten Steuerung (z.B. Ohnmacht) von alleine weiter. Die
   Atmung zeichnet sich dadurch aus, daß eine willkürliche Einflußnahme im

Vergleich zu allen anderen physiologischen Prozessen (z.B. Herzschlag, Verdauung) am direktesten möglich ist.

2. Es besteht ein enger Zusammenhang zwischen der Atmung und der Emotion (z.B. Seufzen, Stöhnen). Ein Erklärungsansatz hierfür ist, daß der unbewußte Teil des Atemvorganges ebenso wie die Gefühle imHirnstamm gelagert sind und eine Koppelung beider besteht (RAMA et al. 1979). Emotionale Belastungen (Freude, Aufregung) führen unweigerlich zu einer Änderung des Atemverhaltens.

3. Mit der Atmung sind sowohl Vorgänge der Entspannung als auch der Aktivierung verbunden.

Bisher wird dem Aspekt der Entspannung durch Atemübungen in der gängigen Literatur fast ausschließlich Rechnung getragen, während die Aktivierung kaum beachtet wird (LYSEBETH 1978; 1982; SPEADS 1983; MOEGLING 1984). Auch die gängige sportpsychologische Literatur zeigt eine Bevorzugung von entspannenden und zumeist auch körperlich passiven psychoregulativen Verfahren (FÖRSTER 1985 b). Diese Einseitigkeit wird jedoch der Anforderungsstruktur der sportlichen Leistung und den Reaktionsmustern des täglichen Lebens nicht gerecht. Eine aktivierende, mobilisierende Wirkung ist oft ebenso erforderlich. Dies ist insbesondere dann notwendig, wenn es in der Erwartung von Belastungssituationen (Wettkampf) zu einer überwiegend parasympathisch gefärbten Reaktion kommt (Startapathie, "Absacken der Psyche", Umkippen von Angespanntheit in Passivität). Sehr oft entwickeln erfahrene Sportler aus der Notwendigkeit der Aktivierung heraus selbst die adäquaten Mittel z.B. Schreien beim Hammerwurf oder Gewichtheben.

Besonders kultiviert wurde die Aktivierung durch Atmung in Verbindung mit Bewegung in den Übungsformen des japanischen BUDO (Budo = Oberbegriff für japanische Kampfkünste wie Judo, Karate, Kendo u.a.). Die Schulung des Kampfgeistes, des Kampfschreies (KIAI) und des kampftaktischen Verhaltens waren dort schon immer mit Atemschulung- bzw. Atemkontrolle verbunden (FÖRSTER 1985 a; DESHIMARU-ROSHI 1978). Sehr ausgeprägt ist dies in der Trainingsform der sog. "Atemkata" (Kata = jap. Form). Bei der Kata führt man Kampftechniken in einer bestimmten, traditionell z.T. über Jahrhunderte überlieferten Reihenfolge gegen einen oder mehrere imaginäre Gegner aus. Die Kata ist eine der wichtigen Übungsformen in fast allen fernöstlichen Kampfkünsten und unterscheidet diese wesentlich von den westlichen Kampfsportarten (FÖRSTER 1983). Die Besonderheit der Atemkata (z.B. "Hangetsu" und "Sanchin") liegt darin, daß mit dem Ausatmen bestimmte Anspannungs- und Haltungsmuster im Körper gekoppelt sind. Die Bewegungen sind stets bewußt an die Atemphasen angepaßt und variieren von schnellen, leichten Ausführungen bis hin zu zeitlupenartig ausgeführten Bewegsformen bei gleichzeitiger voller geistiger Konzentration. Ein- und Ausatmen gehen fließend ineinander über, folgen bestimmten rhythmischen An- und Entspannungsmustern und die Atmung aus dem Bauch wird gleichzeitig mit der Ausführung der Technik geschult. Um eine Atemkata zu erlernen, bedarf es unbedingt eines Lehrers, sie ist nicht aus Büchern anzueignen. Die ausgesuchten Übungen am Ende des Artikels sind einzelne, verwandte Elemente daraus, die sich als kurze Übungen besonders eignen. Die vollständige Bewegungsfolge einer Atemkata erstreckt sich über mehrere Minuten (von einer bis maximal ca. 15 Min. je nach Art der Kata).

Die Aktivierung durch Atmung ist - ebenso wie die Entspannung durch Atmung - an die Ausatmungsbewegung gebunden. Bezeichnend für die aktivierende Wirkung ist, daß diese Ausatmungsbewegung mit bestimmten Spannungsmustern der Muskulatur einhergeht und fließende Übergänge zwischen Ein- und Ausatmung bestehen - synchron zu den dabei ausgeführten Bewegungen/bzw. Spannungsmustern. Bei den entspannenden Atemübungen überwiegt mit der Ausatmungsbewegung das körperlich-passive Geschehenlassen und Erleben des Atmens. Je nach Atemschule oder Atemtherapierichtung wird bei entspannenden Atemübungen die Pause zwischen Ein- und Ausatmung noch besonders betont und ein bestimmtes Verhältnis von Einatmung, Atempause und Ausatmung eingehalten (SPEADS 1983, DÜRCKHEIM 1981 a).

3. Der besondere Stellenwert der Bauchatmung

Sowohl die westlichen als auch die östlichen Atemschulen legen besonderen Wert auf das Erlernen und Praktizieren der Bauchatmung. Die Gründe dafür sind vielfältig. Z.B. ist, rein physiologisch betrachtet, die Bauchatmung die ökonomischste Art der Atmung (erhöhter Gasaustausch in den unteren Lungenflügeln, bessere Ventilation der Lunge und einfachere Atemarbeit als bei Brust- und Schlüsselbeinatmung). Während beim Kleinkind die Bauchatmung noch überwiegt, geht diese im Laufe der Entwicklung oft völlig verloren und wird durch Mischatmungsformen oder eine sehr oberflächliche Brustatmung verdrängt. Zum einen mag dies seine Ursachen in der Überbetonung des Geistigen, d.h. einer gewissen "Kopflastigkeit" der westlichen Kultur liegen (DÜRCKHEIM 1981 b). Zum anderen besorgen Lebensgewohnheiten und Mode (z.B. Wespentaille bei Frauen als Ideal und Jeansmode) das übrige, um den Bauchbereich so einzuengen, daß eine Bauchatmung erschwert wird. Eine mögliche Erklärung für dieses Verdrängen der Bauchatmung zugunsten der Brustatmung geben RAMA et al. (1979). Demnach kommt es unter Einfluß des Autonomen Nervensystems (sympathischer Anteil) zu einer verschärften Atmungtätigkeit, um dem Organismus mehr O2 zur Verfügung zu stellen. D.h., auch wenn ein Mensch vorher Bauchatmung praktizierte, wird nun zusätzlich die Brustatmung verschärft. Kommt es zu keiner Abreaktion oder bleibt es bei einer dauernden Reizung des Organismus, gewöhnt sich der Körper an diese Art der Atemarbeit und wendet sie zunehmend auch in normalen, unspezifischen Situationen an. Die Folge von Dauerstreß und starken seelischen Belastungen ist dann die schlechte Atemgewohnheit des hastigen, oberflächlichen Brustatmens (bis hin zu ausgeprägten Fehlatmungsformen mit Störungen des Atemrhythmus, asthmatischen Erscheinungen etc. (s. dazu SCHÖNTHAL 1984). Eine solche falsche Atemgewohnheit beeinflußt das gesamte Befinden (Ängstlichkeit, Nervosität). Dies läßt sich leicht nachvollziehen, wenn man selbst einmal zur Probe für kurze Zeit in dieser Weise atmet. Durch das Erlernen der Bauchatmung können diese Atemmuster wieder durchbrochen werden. Das Ausüben von Bauchatmung beeinflußt die Reaktionslage des Vegetativums und hat meist eine ausgleichende Wirkung (u.a. durch die Massagewirkung auf innere Organe und Nervenknoten des Autonomen Nervensystems im Bauchraum). Die Bauchatmung bildet eine organische Grundlage sowohl für eine beruhigende als auch für eine mobilisierende Steuerung des Organismus.

Anzumerken wäre noch, daß viele Atemübungen auch einen nicht zu unterschätzenden gesundheitlichen Wert haben. Nicht selten findet man im Sport falsche Atemgewohnheiten wie:
- Anhalten der Atmung bei gymnastischen Bewegungen
- Pressen der Luft bei Kraftanstrengungen
- Hastiges Luftschnappen mit geöffnetem Mund nach Anstrengung, anstatt daß dazu angehalten wird, sobald wie möglich ruhig durch die Nase einzuatmen und das Ausatmen zu betonen, um damit den Atem zu beruhigen und den Gasaustausch zu erhöhen (DE MAREES, 1982)
- Ungenügende Abstimmung von Atemrhythmus und Bewegungsstruktur.

Die später vorgestellten Übungen sollen auch dazu dienen, solche und ähnliche schlechte Atemgewohnheiten bewußter zu machen und zu ändern.

4. Anleitungen für die praktische Arbeit mit Atemübungen

Wie atmen? Bei allen vorgestellten Übungen soll das Einatmen möglichst immer durch die Nase erfolgen und das Ausatmen durch die Nase oder den leicht geöffneten Mund.

Welcher Atemrhythmus? Grundsätzlich sollte bei entspannenden Übungen das Verhältnis von Ein- und Aausatmung so sein, daß das Ausatmen länger ist. Die Ausatmung ist in jedem Fall der wichtigere Teil der Atmung (s. LODES 1985, 112). In welchem Verhältnis diese zueinander stehen, hängt sehr von der jeweiligen Atemschule ab. Ein ungefährer Richtwert ist das Verhältnis 1:3. Ähnliches gilt auch für die Pause zwischen den Atembewegungen. Bei entspannenden, körperlich-passiven Übungen kann - je nach Atemschule - eine Pause zwischen Ein- und Ausatmung bewußt verfolgt werden. Bei allen Übungen, die mit körperlichen Bewegungen gekoppelt sind und besonders bei allen aktivierenden Übungen soll der Übergang zwischen Ein- und Ausatmung fließend sein.

Methodische und didaktische Grundsätze: Für die praktische Atemarbeit im sportlichen Training gilt es, bestimmte Grundsätze zu beachten:
- Eine Einführung erfolgt am besten im letzten Trainingsdrittel oder idealerweise nach anstrengenden Trainingsinhalten, wo der Wunsch nach einer Regeneration bereits besteht (z.B. mit der Atembewußtseinsübung (1) im Liegen beginnen oder mit "Übungen zum Spüren, Beobachten und Geschehenlassen des Atems", LODES 1985, S. 33 ff.)
- Nie ein Training mit entspannenden Atemübungen beginnen. Ein Einbau von Atemübungen in die normale Aufwärmarbeit ist empfehlenswert. Besonders bewährt haben sich dabei Verbindungen von Stretchings (ANDERSON 1982) und Atmung bzw. Atemübungen. Entspannende Atemübungen eignen sich besonders zur besseren Regeneration am Ende eines Trainigs oder in Belastungspausen zwischendurch, bzw. auch in Wettkampfpausen bei langanhaltenden Wettkämpfen (z.B. Mehrkampf).

Will man das sportliche Training (und insbesondere den Wettkampf) nach entspannenden Atemübungen fortsetzen, muß zuvor der Kreislauf wieder aktiviert und der Organismus wieder in die nötige Reaktionsbereitschaft gebracht werden.
- Im Rahmen des normalen sportlichen Trainings soll die Atemarbeit ca. 10 - 15 Minuten betragen. Bewährt hat sich dabei folgende Vorgehensweise:
- Zuerst Lockerungsübungen.
- Dann spezielle gymnastische Übungen oder Stretchings zur Lösung der Verspannungen in den Problemzonen Schultergürtel und Becken/unterer Rücken.
- Anschließend mit Übungen zur Schaffung von Atembewußtsein beginnen. Die Athleten müssen erst lernen, in sich hineinzuhören und den eigenen Atem wahrzunehmen.
- Danach erst mit Atemübungen (Atem und Bewegung) arbeiten.
- Der Trainer soll in jedem Fall die Übungen, die er durchführen möchte, selbst erproben, gegebenenfalls variieren und weiterentwickeln. Ideal ist, wenn die Übungen an die Bewegungsmuster und Anforderungen der Sportart angepaßt werden können (z.B. den Tennisaufschlag mit aktiver Ausatmung koppeln).
- Suche nach Kombinationsmöglichkeiten von Musik und Atmung und verbinde Übungen aus der Sportart bewußt mit der Atmung.
- Es kann bei der Atemarbeit zu Halskratzen und Hustenreiz kommen. Dies ist durchaus normal, die Athleten sollen gründlich husten und sich räuspern und die Reize nicht unterdrücken. Das gleiche gilt auch für das Lachen - die Athleten sollen sich ruhig "auslachen". Störungen von außen (Lärm, Beobachter) sollen

302

nicht verdrängt werden, sondern möglichst, ohne ihnen besondere Beachtung zu schenken, durch die Übenden "hindurchgehen".
- Ein kalter Boden und kalte Füße und Hände sind sehr störend. In diesem Falle muß man sich Alternativen überlegen (Einhüllen in Decken, Pullover, Üben im Sitzen) und den Körper vorher genügend aufwärmen.
- Die Athleten sollen die Atemübungen auch zuhause durchführen. Eine geeignete Tageszeit dafür ist morgens nach dem Aufstehen (vor dem Frühstück).
- Die besten Erfolge werden durch tägliches Training erzielt. Lieber täglich 10 Minuten "Psychohygiene durch Atmung" als einmal in der Woche eine Stunde.

Atemübungen sind fast überall und jederzeit durchführbar. Seinen Atem trägt jeder mit sich, und es bedarf keiner besonderen Ausstattung. Genau dies macht die Arbeit mit dem Atem so ideal für den Alltag und den Sport.

5. Übungen

Im folgenden werden einige Atemübungen vorgestellt. Die Anregungen zu diesen (und vielen anderen) Übungen kamen von verschiedenen Seiten, z.B. von meinem früheren Karate-Lehrer Helmut QUECKENSTEDT und meiner Freundin Charlotte HONDA aus New York (Ausbilderin in Yoga, Tai Chi und Laban Movement Analysis) und wurden z.T. von mir weiterentwickelt. Die aktivierenden Übungen habe ich während eines halbjährigen Studien- und Trainingsaufenthalts in Japan kennengelernt. Jede verbale Beschreibung von Bewegungen stößt an gewisse Grenzen der Vermittlung. Deshalb ist es unerläßlich, die Übungen vor einer eventuellen Weitervermittlung selbst zu erproben. Am besten ist sicherlich eine Teilnahme an einem Atem-Workshop oder ähnlichen Veranstaltungen, da hierbei die eigene körperliche Erfahrung den größten Stellenwert besitzt und durch nichts zu ersetzen ist.

NAME: Grounding Position
ZWECK: Vitalisierung der Beine, Spannungslösung im Beckenbereich, Vorbereitung für Atemübungen im Stehen
ABLAUF: (auch nachzulesen in SCHWIEGER 1977)
Ausgangsposition: Etwa schulterbreit stehen, Oberkörper aufrecht, Becken leicht nach vorne-oben geschoben. Arme hängen locker seitlich am Körper herab. Man beugt langsam die Knie, bis man an einen Punkt kommt, an dem das Becken wieder rückwärts bewegt werden müßte. Verbleibe in dieser Stellung, versuche mit dem ganzen Fuß den Boden zu spüren, die Kraft des Beckens zu spüren. Versuche ohne Anstrengung in den Bauch zu atmen.
BEMERKUNGEN: Übung ein paarmal hintereinander machen, evtl. zur Erleichterung die Augen schließen. Danach Beine lockern. Gute Vorbereitung für die

Übung "OM im Stehen". Weiterführung: Bogenposition nach SCHWIEGER.

NAME: Atembewußtseinsübung (1)
ZWECK: Entspannende Atemübung, Bewußtsein für die eigene Atmung wecken, Beruhigung der Atmung nach anstrengenden Trainingsinhalten im Sport.
ABLAUF: *Rückenlage auf Boden, Füße flach auf Boden aufgestellt, Beine leicht angewinkelt, kein Hohlkreuz - unterer Rücken möglichst am Boden. Arme liegen neben Körper.*
Oder sitzend, Rücken abgestützt, Füße flach auf Boden, Hände auf Schoß. Augen am besten schließen oder halb schließen. Versuch, Aufmerksamkeit auf die eigene Atmung zu lenken, ruhig atmen. Eine Hand auf den Brustkorb legen und der Atembewegung nachspüren. Dann die gleiche Hand nach unten, auf den Unterbauch, wandern lassen. Versuchen, die Atembewegung im Bauch (HARA) zu spüren. Die andere Hand in gleicher Höhe dazu auf den Bauch legen.
Zunehmend versuchen, die Atemzüge lang zu machen, insbesondere die Ausatmung. Spüren, wie die Luft beim Ausatmen lange über die halbgeöffneten Lippen streicht. Die Pause zwischen Ein- und Ausatmen genießen.
BEMERKUNGEN: Bei Anfängern am besten die Augen schließen lassen. Als Einstiegshilfe kann man auch Musik im Hintergrund spielen lassen (z.B. Kitaro). Diese Übung ist auch als Partnerübung geeignet - d.h. ein Partner sitzt daneben und legt seine Hand auf Brust und Bauch und spürt die Atembewegung des anderen. Ideal zum "Aufwachen"danach: Sich strecken, räkeln und langsam aufsetzen. Fest die Hände aneinander reiben, bis sie ganz warm werden, dann die Handballen schnell auf die Augen legen und die Wärme spüren. Mehrmals wiederholen (ca. viermal).

NAME: Uhr
ZWECK: Spannungslösung Becken und unterer Rücken. Atembewußtsein in Unterbauch lenken.
ABLAUF: Ausgangsposition: liegend wie bei Atembewußtseinsübung (1), besonderen Wert darauf legen, daß unterer Rücken und Kreuzbein flach aufliegen, etwas zurechträkeln und die Lage vorher ausprobieren. Kreuzbein und Lendenwirbelsäule (d.h. der untere Teil des Rückens) vor und zurück, Wirbel für Wirbel langsam und genüßlich abrollen. Keine Anstrengung dabei, es soll angenehm sein. Die Vorstellung geben, daß im Becken eine Uhr sitzt. Die Zeigerposition 6 liegt in Richtung der Füße, die Position 12 in Richtung des Kopfes, dann langsam von der 12 zur 6 rollen und umgekehrt. Zur 6 einatmen und zur 12 ausatmen, langsam. Dann auf den Beckenseiten die Position 3 und 9 vorstellen und das Becken breit aufliegend von der 3 zur 9 und umgekehrt abrollen (nur den unteren Rücken leicht nach rechts und links bewegen, Beine und Füße bleiben fast in Ausgangsposition). Immer Kontakt zur Unterlage halten und die Hin- und Herbewegung mit dem eigenen Atemrhythmus verbinden. Anschließend das Becken so bewegen, daß ein

304

imaginärer Zeiger der Uhr langsam, Minute für Minute von der 12 über die 3, 6 und 9 wandert. Dabei nach eigenem Rhythmus atmen. Mehrmals wiederholen. Das Gefühl haben, der untere Rücken liegt "breit" auf.

NAME: Pelvis-Rock
ZWECK: Spannungslösung unterer Rücken und Becken. Entspannende Atemübung. Atembewußtsein in Bauchraum lenken.
ABLAUF: *Ausgangsposition: Rückenlage, Beine aufgestellt, Füße mit ganzer Fußsohle am Boden und leicht nach außen zeigend, Lendenwirbel und Kreuzbein flach am Boden (kein "Hohlkreuz"). Zuerst ruhig atmen in dieser Lage, Kreuzbein spüren und versuchen, mit breitem unterem Rücken aufzuliegen. Mit einem Bein beginnen, indem der Fuß langsam (dabei einatmen) - mit Bodenkontakt - nach vorne geschoben wird. Die Vorwärtsbewegung endet, wenn die Fußsohle sich vom Boden löst. Dann das Bein anheben (dabei ausatmen) und in einer kreisförmigen Bewegung nach vorne-oben in die Ausgangsposition zurückführen. Mit dem Ende des Ausatmens ist der Fuß wieder flach auf dem Boden aufgestellt und der Zyklus beginnt von vorne. Beine abwechseln, versuchen, lange Bewegungen zu machen. Arme liegen leicht auf dem Unterbauch (Atembewegung mitspüren) oder seitlich neben dem Körper.*
BEMERKUNGEN: Nach der Übung Kreislauf wieder aktivieren durch Strampeln, Aufstampfen o.ä. (nicht zu heftig!). Oft sackt bei Frauen der Kreislauf ab - kalte Füße als Folge behindern eine Weiterarbeit. In diesem Fall nach der Übung aufsitzen, Füße reiben, klopfen und massieren.
Diese Übung läßt sich ideal mit "Scapula-Wrap" kombinieren oder an Atembewußtseinsübung (1) anschließen.

NAME: Scapula-Wrap
ZWECK: Spannungslösung im Schulterbereich. Atembewußtseinsübung, entspannende Übung.
ABLAUF: *Ausgangsposition: liegend, genau wie in der Übung Pelvis- Rock, dabei ruhen beide Hände in gleicher Höhe leicht auf dem Unterbauch. Oder sitzend, Schultergürtel möglichst durch Lehne abgestützt, Füße flach auf Boden. Zuerst ruhig ein- und ausatmen, dem eigenen Atem nachspüren. Mit dem Einatmen eine Armbewegung beginnen. Den ganzen Arm vom Bauch her in einer Kreisbewegung nach vorne-oben zur Seite führen und flach ablegen (bei liegender Position), so langsam und gleichmäßig wie das Einatmen selbst ist. Mit dem Ende der Bewegung (Arm liegt leicht auf Boden auf oder läßt sich nicht mehr mühelos zur Seite weiterbewegen) die Ausatmung beginnen und synchron damit den Arm in der gleichen Weise wieder zum Bauch zurückführen, bis das Ausatmen beendet ist. Beim Öffnen des Armes (Einatmen) auch die Schulterregion öffnen, d.h. das Gefühl haben, das Schulterblatt zieht nach hinten und der Brustkorb weitet sich, beim Schließen (Ausatmen) das Gefühl haben, das Schulterblatt wickelt den Brustkorb*

ein. Arme abwechseln, Armmuskeln locker lassen, Finger locker lassen.
BEMERKUNGEN: Anfangs noch "ein" und "aus" vorgeben. Immer beachten, daß die Bewegung und das Atmen lang wird. Zu langsamen Bewegungen anhalten. Die Bewegung und das Atmen jedoch geschehen lassen, nicht zu aktiv werden.

NAME: KAN-KU (Himmelsbetrachtung)
ZWECK: Atemberuhigung und verbesserter Gasaustausch nach Anstrengung. Verbindung von Atmung und Bewegung, Entspannung (langsame Ausführung) oder Aktivierung des Organismus (s. Bemerkungen).
ABLAUF: *Ausgangsposition: Grundstand wie im Tai-Chi oder Grounding-Position, d.h. Beine ca. schulterbreit auseinander, Füße leicht nach außen, Beine leicht gebeugt. Oberkörper gerade, Becken etwas nach vorne, so daß der untere Rücken lang ist (kein Hohlkreuz und kein Buckel). Schultern hängen lassen ("Bärenschultern"). Arme hängen am Körper herab. Grundstand einnehmen, dabei Hände vor dem Körper so formen, daß linker und rechter Daumen und linker und rechter Zeigefinger zusammen ein Dreieck bilden.*
Mit dem Einatmen beginnend, langsam vor dem Körper die gestreckten Arme nach oben in Richtung Himmel führen (ohne Kraft), wenn das Fingerdreieck die Augen passiert, mit den Augen das Dreieck verfolgen, bis man nach oben in den Himmel schauen kann (nicht den Kopf nach hinten überstrecken oder die Arme zu sehr nach oben- hinten strecken).
Wenn mit dem Hochführen der Arme die Einatmung zu Ende ist, die Arme leicht auseinander nehmen, das Dreieck auflösen und die gestreckten Arme im weiten, leichten Kreis seitlich am Körper heruntersinken lassen. Dabei ausatmen. Die Ausatembewegung wird beendet, indem die Hände vor dem Körper wieder zu einem neuen Fingerdreieck zusammengeführt werden. Ein- und Ausatmen sollen ineinander übergehen, versuchen, die Armbewegungen synchron mit den Atembewegungen lange zu machen.
BEMERKUNGEN: Ideal ist, wenn die Übung im Freien (auch nach dem Lauftraining) oder (morgens) am offenen Fenster durchgeführt wird. Für Anfänger ist ein Zyklus von drei- bis fünfmal ausreichend. Anfangs den Rhythmus vorgeben, dann soll jeder eigenen Rhythmus finden. Zur Aktivierung wird der Ausatmungsteil verändert: Mit den Armen und dem Blick durch das Dreieck oben angelangt (am Ende der Einatmung), werden die Arme auseinandergenommen und dabei die Hände zu Fäusten geballt und mit angespanntem, gebeugtem Arm nach unten gezogen. Dabei kräftig durch den halbgeöffneten Mund ausatmen (Schreien auf HA-A-A-A). Nicht den Atem pressen, alle Luft rauslassen, auch aus dem Bauch. Evtl. zusätzlich noch etwas in die Knie gehen. Dann wieder den langsamen, leichten Einatmungsteil anschließen. Ca. drei- bis fünfmal den Zyklus wiederholen. Für die Aktivierung einer Gruppe das Signal für den Beginn der Ausatembewegung vorgeben. Da die Übenden dazu tendieren, den Einatmungsteil zunehmend schneller zu machen, zum langsamen Einatmen anhalten.

NAME: Schöpfen
ZWECK: s. Beschreibung der Kan-ku-Übung.
ABLAUF: *Ausgangsposition wie bei Kan-ku-Übung. Mit den Händen vor dem Körper (noch hängende Arme) eine Schöpfkelle bilden (die Fingerspitzen beider Hände berühren sich leicht). Mit der Vorstellung, man schöpft mit dieser Kelle Wasser (oder KI = Energie), die Hände und Arme langsam nach oben, bis Brusthöhe, führen. Arme dabei beugen, jedoch die Schultern nicht hochziehen. Mit dieser Bewegung einatmen. Mit dem Ende der Schöpf- bzw. Einatembewegung die Hände langsam umdrehen und wieder vor dem Körper nach unten führen - d.h. das Wasser ausleeren und nach unten wegschieben. Dabei ausatmen. Unten angelangt, Hände nach außen öffnen und dann wieder einen neuen Zyklus beginnen.*
BEMERKUNGEN: Variation der Übung zur Aktivierung wie bei Kan-ku-Übung. Zur Hilfe ruhig die Wörter "Schöpfen", "Hergeben" und "Wegschieben" verwenden und mit bildhaften Vorstellungen arbeiten.
Ausgleichsübung: Beine ausschütteln, Federn auf der Stelle und Füße gut abrollen dabei.

NAME: Himmel und Erde
ZIEL: Aktivierung, besonders als Gruppenübung geeignet. Lösung von Aggressionen.
ABLAUF: (auch nachzulesen im EGAMI 1976) *Ausgangsposition: Schulterbreit stehen, Schultern und Arme locker hängend. Hände ineinander legen, nach unten in die (Japaner-)Hocke gehen (Vorsicht - Füße leicht nach außen stellen, langsam bewegen). (Dabei einatmen. Langsam von unten nach oben aufrichten (Kopf voran, aus den Beinen drücken, nicht Oberkörper abklappen), dabei gleichzeitig die Arme nach oben strecken, auf die Zehenspitzen stehen. Finger strecken, nach oben schauen und dabei ausatmen. A-A-A-A-H-H intonieren, so lange wie möglich.*
BEMERKUNGEN: Jeder findet sein eigenes A-A-H. Bei manchen ist es heller, dunkler, länger oder kürzer. Der Gruppenleiter soll es am besten einmal vormachen. In der Gruppe ist eine Aufstellung im Innenstirnkreis (Halle) oder hin zum Licht (im Freien) günstig.

NAME: OM im Stehen
ZWECK: Spannungslösung und wohltuende Wirkung durch Übertragung der Vibrationen der Luftsäule auf den Bauchraum (Eingeweide, Vegetativum). Atembewußtsein für den Bauchraum (HARA) entwickeln. Den eigenen "Eingeweideton" spüren. Schaffung von Harmonie in einer Gruppe.
ABLAUF: *Ausgangsposition: wie bei Kan-ku-Übung. Die Hände werden vor dem Körper ineinandergelegt und beginnen mit einer leichten Schüttelbewegung (ohne viel Kraft). Man versucht, das Schütteln auf den ganzen Körper übertragen zu lassen (Beine leicht gebeugt lassen und OK gerade, Bauchbereich nicht anspan-*

nen). Kurz durch die Nase einatmen, dann auf O-M-M-M-M-M-M so lange wie möglich ausatmen. Mehrmals wiederholen, so wie es noch angenehm ist. Versuch, die Vibration des Mantras OM im ganzen Leib zu spüren und mit dem Schütteln zu verbinden.

BEMERKUNGEN: Ideal als Gruppenübung. Der Gruppenleiter intoniert das erste OM am besten vor. Danach sollen es alle probieren und die Gruppe dann selbständig intonieren. Sehr oft kommt es zu einer Harmonie im Gesang der Gruppe. Langsam ausklingen lassen ("jeder singt sein letztes Om zu Ende"). Zur Bedeutung des Mantras OM s. auch BERENDT 1983. Interessant in diesem Zusammenhang ist auch die Vokal- und Konsonantenatmung nach LODES 1985, S. 116 ff.

NAME: OM im Sitzen mit Partner
ZIEL: Wie bei OM im Stehen. Zusätzlich Intensivierung des Partnergefühls.
ABLAUF: *Partnerweise, Rücken an Rücken auf dem Boden sitzen. Möglichst großflächiger Kontakt zum Rücken des Partners, d.h. vorher etwas aneinander reiben, einfühlen. Beine leicht im offenen Schneidersitz, wer kann, im Lotossitz. Unbedingt eine zusammengefaltete Decke oder ein Sitzkissen als Unterlage zum Sitzen verwenden, damit das Gesäß erhöht sitzt und die Knie leicht nach unten weisen. Beide Partner stimmen das OM an. Versuchen, auch die Vibration des anderen zu spüren.Anfangs gemeinsam in der Gruppe anfangen, dann arbeitet jedes Paar für sich. Dazwischen auch eimal den Partner wechseln.*
BEMERKUNGEN: Zur Demonstraion des Singens aus dem Bauch, eignen sich gut Aufnahmen von Sutra-Singenden tibetanischen Mönchen oder japanischen Zen-Mönchen.

NAME: KI in der Gruppe
ZWECK: Aktivierung durch Atmung mit und in einer Gruppe.
ABLAUF: *Gruppe bildet Innenstirnkreis, faßt sich an den Händen. Auf ein Signal hin geht die Gruppe langsam in die Kniebeuge (Füße leicht nach außen, Beine bereits aufgewärmt) und wieder hoch. Beim Runtergehen wird ausgeatmet mit H-E-E-E und beim Hochgehen ausgeatmet mit A-A-A-A, so daß eine Hoch-Tief-Bewegung mit H-E-E-E-A-A-A entsteht. Oben angelangt, immer eine kurze Verschnaufpause (zum Einatmen). Nie den Atem anhalten, auch nicht beim Runtergehen! Nach und nach enger, d.h. an den Schultern fassen.*
BEMERKUNGEN: Nach einigem Proben hat sich eine Serie von 1 bis 2mal 10 Bewegungen bewährt. Diese Übung ist gut für Mannschaften, zur Einstimmung auf einen Wettkampf oder als Abschluß eines harten Trainings.

308

Gerhard Treutlein/Michael Preibsch
Begleitung eines körpererfahrungsorientierten Sporttreibens

1. Einleitung

Wenn Sportler beim Betreiben traditioneller Sportarten weitergehende Körpererfahrungen machen sollen als bisher, dann muß auch die Vor- und Nachbereitung dahingehend neu bedacht werden, welchen Beitrag sie zu einem an Körpererfahrungen orientierten Sporttreiben leisten können. Wir sehen Unterschiede zu geläufigen Formen von Aufwärmen und Gymnastik in folgenden drei Bereichen:

- Psychische Einstimmung (und "Nach"-Stimmung beim Ausklang) statt nur funktioneller Vor- und Nachbereitung,
- sensibler, tastender Umgang mit dem eigenen Körper, nicht "Hauruck"- und gewaltsames Umgehen, wie bei vielen Formen dynamischer Gymnastik und passiver Dehnung,
- Eigenwert von Vor- und Nachbereitung im Gesamtrahmen des Sporttreibens statt nur Mittel zum Zweck, d.h. nicht nur Vorbereitung des Körpers für spätere Leistungsbereitschaft und -fähigkeit bzw. Entmüdung für die nächste Trainingseinheit.

Wenn Sporttreiben stärker an Körpererfahrungen orientiert werden soll, geben folgende Punkte uns Suchanstöße zum Überdenken traditioneller Formen der Vor- und Nachbereitung: Atmung; Dehnung und Lockerung; Erwärmen; Sensibilisierung für den Wechsel zwischen Spannung und Spannungslösung; Schärfen der Wahrnehmung (d.h. wahrnehmungsbereit werden); Sensibel werden für den Ist-Wert statt dem Soll-Wert; Sich einstimmen.
Z.B. sollte eine körpererfahrungsorientierte Gymnastik dafür sorgen, daß sich der Sportler auf die nachfolgenden Bewegungen einstimmt, sein Körperbewußtsein erhöht, bewußt atmet und sein Körpergefühl steigert, während die traditionelle Zweckgymnastik mit meist sehr dynamisch ausgeführten Dehn- und Lockerungsübungen Verletzungsgefahren in sich birgt. Auf diese Weise wurden zu Turn-Vater Jahns Zeiten Muskeldehnungen ausgeführt, die durch die Auslösung eines kurzzeitigen Reflexes keine Muskeldehnung zur Folge hatten, sondern eine häufig direkt über das Rückenmark verschaltete Anspannung des gestreckten Muskels. Übungen hieraus, wie z.B. federndes Rumpfvorbeugen, das beliebte ruckartige Zurückfedern der Arme, sind uns sicher noch im Gedächtnis. Direkte Muskelverletzungen wie Muskelzerrungen oder Muskelfaserrisse waren keine Seltenheit, da der Körper bei unkontrollierten, reflexartigen Bewegungen bei mangelnder Dehnfähigkeit nicht entsprechend reagieren kann. Auch Störungen der Statik der

Wirbelsäule waren Folge ungezielter Gymnastik. Durch die Kontaktaufnahme mit seinem ganzen Körper soll der Sportler sich selbst als leibseelische Einheit erleben, sich seiner Körperlichkeit bewußt und für den Körper sensibel werden und auf ihn hören lernen, Spannungen und vor allem Verspannungen erfühlen, letztere nach Möglichkeit reduzieren, sich auf Spannungslösungen und Entspannung konzentrieren und den Fluß der Energie fühlen. Alle Übungen sollten unter Führung des Gefühls ausgeführt werden, d.h. statt objektiver - außengeleiteter - Vorgaben werden körpereigene subjektivische Bezugspunkte gewählt. Ein solcher Soll-Wert ist z.B. die Zielsetzung, bei der Rumpfvorbeuge mit den Händen den Boden zu berühren. Daß hierbei der überdehnende Einfluß auf die für die Stabilität der Wirbelsäule notwendigen rückwärtigen Gelenkbänder wesentlich größer ist als eine Beweglichkeitssteigerung der rückseitigen Oberschenkelmuskulatur, wurde nie bedacht.

2. Probleme einer solchen Vor- und Nachbereitung

Eine so orientierte Vor- und Nachbereitung hat einen Eigenwert, bereitet zugleich aber auch eine erhöhte Wahrnehmungs-, Empfindungs-, Erlebnis- und Erfahrungsfähigkeit in Phasen höherer physischer und psychischer Anspannung und Anstrengung während Unterricht, Training und Wettkampf vor. Für sie fehlt in der heutigen Zeit viel Wissen, da in Anbetracht angestrebter Ziele (die meist zu ihrer Umsetzung einen sehr hohen Spannungsgrad erfordern) Sportlehrer, Übungsleiter und Trainer weit besser über Übungen und Inhalte informiert sind, die Spannung und Muskelkontraktion zum Schwerpunkt haben als über solche, die Spannungslösung, Entspannung, Wohlbefinden, Innensicht und Wahrnehmung des Ist-Werts anstreben. Angesichts dieser nicht ausgewogenen Verteilung des Wissens kann nur schwer ein sinnvoller Rhythmus zwischen Anstrengung und Entspannung hergestellt werden. Eine gezielte physische und psychische Regeneration sowohl vor, während als auch nach dem Sporttreiben wird bisher selten in der gleichen Weise geplant und zielgerichtet durchgeführt wie dies bei anderen sportunterrichtlichen Schritten, Trainings- und Wettkampfmaßnahmen der Fall ist. Körpererfahrungsorientiertes Sporttreiben erfordert eine solche Planung.

3. Schwerpunkte einer körpererfahrungsorientierten Vorbereitung

Vorbereitung: Während nach dem Sporttreiben das Schwergewicht auf der Regeneration und dem Nachspüren liegt, muß bei der Vorbereitung der Aufbau einer günstigen Spannung der Muskulatur angestrebt werden, um ein gelöstes und überspannungsfreies Sporttreiben zu ermöglichen. Sieht man den Menschen in seiner Ganzheit von seiner Geburt an, fällt auf, wie die subcorticalen Primitivreflexe wie z.B. Schlucken, Saugen, Schreien oder die Lagereaktionen der Arme und Beine im Laufe der Entwicklung unter Kontrolle des Großhirns gestellt und z.T.

310

gehemmt werden. D.h., es wird durch Bahnung und Hemmung möglich, bestimmte willkürliche Bewegungen auszuführen. Dieser Vorgang wird Ausarbeitung dynamischer motorischer Stereotypen (JANDA, sog. "movement-pattern") genannt. Der Mensch hat nun die Angewohnheit, Bewegungsmuster (Pattern) zu automatisieren, die in seinen Bewegungen des täglichen Lebens ("daily-life-activities") einen möglichst geringen, wenn auch häufig unökonomischen Kraftaufwand bedingen; durch Anpassung an Umweltsituationen können diese "motor-pattern" verändert werden durch die Anpassungsfähigkeit der Großhirnrinde, die wir "Plastizität" nennen. Sporttreiben mit unphysiologischen Bewegungsautomatismen (mit unausgeglichenen hemmenden und bahnenden Bewegungsimpulsen) verhindert Körpererfahrungen; Sporttreiben mit ausgeglichenem Spannungsgrad ermöglicht nicht nur positive Bewegungserfahrungen, sondern setzt auch die Ermüdungsgrenze herauf, da ein ausgewogenes Spannungsfeld in einem synergistischen System (zwischen Spielern und Gegenspielern) auch verringerten Energieverbrauch bedeutet. Auch die psychische Spannungskomponente ist von Bedeutung.

FELDENKRAIS (1978, S. 134) weist zurecht daraufhin, daß unnötige Anspannung zudem den Körper kürzer macht: "Bei jeder Handlung, die als schwierig vermutet oder bei der Schwierigkeiten erwartet werden, zieht sich der Körper zum Schutz gegen Schwierigkeit und Widerstand zusammen... Solcher Selbstschutz und solche unnütze Anstrengung sind der Ausdruck mangelnden Selbstvertrauens. Sobald einer glaubt, er brauche alle seine Kraft, strengt er seinen Willen an, um seinen Körper für die Handlung zu verstärken; in Wirklichkeit aber nötigt er sich nur zu unnützer Anstrengung." Bei der Vorbereitung muß demnach das Schwergewicht auf Dehnungs- und Atmungsübungen zur Entspannung und Energieaufladung, auf meditativer Konzentration auf den eigenen Körper und seine Kraft, auf der Erhöhung des "Selbstvertrauens" und vor allem auf der Erhöhung der Bewußtheit liegen, weniger bei einer Zentrierung auf ein Leistungsziel. Bewußtheit bringt die Erfahrung mit sich, "daß durch die gezielte Bewußtmachung der eigenen Bewegung nicht nur das Orientierungs- und Koordinationsvermögen verbessert und damit auch die Sicherheit gesteigert werden, sondern daß hierdurch auch das Bewegungserlebnis intensiviert werden kann." (NICKEL 1984, S. 11)

Dehnung: Herkömmliche dynamische wie auch passive Dehnung bringt die Möglichkeit von Schädigung und Schmerzen mit sich. Wir tendieren deshalb zu Dehnübungen im Sinne von Yoga, Bioenergetik, Feldenkraisübungen und Stretching. Dehnungsübungen sind Bestandteil fast jeder Sportstunde, Muskeldehnungen werden im Training von Leistungssportlern, in der Gymnastik im Schulsport und zunehmend in medizinisch-therapeutischen Bereichen angewandt. Der Skelettmuskel kann nach Anspannung um 10%-30% vermindert in seine Ausgangslänge entspannen. Es bleibt ein sog. Kontraktionsrückstand, der nur passiv (durch Dehnung) beseitigt werden kann, Dehnungen unter Vermeidung einer

Reflexauslösung. Wir empfehlen daher aktiv dynamische sowie passive Dehnungen (mit Partner) zu meiden. Sportlern fehlt es meist an einem ausreichend gründlichen und anwendbaren Wissen über ihren Körper. Ihre Empfindungsmechanismen sind verzerrt, vor allem auch durch die oft anzutreffende Einstellung, daß nur das, was weh tut, auch gut ist. Dehnungen nach der sog. **postisometrischen Relaxation** sind zu bevorzugen. Dabei wird der zu dehnende Muskel ca. 7 Sek. gegen einen Widerstand kontrahiert und kann in der Phase danach nicht oder nur gering auf einen Dehnreiz mit einer Gegenspannung reagieren. Dies beruht vermutlich auf der Tatsache, daß die Reizschwelle der Reflexapparate der Sehnen überschritten wurde und es somit zu einer Hemmung der Muskelaktivität des gedehnten Muskels kommt. Bei dieser passiven Art der Dehnung haben wir die Möglichkeit, diesen Eigenreflex auszuschalten.

Ein weiteres Prinzip, der Grundsatz der **reziproken Innervation**, ist ebenfalls nutzbar. Durch Kontraktion des Gegenspielers in entsprechender Ausgangsstellung, kommt es zur Hemmung und damit zur Dehnung des Spielers.

Spannungswechsel: Dehnung und Kontraktion müssen sich die Waage halten, nicht nur im Alltag sondern auch im Sport, beide ergänzen sich sinnvoll. Jede Abweichung nach einer Seite hin ist ungünstig; vor allem die ständige Kontraktion der Muskeln führt zu Verspannungen und längerfristig zu Abnutzungserscheinungen und Krankheit. Deshalb sollte bewußte Dehnung als Ergänzung in die Vor- und Nachbereitung eingefügt werden. Zudem haben Dehnen und Strecken auch einen Eigenwert. Sie sichern eine günstige psychische Disposition für das nachfolgende Sporttreiben und erhöhen über die größere Expansionsfähigkeit des Körpers auch die Genußfähigkeit des Sporttreibenden. Strecken und Dehnen sind vitale, aufbauende Bewegungen, die vor jedem Sporttreiben durchgeführt werden sollten.

Bewußtheit für den Körper kann durch systematisches Spannen und Entspannen der einzelnen Muskeln erreicht werde. Zusammen mit einer auf Verspannungen gerichteten Atmung wird nicht nur Bewußtheit für den Körper zu entwickelt, Verspannungen werden aufgelöst. Zugleich verringert diese Methode Nervosität und psychische Gespanntheit. Verspannungen behindern die Sensibilität für den eigenen Körper und Körperbewußtheit, d.h. sie reduzieren den Umfang von Körperwahrnehmungen und empfindungen, sie beeinträchtigen die Erlebnisebene und behindern Erfahrungen. Welche Folgen haben Verspannungen: Sie behindern die Muskelkoordination und erschweren leichte und gelöste Bewegungen. Sie beeinträchtigen die Blutzirkulation. Sie machen den Körper gefühllos. Sie beeinträchtigen die Funktion des Nervensystems. Sie behindern die natürliche, d.h. volle und tiefe Atmung. Sie verändern physiologische Bewegungsautomatismen.

Aus diesen Erkenntnissen lassen sich die Ziele korrekt angewandter Dehnung aufzeigen:

1. Förderung der muskulären Beweglichkeit nach längerer Bewegungspause
2. Wiederherstellung eines Spannungsgleichgewichtes (phasisch-tonischer Synergismus) zur Aufrechterhaltung eines ökonomischen Bewegungsmusters
3. Erweiterung der Bewegungsamplitude vor sportlicher Tätigkeit mit nachfolgender Spannungsaktivierung zur Herabsetzung der Reizschwelle
4. Erhöhung der Sauerstoffaufnahmekapazität und der Muskelkerntemperatur zur besseren Leistungsfähigkeit
5. Senkung psychischer Übererregbarkeit
6. Vermeidung von "Muskelkater" nach sportlicher Tätigkeit und Aufhebung des erwähnten Kontraktionsrückstandes

Auf eine weitere Möglichkeit des Lösens von Verspannungen weist LOWEN hin: "Das Vibrieren ist eine natürliche Art, Muskelverspannungen zu lösen... Das Vibrieren lockert nicht nur Spannungen, sondern erfüllt noch eine andere wichtige Aufgabe. Es erlaubt uns, die unwillkürlichen Bewegungen unseres Körpers bewußt zu erleben und zu genießen. Sie sind ein Ausdruck des Lebens, seiner vibrierenden Kraft" (LOWEN 1975, S. 213ff). Das Vibrieren gibt ein neuartiges Gefühl für den Körper und hilft, sich eventuell bestehender Sperren und Verspannungen bewußt zu werden.

Ausgleich von Einseitigkeiten: Die Spezialisierung auf eine Sportart bringt massive Einseitigkeiten mit sich, die ihrerseits möglicherweise das Wahrnehmungs- und Empfindungsvermögen beeinträchtigen. "Manche Sportler haben massiv entwickelte Oberkörper, daß man den Eindruck hat, sie hätten sich zu anatomischen Mißgeburten gemacht. ...Besonders schädlich wirken sich einseitige Sportarten aus ..." (MASTERS/ HOUSTON 1983, S. 50). Wichtig erscheint deshalb die Durchführung eines Ergänzungs- oder Alternativprogramms (bis hin zur Krankengymnastik), um die Sportler ganzheitlich zu entwickeln. Asymmetrien und Unausgewogenheiten sollen nicht nur aus ästhetischen Gründen vermieden werden, sondern auch um Schädigungen im Sinne von unnatürlichen Bewegungsautomatismen mit der Folge von Rückenleiden etc. vorzubeugen. Das Betreiben einer Sportart - zumal einseitiger Sportarten wie Tennis - reicht nicht aus, um den Rückgang an Beweglichkeit, Koordination und damit langfristig eine Beeinträchtigung von Gesundheit und Wohlbefinden zu vermeiden.

Atmung: Sport lebt in hohem Maße von der Atmung, aber nur wenige beschäftigen sich bewußt mit ihr. Der Energiespiegel steigt, wenn die Atmung aktiver wird. Eingeschränkte Atmung bewirkt Konzentrationsunfähigkeit und Unruhe, eine unzureichende Atmung kann Angst, Gereiztheit und Verspannungen hervorrufen (vgl. LOWEN 1975, S. 36). Vor diesem Hintergrund ist nicht verständlich, daß bei fast keiner Sportart, weder in der Vorbereitung noch während des Übens oder im Wettkampf, bewußt gemacht wird, wie der Sporttreibende atmet. Dies wäre wichtig, weil eine Unfähigkeit zu normaler, regelmäßiger, tiefer und rhythmischer Atmung Empfindungs- und Leistungsfähigkeit herabsetzt. Zudem besitzen wir die Neigung, unter Streß und hoher körperlicher Anspannung den Atem anzuhalten; bewußte tiefe Ausatmung kann dieser Tendenz entgegenwirken. Niemand möchte den ganzen Tag an die Atmung denken. Dies ist auch nicht notwendig. Notwendig ist aber, sich seine Atmungsgewohnheiten bewußt zu machen, damit sie einer Verbesserung zugänglich werden. Die verbesserten Atmungsgewohnheiten können dann wieder ins Unterbewußtsein abgesenkt werden. Der Vorteil der zeitweisen Bewußtheit bei der Atmung liegt darin, daß in (körperlich oder psychisch) belastenden Situationen über die Atmung diese Situationen beeinflußt werden können. Solche belastende Situationen bringen meist eine flache und auch unregelmäßige Atmung mit sich. Die bewußte Regulierung und Rhythmisierung des Atmens erzeugt einen therapeutischen Effekt: Das Bewußtsein wird klarer und ruhiger, unnötige Spannungen werden reduziert, ich bin besser zu einem sinn-vollen und energischen Körpereinsatz in der Lage. Der Schwerpunkt des Atmens sollte auf dem Ausatmen und der Atempause liegen (vgl. LODES 1977, S. 112). Intensiviertes Einatmen fördert Anspannung und Verkrampfung, tiefes Ausatmen dagegen entspannt, lockert und schafft Unterdruck in den Lungen, so daß Einatmen von selbst geschehen kann. Die bewußte Atmung sollte sowohl als selbstständiger Teil bei der Vorbereitung durchgeführt, zusätzlich aber auch beim Dehnungsprogramm beachtet werden. Die physiologische Gesetzmäßigkeit bringt bei einer Dehnung des Körpers eine Einatmung mit sich, bei der Kontraktion (und Muskelarbeit) die Ausatmung.

Die Atmung sollte bewußt auf die zu dehnenden Partien zentriert werden. Es ist ein bekanntes Phänomen, daß die Blutzirkulation in dem Körperteil angeregt wird, auf den sich die Aufmerksamkeit richtet; die Dehnung wird dadurch erleichtert. Richtige Atmung, in Verbindung mit Dehnung und Streckung, verbessert die Selbstwahrnehmung. Versucht werden sollte auch intensives Gähnen. "Gähnen bewirkt einen natürlichen Spannungsausgleich im Körper sowohl bei Unter- als auch bei Überspannung, es führt zu einer Sauerstoffzunahme im Gehirn und somit zu einer Steigerung des Wachheitszustandes. Körperliche und seelische Verspannungen können dadurch gelöst werden" (LODES 1977, S. 69f).

4. Gedanken zur Durchführung von Vor- und Nachbereitung

Vorbereitung: Vor Beginn des Unterrichts- oder Trainingsschwerpunkts bzw. eines Wettkampfs sollte über Atmung, Jacobson-Übungen und Muskelentspannung versucht werden, zu innerer Ruhe und Konzentration zu finden. Menschen unseres Kulturkreises haben meist die Fähigkeit verloren, sich zu lockern; Lockerheit ist eine wesentliche Voraussetzung für Wahrnehmungs-, Empfindungs- und Leistungsfähigkeit. Durch einen Beginn des Sporttreibens im Sinne des obigen Vorschlags soll der notwendige Grad an Lockerheit und Zentrierung auf sich selbst erreicht werden. Entspannung setzt die Bewußtheit von Verspannungen voraus. Verspannungen zeigen einen unnötig hohen Spannungsgrad an, der Energie raubt, Enge und möglicherweise Angst schafft. Über gezieltes Spannen und Entspannen einzelner Muskeln, über Ausstreichen und leichte Klopfmassage können verspannte Körperpartien bearbeitet werden. Im Anschluß daran sollten Dehnungs- und Streckungsübungen stehen, die mit bewußter Atmung verbunden werden.

Bei der Vorbereitung auf Bewegungen im Hauptteil einer Unterrichtsstunde, eines Trainings oder eines Wettkampfs sollte auf gelöste, rhythmische Bewegungen geachtet werden, denn jede gelöste, rhythmische Bewegung ist lustvoll und energiebringend: "Erfolgt sie mechanisch und ohne rhythmisches Gefühl, wird sie zu einer mühsamen Angelegenheit" (LOWEN 1979, S. 261). Ohne gelöstes, rhythmisches Sich-Bewegen wird die Vorbereitung zu einer unter physischen Aspekten zwar zweckfunktionalen und -rationalen Veranstaltung, von der psychischen Seite her aber zu einer Anstrengung und schlechten Grundlage für das nachfolgende Sporttreiben.

Eine vollwertige Vor- und Nachbereitung des Sporttreibens ist vor allem dann gegeben, wenn der Sportler sich seiner Körperlichkeit bewußt wird und auf seinen Körper hören lernt. Dann kann er den Fluß seiner Energie fühlen, Spannungszustände regulieren und Verspannungen reduzieren; Lehrer, Trainer, Ärzte u.a. m. können von außen nie so gut erkennen, was in einem Sportler vor sich geht wie dieser selbst, wenn er seine Wahrnehmungs-, Empfindungs- und Reflexionsfähigkeit entwickelt hat. Je geringer die Sensibilität des Sportlers für die körpereigenen Botschaften und seine Fähigkeit zu ihrer Interpretation entwickelt ist, desto wichtiger werden Experten, die dem Sportler das Denken abnehmen und ihn letztlich daran hindern, für sich sensibel zu werden. Die etablierten Autoritäten wie Sportlehrer, Arzt, Trainer und Funktionär "ersparen" dem Sportler oft, sorgsam auf die Stimme seines Körpers zu hören.

2. Nachbereitung

Nach dem Sporttreiben ist es sinnvoll eine aktive und passive Entmüdung folgen zu lassen, auch zur Vorbeugung eines Muskelkaters; wir verstehen Muskelkater im Sinne der "Ermüdungskontraktur", d.h. einer Stoffwechselstörung nach sportlicher Belastung im anaeroben Bereich mit der Folge einer übermäßigen Milchsäureansammlung in der Muskulatur. Der dadurch bedingte Muskelschmerz beginnt direkt anschließend an die sportliche Betätigung und verschwindet nach 3 - 5 Stunden wieder. Dieser ist von einer "ultrastrukturellen Muskelschädigung" zu unterscheiden, die den Muskelschmerz der Stoffwechselstörung überdauert oder erst danach beginnt und über mehrere Tage andauert. Hierbei ist die Anwendung von Muskeldehnungen noch umstritten und nur durch im Sport erfahrene Krankengymnasten zu empfehlen. Unter passiven Maßnahmen verstehen wir Entmüdungsmassagen durch gelernte Sportmasseure, Entmüdungsbäder, Dauerbrause und Wechselbäder nach Pfarrer Kneipp. Aktive Maßnahmen sind neben den genannten Dehnungen das Auslaufen (cool-down) und das Auslockern. Zur Beschleunigung des Abtransportes von Stoffwechselschlacken wirken Kräutertees unterstützend, die blutreinigend sind: Holunderblüten, Brennesseln, Scharfgarbe, Ackerschachtelhalm u.a.. Bedeutend ist auch der Versuch, sich an das allgemeine Gefühl während und direkt nach dem Sporttreiben zu erinnern und dieses sich bewußt zu machen. Über die erneute Dehnung erfolgt eine Konzentration auf die gedehnten Körperteile und eine bewußte Kontaktaufnahme mit ihnen, vor allem mit jenen, die im Hauptteil des Trainings oder im Wettkampf besonders intensiv oder häufig kontrahiert wurden. Über diese Wahrnehmungszentrierung kann ein weiterer Beitrag zu einer Sinnes- und Wahrnehmungssensibilisierung geleistet werden.

Auch die Sauna kann als entmüdende Maßnahme eingesetzt werden; sie hilft bei der Ausschwemmung von Stoffwechselschlacken und schafft ausgezeichnete Voraussetzungen für kommende körperliche Betätigung. Sie wirkt sich zudem anregend auf die Körperabwehr aus. Wichtige Grundregeln sollten beim Saunabesuch beachtet werden: Temperatur zwischen 80 und 100 Grad, am günstigsten sollte man flach liegen, dabei 3 bis 4 Saunagänge absolvieren, von jeweils etwa 10 Minuten und dazwischen jeweils einer Viertelstunde Ruhepause. Saunabesuch am Tag vor dem Wettkampf ist nicht empfehlenswert.

Eine vollwertige - sinn-volle - Vor- und Nachbereitung dient der höheren Genußfähigkeit des Sportlers für sein Sporttreiben und leistet damit einen Beitrag zur Befähigung zu einer eigenen aktiven Planung und Suche von Wohlbefinden im und durch den Sport.

5. Literaturverzeichnis

ABELE, A./BECKER, P. (Hrsg.): Wohlbefinden. Theorie - Empirie - Diagnostik. Weinheim/München 1991.

ABELE, A./BREHM, W.: Sportliche Aktivität als gesundheitsbezogenes Handeln. In: SCHWARZER, R.(Hrsg.): Gesundheitspsychologie. Göttingen/Toronto/Zürich 1990, S. 131-150.

ABHUDAYA, S.: Sensory Awareness - Direktes Erleben durch die Sinne. In: MÖGLING, K. (Hrsg.): Sanfte Körpererfahrung II. Kassel 1984, S. 37-54.

ABRAHAM, A.: Anmut und Angst. In: KLEIN, M. (Hrsg.): Sport und Körper. Reinbek 1984, S. 76-88.

AdL (Hrsg.): Schüler im Sport - Sport für Schüler. Schorndorf 1984.

ALEXANDER, G.: Eutonie. München 1976.

ALEXEJEW, A.: Psychologie im Training und Wettkampf, Berlin 82.

ALLMER, H./SCHULZ, N.(Hrsg.): Gesundheitserziehung. Wege und Irrwege. Brennpunkte der Sportwissenschaft 1 (1987) 1.

ANDERSON, B.: Stretching. Waldeck Dehringhausen 1982.

ANDREAS, P.: Schwimmen. Frankfurt 1963.

AUFMUTH, U.: Die Lust am Aufstieg. Weingarten 1984.

BAUMANN, C./GRÖSSING, S.: Ganzheitlichkeit und Körpererfahrung in der Sporterziehung. Bericht über die Tagung der Komm. Sportpäd. in der DGfE. 1.-3.12.1983, Salzburg. Salzburg 1984 (= Salzburger Beiträge zum Sport unserer Zeit. 10.Folge).

BECKER, F.: Der Weg zur vollkommenen Gesundheit. Positive Gesundheitsvorsorge oder moderne Computer-Behandlung ? Mannheim o.J.

BECKERS, E./KRUSE, C. (Hrsg.): Gesundheitsbildung - Wahrnehmungsentwicklung - Bewegungserfahrung. Köln 1986.

BECKERS, E.: Gesundheit und Lebenssinn, in: ALLMER, H./SCHULZ, N. (Hrsg.) Gesundheitserziehung - Wege und Irrwege. Sankt Augustin 1987, S. 13-36.

BECKERS, E.: Von der Krankheitsprophylaxe zum Lebenssinn. Zur Wiederentdeckung pädagogischen Denkens in der neueren Gesundheitsdiskussion. In: KÜPPER, D./KOTTMANN, L. (Hrsg.): Sport und Gesundheit. Schorndorf 1991, S. 35-50.

BERENDT, J.E.: Nada Brahma. Insel-Verlag 1983.

BERKELEY HOLISTIC HEALTH CENTER (Hrsg.): Das Buch der ganzheitlichen Gesundheit. Bern, München, Wien 1982.

BERMAN, M.: Wiederverzauberung der Welt. Am Ende des Newton'schen Zeitalters. München 1983.

BERNARD, M.: Der menschliche Körper und seine gesellschaftliche Bedeutung. Phänomen. Phantasma. Mythos. Bad Homburg 1980.

BERTHERAT, T./BERNSTEIN, C.: Der entspannte Körper. Schlüssel zu Vitalität, Gesundheit und Selbstbestimmung. München 1982.

BETTE, K.H.: Körperspuren. Zur Semantik und Paradoxie moderner Körperlichkeit. Berlin - New York 1989.

BIELEFELD, J.: Körpererfahrung. Grundlage menschlichen Bewegungsverhaltens. Göttingen 1986.

BINNEWIES, H./WEINBERG, P.: Körpererfahrung und soziale Bedeutung. Ahrensburg 1984.

BOISEN, M.: Angst im Sport. Hamburg 1975.

BOLLNOW, O. F.: Was ist Erfahrung? In: VENTE, R. E.: Erfahrung und Erfahrungswissenschaft. Berlin 1974.

BONFRANCHI, R.: Kata. In: Judo-Revue (1980) 18, S. 30.

BRACKHANE, R./WÜRZ, M.: Emotionales Erleben im Freizeitsport. In: Sportwissenschaft 14 (1984) 2, S. 166-174.

BRADEN, V.: Vic Braden's Tennisbuch. München 1979.

BRECHBÜHL, J.: Tennis von A - Y. Derendingen - Solothurn 1977.

BREHM, W.: Skifahren. Reinbek bei Hamburg 1986.

BREHM, W.: Sich-Wohlfühlen als Ziel der Gesundheitserziehung im Sport. In: KOTTMANN, L. (KÜPPER, D./BRODTMANN, D. (Hrsg.): Gesundheit, Gesundheitserziehung, Sportpädagogik. Wuppertal 1987, S. 28-50.

BREMER, D./KOCH, J./SPERLE, N.: Fehlerkorrektur und Mängelreduktion im alpinen Skilauf aus handlungstheoretischer Sicht. In: BREMER, D./ SPERLE, N. (Hrsg.): Fehler, Mängel, Abweichungen im Sport. Von der fertigkeits- zur handlungsorientierten Fehlerkorrektur und Mängelreduktion. Wuppertal 1984, S. 120-143.

BRODTMANN, D.: Gesundheitserziehung im Schulsport. In: KOTTMANN, L./KÜPPER, D./BRODTMANN, D. (Red.): Gesundheitserziehung und Sportpädagogik. Wuppertal 1987, S. 28-50.

BROTDMANN, D.: Unterrichtsmethoden - das vernachlässigte Thema der Sportpädagogik. In: PEPER, D./CHRISTMANN, E. (Hrsg.): Zur Standortbestimmung der Sportpädagogik. Schorndorf 1987, S. 68-83.

BROOKS, C.V.W.: Erleben durch die Sinne. (Sensory awareness). Paderborn 1979.

BUCHER, W. (Hrsg.): 1001 Spiel- und Übungsformen im Schwimmen. Schorndorf 1987.

BUNCSAK, E./KEHRER, I./KLEIN, C.: Der Iglu mit dem roten Punkt. Ein Handbuch für alle Gruppen, die im Winter in die Berge fahren. Tübingen 1981.

BURWASH, P.: Tennis fürs Leben. München 1982.

BÜSSER, P.: Körpererfahrung als Bereich des Sportunterrichts der Gesamt-schule. In: FUNKE, J.: Sportunterricht als Körpererfahrung. Reinbek 1983, S. 44-62.

BUSCH, W.: Und die Moral von der Geschicht'. Bd. 1. Gütersloh o.J.

CAPRA, F.: Das Tao der Physik. Die Konvergenz von westlicher Wissenschaft und östlicher Philosophie. 3. Aufl. Bern/München/Wien 1984.

CAPRA, F.: Wendezeit. 7. Aufl. Bern/München/Wien 1984.

CHRISTIAN, P.: Über "Leistungsanalyse" dargestellt an Beispielen aus der Willkürmotorik. In: Der Nervenarzt 24 (1953) 10, S. 10-16.

COLEMANN, V.: Gesund ohne Medizin. Wie wir die Selbstheilungskraft unseres Körpers aktivieren und nutzen können. München 1985.

CÖLLE, E. (Hrsg.): Handbuch für den gesunden Urlaub. Vollwertig speisen auf Reisen. Stuttgart 1987.

COOPER, K.H.: Dr. Coopers Gesundheitsprogramm. Bewegung, Ernährung, Seelisches Gleichgewicht. München 1984.

CSIKSZENTMIHALYI, M.: Das Flow-Erlebnis. Jenseits von Angst und Langeweile im Tun aufgehen. Stuttgart 1985.

DAUGS, R. u.a.: Alternativen im Skiunterricht. Konzeption für breitensport-lich orientiertes Skilaufen. Schriftenreihe zum Hochschulsport. Nr. 11. Darmstadt 1975.

DEHAAS, P.: Zen-Meditation - in sich selbst versenken, um aufzuwachen. In: MÖGLING, K. (Hrsg.): Sanfte Körpererfahrung II. Kassel 1984, S. 119-142.

DEMAREES, H./MESTER, J.: Sportphysiologie II. Frankfurt 1982.

DEPPERT, I.: Bewegen, Spielen und Experimentieren mit Materialien und Objekten - ein körperliches Erlebnis. In: BINNEWIES, H./WEINBERG, P.: Körpererfahrung und soziale Bedeutung. Ahrensburg 1984, S. 122-134.

DESHIMARU-ROSHI, T.: Zen in den Kampfkünsten Japans. Berlin 1978.

DIEM, L./BRESGES. L.: Forschungsergebnis Kleinkinderschwimmen. In: Perspektiven der Sportwissenschaft. Jahrbuch der Deutschen Sporthoch-schule Köln. Schorndorf 1972. S. 20-28.

DIETRICH, K./HEINEMANN, K.(Hrsg.): Der nichtsportliche Sport. Beiträ-ge zum Wandel im Sport. Schorndorf 1989.

DIETRICH, M./KLEIN, M.: Körpererfahrung im Sportunterricht. In: KLEIN, M. (Hrsg.): Sport und Körper. Rheinbek 1984, S. 138-151.

DIGEL, H.: Skilauf als kommunkatives Ereignis. In: AASH (Hrsg.): Infor-mationen und Materialien für das Schwerpunktfach Skilauf. Skilauf in der Sportlehrerausbildung. Heft 3, Esslingen 1977, S. 29-58.

DROPSY, J.: Lebe in Deinem Körper. Kreativität und menschliche Beziehun-gen durch "expression corporelle". Paris 1982.

DÜRCKHEIM, K.G.: Meditieren, wozu und wie. Freiburg 1976.
DÜRCKHEIM, K.G.: Japan und die Kultur der Stille. Weilheim 1981a.
DÜRCKHEIM, K.G.: Hara - Die Erdmitte des Menschen. Weilheim 1981b.
DÜRCKHEIM, K.G.: Übung des Leibes. 2. Aufl. München 1981c.
DÜRCKHEIM, K.G. (Hrsg.).: Der zielfreie Weg. Im Kraftfeld initiatischer Therapie. Freiburg 1982.
DYCHTWALD, K.: Körperbewußtsein. Eine Synthese der östlichen und westlichen Wege zu Selbst-Wahrnehmung, Gesundheit und persönlichem Wachstum. Essen 1981.
EGAMI, S.: The Way of Karate beyond Technique. Tokyo 1976.
EHNI, H.: Sport und Schulsport. Schorndorf 1977.
EHNI, H.W.: Didaktische Überlegungen zum Skilauf in der Schule. In: AASH (Hrsg.): Informationen und Materialien für das Schwerpunktfach Skilauf. Skilauf in der Sportlehrerausbildung. Heft 3, Esslingen 1977, S. 3-29.
EHNI, H.: Üben. In: Sportpädagogik 9 (1985) 6, S. 14-25.
ENNENBACH, W.: Bild und Mitbewegung. Köln 1989.
FARFEL, W.S.: Bewegungssteuerung im Sport. Berlin (DDR) 1977.
FELDENKRAIS, M.: Bewußtheit durch Bewegung. Der aufrechte Gang. Frankfurt 1978.
FELDENKRAIS, M.: Bewegungserziehung zur Verbindung von Körper und Geist. In: PETZOLD, H. (Hrsg.): Psychotherapie und Körperdynamik. Paderborn 1979, S. 176-194.
FELDENKRAIS, M.: Die Entdeckung des Selbstverständlichen. Frankfurt 1985.
FELLER, B.: Untersuchungen zur kinästhetischen Wahrnehmung. In: RIEDER, R.: Psychomotorik und sportliche Leistung. Schondorf 1976.
FELLSCHES, J. (Hrsg.): Körperbewußtsein. Beiträge zu Theorie und Kultur der Sinne. Essen 1991.
FERGUSON, M.: Die sanfte Verschwörung. 3. Aufl. Basel 1983.
FETZ, F.: Beiträge zu einer Bewegungslehre der Leibesübungen. Wien 1964.
FEUDEL, E.: Durchbruch zum Rhythmischen in der Erziehung. 2. Aufl. Stuttgart 1965.
FICK, H.-E.: Autogene Aktivierung unseres Bio-Energiesystems. Der Arzt in uns. Mannheim o.J.
FISCH, G.: Akkupunktur. Goldmann-Medizin Bd. 9046. München 1974.
FLICK, U. (Hrsg.): Alltagswissen über Gesundheit und Krankheit. Subjektive Theorien und soziale Repräsentationen. Heidelberg Asanger 1991.
FÖRSTER, A.: Neue Perspektiven für den Sport durch die Philosophie und Praxis der fernöstlichen Kampfkünste. In: LENK, H. (Hrsg.): Topical Problems of Sport Philosophy. Schorndorf 1983, S. 211-240.
FÖRSTER, A.: Allgemeiner Rahmen für ein Trainingskonzept Karate. In: Hochschulsport 12 (1985a) 2, S. 20-22.

FÖRSTER, A.: Einstellung zur Sportpsychologie und zu psychologischen Trainingsverfahren. Wiss. Arbeit für die Zulassung zur Prüfung für das Lehramt an Gymnasien. Karlsruhe 1985b.

FÖRSTER, A.: The Nature of Martial Arts and Their Change in the West. In: KLEINMANN, S. (ed.): Mind and Body - East meets West. Champaign, 111 (1986), S. 83-87.

FRANKE, E./JANSSON, R.: "Spielräumlichkeit" und "Aktionsraum" - Überlegungen zu einer Handlungsraumforschung (im Fußball). In: RIEDER H. et al. (Hrsg.) Motorik- und Bewegungsforschung. Schorndorf 1983, S. 182-187.

FRANKFURTER ARBEITSGRUPPE (Hrsg.): Offener Sportunterricht. Analysieren und planen. Reinbek 1982.

FROHNE, I.: Das rhythmische Prinzip. Lilienthal 1981.

FROMM, E.: Wege aus einer kranken Gesellschaft. Frankfurt 1981.

FUNKE, J. (Hrsg.): Sportunterricht als Körpererfahrung. Reinbek 1983.

FUNKE, J.: Körpererfahrung im Gerätturnen - zum Beispiel: die Kippe. In: FUNKE, J. (Hrsg.): Sportunterricht als Körpererfahrung. Reinbek 1983, S. 97-117.

FUNKE, J.: Turnen auf dem Schwebebalken - ein Lehrbeispiel zur Körpererfahrung im Turnen für die Sportlehrerausbildung. In: BAUMANN, C., GRÖSSING, S. (Hrsg.): Ganzheitlichkeit und Körpererfahrung in der Sporterziehung. Bericht über die Tagung der Komm. Sportpädagogik in der DGfE v. 1.-3.12.83 in Salzburg. S. 84-94. Salzburg 1984. (= Salzburger Beiträge zum Sport in unserer Zeit. 10. Folge)

FUNKE, J.: Forum Sportunterricht als Körpererfahrung. In: ADL (Hrsg.): Schüler im Sport - Sport für Schüler. Schorndorf 1984. S. 183-198.

FUNKE, J.: Körpererfahrung. In: Sportpädagogik 4 (1980) 4, S. 13-20.

FUNKE, J.: Körpererfahrung im Fußballspiel. In: Sportpädagogik 8 (1984) 1, S. 27-28.

FUNKE, J.: Die Reise nach Damüls - ein Curriculum. In: Neue Sammlung (1975) 6, S. 538-552.

FUNKE, J.: Gespräche (im Sportunterricht). In: Sportpädagogik 10 (1986) 2.

FUNKE, J.: Einleitung. In: TREUTLEIN, G./FUNKE, J./SPERLE, N. (Hrsg.): Körpererfahrung in traditionellen Sportarten. Wuppertal 1986, S. 7-29.

FUNKE, J.: Von der methodischen Übungsreihe zur differenzierten Erfahrungssituation. In: Sportpädagogik 11 (1987) 5, S. 22-26.

FUNKE, J.: Erfahrene Körper. In: Turnus 1 (1988) 1, S. 33-35.

FUNKE, J.: Anspannen und Entspannen im Gerätturnen. In: Sportpädagogik 13 (1989) 4, S. 34-39.

FUNKE, J.: Sich bewegen und gesund sein - pädagogische Überlegungen. In: HOMFELDT, H. G. (Hrsg.): Erziehung und Gesundheit. Weinheim 1988, S. 145-166.

FUNKE, J.: Sich bewegen als ästhetische Selbsterziehung - ein anthropologisches Bewegungsverständnis als Grundlage einer Turndidaktik. Teil 1. In: Lehrhilfen - > Sportunterricht 38 (1989) 12, S. 177-183. Teil 2. ebd. 39 (1990) 1, S. 7-10.

GABLER, H.: Zum Problem der Angst beim Anfängerschwimmen. In: VOLCK, G. (Hrsg.): Schwimmen in der Schule. Schorndorf 1977. S. 121-128.

GABLER, H./HAASE, H./HUG, O./STEINER, H.: Psychologische Diagnostik und Beratung im Leistungssport. Frankfurt 1985.

GAIN, W.: Ringen. Berlin 1980.

GALLWAY, W.T.: Tennis und Psyche. Das innere Spiel. München 1977.

GALLWAY, W.T./KRIEGEL, B.: Besser Skifahren durch "Inner Training". Die neue Methode, sich selbst in Hochform zu bringen. München 1981.

GATTERMANN, E. (Red.).: Skilehrplan 1. München 1981.

GEISLER, R.: Entspannung in der Gesundheitsvorsorge. In: Hochschulsport 16 (1989) 3/4, S. 26.

GIBSON, J.: Wahrnehmung und Umwelt. München 1982.

GIEBENHAIN, H.: Neue Lernmodelle - z.B. Skilauf. In: Landeszentrale für politische Bildung Baden-Württemberg (Hrsg.): Der Bürger im Staat (1975) 3, S. 222-231.

GÖHNER, U.: Abriß einer Bewegungslehre des Sport. In: Sportwissenschaft 10 (1980) 3, S. 223-239.

GOETHE, J.W.: Faust. Der Tragödie erster und zweiter Teil. 3. Aufl. (dtv Gesamtausgabe 9). München 1966.

GRÖSSING, S.: Ist die Wiederentdeckung des Körpers das Ende der Sportpädagogik? In: Leibesübungen - Leibeserziehung 39, 1985, S. 93-98.

GRÖSSING, S.: Einführung in die Sportpädagogik. Bad Homburg 1988.

GRUPE, O.: Studien zur pädagogischen Theorie der Leibeserziehung. Schorndorf 1968.

GRUPE, O.: Grundlagen der Sportpädagogik. Schorndorf 1969.

GRUPE, O.: Anthropologische Grundlagen und pädagogische Zielvorstellungen der Leibeserziehung. In: GRUPE u.a.: Einführung in die Theorie der Leibeserziehung. 2. Aufl. Schorndorf 1970. S. 15-43.

GRUPE, O.: Leibeserziehung und Erziehung zum Wohlbefinden. In: Sportwissenschaft 6 (1976) 4, S. 355-373.

GRUPE, O.: Grundlagen der Sportpädagogik. 3., überarbeitete Auflage, Schorndorf 1984.

GRUPE, O.: Anthropologische Grundfragen der Sportpädagogik. In: Sportunterricht 33 (1984) 1, S. 5-17.

GÜLLICH, W./KUBIN, A.: Sportklettern heute. München 1986.

GÜLLICH, W./ZAK, H.: High Life - Sportklettern weltweit. München 1987.

HALPERN, S.: Klang als heilende Kraft. Freiburg 1985.

HAMEL, P. M.: Durch Musik zum Selbst. 4. Auflage. München 1986.

HAMPDEN-TURNER, C.: Modelle des Menschen. Ein Handbuch des menschlichen Bewußtseins. Weinheim und Basel 1982.

HAUG, C. V.: Gesundheitsbildung im Wandel. Bad Heilbrunn 1991.

HEEMSOTH, C.: Der Spaß liegt nicht einfach auf der Aschenbahn - er liegt im Laufen, im Werfen, im Springen. In: SCHMIDT, W. (Hrsg.): Selbst - und Welterfahrung in Spiel und Sport. Ahrensburg 1988, S. 196-212.

HEINE, E.: "Das ist ein irres Gefühl". Beobachtungen in der Schulpraxis. In: FUNKE, J. (Hrsg.): Körpererfahrung als Sportunterricht. Reinbek 1983, S. 11-17.

HEINEMANN, K.: Einführung in die Soziologie des Sports. Schorndorf 1980.

HEINICKE, W.: Individualitätsentfaltung durch den Schulsport, In: Körpererziehung 41 (1991) 8/9, S. 375-380.

HEINICKE, W.: Mehrperspektivität des Schülerhandelns am Beispiel des leichtathletischen Springens, In: Körpererziehung 41 (1991) 10, S. 439-443.

HERKERT, R.: Spurenwechsel. Mit "innerSki" Piste und Alltag neu erleben. Wessobrunn 1991.

HERRIGEL, F.: Zen in der Kunst des Bogenschießens. 2. Aufl. 1982.

HERZOG, W.: Der Körper als Thema der Pädagogik. In: HERZOG, W./ MILLE, B. (Hrsg): Schwerpunkt Schule. Zürich/Stuttgart 1979, S. 181-231.

HÖLKER, E./KLAUS, E. J.: Das Wesen des Judo. In: MIETH, R. (Bearb.): Judo. Unterrichtsmaterialien zur Sportlehrerausbildung für den schulischen und außerschulischen Bereich. Schorndorf 1981, S. 43-49.

HOTZ, A.: Qualitatives Bewegungslernen. Sportpädagogische Perspektiven einer kognitiv akzentuierten Bewegungslehre in Schlüsselbegriffen. Zumikon 1986.

HUBER, G.: Entspannungsübungen im gesundheitsorientierten Vereinssport. In: Landesarbeitsgemeinschaft für Gesundheitserziehung Baden Württemberg (Hrsg): Möglichkeiten der Gesundheitserziehung im Sportverein. Stuttgart 1989, S. 110-112.

IWOILOW, A. W.: Volleyball - Biomechanik und Methodik. Berlin (DDR) 1984.

JANALIK, H.: Ju-Do im Judo-Anfängerunterricht. In: Hochschulsport 12 (1985) 2, S. 11-13.

JANALIK, H.: Warum das "Anfänger-Sein" nicht genießen - Elementare Erlebnisse und Erfahrungen mit Skianfängern. In: TREUTLEIN, G./ FUNKE, J./SPERLE, N.: (Hrsg.): Körpererfahrung in traditionellen Sportarten. Wuppertal 1986, S. 146-164.

JANALIK, H.: Lebenslange Körpererfahrungen durch Judo. In: TREUT-LEIN, G./ FUNKE, J./SPERLE, N.: (Hrsg.): Körpererfahrung in traditionellen Sportarten. Wuppertal 1986, S. 89-128.

JANALIK, H./KNÖRZER, W.: Judo - ein Weg zur Bewegungsmeditation. In: Sportpädagogik 10 (1986) 1, S. 18-23.

JANALIK, H./TREUTLEIN, G.: Gesundheit durch Bewegung und Sport? In: SCHWERDEL, M. L./STRITTMATTER, V./WÖLFING, W. (Red.): Gesunde Lebensführung. Gesundheitserziehung. Heidelberg 1989, S. 61-88.

JUNG, K.: Sportliches Langlaufen. Puchheim 1984.

KAMPER, D./RITTNER, V. (Hrsg.): Zur Geschichte des Körpers. Perspektiven der Anthropologie. München - Wien 1976.

KAISER, P.: Glück und Gesundheit durch Psychologie? Konzepte, Entwürfe, Utopien. Weinheim und München 1986.

KAMPER, D./WULF, C. (Hrsg.): Das Schwinden der Sinne. Frankfurt 1984.

KEEN, S.: Die Lust an der Liebe. 2. Aufl. Weinheim/Basel 1983.

KELEMAN, St.: Leibhaftes Leben. Wie wir uns über den Körper wahrnehmen und gestalten können. München 1982.

KELLNER, E.: Entspannung als innerer Ausgleich. In: REDL, S./SCHEI-BENPFLUG, P. u.a.: Gesundheitserziehung. Wien 1988, S. 145-147.

KIPHARD, E. J.: Motopädagogik. Dortmund 1982.

KJELLRUP, M.: Bewußt mit dem Körper leben. Spannungsausgleich durch Eutonie. 2. Aufl. München 1981.

KLEIN, M. (Hrsg.): Sport und Körper. Reinbek 1984.

KLEIN, M.: Sport, Gesundheits- und Krankheitsverhalten in Abhängigkeit von Lebenslauf und Lebenslage. In: SCHULKE, H. J. et al. (Hrsg.): Gesundheit in Bewegung, Aachen 1991, S. 93-102.

KNAUF, K.: Über die funktionelle Bedeutung der Bewegung im Bereich der Leibesübungen. In: Leibeserziehung 20 (1971) 1, S. 299-303.

KNÖRZER, W./TREUTLEIN, G.: Barfuß gehen und laufen. In: Sportpädagogik 8 (1984) 6, S. 28-31.

KNÖRZER, W.: Körpererfahrungsübungen im Judounterricht. In: Hochschulsport 12 (1985) 2, S. 14-17.

KNÖRZER, W./TREUTLEIN, G.: Erlebnisorientierte Gesundheitserziehung - ein Entwurf einer ganzheitlichen Gesundheitserziehung. In: Leibesübungen-Leibeserziehung 1987, 10, S. 223-228.

KNÖRZER, W.: Körperliche Erlebnisfähigkeit - Eine Grundlage der Gesundheitserziehung. In: REDL, S./SOBOTKA, R./RUSS, A. (Hrsg.): Sport an der Wende. Wien 1991, S. 232-245.

KOHL, K.: Zum Problem der Sensumotorik. Frankfurt/M. 1956.

KÖPPE, G. (Hrsg.): Schwimmen. Baltmannsweiler 1989.

KOTTMANN, L./TREUTLEIN, G.: Traditionelle Sportarten unter gesundheitserzieherischer Perspektive: Sport anders erleben und begreifen. In: SCHULKE, H. J. et al.: Gesundheit in Bewegung, Aachen 1991, S. 211-222.

KRAUS, M. F.: Sporttreiben und psychische Gesundheit. Berlin 1987.

KRAVETTE, S.: Hundert Wege zur vollkommenen Entspannung. Berlin 1979.

KRAVETTE, S.: Meditation. Das unbegrenzte Abenteuer. München 1983.

KREITER, C./SPERLE, N.: Mit Rücksicht abfahren. In: Zeitschrift Zt. NATUR (1985) 2.

KÜKELHAUS, H.: Fassen. Fühlen. Bilden. Organerfahrungen im Umgang mit Phänomenen. Köln 1978.

KÜKELHAUS, H.: Organismus und Technik. Gegen die Zerstörung der menschlichen Wahrnehmung. Frankfurt 1979.

KÜKELHAUS, H./ZUR LIPPE, R.: Entfaltung der Sinne. Ein Erfahrungsfeld zur Bewegung und Besinnung. Frankfurt 1982.

KÜPPER, D./KOTTMANN, L. (Hrsg.): Sport und Gesundheit. Schorndorf 1991.

KUPFER, A.: Grundlagen der praktischen Menschenkenntnis nach Karl Huter. Schwaig bei Nürnberg 1976.

KURZ, D.: Leichtathletik in der Schule. In: Sportpädagogik 6 (1982) 2, S. 11-19.

KURZ, D.: Sport mehrperspektivisch unterrichten. Warum und wie? Vortrag beim 11. AdL - Kongreß. Bayreuth 1990

LACKNER, E.: Präzision und Ökonomie. In: Alpenvereinsjahrbuch 1980. München 1980, S. 48-57.

LANGE, H./LEIST. K. H./LOIBL J.: Zur Bedeutung der Körpererfahrung für das motorische Lernen. In: BIELEFELD, J. (Hrsg.): Körpererfahrung. Grundlage menschlichen Bewegungsverhaltens. Göttingen 1986, S. 59-86.

LE BOULCH, J.: Vers une science du mouvement humain. Introduction à la psychocinetique. Paris Les Editions ESF 1971.

LEIBOLD, G.: Körpertherapie. Einklang von Körper, Geist und Psyche. Düsseldorf 1986.

LEIBOLD, G.: Akupressur zur Eigenbehandlung. Niedernhausen 1987.

LEIST, K. H.: Vernachlässigte Bezugsgrundlagen für das Lehren und Lernen sportlicher Bewegungen. In: Sportpädagogik (Sonderheft 1983a), S. 13-21.

LEIST, K. H.: Körpererfahrung. In: FUNKE, J. (Hrsg.): Sportunterricht als Körpererfahrung. Rheinbek 1983b, S. 136-154.

LEIST, K. H./LOIBL, J.: Wahrnehmung als Grundlage von Bewegung und Bewegungslernen. In: RIEDER H. (Red.) Motorik und Bewegungsforschung. Schorndorf 1983, S. 260-271.

LEIST, K. H./LOIBL, J.: Zur bewegungspädagogischen Bedeutung der Körpererfahrung. In: BIELEFELD, J. (Hrsg.): Körpererfahrung. Grundlage menschlichen Bewegungsverhaltens. Göttingen 1986, S. 36-58.

LEIST, K. H./LOIBL, J.: Basketball - grundsätzliche Überlegungen und erste praktische Schritte. In: TREUTLEIN, G./FUNKE, J./SPERLE N. (Hrsg.) Körpererfahrung in traditionellen Sportarten. Wuppertal 1986, S. 231-250.

LERMER, S.: Psychologie des Glücks. München 1982.

LODES, H.: Atme richtig. Der Schlüssel zur Gesundheit und Ausgeglichenheit. München 1977/1981/1985.

LOIBL, J.: Erfahrungsorientiertes Lehren und Lernen im Sportspiel. In: REDL, S. /SOBOTKA, R./RUSS, A. (Hrsg.) Sport an der Wende. Wien 1991, S. 191-199.

LOWEN, A.: Bioenergetik. Therapie der Seele durch Arbeit mit dem Körper. Reinbek 1975.

LOWEN, A.: Lust. Der Weg zum kreativen Leben. München 1979.

LOWEN, A.: Körperausdruck und Persönlichkeit. Grundlagen und Praxis der Bioenergetik. München 1981.

LOWEN, A.: Der Verrat am Körper. 2. Aufl. Bern/München 1980.

LOWEN, A.: Narzißmus. Die Verleugnung des wahren Selbst. München 1984.

LUTZ, R./KOPPENHÖFER, E.: Kleine Schule des Genießens. In: LUTZ, R. (Hrsg.): Genuß und Genießen. Weinheim/Basel 1983. S. 112-125.

LUTZ, R.: Laufen und Läuferleben. Zum Verhältnis von Körper, Bewegung und Identität. Frankfurt/M. 1989

LYSEBETH, A.: Durch Yoga zum eigenen Selbst. Weilheim 1978.

LYSEBETH, A.: Die große Kraft des Atems. Bern 1982.

MAIER, B.: Taktisches Foul und Fairneß - ein ethisches Dilemma. In: Leibesübungen - Leibeserziehung. 39 (1985) 3, S. 74-76.

MAIER, H.: Zusammenhang von psychischer Situation und Körperhaltung. Gedanken zur Wirkung von Pa Tuan chin. In: NITSCHKE, A./WIELAND, H.: Die Faszination und Wirkung außereuropäischer Tanz- und Sportformen. Ahrensburg 1981.

MARAUN, H.-K./PASCHEL, B./SCHEEL, D.: Der Kampf gegen die Schwere und das Spiel mit der Leichtigkeit. In: Sportpädagogik 6 (1982) 3. S. 35-47.

MARKERT, C.: Yin Yang. Harmonie von Sinnlichkeit und Vernunft. Düsseldorf und Wien 1983.

MASTERS, R./HOUSTON, I.: Bewußtseinserweiterung über Körper und Geist. München 1983.

MAUSS, M.: Die Technik des Körpers. In: MAUSS, M.: Soziologie und Anthropologie II. München 1975, S. 199-220.

MAYRING, P.: Psychologie des Glücks. Stuttgart/Berlin/Köln 1991.

McCLUGGAGE, D.: Der innere Schwung. Skifahren als Selbsterfahrung - Körperbewußtsein und Lust an der Bewegung. Ravensburg 1987.

MERLEAU-PONTY, M.: Phänomenologie der Wahrnehmung. Berlin 1966.

MIDDENDORF, I.: Atem und seine Bedeutung zur Verbindung von Körper und Geist. In: PETZOLD, H. (Hrsg.): Psychotherapie und Körperdynamik. 3. Aufl. Paderborn 1979, S. 436-451.

MIDDENDORF, I.: Der erfahrbare Atem. Paderborn 1984.

MILLER, D.: Bodymind. Ein ganzheitliches Gesundheitsbuch. 2. Aufl. Berlin 1980.

MILZ, H.: Ganzheitliche Medizin. Neue Wege zur Gesundheit. Königstein 1985.

MOEGLING, B./MOEGLING, K.: Sanfte Körpererfahrung I. Kassel 1984.

MOEGLING, K. (Hrsg.): Sanfte Körpererfahrung II. Kassel 1984.

MOEGLING, K.: Zen im Sport - eine andere Möglichkeit, Sport zu betreiben. Haldenwang 1987.

MOEGLING, K.: Alternative Bewegungskultur - vom Leistungssport zur Ökologie des Leibes. Frankfurt 1988.

MOEGLING, K.: Vom Leistungssport zur Ökologie des Leibes. In: REDL, S./SOBOTKA, R./RUSS, A. (Hrsg.): Sport an der Wende. Wien 1991, S. 278-292.

MÜLLER, E. P.: Entpannungsmethoden in ambulanten Herzinfarktsportgruppen, In: DIEHL, B./MILLER, T. (Hrsg.): Moderne Suggestionsverfahren. Berlin-Heidelberg 1990, S. 344-353.

MÜLLER, E.: Du spürst unter deinen Füßen das Gras. Frankfurt 1988.

MURDOCK, M.: Dann trägt mich meine Wolke. Freiburg 1989.

NAKAMURA, T.: Das große Buch vom richtigen Atmen. München 1984.

NEISSER, U.: Kognition und Wirklichkeit. Stuttgart 1979.

NEUERBURG, H. J./WILKEN, T.: Sport - Umwelt - Gesundheit: Eine (un)heilvolle Allianz? Überlegungen zum Stellenwert des Sports in der Gesundheitsbewegung. In: SCHULKE, H. J. et al. (Hrsg.) Gesundheit in Bewegung. Aachen 1991, S. 116-124.

NICKEL, U.: Bewegungsbewußtsein. Grundlagen und Perspektiven bewußteren Bewegens im Sport. Bad Homburg 1984.

OLSCHEWSKI, A./LINDNER, E.: Progressive Muskelentspannung. In: Erfahrungs-Heilkunde 4/1991, S. 273-283.

PALOS, S.: Atem und Meditation. München 1980.

PEPER, D./CHRISTMANN, E. (Hrsg.): Zur Standortbestimmung der Sport-pädagogik. Schorndorf 1987.

PETERSEN, T./HOTZ, A.: Vermehrt quantitatives Denken im Sportunter-richt. In: Sporterziehung in der Schule, 1985, Heft 9/10, S. 33-34.

PETZOLD, H. (Hrsg.): Psychotherapie und Körperdynamik. 3. Aufl. Pader-born 1979.

PETZOLD, H. (Hrsg.): Die neuen Körpertherapien. 3. Aufl. Paderborn 1982.

PETZOLD, H. (Hrsg.): Psychotherapie und Körperdynamik. Paderborn 1988.

PIAGET, J.: Psychologie der Intelligenz. Zürich/Stuttgart. Rascher Verlag o. J.

PILZ, G. A.: Sport und körperliche Gewalt - Darstellung aktueller Probleme. In: PILZ, G. A. (Hrsg.): Sport und körperliche Gewalt. Reinbek 1982, S. 9-22.

POPPER, R./ECCLES, J.C.: Das Ich und sein Gehirn. 3. Aufl. München/ Zürich 1982.

PREIBSCH, M./REICHARDT, H.: Schon-Gymnastik. Beweglichkeit + Leistungsfähigkeit = Wohlbefinden. München 1989.

PRESSEL, S.: Bewegung ist Heilung. Der Bewegungsorganismus und seine Behandlung. Stuttgart 1984.

RAMA, S./BALLENTINE, R./HYMES, A.: Science of Breath. Pennsylvania 1979.

REDL, S./SOBOTKA, R./RUSS, A. (Hrsg.): Sport an der Wende. Wien 1991.

RHEINBERG, F.: Zweck und Tätigkeit. Göttingen 1989.

RITTNER, U.: Sport und Gesundheit. Zur Ausdifferenzierung des Gesund-heitsmotivs im Sport. In: Sportwissenschaft 15 (1985) 2, S. 136-154.

ROHE, F.: Zen des Laufens. Berlin 1978.

ROTHERT, H.: Ringen. Berlin 1975.

RUMPF, H.: Die übergangene Sinnlichkeit. Drei Kapitel über Schule. Mün-chen 1981.

RUMPF, H.: Der Menschenkörper - ein Bewegungsapparat? In: Annähe-rungen, Versuche, Betrachtungen. Bewegung zwischen Erfahrung und Erkenntnis. (Sonderheft der Zs. Sportpädagogik) 1984, S. 10-12.

SAMUELS, M./BENNET, H.: Das Körperbuch. Berlin 1987.

SATORI, J.: Biomechanische Gesetzmäßigkeiten im Schwimmen. In: WOLF, J./SATORI, J. (Hrsg.): Trainingsmethodik und Trainingsplanung im Schwimmsport. Berlin 1976.

SCHERLER, K.H.: Sensomotorische Entwicklung und materiale Erfahrung. 2. Aufl. Schorndorf 1979.

SCHERLER, K.H.: Bewegung und Erfahrung. In: HAHN, E./PREISING, W. (Red.): Die menschliche Bewegung. Schorndorf 1976, S. 93-104.

SCHERLER, K.H.: Schwimmen. In: Sportpädagogik 5 (1981) 5. S. 14-21.

SCHIMMEL, J.: Die Gesunden belehren - zum Beitrag der Naturheilkunde zur gesunden Lebensführung. In: SCHWERDEL, M. L./STRITTMATTER V./ WÖLFLING W. (Red.): Gesunde Lebensführung. Gesundheitserziehung Heidelberg 1989. S. 22-60.

SCHIPPERGES, H. et al.: Die Regelkreise der Lebensführung. Gesundheitsbildung in Theorie und Praxis. Köln 1988.

SCHLESKE, W.: Abenteuer - Wagnis - Risiko im Sport. Schorndorf 1977.

SCHLESKE, W.: Meditatives Laufen. Stuttgart/Bonn 1988.

SCHMITZ, J. N.: Sportdidaktik als Bildungslehre. In: GRÖSSING, S. (Hrsg.): Spektrum der Sportdidaktik. Bad Homburg v. d. H. 1979, S. 13-56.

SCHNEIDER, H.: Lehren und Lernen im Tennis. Erlangen 1990.

SCHNEIDER, K.: Koordination und Lernen von Bewegungen. Frankfurt/M. 1990.

SCHNEIDER, E.: Nutze die Heilkraft der Natur. Hamburg 1980.

SCHÖNTHAL, A.: Die Bedeutung der Atmung für die Praxis des Sports. Wiss. Arbeit für die Zulassung zur Prüfung für das Lehramt an Gymnasien. Karlsruhe 1984.

SCHÜTZ, A./LUCKMANN, T.: Strukturen der Lebenswelt. Bd. 1. Frankfurt/M. 1977.

SCHWARZER, R. (Hrsg.): Gesundheitspsychologie. Göttingen/Toronto/ Zürich 1990.

SCHWERDEL, M. L./STRITTMATTER, V./WÖLFING, W. (Red.): Gesunde Lebensführung. Gesundheitserziehung. Heidelberg 1989.

SCHWIEGER, C.: Bio-Energetik-Praxis. Frankfurt 1977.

SELVER, C./BROOKS, C.: Sensory Awareness. In: PETZOLD, H. (Hrsg.): Psychotherapie und Körperdynamik. 3. Aufl. Paderborn 1979, S. 59-78.

SIEVEKING, N./ANCHOR, K. N.: Körper-Kontrolle durch "passives Wollen". In: Psychologie heute. Januar 1983, S. 28-31.

SPEADS, C.: Atmen. München 1983.

SÖLL, W.: Wurf und Stoß im Theorieunterricht der Sek. II. In: Sportunterricht 34 (1985) 5, S. 185-190.

SÖLVEBORN, H.: Das Buch vom Stretching. München 1983.

SOMMER, A.: Vernunftgemäße Lebensführung - Gesamtschau zur Grundlegung einer Gesundheitspädagogik. In: SCHWERDEL, M. L./STRITTMATTER, V./WÖLFING, W. (Red.): Gesunde Lebensführung. Gesundheitserziehung. Heidelberg 1989, S. 7-21.

Zs. SPORTPÄDAGOGIK 13 (1989) 4, Schwerpunktthema: Spannung-Entspannung.

SPRENGER, J.: Partnermassage und Entspannungsübungen. In: Sportpädagogik 8 (1984) 6, S. 39/40.

SPRENGER, J./TREUTLEIN, G./JANALIK, H.: Sinnliches und Besinnliches zur Tagung. In: BAUMANN, C./GRÖSSING, S. (Red.): Ganzheitlichkeit und Körpererfahrung in der Sporterziehung. Salzburg 1984. S. 121-145.

STEINER, H.: Sportpsychologische Trainerseminare Karlsruhe. Unveröffentlichte Manuskripte 1984-1985.

STEINER, H.: Psychologisches Training - Chance für die Leistungsverbesserung? In: Baden Tennis (1983) 4, S. 39-41 u. 5, S. 38-40.

STREICHER, M.: Gesammelte Aufsätze. In: GAULHOFER, K./ STREICHER, M.: Natürliches Turnen. Gesammelte Aufsätze 1. Wien 1949.

SYER, J./CONNOLY, C.: Psychotraining für Sportler. Reinbek 1988.

TÄUBE, A.: Yoga - Ein Weg zurück zur inneren Natur. In: MÖGLING, K. (Hrsg.): Sanfte Körpererfahrung II. Kassel 1984, S. 55-94.

TEEGEN, F.: Ganzheitliche Gesundheit. Der sanfte Umgang mit uns selbst. Reinbek 1983.

TEML, H.: Entspannt lernen. Linz 1987.

THOLEY, P.: Sensumotorisches Lernen als Organisation des psychischen Gesamtfeldes. In: HAHN, P./RIEDER H. (Hrsg.): Sensumotorisches Lernen und Sportspielforschung. Köln 1984, S. 11-26.

THOLEY, P.: Prinzipien des Lehrens und Lernens. sportlicher Handlungen aus gestalttheoretischer Sicht. In: JANSEN, J. u.a. (Hrsg.): Soziale Prozesse im Sport. Köln 1988, S. 95-106.

TIWALD, H.: Budo-Ski. Psychotraining im Anfängerskilauf. Ahrensburg 1984.

TIWALD, H.: Zur Psychologie des Uchi-Komi-Trainings. In: Judo-Revue (1979) 12, S. 8-12.

TIWALD, H.: Psycho-Training im Kampf- und Budo-Sport. Zur theoretischen Grundlegung des Kampfsports aus der Sicht einer auf den Zen-Buddhismus basierenden Bewegungs- und Trainingstheorie. Ahrensburg 1981.

TOHEI, K.: Das Ki-Buch. Der Weg zur Einheit von Geist und Körper. Berlin 1981.

TOHEI, K.: Ki im täglichen Leben. Berlin 1980.

TREBELS, A. (Hrsg.): Spielen und Bewegen an Geräten. Reinbek 1983.

TREUTLEIN, G.: Selbsterfahrung, Faszination und Wohlbefinden in und durch Leichtathletik. In: ADL (Hrsg.): Schüler im Sport - Sport für Schüler. Schorndorf 1984. S. 186-188.

TREUTLEIN, G.: Körperwahrnehmung und Körpererfahrung beim Laufen. In: Hochschulsport 12 (1985) 11, S. 7-10.

TREUTLEIN, G./FUNKE, J./SPERLE, N. (Hrsg.): Körpererfahrung in traditionellen Sportarten. Wuppertal 1986.

TREUTLEIN, G.: Körpererfahrungs- und gesundheitsorientiertes Laufen (-lernen). In: SCHULKE, H. J./FIETZE U. (Hrsg.): Belastung und Erholung beim Dauerlauf. Bremen 1989, S. 123-136.

TREUTLEIN, G.: Körpererfahrung in traditionellen Sportarten - ein Beitrag zur Gesundheitserziehung. In: REDL., S./SOBOTKA, R./RUSS, A. (Hrsg.): Sport an der Wende. Wien 1991, S. 246-253.

UNGER, P.: Körpererfahrung im Schwimmen. In: KÖPPE, G. (Hrsg.): Unterrichtsbeispiele Sport: Schwimmen. Baldmannsweiler 1989, S. 120-144.

UNGER, P.: Vielseitiges Tauchen. Lehrerbrief zur Unfallverhütung und Sicherheitserziehung. Braunschweig 1989.

UNGER, P.: Übungen zur Schwimmsicherheit. Lehrerbrief zur Unfallverhütung und Sicherheitserziehung. Braunschweig 1990.

UNGER, P.: Sicheres Schwimmen. In: Sportpädagogik 14, 1990. S. 49-51.

UNGERECHTS, B.: Körpererfahrung im Sportschwimmen. In: TREUTLEIN, G./FUNKE, J./SPERLE, N. (Hrsg.): Körpererfahrung in traditionellen Sportarten. Wuppertal 1986, S. 128-146.

VOLCK, G. (Hrsg.): Schwimmen in der Schule. Schorndorf 1982.

VOLCK, G.: Schwimmen heute. In: Sportpädagogik 14 (1990). S. 12-18.

VOLGER, B.: Auf der Suche nach dem Bewegungserlebnis. In: SCHMIDT, W. (Hrsg.): Selbst - und Welterfahrung in Spiel und Sport. Ahrensburg 1988, S. 196-212.

WAGNER, G.: Wenn Sport gesund sein soll, muß er auch Spaß machen. In: Olympische Jugend 31 (1986) 11, S. 10-14.

WALTHER, D. (Red.): Schwimmen von A bis Z. Berlin 1985.

WARWITZ, S.: Schwimmen - Schweben - Sinken. Ein Projekt zum Wahrnehmen, Erkennen, Handeln. Karlsruhe 1987.

WEBER, A.: Gesundheit und Wohlbefinden durch regelmäßiges Laufen. Paderborn 1984.

WEINBERG, P. (Hrsg.): Lernen von Sporthandlungen. Köln 1981.

WEINBERG, P.: Körpererfahrung als Selbsterfahrung. Probleme der Handlungsregulation im Sport. In: BINNEWIES, H./WEINBERG, P. (Red.): Körpererfahrung und soziale Bedeutung. Ahrensburg 1984, S. 82-92.

WEINBERG, P.: Körpererfahrung - Protokollierte Erinnerungsarbeit und erinnertes "Körperprotokoll". In: Hochschulsport (1984a) 8/9, S. 6-10.

WEINECK, J.: Sportbiologie. Erlangen 1986.

WEIZSÄCKER, C. F. v.: Zum Weltbild der Physik. 12. Aufl. Stuttgart 1976.

WIEMANN, K.: Analysen sportlicher Bewegungen, Thema: Sport Bd. 8. Düsseldorf 1979.

WIENER, K.: Natürlicher Schwimmunterricht. Wien 1929.

WILKEN, T.: Skilaufen-Lernen aus handlungstheoretischer Sicht. In: SPERLE, N./SCHULKE, H. J. (Hrsg): Handeln im Hochschulsport. Dokumente zum Hochschulsport. Bd. 15. Ahrensburg 1985.

WINDELS, J.: Eutonie mit Kindern. München 1984.

WINDHÖFEL, M.: Frieren. In: Sportpädagogik 14 (1990), S. 46f.

WOPP, C.: Das kleine Skikursbuch. Wuppertal 1981.

WOPP, C.: Oldenburger Skikonzept. Oldenburg 1985. Unveröffentl. Manuskript anläßlich eines ADH-Skiseminars.

WU, K. K.(ed.): Therapeutic Breathing Exercise. Hongkong 1984.

YESUDIAN, S./HAICH, E.: Sport und Yoga. München u. Engelberg 1972.

ZIESCHANG, K.: Richtig Leichtathletik. München 1980.

ZIMMER-SCHÜRINGS, M.: Atmen - mehr als eine körperliche Funktion. In: Bewegungserziehung oder Körpertherapie. Oldenburg 1979.

ZIMMER-SCHÜRINGS, M./MAIER, H. (Hrsg.): Zur Theorie und Praxis von Körper und Bewegungserziehung. Oldenburg 1979.

ZUR LIPPE, R.: Am eigenen Leibe. Zur Ökonomie des Lebens. 3. Aufl. Frankfurt 1983.

6. Informationen zu den Autoren

FÖRSTER, Angelika, Dr.: Nach dem Studium der Hauptfächer Physik und Sportwissenschaft an der Universität Karlsruhe promovierte Frau Dr. Förster zum Thema Psychoregulation und Mentales Training im Leistungssport. Von 1986 bis 1990 führte Frau Förster psychologisches Training im Leistungssport im Rahmen eines durch das Bundesinstitut für Sportwissenschaft (Köln) geförderten Forschungsprojekts durch. Von 1978 bis 1987 war Frau Förster aktive Leistungssportlerin, Mitglied der Nationalmannschaft des Deutschen Karateverbandes. (8-fache deutsche Meisterin, Europameisterin 1984, Inhaberin des 3. Dan).
Seit 1983 nahm Frau Förster die Trainings- und Beratungstätigkeit bei zahlreichen Sportverbänden und Unternehmen zur Thematik Psychoregulation, Streßbewältigung, Mentales Training und Coaching wahr. Daneben führte sie Workshops zum Thema Atmung und Körpererfahrung durch. Während eines halbjährigen Japanaufenthaltes 1981 erhielt sie eine Spezialausbildung in japanischen Kampfkünsten und studierte an der Sophia-Universität Tokio im Bereich Far Eastern Philosophy und Japanese Sociology. Seit 1990 leitet sie ein Beratungsunternehmen. Weitere Veröffentlichungen zum Buchthema:
FÖRSTER, A.: Neue Perspektiven für den Sport durch die Philosophie und Praxis der fernöstlichen Kampfkünste. In: LENK, H. (Hrsg.): Topical Problems of Sportphilosophy. Schorndorf 1983. S. 211-240.
FÖRSTER, A.: The Nature of Martial Arts and their Change in the West. In: KLEINEMAN, S.(ed.): Mind and Body-East meets West. Champaign, Ill. 1986. S. 83-87.
FÖRSTER, A.: Psychoregulation und Mentales Training im Leistungssport. Entwicklung und Evaluierung eines psychologischen Trainingsprogramms. Dissertation an der Universität Karlsruhe, 1990.

FUNKE-WIENEKE, Jürgen, Prof. Dr.: arbeitet als Hochschullehrer im Fachbereich Sportwissenschaft der Universität Hamburg. Er hat als Leistungssportler im Kunstturnen und Wettkampfsportler im Volleyball und Tennis eigene "Körpererfahrungen im Sport" gesammelt und als Lehrer in der Bielefelder Laborschule den Erfahrungsbereich Körpererziehung, Sport und Spiel gemeinsam mit Kollegen entwickelt und betreut. Zum Buchthema liegen von ihm u.a. vor:
FUNKE, J.: Sportunterricht als Körpererfahrung. Reinbek 1983.
FUNKE, J.: Körpererfahrung im Fußballspiel. - Eine Skizze. In: Sportpädagogik 8 (1984), S. 27-28.
FUNKE, J.: Über den didaktischen Ansatz der Körpererfahrung. In: PEPER,D/ CHRISTMANN, E. (Hrsg.): Zur Standortbestimmung der Sportpädagogik. Schorndorf 1987, S. 94-108.

FUNKE, J.: Sich bewegen und gesund sein - Pädagogische Überlegungen. In: HOMFELDT, H. G.: Erziehung und Gesundheit. Weinheim 1988, S. 145-166.

HAMSEN, Gerhard: Oberstudienrat im Hochschuldienst am Institut für Sport und Sportwissenschaft der Universität Heidelberg. In der praktisch-methodischen Ausbildung für Sportstudierende unterrichtet er die Fächer Fußball, Tennis und Skilauf, in der theoretischen Ausbildung im Bereich Methoden- und Bewegungslehre. Aktive Wettkampferfahrung besitzt er als Fußballer und Tennisspieler. Er ist A-Lizenz-Inhaber des Deutschen Fußballbundes und arbeitet im Badischen Fußballverband bei der Betreuung von Jugendauswahlmannschaften mit. Die von ihm gecoachte Frauenfußballmannschaft der Universität Heidelberg wurde mehrfach deutscher Hochschulmeister.

JANALIK, Heinz: Diplompädagoge, Akademischer Rat an der PH Heidelberg: Er war viele Jahre Leistungs- und Wettkampfsportler, vor allem in den Sportarten Judo und Fußball, daneben auch im Volleyball, Skilauf und Handball. Er ist in der Übungsleiterausbildung des Badischen Sportbundes und der badischen Sportjugend tätig. Im Anschluß an seine Diplomarbeit zur Mehrperspektivität (die aus seiner vielseitigen praktischen Arbeit erwuchs) und an seine Erfahrungen als Trainer, vor allem im Judo, versuchte er in zahlreichen Fortbildungsveranstaltungen für Trainer und Übungsleiter sowie durch Vorträge und Veröffentlichungen zu Mehrperspektivität und Körpererfahrung solche bisher vernachlässigte Sinngebungen in die gängige Praxis zu integrieren. Folgende Beiträge stehen im Zusammenhang mit diesem Bemühen:

JANALIK, H.: Körpererfahrung in einem mehrperspektivischen Judounterricht mit Anfängern. In: ADL (Hrsg.): Schüler im Sport-Sport für Schüler. Schorndorf 1984, S. 188-191.

JANALIK, H.: Ju-Do im Judoanfängerunterricht. In: Hochschulsport 12 (1985) 2, S. 11-13.

JANALIK, H./KNÖRZER, W.: Judo - Ein Weg zur Bewegungsmeditation. In: Sportpädagogik 10 (1986) 1, S. 18-23.

KNÖRZER, Wolfgang: arbeitet als Lehrer für Sport und Deutsch an einer Grund-, Haupt- und Realschule. Er hat mit Körpererfahrungsübungen Erfahrungen in Körpererfahrungsseminaren, in Hochschularbeitsgemeinschaften, in Körpertherapiegruppen, im Vereinstraining und in der Schule gesammelt. Außerdem führte eine mehr als zwanzigjährige Judopraxis als Wettkämpfer (Oberliga Baden-Württemberg) und später als Trainer in Schule und Verein zu einer intensiven Auseinandersetzung mit der Körperlichkeit. Weitere Veröffentlichungen zum Thema des Buches von ihm sind:

KNÖRZER, W./TREUTLEIN, G.: Barfuß Gehen und Laufen. In: Sportpädagogik
    8 (1984) 6, S. 28-31.
KNÖRZER, W.: Körpererfahrungsübungen im Judounterricht. In: Hochschulsport
    12 (1985) 2, S. 14-17.
JANALIK, H./KNÖRZER, W.: Judo - Ein Weg zur Bewegungsmeditation. In:
    Sportpädagogik 10 (1986) 1, S. 18-23.

KÖHLER, Stefan: Nach dem ersten Staatsexamen für Realschullehrer an der
Pädagogischen Hochschule Heidelberg und dem zweiten Staatsexamen am Seminar
Karlsruhe unterrichtet er seit 1991 an der Realschule Pforzheim die Fächer Sport,
Mathematik und katholische Religion. Er übte über viele Jahre Ringen als
Leistungssport aus. Heute arbeitet er in dieser Sportart als Trainer.

LEIST, Karl-Heinz, Prof. Dr.: Nach einer Tätigkeit an den Universitäten Saar-
brücken und Braunschweig ist er heute Ordinarius für Sportpädagogik an der Tech-
nischen Universität München. Eigene Erfahrungen in traditionellen Sportarten
sammelte er als Aktiver in den Sportarten Fußball, Leichtathletik (Mittelstrecken),
Volleyball und Skilauf. Im Fußball war LEIST auch längere Zeit Trainer. Weitere
Veröffentlichungen zum Buchthema:
LEIST, K.-H.: Körpererfahrung. Das Paradoxon der Körpererfahrung und das
    Geheimnis der Sinnesqualitäten. In: FUNKE, J. (Hrsg.): Sportunterricht als
    Körpererfahrung. Reinbek 1983, S. 136-154.
LEIST, K.-H./LOIBL, J.: Körpererfahrung: Eine tragfähige didaktische Kategorie
    für den Sportunterricht? In: BAUMANN C./GRÖßING, S. (Red.): Ganzheit-
    lichkeit und Körpererfahrung in der Sporterziehung. Bericht über die Tagung
    der Kommission Sportpädagogik in der Deutschen Gesellschaft für Er-
    ziehungswissenschaft vom 1.-3.Dezember 1983 in Salzburg. Salzburg 1984,
    S. 47-67.
LEIST, K.-H./LOIBL, J.: Zur bewegungspädagogischen Bedeutung der Körperer-
    fahrung. In: BIELEFELD, J. (Hrsg.): Materialien zur Körpererfahrung.
    Dortmund 1985.

LOIBL, Jürgen, Prof. Dr.: Nach dem Studium in Heidelberg arbeitete LOIBL
als wissenschaftlicher Assistent an der Universität Braunschweig, als Professor im
Bereich Bewegung und Training an der Universität Hamburg und jetzt als Professor für Sportpädagogik an der Technischen Universität München. Vielfältige
Erfahrungen sammelte er mit dem Basketballspiel als langjähriger Bundesliga-
spieler (Deutscher Meister) und Nationalspieler sowie als Trainer. Durch eigene
Erfahrungen und durch Forschung auf dem Gebiet "Wahrnehmung und Bewegung"
entstand das Interesse am Thema "Körpererfahrung". Weitere Veröffentlichungen
zum Buchthema:

LEIST, K.-H./LOIBL, J.: Zur bewegungspädagogischen Bedeutung der Körpererfahrung. In: BIELEFELD, J. (Hrsg.): Materialien zur Körpererfahrung. Dortmund 1985.

LEIST, K.-H./LOIBL, J.: Aufbau und Bedeutung kognitiver Repräsentationen für das Lernen im Sportunterricht. In: HACKFORT, D. (Hrsg.): Handeln im Sportunterricht. Köln 1984.

LANGE, H./LEIST, K.-H./LOIBL, J.: Die Bedeutung von Körpererfahrung für motorisches Lernen im Sportunterricht. In: BIELEFELD, J. (Hrsg.): a.a.O.

OLSCHEWSKI, Adalbert, Dr. med.: Internist und Psychotherapeut: arbeitet als Chefarzt einer Internistischen Klinik, die als forschende Modellinstitution für Gesundsheitsprophylaxe und Prävention Handlungsinstrumentarien für verschiedene Spitzenverbände und Organisationen im Bereich des Gesundheitswesens entwickelt. Neben der klassischen ärztlichen Weiterbildung hat er mehrere Verfahren aus dem Bereich der 'Humanistischen Psychologie' gelernt und als Mitarbeiter der früheren 'Heidelberger Free Clinic', des Vereins für humanistische Psychologie Heidelbergs und des IPEG-Instituts sowie in einem Modellprojekt in der Psychiatrie konkret umgesetzt. Weitere Veröffentlichungen zum Buchthema:

HÖSS, H./ GOLL, H./ OLSCHEWSKI, A.: Sonderpädagogische Musiktherapie im Rahmen von Reaktivierungs- und Revitalisierungsprogrammen in der Psychiatrie. In: DREHER, W./ HOFFMANN, T./ BRADL, C. (Hrsg.): Geistigbehinderte zwischen Pädagogik und Psychiatrie. Bonn 1987. S. 227-239.

OLSCHEWSKI, A./LINDNER, E.: Progressive Muskelentspannung. In: KARL, F.: Erfahrungsheilkunde. Heidelberg 1991. S. 273-283.

OLSCHEWSKI, A.: Suggestopädie, das neue Lernen. In: VBB Aktuell. Juni 1991. S. 34-38.

PREIBSCH, Michael: ist Krankengymnast und Sportphysiotherapeut im DSB; er leitet seit 6 Jahren ein Rehabilitationsinstitut zur Nachbehandlung Sport- und Unfallverletzter in Weinheim, betreute 6 Jahre sportphysiotherapeutisch die Basketball-Junioren-Nationalmannschaft und arbeitet seit 4 Jahren in selber Tätigkeit mit einer Erstliga-Handballmannschaft. Er ist Lehrtherapeut in der Arbeitsgemeinschaft Sportmedizin der Krankengymnasten, hatte über mehrere Jahre einen Lehrauftrag für Sportphysiotherapie an der PH Heidelberg und hielt zahlreiche Vorträgen vor Fachgremien. Er ist aktiver Triathlet. Weitere Veröffentlichung:

PREIBSCH, M./REICHARDT, H.: Schongymnastik. Beweglichkeit + Leistungsfähigkeit = Wohlbefinden. München 1989.

RUHNAU, Bernd: Nach seinem Studium an der Pädagogischen Hochschule Heidelberg absolvierte RUHNAU seine Referendarzeit als Realschullehrer-Anwärter an der Realschule in Bad Schönborn. Im Handball konnte er im Laufe der Jahre vielfältige Erfahrungen als Spieler auf hohem Leistungsniveau, als Übungsleiter und Trainer sammeln. Er ist Ressortleiter im Breitensport sowie Referent für Freizeit- und Breitensport im Badischen Handballverband. Im Deutschen Handballbund ist er Mitarbeiter des Arbeitskreises Freizeit- und Breitensport.

SCHÄFER, Frank: ist Lehrer an einer Stuttgarter Grund- und Hauptschule und verfügt über Wettkampferfahrungen im Handball, Hockey und Volleyball. Er ist als Übungsleiter im Volleyball und Sportklettern tätig. Als einer der Sportkletterer der ersten Stunde kann er auf eine 15-jährige Erfahrung im Klettern/Bergsteigen zurückblicken. Im Rahmen seiner Tätigkeit als Ausbilder im Deutschen Alpenverein beschäftigt er sich vor allem mit Vermittlungsfragen des Kletterns.

SCHIMMEL, Jürgen, Dr.med.: Nach seinem Medizinstudium in Heidelberg sammelte Jürgen Schimmel mehrere Jahre Erfahrungen im Rahmen seiner Facharztausbildung für Psychiatrie. Er ergänzte anschließend seine schulmedizinische Ausbildung um die Homöopathie und Naturheilkunde; er arbeitet heute als Arzt für Homöopathie und Naturheilkunde in freier Praxis in Heidelberg. Er ist Spezialist für Bioelektronische Funktionsdiagnostik. Als Leichtathlet war er besonders dem Hürdenlaufen verbunden (1967-1973), Bestzeit 13,8 sec. und startete mehrfach in der Nationalmannschaft. In seiner Dissertation beschäftigte er sich mit typischen Leichtathletikverletzungen.

SCHLEY, Martin: studierte an der Universität Heidelberg Sport und Geographie. Er arbeitete fünf Jahre im Psychiatrischen Landeskrankenhaus Weinsberg als Sporttherapeut. Seit 1989 ist er Leiter des Fachbereiches Sporttherapie/Psychiatrie der Sport-, Gymnastik- und Krankengymnastikschule Waldenburg. Er unterrichtet die Fächer Psychiatrie, Sporttherapeutische Übungen, Entwicklungspsychologie und Entspannung.

SCHNEIDER, Hubert: Nach dem ersten und zweiten Staatsexamen für das Lehramt an Gymnasien (Sport/Sozialkunde) unterrichtete er zwei Jahre am Hardenberg-Gymnasium in Fürth. Seit 1980 lehrt er als Dozent am Sportzentrum der Universität Erlangen-Nürnberg mit den Schwerpunkten Spiele und Ski/Eislaufen. Als staatlich geprüfter Tennislehrer und langjähriger Konditionstrainer des Bayrischen Tennisverbandes arbeitete er mit den Weltranglistenspielerinnen Porwick, Probst und Martinek. Bei zahlreichen Tennisseminaren und -workshops referierte er zur Thematik der "Koordinativen Fähigkeiten". Wettkampferfahrungen im Tennis hat er seit frühester Jugend; auch heute noch spielt er Turniertennis.

Weitere Veröffentlichungen zum Buchthema:

SCHNEIDER, H.: Koordinative Fähigkeiten - ihre Bedeutung im Tennis und Möglichkeiten ihrer Verbesserung und Schulung. In: Tennis-Sport 3/1990. S. 27-32.

SCHNEIDER, H.: Lehren und Lernen im Tennis. Erlangen 1991.

SPERLE, Nico, M.A.: Nach dem Studium an der Päd. Hochschule und der Universität Heidelberg arbeitete er als Bildungsreferent des Allgemeinen Deutschen Hochschulsportverbands (ADH). Er ist staatlich geprüfter Skilehrer, kommt aus dem alpinen Skirennlauf und ist seit 1973 im Lehrwesen des Skiverbands Schwarzwald Nord als Ausbilder tätig. Sechs Jahre lang war er Mitglied des Bundeslehrteams des Deutschen Skiverbands. In seiner Funktion als Bildungsreferent beim ADH führte er mehrere Seminare zum Thema "Körpererfahrung". Heute leitet er das Hochschulsportzentrum der RWTH Aachen. Weitere Veröffentlichungen zum Buchthema:

SPERLE, N.: Körpererfahrung und Sinnlichkeit im traditionellen Sport - als therapeutische Arbeit - als neue Bewegungsformen - als alternative Praxisangebote? Seminarbericht. In: BINNEWIES, H./WEINBERG, P. (Red.): Körpererfahrung und soziale Bedeutung. Dokumente zum Hochschulsport. Band 13. Ahrensburg 1984, S. 44-52.

SPERLE, N.: Alternative Sportpraxis im Hochschulsport - Sinnlichkeit - Körpererfahrung oder organisiertes Lernen? Seminarbericht. In: BINNEWIES, H./WEINBERG, P. (Hrsg.): a.a.O., S. 34-43.

SPERLE, N.: Kommunikation mit innen und außen. Aspekte von Körpererfahrung im Skifahren. In: Hochschulsport 13 (1986) 11, S. 10-13.

TREUTLEIN, Gerhard, Prof. Dr.: arbeitet als Hochschullehrer im Fach Leibeserziehung der Päd. Hochschule Heidelberg. Er sammelte Erfahrungen im Wettkampfsport als Leichtathlet (Mittelstrecken) und als Übungsleiter/Trainer in der Leichtathletik und im Skilauf. Eine frühzeitige Begegnung mit vegetarischer Ernährung und langjährige (schmerzhafte) Erfahrungen mit Achillessehnenentzündungen weckten das Interesse an ganzheitlicher Medizin und Körperlichkeit. Seit 1972 ist er Disziplinchef Leichtathletik im ADH und versucht, neben der Betreuung der leistungssportlichen Belange in dieser Sportart im ADH durch Veröffentlichungen und Referententätigkeit die Themen "Mündigkeit und Selbstbestimmung im Leistungssport", "Antidoping", "Gesundheit" sowie "Körpererfahrung" voranzutreiben. Weitere Veröffentlichungen zum Buchthema:

TREUTLEIN, G.: Selbsterfahrung, Faszination und Wohlbefinden in und durch Leichtathletik. In: ADL (Hrsg.): Schüler im Sport - Sport für Schüler. Schorndorf 1984, S. 186-188.

TREULEIN, G./SPRENGER, J./JANALIK, H.: Sinnliches und Besinnliches zur

Tagung. In: BAUMANN, C./GRÖßING, S. (Red.): Ganzheitlichkeit und Körpererfahrung in der Sporterziehung. Salzburg 1984, S. 121-145.

TREUTLEIN, G.: Bewußtes Laufen: Ein Beitrag zu körperlichem und seelischem Wohlbefinden. In: SCHULKE, H.J.(Hrsg.): Alltagslauf als Aufbruch. Wuppertal 1988, S. 193-206.

UNGER, Peter: arbeitet als Studiendirektor am Sportzentrum der Universität Erlangen-Nürnberg in der praktisch-didaktischen Ausbildung von Sportlehrern, insbesondere im Schwimm- und Kanusport (Fachgebietsleiter). Er hat als Trainer Schwimmer in die Bundesliga und in Nationalkader geführt, sowie bei vielen Inernationalen Wettkämpfen Mannschaften des DSV betreut. Er war lange Jahre als Schwimmer und Wasserballer wettkampfsportlich tätig. Er arbeitet in den Lehrteams des Bayrischen Landessportverbandes und des Schwimmverbandes in der Übungsleiter- und Trainerausbildung mit. Neben der leistungssportlichen Seite gilt sein Interesse sportdidaktischen und -pädagogischen Fragestellungen, insbesondere der vielseitigen und mehrperspektivischen Grundausbildung, so u.a. der Sicherheitserziehung bzw. der Körpererfahrung im Schwimmen. Weitere Veröffentlichungen zum Buchthema:

UNGER, P.: Vielseitiges Tauchen. Lehrerbrief zur Unfallverhütung und Sicherheitserziehung. Braunschweig 1990.

UNGER, P.: Körpererfahrung im Schwimmen. In: KÖPPE, G. (Hrsg.): Unterrichtsbeispiele Sport. Bd. 2: Schwimmen. Baltmannsweiler 1989.

UNGER, P.: Sicheres Schwimmen. In: Sportpädagogik 14. (1990), 3. S. 39-41.

WEINBERG, Peter, Prof. Dr.: arbeitet als Professor für Sportwissenschaft an der Universität Hamburg (Schwerpunkte Bewegungsforschung und Handlungstheorie). Er verfügt über langjährige Erfahrungen in vielen Sportarten, auch im Volleyball. WEINBERG ist Mitglied des Bildungsausschusses im ADH. Weitere Veröffentlichungen zum Buchthema:

BINNEWIES, H./WEINBERG, P. (Hrsg.): Körpererfahrung und soziale Bedeutung. Band 13 der Dokumente zum Hochschulsport. Ahrensburg 1984.

WEINBERG, P.: Bewegung, Handlung, Sport. Handlungsorientierte Bewegungsforschung. Köln 1985.

Informationen zur ADH-Schriftenreihe

Mit dem vorliegendem Buch wird traditionsreiches Neuland betreten. Traditions-
reich ist das Thema: **"Körpererfahrung"**. Die Reflexion über die Innenperspektive
sportlichen Handelns ist seit über 10 Jahren zentraler Bezugspunkt von ADH-
Seminaren. Dokumentiert ist die theoretische und praktische Auseinandersetzung
darüber in der 1. Auflage von 1986. Die 2. Auflage wurde mit Beiträgen zu
Fragen von Sport und Gesundheit ergänzt, völlig überarbeitet und ist zugleich -
und das ist Neuland - mit einem Verlagswechsel und einer konzeptionellen
Neuorientierung der Schriftenreihe verbunden.

Die ADH-Schriftenreihe **"SPORT & LERNEN"** ist ein Forum der Verbands-
aktivitäten in den Bereichen Bildung und Wissenschaft und will aktuelle
Entwicklungstendenzen im Sport und an der Hochschule aufgreifen, historisch
gewachsene Zusammenhänge aufarbeiten und praxisrelevante Aspekte des Hoch-
schulsportes thematisieren.

Der Allgemeine Deutsche Hochschulsportverband (ADH) ist der Dachverband der
Hochschulsporteinrichtungen in der Bundesrepublik Deutschland. Er vertritt die
Interessen des Hochschulsports, betreut den studentischen Wettkampfbetrieb auf
nationaler und internationaler Ebene und bietet Bildungs- und Wissenschaftsver-
anstaltungen zu ausgewählten Themen an. Als Praxisfeld spiegelt der Hochschulsport in vielfältigen Facetten das wissenschaftliche und politische Bedingungs-
gefüge von Sport wider. Der Hochschulsport ist in seiner Vielfalt, seiner
Sensibilität für Sportentwicklungen und durch seine Nähe zu Wissenschaft und
Forschung ein Bereich mit Ausstrahlungskraft für den allgemeinen Sport.

Der Verband wie die Schriftenleitung hoffen, daß die Fortsetzung der Schriftenreihe im neuen Verlag an die Qualität der ersten 12 Bände anknüpfen kann und
Diskussionsstoff für einen breiten Kreis von interessierten LeserInnen bietet.

Karin Fehres - Nico Sperle
(Schriftenleitung)

Sporttitel von Meyer & Meyer

zu den Themen:

Laufsport

Van Aaken – Das van Aaken Lauflehrbuch
Van Aaken – Das Laufbuch der Frau
Lydiard – Jogging mit Lydiard
Diem – Tips für Laufanfänger
von Schablowsky – Hilfe-mein Mann läuft
von Schablowsky – Zur Strecke gebracht

Langlauf

Sonntag – Mehr als Marathon Bd. 1
Sonntag – Mehr als Marathon Bd. 2
Vellage – Läuferin-Langstrecklerin-
Marathonläuferin
Kleine/Lennartz – Pulsschlag 130
Thiemer/Thiemer – Langlauf ist unser Leben
Kleine – Langlauf in der Kritik
Jung – Schweizer Waffenläufe

Edition Leichtathletik

Joch (Hrsg.) –
Bd. 1 Rahmentrainingsplan Grundlagentraining
Bd. 2 Aufbautraining-Sprint
Bd. 3 Aufbautraining-Lauf
Bd. 4 Aufbautraining-Sprung
Bd. 5 Aufbautraining-Wurf
Bd. 6 Aufbautraining-Mehrkampf
Bd. 7 Aufbautraining-Grundprinzipien

Gymnastik/Körperarbeit

Schwabowski – Rhythmische Sportgymnastik
Rosenberg – Handbuch Gymnastik und Tanz
Schmidt – Dehn- und Kräftigungsgymnastik
Blume – Akrobatik
Moegling – Handbuch Tai Chi Chuan
Polet-Kittler – Yoga-Das seelische Gleich-
gewicht
Polet-Kittler – Tips für Yoga
Jung – Gymnastik als Therapie
Unger – Handbuch Kraftsport und Bodybuilding

Basketball

Neumann – Basketballtraining
Mikes – Handbuch Basketball

Fußball

Kollath – Fußballtechnik in der Praxis
Sneyers – Fußballtraining-Das Jahresprogramm
Bischops/Gerards – Handbuch Kinder- u.
Jugendfußball
Bischops/Gerards – Tips für Spiele mit dem
Fußball

Handball

Grage – Handballtraining

Volleyball

Fraser – Volleyball
Papageorgiou – Handbuch Volleyball

Tennis

Steinhöfel – Trainingsformen im Leistungstennis

Tischtennis

Fellke/Östh – Nr. 1 im Tischtennis
Groß – Tips fürs Tischtennis
Hotz/Muster – Tischtennis

Badminton

Lemke/Meseck – Handbuch Badminton

Golf

Flanagan – Golf-Spiel mit Kopf

MEYER & MEYER
DER SPORTVERLAG

Am Bayerhaus 23, D-5100 Aachen
Telefon 0241/556033-34, Fax 0241/558281

Sp   Treutlein/Funke/Sperle

0147/93   Körpererfahrung im
            Sport
            Meyer u. Meyer Verlag
            1992

2 8. 14. 94

2 9. 02. 95
2 2. 02. 96

2 2. 04. 96

1 6. 05. 96

2 0 8 97   Andrea Pohl
04. 11. 97   Sylvia Schuster
03. 03. 98   S. Schuster
11. 12. 98   Rusche
26. 10. 99   Mesketky
19 6. 00   Melis

Sporttitel von Meyer & Meyer

zu den Themen:

Radsport

Brüggenj./Kürschner – Handbuch Mountain-
    Biking
Heßler – Radsport in Schule und Verein

Rudern

Fritsch – Handbuch Rudersport
Fritsch – Handbuch Rennrudern

Triathlon/Schwimmen

Aschwer – Handbuch Triathlon
Aschwer – Mein Abenteuer-Hawaii-Triathlon
Gambril/Bay – Handbuch Schwimmsport

Skisport

Kuchler – Handbuch Ski alpin

Athleten und Trainer der Welt

Coe – Running Free
Castella – Laufen-mein Leben
Galloway – Richtig laufen mit Galloway
Lydiard – Laufen mit Lydiard
Waitz – Grete Waitz-Worldclass
Hinault – Eine Radsportkarriere
Sleamaker – Systematisches Leistungstraining
Martin/Coe – Mittel- und Langstreckentraining

Leistungstraining

Radcliffe/Farentinos – Sprungkrafttraining

Bewegungserziehung

Zimmer – Bewegung, Sport und Spiel mit Kin-
    dern
Zimmer – Kinder brauchen Bewegung
Zimmer – Sport und Spiel im Kindergarten
Diem – Auf die ersten Lebensjahre kommt es an
Buschmann – Ausdauertraining für Kinder
Bischops/Gerards – Tips für Sportspiele
Bischops/Gerards – Tips für neue Wettkampf-
    spiele
Bischops/Gerards – Tips für Sport i.d. Lebens-
    mitte

Kapustin – Familie und Sport
Kapustin – Sport f. Erwachsene mit geistiger
    Behinderung

Ernährung/Gesundheit

Breuer-Schüder – Mehr wissen, mehr leisten
Breuer-Schüder – Leistungssteigerung durch
    gezielte Ernährung
Jung – Sport und Ernährung
Meyer – Schlank
Shangold – Sportmedizin für Frauen
Williams – Rekorde durch Doping?
Rausch – Fit bis zum Umfallen

Sport und Umwelt

Schemel – Handbuch Sport und Umwelt
Umwelterziehung im Schulskikurs

ADH-Schriftenreihe

Bd. 13 Körpererfahrung im Sport

In Vorbereitung

Handbuch Bergsport
Handbuch Segelsport
Handbuch Tauchsport
Handbuch Baseball
Bungee-Springen
Schule und Sportverein
Senioren und Sport
Psychologie im Sport
Das Lauflesebuch

MEYER & MEYER
DER SPORTVERLAG

Am Bayerhaus 23, D-5100 Aachen
Telefon 0241/556033-34, Fax 0241/558281